KB211879

맛있는
구약통독개론

맛있는
구약통독개론

초판발행일 | 2016년 12월 20일

지 은 이 | 김충만
펴 낸 이 | 배수현
디 자 인 | 박수정
홍 　　보 | 배성령
제 　　작 | 송재호

펴 낸 곳 | 가나북스 www.gnbooks.co.kr
출 판 등 록 | 제393-2009-000012호
전 　　화 | 031) 408-8811(代)
팩 　　스 | 031) 501-8811

ISBN 979-11-86562-40-6(03230)

맛있는

구약
통독
개론

김충만

‖‖‖ 머리말

"무엇이든지 전에 기록한 바는
우리의 교훈을 위하여 기록된 것이니
우리로 하여금 인내로
또는 성경의 안위로
소망을 가지게 함이니라."(롬 15:4)

[어제]

천국에 먼저 가신 사랑하는 어머니 故 임인례(1922-1985) 권사! 나는 4녀 2남 중 다섯째이자 장남으로 자랐다. 태어나 돌을 지난 얼마 후에 뇌막염을 앓았지만, 그러나 하나님은 그런 날 세상에 더 두시기로 하셨던 것 같다. 나는 나중에야 이 기적이 어머니의 기도 안에 든 하나님의 놀라운 섭리라는 걸 알았다. 모친은 기도하는 분이셨다. 그 기도가 오늘 우리 자녀손들의 인생과 삶의 간증의 씨앗이자 열매로 이어지고 있지 않나 싶다.

동생이 돌을 지나자마자 홀로 되신 모친은 그 모진 세월을 예수님 안에서 묵묵히 감당하셨다. 신앙이 순수하고 깊으셨던 터라 새벽기도를 평생 하시며 하나님 아버지께 모든 걸 맡기고 또 의지하셨다. 그 기도의 응답이었을까, 하나님은 일찍이 고등학교 1학년 여름방학 때 나를 목회자로 부르셨다. 난 나 같은 자를 복음과 교회를 위해 쓰시겠다는 주님께 무릎을 꿇었다. 그리고 총신대학교 기독교교육과에 입학한 1983년부터 목회자 인턴을 시작으로 30년을 교회 사역자로 한 길을 달려 왔다.

[오늘]

2013년 7월에 경성대학교(KSU) 교목을 겸해 신학과 교수로 임용이 되었다. 정말이지 뜻밖의 부르심이었다. 주님은 '기독교 정신'을 건학이념으로 1955년 故 순산 김길창 (1892-1977) 목사에 의해 설립된 기독교 대학인 경성대학교 복음화를 위해 새 걸음을 내딛게 하셨다.

매 학기마다 교목으로서 채플을 인도하며, 또한 신학과 교수로서 구약을 가르치고 있다. 물론 교양학부에서 성경 과목들(기독교개론, 구약성경 읽기와 개관1.2, 신약성경 읽기와 개관1.2, 성경통독1.2)을 가르치기도 한다.

[감사]

오늘이 있기까지 1985년부터 나의 스승이 되어주신 총신대학교(기독교교육과) 김희자 교수님, 남서울교회 부목사 시절부터 내게 성경을 보는 시각과 설교자로서의 안목을 열어주신 남포교회 박영선 목사님, 남서울교회를 섬길 수 있도록 나를 받아 주시고 목회자의 인격과 목사의 길을 몸소 앞서 보여주신 영적 아버지 이철 목사님, 경성대학교 복음화를 위해 나를 동역자로 불러주시고 아낌없는 지도와 격려와 도전과 용기를 주시는 사랑하는 경성대학교 송수건 총장님께 이 지면을 빌어 다시 한 번 감사의 인사를 올린다.

기독교 도서를 출판하는 것이 여전히 큰 도전임에도 가나북스 배수현 대표께서는 앞서 출간한 3권의 책들(하나님, 저 아담입니다. 맛있는 구약묵상. 맛있는 신약묵상)에 이어 이번에도 흔쾌히 출판을 맡아 주셨다. 복음이 전해지는 것을 위해 심는 것이라 하시며 이 책도 세

상으로 내 보내는 일을 기쁨으로 해 주셨으니 나로서는 영광이고 갚을 길 없는 사랑을 입은 것이라 아니할 수 없다. 바라기는 이 책 또한 또 하나의 선교지인 대학 캠퍼스에서 마치 '문서선교사'처럼 사용되기를 기도한다. 아울러 책 편집을 맡아 준 박수정 자매님께도 고마움을 전한다.

이 책이 나오기까지 강의실에서 초롱초롱한 눈빛으로 열심히 강의를 들어준 경성대학교 학생들, 경성대학교 교목실 김구섭·윤상부 선생님과 그간 함께 해 준 근로학생들, 기독련(기독교동아리연합회)에 소속된 동아리 학생·간사님들과 교수신우회·직원신우회와 경성대학교회, 특별히 먼저 천국에 간 둘째누나와 한결같은 격려와 기도를 아끼지 않는 세 분 누나들과 매형들, 그리고 동생네 가족에게 감사하지 않을 수 없다. 또한 2015년 부활주일에 경성대학교회를 개척해 교목·교수·담임목사 세 가지 사역을 하게 된 큰딸 가정을 위해 부산으로 오셔서 손자들 교육은 물론 기도와 후원을 아끼지 않으시는 사랑하는 장모 최덕희 권사께도 깊이 감사드린다.

[내일]

한국의 모든 기독교 학교들의 학원복음화 사역은 존폐의 위기 앞에 서 있다. 그러한 때에 우리 경성대학교는 채플을 시작하고, 교양학부에서 성경을 가르치고, 캠퍼스 중앙에 경성대학교회를 건축하여 단지 구호로서가 아닌 그야말로 영적 르네상스를 열어가겠다는 비전을 품고 시대와 상황을 정면으로 도전하며 '하나님의 나라와 그의 의(義)'를 구하며 달려가는 중이다. 대학은 분명 선교지다. 앞으로 더욱 그럴 것이다. 이건 냉엄한 현실이다. 한국교회 선교지는 먼 나라가 아니라 이처럼 가장 가까이에 있다. 이는 한국

교회의 미래가 바로 옆에 있다는 뜻이다. 바로 옆에 있는 선교지를 잃거나 포기하면 한국교회의 미래는 없다는 점에서 그렇다. 그만큼 절박하다.

이 책이 하나님의 말씀인 성경을 묵상(QT)하고 통독하는데 한 알의 밀알처럼 사용되어지기를 기도한다. 또한 강의실에서 성경을 가르치는 복음의 도구가 되기를 소망한다. 부족한 이 책이 우리 시대 대학이라는 또 하나의 선교지에 드려지는 제물되기를 기대한다. 다시금 오병이어를 든 소년의 심정으로 우리 주님께 이 책을 올려드린다. 오직 하나님께 영광!

주후 2016년 11월 20일,
경성대학교 건학기념관 512호 교목실에서

복음의 빚진 자, 김 흥 만

|||| 목차

| 1부 |

모세오경

1장_창세기

Genesis

■ 맥잡기 ···

❶ **전반부**(1:1~11:9) : 천지창조를 통한 인류의 시작과 5가지 큰 사건들

    1 창조(1-2장)

    2 인류의 타락(3장)

    3 첫 살인(4장)

    4 홍수 심판(5:1-9:17)

    5 노아와 그 아들(9:18-10:32) : 노아의 진노

    6 바벨탑(11:1-9)

❷ **후반부I**(11:10~36:43, 38) : 족장들의 이야기

    1 아브라함의 생애 : 믿음의 사람(11:10-25:10)

    2 이삭의 생애와 그의 가족 : 사랑 받는 사람(25:11-28:5, 35:27-29)

    3 야곱의 생애 : 이스라엘(28:5-37:1)

❸ **후반부II**(37, 39:1~50:26) : 요셉 이야기

    1 요셉의 생애 : 그리스도의 그림자

    창세기는 아마 성경의 나머지 모든 부분들이 다루고 있는 기간을 모두 다 합쳐 놓은 것보다도 긴, 아주 긴 기간을 다루고 있다. 이 책은 우리가 그 절대적인 연대에 대해서 전혀 알 수가 없는 아주 먼 과거의 사건으로부터 시작되며, 오랜 기간을 거쳐 11장 마지막에 이르러 아브라함에 이른다.

    여기까지를 '원역사'(1-11장)라 하고, 아브라함부터는 '족장사'(12-50장)라 부르는데 이 시점에서부터 네 대에 걸친 약속의 백성들이 펼치는 이야기의 흐름은 늦추어진다.

» 태초에 하나님이 …

성경을 여는 첫 번째 책은 아주 적절하게도 '태초에'(한 처음에)라는 문구로 시작된다. 기원, 근원, 태생(발생), 시작(beginning)이라는 의미를 가지고 있는 창세기(Genesis)는 모세가 영감에 의해 쓴 율법(Torah) 혹은 오경(The Pentateuch; 창세기, 출애굽기, 레위기, 민수기, 신명기) 가운데 첫 번째 말씀이다. '기원들'(origins)의 책 창세기는 신약에서 103번이나 인용됨으로써 어떤 성경보다 확고한 지위를 스스로 갖고 있으며(http://creation.mobi/genesis-new-testament 참조), 다른 모든 성경의 기초가 된다. 예수님과 초대교회도 율법을 모세와 연결시킴으로써(마 5:17-30, 19:7, 22:24, 막 7:10, 12:26, 요 1:17, 5:46, 7:19,21-23) 모세가 율법의 저자라는 확신을 갖게 한다('모세의 책' – 대하 25:4, 스 6:18, 느 13:1).

1) 창세기는 하나님의 존재만을 제외하고 모든 것의 기원을 말한다.

특별히 창 1-2장은 하나님께서 세상을 창조하시되 무(無)로부터 창조하셨다는 사실 '그것'만을 진술(선언, 선포)할 뿐 '어떻게' 창조하셨는지에 관하여는 묘사하지 않고 있다. 이것은 과학(철학)의 가설이나 명제와 같은 그런 것이 아니기 때문이다.

- □ 세상(1:1-25)
- □ 인간(1:26, 2장)
- □ 죄(3:1-7)
- □ 구속의 언약(3:8-24)
- □ 가정(4:1-15)
- □ 문명(4:16-9:29)
- □ 나라들(10-11장)
- □ 택한 백성(선민, 12-50장)
- □ 그 밖의 것들 : 언어, 심판, 제단, 죽음 등

2) 창세기史의 위치

창세기는 이스라엘 민족의 시작과 출애굽기의 율법 수여에 대한 기록의 서장(序章) 및 토대로서의 역할을 한다. 창세기는 하나님이 어떻게 아브라함을 선택하셨으며, 그의 가족을 자신의 특별한 언약 백성이 되도록 하셨는가 하는 것에 대해서 기록하고 있다.

❶ 창세기는 모세 율법의 서론이며, 성경 나머지 부분에 나오는 하나님의 구속사(救贖史, Heilsgeschichte)의 시작일 뿐만 아니라 그 계시(啓示)가 점진적으로 발전(진전, progress)하

고 있음을 보여준다.

❷ 창세기는 성경 전체에 흐르는 구속사의 통일성과 완벽하게 조화를 이룬다. 이것은 일차적으로 창세기 1-50장 전체 내용에서 그 통일성이 입증되고 있다는 점에서 그렇다.

3) 문학적 특징

'세대들'(톨레도트 - '다음은 …의 이야기다')이라는 단어를 통해서 나누어 보면 크게 10개의 단락으로 구분된다. 이것의 특징은 족보인데, '여자의 후손'(3:15)의 족보뿐만 아니라, 즉 하나님이 좋아하신 사람들은 물론 그렇지 않는 사람들(이스마엘, 에서)까지를 포괄한 족보다. 또 하나의 특징은 아브라함과 요셉의 이야기가 가장 많은데 이는 창세기 저자의 관심을 알 수 있다. 한편 이는 원시역사(①-⑤)와 족장역사(⑥-⑩)로 구분된다.

① 2:4 - 천지창조(1:1-4:26)

② 5:1 - 아담 후손들의 계보(5:1-6:8)

③ 6:9 - 노아 이야기(6:9-9:29)

④ 10:1,32 - 노아 후손들의 이야기(10:1-11:9)

⑤ 11:10 - 셈의 후손들의 이야기(11:10-26)

⑥ 11:27 - 데라의 후손과 아브라함 이야기(11:27-25:11)

⑦ 25:12,13 - 이스마엘 후손들의 이야기(25:12-18)

⑧ 25:19 - 이삭 후손들의 이야기(25:19-35:29)

⑨ 36:1,9 - 에서의 후손들 이야기(36:1-37:1)

⑩ 37:2 - 야곱의 후손과 요셉 이야기(37:2-50:26)

≫ 창세기 교향곡

성경은 창조(창 1-2장) → 타락(창 3장) → 구속(창 4 - 요한계시록) → 재창조(계 21-22장)로 나아가는 네 악장으로 이루어진 교향곡이라고 묘사될 수 있을 것이다. 창세기는 처음의 두 악장을 간략하게 기술함으로써 성경의 나머지 부분의 기초를 놓아주는 것과 아울러 세 번째 악장을 시작한다. 네 번째 악장은 성경의 마지막 두 장(계 21-22장)의 주제인데, 이 두 장에 창조의 이미지들이 풍부하게 들어 있다는 점이 흥미롭다(계21:1,5, 22:1-6). 역사의 종말은 하나님과의 조화롭고 놀라운 관계가 재건되는 새로운 시작과 같다(L. B. Dillard & T. Longman Ⅲ, 75).

1) 전반부(1:1-11:9) : 창조와 5가지 큰 사건들

하나님의 창조(1-2장)로 시작한다. 이후에 벌어진 창세기 3-11장의 첫 다섯 사건들은 공히 죄 → 심판 → 은혜라는 구조를 이루면서 서술되고 있다. 주목해야 할 점은 죄가 시간의 흐름에 따라 확장(강화)되며, 죄에 대한 하나님의 심판 역시 발전(증가)하고 있다는 점이다. 이 부분의 중심은 천지창조와 홍수심판이라는 메시지를 담고 있으면서, 창세기와 구약과 신약 전체의 서론 역할을 한다.

❶ 창조(1-2장) : "하나님이 보시기에 좋았더라."

　　□ 천지창조(1:1-2:4a)　　　　　　　□ 인간창조(2:4b-25)

이 구절의 효과는 창세기가 피조물이 더 이상 보기에 좋지 않게 되었을 때, 즉 세상이 죄와 불의로 가득 차 있게 되었을 때 쓰여졌다는 사실을 생각해 보면 알 수 있다. 그러므로 독자들은 현재의 죄악에 찬 세상이 하나님의 활동의 결과가 아니라 그분의 피조물들의 활동의 결과라는 것을 깨닫게 된다(L. B. Dillard & T. Longman Ⅲ, 75-76).

1 성경의 첫 문장을 믿음으로 받아들이면 하나님의 말씀을 다 받아들이는데 어려움이 없다(히 11:3).

2 사람은 하나님의 형상과 모양으로 창조되었다(1:26-27, 2:7).

3 인간은 몸과 영혼으로 구성되어 있다(전 12:7, 고전 5:3,5, 살전 5:23).

4 일곱째 날은 하나님이 안식하셨다(2:2-3, 히 4:9-10). 안식은 일에서 물러나 쉬는 것을 말한다. 특별한 것은 7일째 되는 날을 복과 거룩('분리')에 담으셨다는 점이

다(2:2-3). 이처럼 1-6일과 분리되어 사는 것이 하나님의 거룩에 참여하는 것을 뜻한다.

5 에덴동산(2:8-14) : 사람의 최초 직업은 동산 관리자다(2:15). 사람은 이렇듯 노동(abad → work, 여기서 worship이 나옴)을 위해서 지음을 받았다. 출애굽기에서 이 단어는 바로를 '섬기다'라고 할 때 이 단어가 쓰인다.

6 에덴동산은 사막(광야)과 대조되는 곳으로, 즐거움이 있는 곳이다(사 51:3, 겔 36:35). 문제는 이 에덴이 어디에 있는가. 비손(2:11-12), 기혼(2:13, 이디오피아, 나일강), 헷데겔(2.14a, 티그리스강), 유브라데(2:14b, 유브라데강)를 종합해 보면 메소포타미아(지금의 이라크 부근)가 아닌가 추측할 뿐이다.

7 사람의 임무(2:15-17) : '정녕 죽으리라'(2:17) – '반드시(꼭) 죽는다'인데 하나님의 명령과 사람의 생존이 밀접하게 연결되어 있다. 하나님의 명령을 유지하는 한 인간은 죽지 않고 산다. 에덴에서부터 사람의 '순종'이 중요한 주제로 등장한다.

8 '좋지 못하니'(2:18) : 좋았더라와 반대되는 첫 언급이다.

9 돕는 베필(2:20) : '그와 유사(동등, 대등)한 자로서의 돕는 자'라는 뜻이다. 매튜 헨리(Matthew Henry)는 이 점에 대하여 다음과 같이 평한다 : "여자는 남자를 능가하도록 그의 머리로부터 만들어진 것이 아니며, 그에 의하여 짓밟히도록 그의 발로부터 만들어진 것이 아니라 그와 동등한 존재가 되도록 그의 옆구리로부터, 보호받도록 그의 팔 아래서, 그리고 사랑받도록 그의 심장 가까이에서 만들어졌다."

10 남자의 첫 반응(2:23) : "이는 내 뼈 중의 뼈요 살 중의 살이라 이것을 남자에게서 취하였은즉 여자라 부르리라."

11 남자가 부모를 떠난다(2:24). 그리고 '한 몸'(한 살)이 된다.

❷ 인류의 타락(3장)

인간은 범죄한 후 하나님을 먼저 찾지 않았다. 그러나 하나님은 그들을 찾아 오셨다. 타락에 대한 이야기는 구속사의 시작점으로서 구약과 신약의 거의 모든 내용과 관련이 있다. 인간은 사탄이 유혹하며 판매한 죄로 가득한 거짓 제품을 시험해 보다가 그야말로 패가망신하고 말았다.

1 **유혹**(1-5, 고후 2:11, 요일 2:16) : 그 양상 → 마 4:1-11

여자	하나님의 말씀을 간접적으로 들은 자를 공격한다.
참으로	믿을 수 없는 풍문을 들은 것과 같은 미묘한 감정을 불러 일으킨다.
모든	하나님의 언약(계명)을 왜곡시킨다.
먹지 말라!	부정적인 것에 초점을 맞춘다.
하시더냐?	의문으로 상상을 불러 일으킨다.
죽지 아니하리라	하나님의 말씀에 있는 심판의 요소를 부인한다.
하나님 같이 되리라	반(半)쪽 진리이다(죄 + 3:22)
하나님이 아니다	하나님의 성품을 왜곡시키고 나쁜 하나님으로 악평한다.

□ 뱀은 사단의 도구다(계 12:9).

　뱀은 질문을 유사하고 모호하게 함으로써 여자를 혼돈스럽게 한다. 여자는 하나님에 대한 정확하지 않은 지식을 가지고 있었다.

□ 사탄은 예수님을 시험할 때도 같은 전략으로 접근했다(요일 2:16)

> "이는 세상에 있는 모든 것이 육신의 정욕과 안목의 정욕과 이생의 자랑이니다 아버지께로부터 온 것이 아니요 세상으로부터 온 것이라."

2 **패배**(6, 롬 5:12) : 아담과 하와의 죄의 양태는 하나님과의 신뢰를 깨뜨림으로 말미암아 불신앙으로 전락하게 된다(요 14:15). 이로써 인간은 말씀의 지배로부터 벗어나서 육체적인 욕망에 우선권을 두었다(요일 2:16). 마침내 심판은 피할 수 없게 되었다.

3 **결과**(7-24) : 선과 악의 지식에 따라 인식의 변화가 온다(2:25 → 3:7,8,10,11). 동시에 하나님을 피하여 숨는다(8,10). 하나님이 이들을 심판(저주 : 뱀, 여자, 남자)하셨다. 뱀(시 72:9, 사 49:23, 미 7:17)과 땅이 저주를 받지만 사람은 아니다(14,17b). 그러나 심판 그 너머에 계신 사랑의 하나님이 일하시기 시작하신다. 인간의 타락은 그 결과

하나님과('피하여', 8), 자신과('벗은 줄을 알고', 7), 다른 사람과('여자 그가', 12), 자연과의('땅은 너로 말미암아 저주를 받고', 17) 모든 관계에서 파괴를 가져왔다(롬 8:18-25 참조).

□ 선악을 알게 하는 나무('선과 악의 지식의 나무')

이미 에덴에는 악의 지식의 나무가 있었지만 인간은 이를 아직 알지 못했다. 지식과 행위가 밀접한 이유가 여기에 있다. 먹음으로써 악을 알게 되었고, 악의 지배를 받으며, 악이 빠르게 확장하는 것을 경험하게 된다.

□ 하나님의 은혜(9,15,21, 고후 5:21, 사 53:5)

하나님은 여전히 아담으로 더불어 '교제'를 계속하셨다. 하나님은 그들과 '대화'를 계속하셨고, '가죽옷'(무릎까지 덮을 수 있는 긴 옷)을 입혀 주셨는데, 특별히 죄(뱀 = 사탄, 계 16:9)의 세력에 대해 그리스도의 은혜 안에서 궁극적으로 승리할 수 있다는 '여자의 후손'(원시복음, the Protoevengelium) 약속을 해 주셨다(롬 16:20a) : "평강의 하나님께서 속히 사단을 너희 발 아래서 상하게 하시리라."

4 심판을 넘은 구원(20-24) : 하나님은 이들이 영원히 타락한 상태에서 살지 않도록 새로운 영적 질서를 제시(배려)하셨다. 이로서 첫째 아담은 불순종으로 타락하여 죄와 사망을 가져왔지만 둘째 아담 그리스도는 세상에 의와 생명을 가져왔다(고전 15:45-49 참조).

□ 생명나무(계 2:7, 22:2; 잠 3:18, 11:30, 13:12 참조)

❸ 첫 살인(4장)

죄의 열매들(4:3-5,8,25) : 죄는 그 지배력을 점점 확장하고 있다. 죄의 세력은 동산에만 머무르지 않고 세상으로까지 빠른 속도로 전염되어 갔다. 이것은 첫 번 타락과 같은 구조를 따르고 있다(범죄 → 질문과 변명 → 지상에 대한 저주 → 추방).

1 아벨과 가인의 예배 : 제물(레위기의 피 없는 제사), 직업(노동의 수고)의 문제가 아니다. 문제는 하나님의 반응인 '열납'(보았다)이다. 왜 가인의 예배('가인과 그의 제물')가 거부되었는지는, 또한 아벨의 예배('아벨과 그의 제물')는 열납되었는지 본문에 충분하지 않다(3-5a). 신약의 도움을 받아보면 믿음(히 11:4)과 행위(요일 3:12)에 주목한다. 예배는 하나님과 사람의 깨어진 관계의 회복을 위한 중요한 수단이다. 하지만

심각하게도 두 흐름으로 나뉜다(가인의 후예 vs 셋의 후예).

- ☐ 죄 : 가인이 아벨을 죽임("죄가 문에 엎드리느니라.")
- ☐ 심판 : 땅을 경작하여 농사를 하는 자, 가인은 땅으로부터 저주를 받는다(11-12). 하나님이 가인을 멀리 내쫓으심 → '가인 문화' 역시 하나님의 심판 위에 놓여졌다. 왜 그런가?(6:5-7)
- ☐ 은혜 : 하와가 셋을 낳고 그 후 많은 자손이 그 뒤를 이음

❹ 홍수 심판(5:1-9:17) : 악(불택자)과 의(택자)의 분리

1 아담에서 셋까지의 족보(4:25-5:3) : 구속사의 계보가 줄기차게 이어지고 있다.

2 혼합주의 : 하나님과 사람의 자녀의 혼합(고후 6:14) → 악은 동산이나 들판에만 머물러 있지 않았다. 이 악의 규모는 우주적 심판을 예고하고 있다. 인류의 사악함이 극에 달했다.

3 악(6:5-7 → 7장 심판, 마 24:37-39)과 의인 노아(6:8, 벧후 2:5 - '의를 전파하는') : 인간의 악(6:5, 8:21)은 하나님의 근심을 가져왔다(6:6). 마침내 120년의 경고 후에 '천하에'(the whole heaven, 7:19) 역사적인 홍수 심판이 왔다(마 24:37-39, 벧후 2:5, 3:6).

4 하나님은 '남은 자'(택자)를 구원하셨다. 노아의 식구들은 홍수로 세례를 받았다(벧전 3:20-21). 이것은 미래 심판(구원)의 한 패턴인 셈이다(고전 10:2 → 행 2:38). 그렇다면 '방주'(137m × 23m × 14m, 3층) 역시 그리스도의 모형(예표, 그림자)이다.

5 죄에 대한 하나님의 심판의 양상은 인간의 수명이 점점 줄어드는 족보史에서도 발견된다(5장).

6 노아와의 언약(9:8-17) : 은혜는 심판보다 강하다. 하나님은 인류와의 관계를 창조의 첫날 이전에 온통 물로 뒤덮였던 상태로(1:2) 인류와 세상과의 관계를 끝내지 않으셨다. 하나님은 노아와의 '언약'(7회 사용)을 통해 피조물에 대한 그의 목적을 새롭게 하셨다 : "내가 나와 너희와 … 내 언약을 기억하리니"(15)

❺ 노아와 그 아들(9:18-10:32) **: 노아의 진노**

　□ 죄 : 함이 그 아비 노아의 수치를 드러냄

　□ 심판 : 하나님이 함과 가나안을 저주하심

　□ 은혜 : 그 후 많은 후손이 생겨남

[노아의 후손들, 민족들의 가계]

함(10:6-20)	구스(에디오피아) / 미스라임(애굽) / 붓 / 가나안(가나안족)
야벳(10:2-5)	고멜(겔트족) / 마곡(슬라브족) / 야완 / 디라스(게르만족) / 자바인(로마)
셈(10:21-31, 11:10-26)	에벨 / 엘람 / 앗수르(앗시리아) / ***아르박삿**(갈대아) / 룻 / 아람(시리아)

[히브리인]

*아브박삿	셀라 에벨 벨렉 르우 스룩 나홀 데라 아브라함 이삭 야곱(이스라엘)

　　노아와 그 가족(총 8 식구)이 홍수 심판으로부터 구원을 받은 것은 저들이 죄가 없어서가 아니다. 아담으로부터 이어지는 죄의 뿌리는 연속적이다. 이렇듯 죄인일지라도 구원을 받았다는 것은 구원은 하나님의 은혜라는 점을 깨닫게 한다.

❻ 바벨탑(11:1-9) **: 홍수 이후의 새로운 출발은 오래 지속되지 못하였다.**

　　바벨(or 소돔)은 영적으로 볼 때 동쪽에 세운 '땅의 도시'(↔ 하나님의 도성, 낙원)의 예표가 된다(벧전 3:13, 계 11:8). 왜 그런가? 하나님의 주권 하에서 땅을 지배하라는 명령(9:1)을 인간이 자신의 영광을 위해 정면으로 반역하면서까지 "흩어짐을 면하자"고 했기 때문이다. 하나님은 이것을 간과하지 않으셨다. 이는 아담과, 그 후 노아 시대 사람들과 방불한 죄악이다.

　①　바벨('신들의 문')의 죄 : "자, …하자"(3-4) → 하나님을 대적

　　□ "우리 이름을 내고"

　　□ "흩어짐을 면하자."

　　첫 인류(1:28 참조)가 그러했듯이 노아의 후손은 하나님이 명하신 홍수 이후의 명령(9:1-2)을 거역한다. 따라서 죄의 결과가 이어지는 것은 자연스럽다.

② 심판 : 혼잡/흩으심

③ 죄 → 심판 → 은혜로 이어지는 싸이클(cycle)이 나타나지 않는 것처럼 보인다. 이처럼 흩어짐으로써 인류의 미래는 마침내 끝나는가? 과연 심판이 최후의 보응인가?

2) 후반부 I · II (11:10-50:26) : 4명의 족장들

바벨탑은 독특한 악명을 갖고 있다. 이전의 모든 죄와 심판에는 하나님의 은혜의 흔적이 남아 있지만, 바벨탑에서는 도무지 하나님의 은혜는 찾아볼 수 없다. 이것은 창세기의 '위기' 국면이다. 우리는 하나님을 다시금 바라 볼 수 밖에 없다. 하나님은 어떤 계획을 가지고 계신가?

마침내 바벨탑 사건에서의 은혜는 아브라함의 소명(Calling)으로 나타난다. 이로써 창세기의 전반부는 아브라함과 그의 자손들을 인간 역사의 중앙에 놓으시려는 하나님의 계획임을 알게 되었다. 하나님이 아브라함을 부르신 목적이 보다 분명하게 드러나고 있다. 하나님은 아브라함을 통해 창세기 1-11장에 나타난 다섯 주기의 모형을 극적으로 회복시키신다.

따라서 전반부(1-11장)는 아브라함 이야기의 도입부로서의 역할을 한다. 마침내 [창세기 교향곡]은 오케스트라(전 세계)에서 솔로(아브라함)로 그 초점이 옮겨진다. 그러나 이 솔로는 오케스트라(예수님, 하나님의 나라)라는 찬란한 구속사의 합창으로 이어지게 될 것이라는 기대로 말미암아 팽팽한 긴장이 유지되고 있다.

❶ 아브라함 : 믿음의 사람이자 히브리 민족의 조상 (11:10-25:10)

하나님은 창세기 1-11장에서 계획하신 창조 목적을 아브라함과의 언약을 통하여 이루시기 시작하신다. 하나님은 바벨탑 이후 처음으로 말씀하신다.

① 족보 (11:10-32) : 아브라함이 아버지 데라와 함께 이방 종교의 본산인 강 저편 우르(Ur, 현 이라크)에서 하란까지, 북서쪽으로 약 1,000㎞의 먼 거리를 이동했다는 사실을 말해줌으로써 원역사와 족장 이야기를 연결시켜 준다. 한편 아브라함은 BC 2,200년대의 인물이다. 역사적으로 이집트 문명이 BC 3,000년경이고, 그

리고 고조선이 BC 2,300년경에 건국되었다고 볼 때 믿음의 조상 아브라함이 등장하는 때를 대략 짐작해 볼 수 있다. 바로 이러한 때에 하나님은 아브라함을 찾아오신다.

아브라함의 이동 경로

[출처] Stephen M. Miller, 『성경핸드북』, 45.

2 **부르심**(12:1, 행 7:2) : 죄가 점점 확장되고 있을 때 하나님은 회복의 해결책으로써 아브라함을 부르셨다. 그러나 그의 가정은 이미 부르심을 받기 전 메소보다미아에서 '다른 신들'을 섬기고 있었다(수 24:2,14-15). 하란에서 다시 가나안까지가 약 600km였으니 그 기나긴 길을 걸어서 순종한 것이다.

3 **언약**(12:2-3, 행 7:3) → **'영원히'**(13:14-18)

　□ **'땅'**(1 → 13:14-15/15:7-21 → 수 21:43) : 지시할 땅

　□ **'후손'**(2 → 11:30/22:12 → 출 1:7) : 큰 민족을 이루고

　□ **'복의 근원'**(3 → 28:13-14 → 갈 3:14) :
　　땅의 모든 족속이 너로 말미암아 복을 얻을 것이라.

4 **언약의 주권적인 확증**(15:7-21) : "타는 횃불이 쪼갠 고기 사이로 지나더라."(17b) 특별히 13-16절(고난/'이방에서 객')이 **'영원히'**(13:15)라는 언약의 복(福) 속에 들어 있다는 점을 주목하라(그리스도의 고난과 부활의 영광은 함께 한다, 빌 2:5-11).

언약 성취의 장애물(A)		언약에 대한 신뢰(B)	
12:10-20	애굽으로 감 / 거짓말	13:1-	약속의 땅
15:2-3	'양자(養子)' : 엘리에셀	15:6	믿음
16:1-4,15	'씨' : 이스마엘	22:1-	히 11:17-19
하나님 : 언약의 계속되는 반복(확대)		3:14-18, 15:1-21, 17:1-22, 22:15-18 cf. 26:1-5(이삭), 28:13-15, 35:9-12(야곱)	

⑤ **긴장** : 언약 성취의 장애물(A) vs 아브라함의 언약에 대한 신뢰(B) 사이에 깊은 긴 장이 흐르고 있다. 그럼에도 이 긴장의 주도권은 하나님께 있다. 하나님은 사랑 으로 인내하시며 지켜 보셨고, 아브라함은 하나님의 기대에 오뚝이처럼 반응한 다. 하나님은 아브라함이 언약을 신뢰하지 못한 여러 불신앙에도 불구하고 계 속해서 그와의 언약을 확인하신다. 이 과정에서 하나님은 적어도 8회에 걸쳐 자 신을 직접 아브라함에게 나타내셨다(12:1,7, 13:14, 15:1, 17:1, 18:1, 21:12, 22:15).

[언약 사상과 복음]

언약(COVENANT)			
아브라함 언약 창 12:1-3 (15:1-21, 17:1-22) 하나님 → 인간	시내산 언약 출 19:1 - 민 10:11 (출 21-23장) 하나님 ↔ 인간	다윗 언약 삼하 7장 (9:8-17) 하나님 → 인간	새 언약 (예수님) 막 14:22-24 고전 11:23-26
언약의 성취			
마 1:1 롬 4:1-25, 갈 3:29 골 2:11-12	갈 3:13-14 갈 4:4-5 제사법을 지키심	마 1:1 빌 2:6-11 하나님의 아들	눅 22:20 고후 3:3-18 히 8:7-13
언약의 최종적인 성취			
마지막 성취는 역사 저 건너편에 있다. 그때에는 아브라함의 자손이 '아무도 능히 셀 수 없는 큰 무리'가 될 것이며, 하늘의 별과 같이 바닷가의 모래 같이 많을 것이요, 그들이 받을 상속은 새 예루살렘, 곧 '하나님이 경영하시고 지으실 터가 있는 성'일 것이다(창 22:17, 히 11:8-12,16,39,40, 계 7:9).			

☐ 아브라함과 사라의 실수에서처럼 인간은 하나님의 언약의 지속을 전혀 보장 할 수 없다(창 15:1-6, 21:1-7). 그래서 양자에게는 늘 하나의 '긴장'이 흐른다. 그렇지만 만약 인간이 하나님의 언약을 파기했다 할지라도 그 관계를 결코 다시 만들 수는 없다. 따라서 이 언약의 계속성은 하나님의 은혜(사랑)에 기초 를 두고 있다.

☐ 하나님은 시내산 언약을 파기한 인간의 죄를 따라 인류를 멸하시지 않으시 고 다윗 언약을 기억하사 예수 그리스도 안에서 '새 언약'을 맺으셨다. 사실 예수님 자신이 새 언약이시다.

6 **믿음의 조상**(히 11:8-19) / 15:6 → 17:9-27 : 이 언약은 '행위'로 하나님과의 관계를 맺을 수 있다는 생각을 불식시킨다. 그는 사실 그럴 자격이 없었다(12:1, 수 24:2,14-15). 아브라함이 한 일이 있다면 그것은 하나님의 '은혜'의 선택에 대한 '믿음'의 반응뿐이었다(15:6). 그는 은혜로 말미암아 믿음으로 구원받은 모델인 셈이다(롬 4:16-18, 갈 3:6-4:7). 따라서 구약의 백성들이 '행위'로 구원받았다는 생각은 성경의 지지를 절대로 받지 못한다.

7 **아브라함의 일생** : 언약의 성취(12:1-3 → 25:7-11)라는 면에서 볼 때 아브라함은 25년 만에 아들 하나 얻는다.

❷ 이삭 : 사랑 받는 사람이자 두 번째 언약의 조상(25:11-28:5, 35:27-29)

이삭은 믿음의 조상인 아버지 아브라함의 그림자와 모리아산 위에서의 제물 경험의 기억 가운데 성장했다. 중요한 것은 이것이다 : 아브라함과 그의 씨를 통한 큰 민족을 이루시겠다는 하나님의 언약은 과연 어떻게 성취되어 갈 것인가? 이것이 이삭 이후의 창세기 이야기에서 우리가 관심해야 할 부분이다.

아브라함은 사라가 죽은 후에도 그두라 등 몇 명의 후처를 거느리면서 많은 자녀들을 낳았지만 하나님의 은혜와 선택은 오직 이삭에게만 집중되었다(25:1-6). 이처럼 성경의 관심은 일차적으로 세속(일반)사가 아닌 구속사, 즉 언약의 성취에 있다(창 5:3-5).

1 **사랑과 순종의 아들**(22:1-8) : 번제로 드리고, 동시에 또한 그 아들을 데리고 산을 내려올 것을 믿었다(히 11:17-19, 약 2:21-23 참조). 이삭은 번제에 쓸 장작을 메고 산을 오를 만큼 자랐음에도 늙은 아버지의 제물됨 앞에 일체의 반항을 보이지 않았다. 믿음의 부전자전이다.

2 **이삭의 신부 리브가**(24장) : 모리아산 이후는 합당한 신부를 구하는 일이다.

3 **에서와 야곱의 아버지** : '태중의 두 국민'(25:23-26, 히 11:17-20)

4 **언약의 상속자**(26장) : 하나님은 아브라함과 맺었던 언약을 -"내가 네 아버지 아브라함에게 맹세한 것을 이루어"(3b)- 그에게서 더욱 견고케 하셨다(3-5).

5 **장자권 쟁탈전**(27장) : 이삭은 장자가 아닌 야곱에게 변경할 수 없는 구두(口頭) 축복을 하는 실수를 범한다. 야곱은 아버지 이삭을 속이는데 염소 가죽을 사용하였고(27:16), 후에 그의 아들들이 야곱을 속이는데 염소 피를 사용했다(37:31). 이것은 이삭이 그의 아들 에서를 총애했던 것이 야곱이 그의 아들 요셉을 총애하는 것으로 반복되는 것과 쌍을 이루는 대칭 구조다. 이처럼 창세기는 하나의 문학으로서도 탁월한 작품이다.

한편 이삭은 매우 '감각'적인 사람이었다. 연로한 이삭은 눈이 어두워(시각, 27:1) 속기에 쉬웠고, 별미를 즐겼으며(미각, 27:4), 또한 촉감으로도(촉각, 27:21,23), 음성으로도(청각, 27:22,24), 후각으로도(27:27) 속았다. 한편 이삭이 속이려 했던 행위는(26장) 그 아들 야곱이 나이든 이삭을 속이는 것으로 반복된다(27장).

❸ 야곱 : 이스라엘 국가의 조상(28:5-37:1)

> "여호와께서 그에게 이르시되 두 국민이 네 태중에 있구나 두 민족이 네 복중에 서부터 나누이리라 이 족속이 저 족속보다 강하겠고 '큰 자'(에서)가 '작은 자'(야곱)를 섬기리라 하셨더라."(25:23)

야곱은 성경 속에서 하나님의 은혜가 무엇인가를 드러내는 가장 좋은 본보기이다. 그의 이름처럼 그는 '간교한 자'(속이는 자)인 거짓말쟁이였는데, 2번의 거짓말(25:31, 27:36)이 20년(31:38,41)을 라반을 위해 일하는 것으로 되갚아지고 말았다.

1 도망자인 그에게 하나님은 아브라함과의 언약을 확증하셨다(28장). 결론론적으로 야곱 그 역시도 자신의 잔 꾀 때문이 아닌 하나님의 은혜로 설명될 수밖에 없는 인생이다(25:23-26).

2 열두 아들들(29-30장, 35:18) → 이스라엘 열두 지파의 조상(49:28)

3 야곱 → 이스라엘(32:28) : 마침내 하나님은 그를 완전히 사로 잡으셨다. 그는 변화되었다. 물론 그는 '험악한 세월'(47:9)을 보냈지만 32장 이후에 야곱은 꾀와 거짓 행적을 버린다. 마침내 그는 벧엘로 귀환한다(35:1-7).

❹ 요셉 : 담을 넘는 무성한 가지(37:2-50:26)

　　요셉 이야기의 주제는 "하나님께서는 약속의 성취를 위해 장애들을 극복해 나가신다"이다. 요셉의 '고난'은 과연 언약이 무효가 될 수도 있을지 모른다는 끊임없는 긴장을 부추긴다. 진정으로 요셉의 일생은 그의 형제들이나 보디발의 아내처럼 그를 해하려는 사람들에 의해 좌우되고 있는 것처럼 보인다. 그러나 하나님은 언약의 백성들을 보호하신다. 요셉은 하나님의 손이 작용하고 있다는 사실을 깊이 인식하고 있다(50:19-20). 하나님께서는 자신의 백성을 구원하시기 위해서 사람들의 나쁜 의도들까지도 지배하신다는 이 주제는 구약 전체를 통해 면면히 흐르고 있다. 특히 요셉의 이야기에서는 그 주제가 더욱 두드러진다(L. B. Dillard & T. Longman Ⅲ, 80-81). 이렇듯 좀 더 큰 그림에서 보자면, 로마서 8장의 확증이 바로 요셉의 일생이다.

1 **총애와 배반**(37:3,20-36) : 아버지 땅에서 팔리다.

2 **애굽생활**(39-45장) : 17세에 팔리어 13년 동안의 고독을 거쳐 30세에 총리가 된다.

　　□ 보디발의 집에서 유혹을 받다(39:1-19) : "내가 어찌 이 큰 악을 행하여 하나님께 죄를 지으리이까."(9)

　　□ 감옥에서 고난 당하다(39:20-41:36) : 애굽의 노예로 팔린 순간부터 무려 13년이라는 세월이다(37:2, 41:46). 하지만 이 고난의 기간 동안 요셉은 하나님의 사람으로 성숙한다.

　　□ 바로 궁정의 구원자(41:37-50:26) : 그는 끌려갔으나(사 53:8), 바벨론의 다니엘처럼 당시 막강한 제국의 제2인자가 되었다(41:40-41). 총리 후 9년(41:46, 45:6)만에 온 가족이 애굽으로 들어가게 됨으로써 가족 구원의 씨앗(46:27)이 되었다. 요셉은 비극을 극복하고 승리했다(행 7:10). 결과를 놓고 볼 때 그는 어떤 형편과 처지 속에서도 하나님을 믿고 신뢰하였던 성숙한 사람이었다(45:5, 50:20)

3 **열두 지파에 대한 예언과 축복 기도**(49장, 히 11:22, 갈 3:14) : 약속 그리고 구원

4 **예수 그리스도의 모형**(그림자, 예표)

□ 아버지의 사랑(37:3, 마 3:17)

□ 목자(37:2, 요 10:11-14)

□ 유혹(39:7, 마 4:1)

□ 애굽생활(37:36, 마 2:14-15)

□ 종의 값으로 팔림(37:28, 마 26:15)

□ 고난 → 영광(41:41, 빌 2:9-10)

□ 잠잠함(사 53:7, 막 15:3-5)

　다른 맥락에서 볼 때 요셉의 이야기는 어떻게 아브라함의 가족이 애굽으로 가게 되었는지를 기록하고 있다. 이 이야기는 출애굽기에서 계속 이어진다. 언약은 점점 그 실체를 드러내기 시작한다(15:12-21).

» 하나님의 이야기는 아직 끝나지 않았다. ━━━━━

　창세기의 위대한 출발은 그 대단원과 비교할 때 너무나 초라하다.

　창세기는 '하나님'으로 시작(1:1)하여 요셉의 '애굽에서 입관'(50:26)이라는 말로 끝나고 있는 인간의 사망(실패)에 대한 역사, 그러니까 '멸세기'로 그 끝을 맺고 있다. 이와 같이 창세기가 문을 닫는 것은 인간의 '죄' 때문이다. 창조 안에서의 하나님의 놀라운 계획이 인간의 범죄와 타락으로 말미암아 심각한 도전을 받는 것처럼 보인다.

1) 실락원(失樂園)에서 복락원(復樂園)의 환상으로

　그러나 동시에 우리가 창세기에서 놓치지 않아야 할 하나님의 메시지는 이것이다. 인간의 죄악이 갖는 심각성 그 너머에 구속의 놀라운 섭리를 사랑으로 펼쳐가고 계시는 하나님을 만난다는데 있다. 인간은 하나님과 긴장 관계를 만들었으나 하나님은 인간과 화해(용서. 사랑)의 관계를 설계하고 계신다. 우리는 창세기를 통해 하나님께서 인간의 모든 실수(죄)를 사랑으로 용납하심을 보면서 죄가 많은 곳에 은혜가 더욱 넘치는 것을 보는 특권을 맛본다(롬 5:20).

2) 하나님의 이야기(The Story)

그러므로 우리 역시 창세기의 하나님이 이처럼 우리의 역사 또한 새롭게 창조하시려는 놀라운 계획을 가지고 계신다는 사실을 믿음의 눈으로 바라보자. 또한 창세기의 사건과 인물들 안에서 역사 하시는 사랑의 하나님을 만나는 큰 복을 누리기로 하자 : "하나님의 길고 긴 사랑 이야기는 아직 끝나지 않았다."

창세기는 성경 전체가 이야기하려는 구속사(救贖史, Heilsgeschichte)의 서론에 해당된다. 우리가 창세기 이후의 살아 있는 이야기에 다시금 귀 기울이는 이유가 여기에 있다. 하나님은 구속 받은 백성의 역사를 어떻게 이어가시는가? 결국 우리는 다시금 성경 앞에 머무르게 된다.

3) 끝없는 희망(50:24-25)

> "요셉이 그의 형제들에게 이르되
> 나는 죽을 것이나 하나님이 당신들을 돌보시고
> 당신들을 이 땅에서 인도하여 내사
> 아브라함과 이삭과 야곱에게 맹세하신 땅에 이르게 하시리라 하고,
> 요셉이 또 이스라엘 자손에게 맹세시켜 이르기를
> 하나님이 반드시 당신들을 돌보시리니
> 당신들은 여기서 내 해골을 메고 올라가겠다 하라 하였더라."

☐ 출 13:19
☐ 수 24:32

2장_출애굽기

■ **맥잡기1 - 장소 중심**

❶ 애굽에서의 이스라엘(1:1-13:16)

❷ 광야에서의 이스라엘(13:17-18:27)

❸ 시내산에서의 이스라엘(19:1-40:38)

■ **맥잡기2 - 이야기 중심**

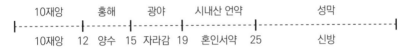

	10재앙	홍해	광야	시내산 언약		성막
	10재앙	12 양수	15 자라감	19 혼인서약	25	신방

■ **맥잡기3 - 내용 중심**

구 분	주 제	내 용
1:1-18:27	1. 출애굽(구원)	하나님의 능력 / 새로운 삶 / 자유
19:1-24:18	2. 율법(말씀)	하나님의 거룩 / 율법 아래의 삶 / 언약 체결 : 책임
(32-34장)		언약 파기와 언약 갱신
25:1-40:38	3. 성막(예배)	예배 : 참된 언약의 반응(25-31장) 계속되는 죄의 문제(35-40장)

» **그리고 이름들은 다음과 같다.**

히브리어 명칭이 '베엘레 쉐모트'(그리고 이름들은 다음과 같다)인 '출애굽'(Exodus)은 이스라엘 민족이 애굽으로부터 '밖으로 나감'(탈출, 떠나옴, 히 11:22)을 의미한다. 이것은 애굽(1:1-13:16) → 광야(13:17-18:27) → 시내산(19:1-40:38)으로 이어지는 배경 장소를 따라 서술된

구조에서 그대로 나타난다.

모세에 의해 기록되었고(17:14, 24:4, 수 8:31), 역시 우리 주님에 의해 확인되었다(막 7:10, 12:26, 눅 20:37, 24:44). 출애굽기는 구속의 책이다. 창세기에서 인간의 죄악으로 말미암은 타락을 보았다면 출애굽기에서는 하나님의 능력에 의한 구원을 보게 된다.

또한 창세기가 '약속'(창 15:12-21)이라면 출애굽기는 '성취'이다(15:13-18). 한편 창세기에서 시작된 것이 출애굽기에서도 계속된다. 이것은 이 책의 히브리어 제목인 "그리고 이름들은 다음과 같다"(1:1의 첫 두 단어)에서 보다 분명해진다. 두 책은 '그리고'라는 접속사로 연결되어 있다. 약속과 성취, 그 사이에서 하나님과 이스라엘은 어떤 방식으로 이야기를 이어갈 것인가.

- □ 아브라함 → 70명 → 60만명(창 12:1 → 창 46:27 → 출 12:37)
- □ 애굽생활(400년/창 15:13 → 430년/출 12:40, 갈 3:16-17)
- □ 요셉의 해골(창 50:25-26 → 출 13:19)

» 출애굽 이야기

이스라엘이 맨 처음 애굽으로 내려갔을 때는 형통과 희망으로, 그 땅에서 온갖 특권을 다 누리며 살 수 있었다. 70명의 이스라엘인 태아가 애굽의 태 속으로 옮겨졌다(1:5). 그러나 출애굽 당시의 애굽은 요셉을 알지 못하는 바로에 의해 통치되고 있었다. 마침내 애굽은 이 태아를 낯선 생명체로 간주하여 이를 유기하려 했다(1:8). 그는 아브라함 자손의 번성을 그대로 방치할 수 없었다. 바로는 하나님과 원수 되는 길을 자청했다. 마침내 영광은 지나고 고통과 환난이 그들 앞에 끝없이 펼쳐졌다. 그렇다. 탄생은 해산의 고통을 수반한다.

그럼에도 불구하고 출애굽기 첫 장은 하나님께서 "자신이 계획하셨던 것과 자신의 친백성들"을 영영히 잊고 계신 것과 같은 인상을 받게 한다. 실로 이스라엘 백성들의 삶은 처절하기 그지 없었다. 과연 하나님은 살아 계시는가? 동시에 당신의 언약은 유효한가?

1) 구원 : 출애굽(1-18장)

아브라함의 자손은 마침내 큰 민족을 이루었다(창 12:2, 15:5, 출 1:7). 그러나 바로는 이스라엘에 대한 소유권을 주장한다. 바로는 이스라엘을 두려워 한 나머지 무자비한 '인구통제정책'(유아학살)을 시도하였다(1:18-22). 이 긴장이 출애굽기의 앞부분에 흐르고 있다.

마침내 때가 차매 -창세기와 출애굽기 사이에는 약 350년의 간격이 있다. 이 기간에 대해서 성경은 거의 침묵한다(1:6-8)- 하나님은 아브라함과의 언약을 출애굽을 통하여 지키셨다(6:2-8). 이 일은 모세를 준비하심으로 시작된다.

❶ 왜 출애굽인가?(1장)

[1] 언약의 성취다(창 15:12-21).

[2] 하나님은 메시야의 가계인 유다가 '가나안 사람'과 섞이는 세속화(창 38:1-30)의 위기를 요셉을 먼저 애굽에 보냄으로써(창 45:7-8) 아브라함과 이삭과 야곱으로 이어지는 구속사의 계보를 보존하시는 놀라운 섭리를 베푸신다. 이것은 "규(홀, 笏)가 유다를 떠나지 아니하며 … 실로가 오시기까지"(창 49:8-12)라는 말씀으로 성취된다(마 1:3a). 한편, 유다(창 39장)와 비교할 때 요셉이 애굽의 제사장의 딸과 결혼했음에도 별다른 긴장이 없는 것을 눈여겨볼 만하다(창 41:45).

[3] 이로써 결국 다시 꺼내려면 왜 집어넣었는가의 문제는 해결된다. 그래서 그들은 가나안에서 애굽으로 옮겨 침묵의 350여 년 동안 타향살이를 하게 되었다. 마침내 가나안은 거대한 악으로 가득 차고 말았다(창 15:16). 심판의 때가 임박한 것이다.

[4] 하나님의 백성(성도)은 이방의 땅에서 그들 및 그들의 신(바로)과 공존할 수 없다. 이스라엘은 하나님께 속한 것이지 바로에게 속하지 않았고, 또 결코 그럴 수 없다.

[5] 출애굽은 그것 자체가 목적이 아니다. 약속의 땅인 가나안으로 인도하시기 위해서 먼저 그들을 '출'애굽해야만 했다. 이는 죄로 가득찬 애굽과 가나안의 심판으로 완결된다.

❷ 구원자(행 7:17-44 참조)

하나님은 이스라엘의 고통을 보고, 듣고, 알고 계셨다(3:7-10). 바로 이 때 하나님은 모세를 준비하신다. 그는 출생에서부터 죽음까지 하나님의 섭리 가운데 쓰임 받은 하나님의 종이었다. 모세의 이름은 성경에 700번 이상 나타난다.

  [1] **모세의 출생과 궁중에서의 40년**(2장, 히 11:23-29) : 레위 지파의 후예(2:1)로 태어난 모세는 '갈대상자'(2:3; 창 6:14의 방주와 같은 단어)에 담겨 나일강에 던져진다. 과연 모세, 이 갈대상자(방주)를 이끄는 분은 누구인가.

  하나님은 바로의 양육비와 교육비를 통해 그를 준비하신다(행 7:22). 이스라엘 백성들은 바로의 폭정 아래 "괴롭게 … 학대를"(1:11-12,14) 받고 있다. 마침내 "이스라엘 자손은 고된 노동으로 말미암아 탄식하며 부르짖으니 그 고된 노동으로 말미암아 부르짖는 소리가 하나님께 상달"되었다(2:23). 얼마나 모순된 이야기인가!

  [2] **모세를 부르심과 미디안 광야에서의 40년**(3장) : "떨기나무에 불이 붙었으나 그 떨기나무가 사라지지 아니하는지라."(3:2b) 모세는 자기가 아무 것도 아닌 것을 훈련받았으며 또한 배웠다. 그러다 그는 마침내 하나님의 계시를 받는다. 모세가 불타는 떨기나무(덤불) 가운데서 하나님을 만나고 있을 때, 이스라엘 백성들은 애굽의 불타는 용광로에서 고난을 당하고 있었다. 그러나 그것은 하나님이 계획하시는 구원이라는 작품이 만들어지기에 가장 좋은 기회이기도 했다. 인간의 위기는 하나님의 기회가 아닌가! : "여호와께서 이르시되 내가 … 보고 … 듣고 … 알고, 내가 내려가서 … 건져내고 … 인도하여 … 데려가려 하노라."(7-8)

  보호자로서의 하나님과(3:1-10), 영원하신 하나님에 대한 계시인데(3:14), 이것은 모세를 위한 것이 아닌 이스라엘과 관련된 것이다. 그렇다. 어느 누구도 오직 자기 자신만을 위해 하나님이 필요하거나, 말씀하시거나, 축복하시지 않는다는 진리를 배워야 한다. 한편, 그는 여러모로 하나님께 할 말이 많았다. 그의 첫 번째 반응은 즉각 사양하는 것이었다. 그러나 하나님은 인내로 설득하셨고, 마침내 모세는 책망 받는다.

    □ **밀고 당기기 : 하나님 vs 모세 - '나는 스스로 있는 자이니라'**(3:14)
      ① 나는 적합하지 않습니다(3:11 → 12).

② 나에게는 메시지가 없습니다(3:13 → 14-22).

③ 나는 권위가 없습니다(4:1 → 2-9).

④ 나는 말을 할 줄 모릅니다(4:10 → 11-12).

⑤ 나는 갈 마음이 내키지 않습니다(4:13 → 14-16)

⑥ 나는 입이 둔한 자입니다(6:12 → 13)

③ 바로에게 내린 10가지 재앙(5-12장) : '애굽 신들은 아무 것도 아니다.' 역사를 지배하는 것은 바로가 아니라 하나님이시다(9:29). 재앙의 시기는 애굽이라는 모태에서 나오기 위한 해산의 고통일 뿐 아니라 애굽의 거짓 신(神)인 바로와 거짓된 우상들에게 쏟아지는 심판의 포격이기도 하다. 재앙은 상당히 긴 기간 동안 계속되었으며(7:7), 바로가 이스라엘의 어린 아이들을 죽였을 때, 하나님은 바로의 자녀들을 죽이심으로써 아브라함과 그의 자손들을 저주하는 자를 저주하겠다는 약속을 지키셨다(창 12:3, 출 1:22, 11:1-10).

ㅁ 10가지 재앙 : "나를 여호와인줄 알게 되리라."

① 피(7:14-25)　　　　　② 개구리(8:1-15)

③ 이(8:16-19)　　　　　④ 파리(8:20-32)

⑤ 악질(돌림병, 9:1-7)　　⑥ 독종(악성 종기, 9:8-12)

⑦ 우박(9:13-35)　　　　⑧ 메뚜기(10:1-20)

⑨ 흑암(10:21-29)　　　⑩ 장자의 죽음(12:29-36)

ㅁ 탐색(4:29-7:13)

모세가 이스라엘과 바로 앞에 두 번 나타난다(4:29-6:8, 6:9-7:13).

ㅁ 증거(7:14-10:29)

하나님·참 종교·하늘·구주 vs 인간·거짓 종교·땅·뱀의 영적 전쟁

ㅁ 실행(11:1-12:36) : '어린양의 피'(하나님의 승리)

④ 출애굽의 지도자로서의 40년 : 모세는 마침내 하나님께서는 아무 것도 아닌 사람도 사용하신다는 것을 고독한 사역(사명, 활동)을 통해 알아갔다. 그것만큼 그는 하나님의 전능하심을 증거하였다. 십자가는 모세가 지고, 영광은 하나님이 받

으셨다. 성도의 정체(identity)가 아니고 무엇인가!

❸ 보혈에 의한 구원(고전5:7b) : **"우리의 유월절 양 곧 그리스도께서 희생되셨느니라."**

열 가지 재앙을 통한 하나님과 이스라엘 **vs** 바로와 애굽의 대칭 구조(구분, 8:21-22, 9:6,11,26, 10:15,22-23)는 마침내 애굽의 모든 처음 난 것들이 죽임을 당하는 것으로 그 절정에 이른다. 하나님께서 이 재앙들을 선택하신 것은 애굽의 신들을 심판하신 것이다 : "내가 … 애굽의 모든 신을 내가 심판하리라 나는 여호와라."(12:12)

한편 오늘 하나님의 10 재앙이 임한다면 어떤 재앙들을 선택하실까? (마 24장 참조)

1 재앙 중에 제시된 바로의 타협안

① 이 땅에서 너희 하나님께 제사를 드리라(출 3:18 → 출 8:25).

② 너무 멀리 가지는 말라(출 8:28).

③ 너희 남자들만 가서 주를 섬기라(출 10:9 → 출 10:10-11).

④ 너희의 양과 소는 머물러 두고 너희 어린 것들은 너희와 함께 갈지니라(출 10:24).

2 열 번째 재앙(11:5,7)과 유월절 제정 : 하나님께서 이스라엘 자손들을 노예의 신분에서부터 구원 받은 백성으로 불러내신 구원 사건을 기억하기 위함이다. 유월절(Pass-over) 어린양과 그 피는 예수 그리스도의 보혈로 말미암은 구속을 예표한다(사 53:6, 눅 22:20, 요 1:29, 고전 5:7, 히 9:28, 벧전 1:18-19).

[출애굽 연대]

BC 966 → 솔로몬 즉위 4년, 성전건축 시작(왕상 6:1)	= BC 1446
+ 이때가 출애굽 480년이 되는 해	

3 홍해(갈대바다, Sea of Reeds)를 건넌 사건은 하나님의 구원 사건의 정수(精髓)이다. 바다를 여심으로 구원을, 다시 닫히게 함으로써 심판을 내리셨다. 이것은 가나안 정복, 한 개인의 구원, 그리고 주님의 재림 때 역시 심판과 구원이 동시에 시행된다(마 25:31- , 롬 6:11).

4 하나님의 자녀가 되는 것, 그러니까 "이(구원)는 혈통으로나 육정으로나 사람의 뜻으로 나지 아니하고 오직 하나님께로부터 난 자들이니라"(요 1:13)는 말씀은 구원에 대한 유일한 진리이다 : 창 15:6, 39:1- , 41:45, 출 12:38, 수 6:23,25, 9:3-27, 룻 1:4, 이방인, … 그리고 '나'에게까지 하나님의 은혜로 말미암아 믿음으로 구원의 은총을 허락하셨다(엡 2:1-10).

예수님의 공생애 역시 출애굽의 주제들과 일치
: Mark Strom, 『성경교향곡』, 53-54.

· 애굽 → 베들레헴(마 2:15)
· 하나님의 아들이라 명명(마 3:15-16, 출 4:22)
· 광야 시험 및 성경 인용(마 4:1-11, 신 8:3, 6:13)
· 만나 vs 생명의 떡(출 16:15, 요 6:22-51)
· '거하시매'(요 1:14)의 원어는 '장막(성막, 회막)을 펴시매'이다.
· '별세하실 것을'(눅 9:31)의 원어 역시 '출애굽'(Exodus)이라는 유월절 단어다.

❹ 시내산으로 가는 노정(16-18장)

장정만 603,550명인 이스라엘 민족은 애굽에서 광야로 옮겨간다. 광야는 신명기까지 이스라엘의 역사 무대다.

1 미리암의 노래 : 위기의 뒤를 따라 울려 퍼지는 구속받는 자의 찬송은 힘차기만 하다(15:1-21).

□ 물 벽(8) → 열방의 벽(14-16) → 가나안(17)

2 하나님께서 40년 동안 영육의 모든 양식을 공급하셨다(16:35 → 수 5:10-12).

3 그럼에도 이스라엘은 감사보다는 끊임없이 불평(원망)만 하였다(15:22-26, 16:2,8-12, 17:1-7). 찬양에서 불평으로 바뀌는 데는 오랜 시간이 필요치 않았다. 바로 전 물(홍해) 때문에 곤경에 처했던 이스라엘은 또다시 물(기근) 때문에 문제가 생겼다. 이처럼 출 5:21과 22절은 매우 가까이(?)에 있다. 이것은 홍해 사건에서부터 나타난다(14:10-12,31). 그러나 이 불평 습관은 애굽에서부터 비롯된 심각한 만성병(慢性病)이

었다(5:21, 6:9). 이처럼 이스라엘 백성들이 애굽 이후에도 애굽에서의 '좋은 날들'(16:3)을 그리워했다는 것은 광야를 지나 가나안에 이르는 행로(行路)가 해산의 고통과도 같을 것이라는 것을 슬프게도 암시하고 있다.

문제는 불평의 결과, 곧 불평 이후다. 어떤 불평(생계형, 15:22-25 참조)은 하나님이 해결해 주시지만, 또 어떤 불평(욕망과 불신앙형, 민 11:1-2 참조)은 하나님이 심판하신다는 점에서 그렇다.

출애굽 경로와 40년 광야교회

[출처] Stephen M. Miller, 『성경핸드북』, 56.

[애굽 · 출애굽 · 광야 · 가나안(정복)의 관계]

애 굽	광 야	가나안
언약 혈통 도전(출 1:15-22)	구원 전 심판 장소(렘 2:5-9)	정복 : 재 출애굽(호 11:1)
하나님의 통치 무시	정결의 장소(겔 20:37-38)	제2의 출애굽
세상(현세, 現世)	광야교회(행 7:38)	본향의 모형(약속의 땅)
바로(사탄, 거짓 신)	홍해 : 세례(고전 10:1-5)	정복(확장)해야 할 책임
그리스도(은혜, 구원) 밖	나그네 길(한시적) : 훈련소	영적 전쟁 : 전투적 교회
선민(남은 자)이 함께 공존	하나님 vs 세상의 긴장	신앙공동체(교회)
→ 그루터기	→ 이것이냐, 저것이냐?	→ 하나님의 나라를 대망
거지 : 주민(지역민)	거지 왕자 : 교인	왕자 : 성도(그리스도인)

① 가나안 정복은 제2의 출애굽과 같다(모세 vs 여호수아/ 수 1:1-9, 정탐꾼/ 신 1:19-25; 수 2장,
   선도자 하나님/ 출 13:21-22; 수 3:1-4:18, 물 건넘/ 출 14:13-31; 수 4:14,23-24, 기념비/ 출 24:3-7;
   수 4:1-7, 언약 갱신/ 신 5-34장; 수 24장)
② 하나님의 통치(주권, 다스림, 즉 하나님의 나라)가 점점 분명하게 확장(진전)된다.
③ 성화를 향하여 점점 더 성숙해 간다. 고통(고난, 시련)만큼 성숙해 간다.
④ 어느 곳에 있느냐가 중요한 것이 아니라 어떤 사람인가가 더 중요하다. 광야(애굽)
   에 있으나 가나안에 있는 것처럼 사는 사람이 있었고, 가나안에 있으나 광야(애굽)
   에서처럼 사는 사람이 있다.
⑤ 각 단계의 이동은 인간이 결정(선택)할 문제가 아니라 철저히 하나님께 달려있다.
⑥ 인간은 예외 없이 모두 다 애굽에서 출발하여 하나님의 은혜로 가나안을 유업으
   로 받는다.
⑦ 출애굽한 사람(광야교회/ 행 7:38, 세례/ 고전 10:1-5)은 "유아 외에 보행하는 장정이 60
   만 가량이요, 수 많은 잡족…이 그들과 함께 하였으며"(12:37-38). 그럼에도 섞여
   사는 무리는 언제나 시험꺼리였다(민 11:4-). 이것은 무엇을 교훈하는가?

2) 율법 : 언약 체결(19-24장)

이스라엘은 출애굽 3개월 만에, 홍해를 건너고 2개월 만에 시내산에 도착한다(출
19:1-2). 시내산에 머물던 기간(출 19:1 - 민 10:11, 약 1년; 민 10:11-12 참조)에 이스라엘 백성들
에게 무슨 일이 일어났는가? 하나님과 이스라엘의 언약 체결은 구약을 이해하는 핵심
이다. 그런데 이것은 하나님이 일방적으로 체결하신 무조건적인 것으로 이스라엘 백성
들은 이 언약을 지키기 위해 의무적으로 노력해야 하는 언약이다.

하나님은 이스라엘 백성이 '제사장 나라'와 '거룩한 나라'(Holy nation, '거룩한 백성'으로 번역
됨)로서 자신들의 지위와 소명을 표현할 수 있도록 그들에게 율법을 수여하셨다(19:3-6).

즉, 하나님은 아브라함과 그의 후손으로 더불어 맺으신 '언약'(창 12, 15, 17장)을 출애굽
한 아브라함의 자손들과 더불어 갱신하심으로서 신실하신 약속을 지키신다(19:3-8).

우리는 시내산 언약 속에서 하나님과 이스라엘 사이에 공적인 언약이 형성되는 모든
과정을 본다.

시내산 언약(출 19:1 - 민 10:11)

- 십계명(출 20:2-17, 신 5:6-21)
- 언약 법전(출 20:18-23:33)과 비준(출 24장)
- 언약의 파기와 언약 갱신(출 32-34장)
- 성결 법전(레 17-26장)
- 제사장 법전(민 28-29장, 레 1-16장)
- 신명기 법전(신 12-26장) : 언약 갱신과 확장

❶ 계시와 계명(19-20장) **: 언약 관계 속에서 십계명을 주셨다**(20:1-17, 마 22:37-39).

첫 번째 주제인 출애굽(1-18장)이 성경의 주요 주제 가운데 하나인 '구원'(deliverance)이라면, 두 번째 주제인 시내산 언약(19-40장)은 하나님이 인간 역사에 간섭하셔서 자기 백성을 속박에서 구원시키고 자유로 이끄시는 주제로써 '관계'(relationship)의 메시지로서의 구원의 메시지를 더욱 철저하게 부각시킨다. 하나님이 이 백성의 무리를 인간의 속박으로부터 자유케 하심은 언약 속에서 하나님과의 특별한 관계를 맺기 위함이었다. 이를 위해 모세는 4번에 걸쳐 시내산에 오른다.

☐ 시내산에 오른 모세
  ① 첫 번째(출 19:3-15) : 시내산 언약
  ② 두 번째(출 19:16-23:13) : 십계명 수여
  ③ 세 번째(출 24:12-31:18; 40일) : 송아지 경배사건, 깨어진 돌판
  ④ 네 번째(출 34:1-35; 40일) : 다시 두 돌판

☐ 하나님의 계시(19:3-25)
  ☐ 하나님의 비전 선포(3-8)
    언약 형성을 위하여 중재자를 통한 교섭이 시작된다.
  ☐ 백성의 성화(9-15)
    언약 형성을 위하여 언약 당사자들이 서로 대면하는 행동이다.
  ☐ 하나님의 현현(16-25)

2 **율법의 계시**(십계명, 20:1-17; 신 5:1-21 참조) : 하나님(1-4계명) & 사람(5-10계명)

   ❏ 전문 : "나는 … 네 하나님 여호와니라."
   ❏ 역사적 진술 : "너를 애굽 땅, 종 되었던 집에서 인도하여 내었다."
   ❏ 규정들 : 10가지 계명들이다(3-).

   先 구원, 後 십계명이다(1-2). 그렇다면 십계명을 지켜 행하면 구원을 받는다가 아니다는 점을 주목할 필요가 있다. 십계명은 구원의 조건이 아니라 구원 받은 자가 살아야할 삶이다.

   예수님은 이를 하나님 사랑과 이웃 사랑으로(마 22:37-40, 눅 10:26-27), 바울 역시 '이웃 사랑'으로(롬 13:8, 갈 5:14), 야고보 또한 '이웃 사랑'을 최고의 법으로 선언한다(약 2:8). 이웃 사랑이 곧 하나님 사랑이라 하시는 말씀은 십계명에서부터 흘러왔다 : "임금이 대답하여 이르시되 내가 진실로 너희에게 이르노니 너희가 여기 내 형제 중에 지극히 작은 자 하나에게 한 것이 곧 내게 한 것이니라 하시고"(마 25:40)

❷ 율법의 제정('언약서', 20:18-23:33)

   먼저 예배에 대해서 요구하시고서, 이 계명을 구체적인 사회적 상황 가운데 어떻게 적용할지를 70개에 달하는 율례(도덕법)를 통해 설명한다. 이것은 강압적으로 주신 법이 아니라, 언약을 유지하기 위한 조건으로 주신 언약법이다.

   1 하나님의 요구(20:18-26) : 예배
   2 주인과 종(21:1-32) : 인권
   3 소유권(21:33-22:15)
   4 안식일과 절기(22:16-23:19) : 경건의 권리
   5 하나님의 약속(23:10-33)

❸ 율례의 비준(24장)

성막에서 드리는 엄숙한 제사(의식)를 통해 언약을 확증하셨다.

   1 언약 체결 의식 : 이를 위해 단을 쌓고 제단과 사람들에게 피를 뿌렸다(5-8).
   2 체결된 언약에 대한 축하 피로연 : 이로써 언약이 공적으로 체결된 것이다(9-11).

2장. 출애굽기 · 39

3) 율법(32-34장) : 언약 파기와 언약 갱신

❶ 내용 구분(→ 4) ❷ 참조)

[1] 언약 파기 : 금송아지 숭배(32:1-6)

[2] 하나님 : 언약 파기에 대한 위협(32:7-10)

[3] 중재자 모세(32:11-35) : 모세는 출애굽에서 보이신 하나님의 사랑과 신실하심에
　호소한다. 하나님이 애굽에서 인도해 내신 친백성을 어떻게 버리실 수 있단 말
　인가?

[4] 언약 갱신 : 새 돌판, 시내산 현현, 가나안 동행 약속(33:1-34:28)

　모세와 산 위 시내산의 거룩, 하지만 이스라엘 백성과 산 아래의 금송아지 숭배로
인한 범죄는 언약의 파기라는 출애굽 이후 최대의 위기를 맞는다. 다시 모세의 사역
이 빛을 발한다.

4) 성막(25-40장) : 하나님에게 나아가는 생활을 정하심

> "무릇 네게 보이는 모양대로 장막을 짓고 기구들도
> 　그 모양을 따라 지을지니라."(25:9)
> "너는 삼가 이 산에서 네게 보인 양식대로 할지니라."(25:40)
> "너는 산에서 보인 양식대로 성막을 세울지니라."(26:30)

　모세가 세 번째 시내산에 올라 받은 규례들(25-31장) 중 성막과 제사장에 대한 말씀이
다. 그 사이 산 아래에서는 백성들과 아론이 송아지(애굽의 신인 황소의 신 '아피스')를 만들어
하나님이라 섬긴다. 산 위의 거룩과 산 아래의 죄악(부패)이 이처럼 극명하게 대조되는
것은 지금껏 없었다.

[성막의 기구들(지시/25-31장 → 성취/35-40장)]

물 건	지 시	➡	성 취	물 건	지 시	➡	성 취
성막	26:1-11 14-29 31-32 36-37	➡	36:8-38	언약궤	25:10-15 17-20	➡	37:1-9
				떡상	25:23-30	➡	37:10-16

등잔대	25:31-39	➡	37:17-24	분향단	30:1-5	➡ 37:25-28
거룩한 관유	30:22-33	➡	37:29a	정결한 향	30:34-38	➡ 37:29b
번제단	27:1-8	➡	38:1-7	물두멍	30:18	➡ 38:8
성막 뜰	27:9-19	➡	38:9-20	에봇	28:6-12	➡ 39:2-7
흉패	28:15-28	➡	39:8-21	겉옷	28:31-34	➡ 39:22-26
속옷, 관, 띠	28:39	➡	39:27-29	금패	28:36-37	➡ 39:30-31

성막 전경

[출처] 강문호, 『성막』, 9.

언약(19-24장)이 인격 당사자 간의 공적인 관계를 형성하는 것이라면, 그 관계가 형성된 후에 두 당사자가 삶을 같이 사는 장소를 마련하는 것이 필요한데, 이 장소가 바로 성막인 것이다. 독자들은 출애굽에 대한 기사(1-15장)가 전체 40장 가운데 일부에 불과하기 때문에 이 책의 제목이 '출애굽기'인 것에 대해서 과연 이 이름이 정당한가를 지적하는 것에 대해서 적절한 대답을 찾는데 어려움을 느낄 것이다. 이점은 출애굽기의 패러다임을 출애굽(구원) → 언약(율법·말씀) → 성막(예배)으로 그 균형을 이루도록 이끈다.

성막은 모세로부터 영구적인 하나님의 처소인 솔로몬의 성전이 건축되기 이전인 다윗까지의 기간 동안 하나님이 임재하신 지상 처소였다(왕상 6:1- .37-38). 그가 거하시는 처소로서의 성막은 하나님이 자기 백성과 함께 하신다는 것을 보여주는 하나의 실체였다. 하나님은 당신의 백성들을 만나 주시는 거룩한 장소를 허락하신 것이다. 성막(25:9)은 때때로 회막(29:44)과 증거막(38:21)이라고도 불렸다.

❶ 참된 언약에 대한 반응으로서의 예배 : 이스라엘을 위한 하나님의 준비(25-31장).

1̲ 타락 이전에 에덴동산은 어디에서나 하나님을 만날 수 있었기 때문에 특별한 장소가 필요치 않았다. 그러나 타락 이후 인간은 하나님께 나아가는 특별한 장소(제사)가 필요하게 되었고, 이에 족장 시대에는 제사를 드릴 '제단'(장소)이 마련되었다(창 4:3-4, 8:20, 12:8, 13:18).

2̲ 출애굽의 이스라엘은 이미 거대한 나라였다. 마침내 이스라엘이 처한 구속사의 시기에 하나님은 모세로 하여금 성막을 건축토록 하셨다. 이로써 율법(말씀)과 성막(임재, 예배하는 장소)과 제사장(중재자, 예배하는 사람)을 통한 하나님과의 새로운 만남의 장이 새롭게 열리게 되었다.

3̲ 하나님은 예배자(Worshipper)를 찾으신다 : "예수께서 이르시되 여자여 내 말을 믿으라 이 산에서도 말고 예루살렘에서도 말고 너희가 아버지께 예배할 때가 이르리라. 너희는 알지 못하는 것을 예배하고 우리는 아는 것을 예배하노니 이는 구원이 유대인에게서 남이라. 아버지께 참되게 예배하는 자들은 영과 진리로 예배할 때가 오나니 곧 이 때라 아버지께서는 자기에게 이렇게 예배하는 자들을 찾으시느니라. 하나님은 영이시니 예배하는 자가 영과 진리로 예배할지니라."(요 4:21-24)

❷ 깨어진 언약(32-34장)

새로운 신을 요구하는 이스라엘의 슬픈 타락, 즉 우상숭배('금송아지 사건')로 말미암아 결국 성막 건축이 지연되었다(32-34장, → 앞 3) ❶ 참조).

1̲ 이 사건은 인간을 거룩하게 만드는데 율법은 무용하며, 또한 인간들 스스로의 힘으로 율법을 지킨다는 것도 불가능하다는 것을 확인시켜 주었다.

2̲ 모세의 중보기도(32:30-34, 33:12-16) : "내가 친히 가리라!"(33:14a)

3̲ 하나님의 사랑 : 언약 갱신

❸ 성막은 이스라엘 백성들이 출애굽한 지 1주년이 되는 날에 세워졌다(40:17).

    ① 출애굽 당시의 이스라엘은 거의 가관이었다(12:37-42, 13:17-).

    ② 마침내 하나님과 언약을 맺은 거룩한 나라가 되었다(19:1-).

    ③ 출애굽 후 1년 만에 하나님을 만나는 예배 처소를 마련했다(40:17).

    ④ 그리고 2주 후에 유월절을 지켰다(민 9:1-3).

    ⑤ 또 2주 후에 20세 이상의 장정으로 가나안 정복에 나갈 자들을 계수하였다(민 1:1-).

» [특주] 성막과 그리스도

  이스라엘은 진을 칠 때마다 성막은 그 진의 중앙에 세워졌다.

  그리고 앞 성막 전경처럼 각 지파의 자리가 지정되었다. 성막으로 접근하는데에는, 그리고 다시 성막 안의 여러 부분으로 들어가는데는 여러 단계의 거룩성의 정도의 차이가 있다.

1) 성막은 하나님의 임재와 교제를 상징한다.

  하나님께서 사람들 가운데 임하시고 교제하는 모습은 에덴동산에서부터 발견된다(창 2:15-3:8). 에덴은 인간의 타락으로 다시 들어갈 수 없다. 하나님께서 '그룹'을 두어 생명나무를 지키신 것이다(창 3:24). 그런데 이 '그룹'은 성막의 지성소에도 있는데, 이 지성소는 하나님이 계신 곳이기 때문에 사람이 들어갈 수 없다. 바로 이 점이 성막으로 하여금 에덴을 연상하게 만든다.

  특별히 창 9:25-27절은 하나님께서 그의 백성들의 장막 가운데 거하실 것에 대해서 말하고 있는데, 이는 그리스도의 성육신을 의미한다. 성막에 나타나는 계시는 이처럼 점진적으로 진전(발전)한다. 이점을 좀 더 구체적으로 살펴보자.

2) 성막은 그리스도의 모형이다(요 1:14, 고전 10:11, 히 9:8-12).

하나님의 지상 처소에 대한 상징 가운데 가장 의뜸이 되는 성막 역시 제한적이고 임시적이다. 이것들은 주 예수 그리스도, 즉 "말씀이 육신이 되어 우리 가운데 거하시매"('거하시매' = "장막을 치시매, tabernacled, 요1:14a), 그러니까 성막을 치신 예수님의 오심을 예표하고 바라보고 있다. 그러므로 성막은 그리스도의 구속 사역과 관계가 있는 모형적 의미를 밝히는데 초점이 맞추어져야 한다.

3) 성막의 거룩성에 따른 테두리들

성막 둘레의 장소에는 오직 하나님을 섬기기 위해 특별히 구별된 레위인들만이 접근할 수 있도록 허락되었다. 레위인들은 성막과 진의 나머지 지역 사이의 완충 역할을 했다.

❶ **뜰 안**(진중, 27:9-19) : 하나님과 언약 관계에 있는 택한 백성이 거하는 땅이다. 뜰의 바깥 벽은 폭 100 규빗, 길이 50 규빗으로 주변을 두르는데, 이곳은 이방인들로부터 이스라엘을 구분함으로써 거룩과 성결이 항상 유지되어야 한다. 무조건 환영이란 없다.

❷ **진 밖** : 이방인들과 부정(不淨)한 자들의 영역이다. 이스라엘 백성일지라도 제사(예배)를 드릴 수 없는 부정한 자는 일정 기간 동안 진 밖으로 나가야만 했다.

❸ **지성소**(26:31-35) : 모든 거룩한 곳들 가운데 하나님의 임재를 상징하는 여호와의 법궤가 안치된 성막 내부의 지성소는 10 × 10 규빗(10 × 10m)의 가장 제한적인 장소로써 오직 현직에 있는 '대제사장'만이 대속죄일('큰 안식일', 1년 1차씩, 레 16:29-34)에만 들어갔다. 대제사장은 염소 두 마리를 취하여 속죄제로 죽여서 그 피 얼마를 '휘장 안으로' 가져가 시은소 위에 뿌리도록 하였다. 그 피는 생명을 잃게 된 죄인 대신으로 희생되는 생명을 가리킨다(레 17:11).

❹ **성소** : 제사장들만이 출입할 수 있는 10 × 10 규빗(5 × 5m)에 해당하는 곳으로 황금 촛대, 떡상, 분향단이 있다.

4) 성 막

> "내가 그들 중에 거할 성소를 나를 위하여 짓되, 무릇 내가 네게 보이는 모양대로 장막을 짓고 기구들도 그 모양을 따라 지을지니라 … 모세가 이같이 역사를 마치니 구름이 회막에 덮이고 여호와의 영광이 성막에 충만하매"(25:8-9, 40:33b-40)

❶ **문**(27:16, 20 × 5 규빗, 10 × 2.5m) : 하나님 전 뜰 안에 들어갈 수 있는 유일한 문이다(요 10:9, 14:6, 행 4:22, 딤전 2:5).

    ▫ 그러나 이 문은 노아 방주의 문, 혼인잔치의 문처럼 곧 닫힌다(창 17:16-23, 마 25:1-12, 계 3:7-8). 아직은 열려있다. 지금은 구원의 날이기 때문이다(고후 6:2).

    ▫ 주님은 믿음으로 들어온 자를 결코 내어쫓지 않으신다(요 6:37)

❷ **번제단**('큰' 제단 혹은 놋제단, 5 × 5 × 3 규빗, 27:1-8) : 여기서 모든 희생 제물, 즉 번제와 소제가 바쳐졌다.

    ▫ 제단은 제물이 되신 그리스도를 상징하며, 예수님을 통한 중생 곧 죄 씻음의 그림자다(히 10:4,11 → 요 19:30, 히 9:12,26).

❸ **물두멍**(대야, 30:17-21) : 제사장들이 성막에 들어가기 전에 먼저 손을 씻는 곳이다.

    ▫ 그리스도인에게는 날마다 더러워진 자신을 정결(정화)케 함이 필요하다(계 1:5-6, 요 13:8, 15:3, 요일 5:6)

❹ **등잔**(등대, 25:31-40) : 7개의 등잔으로 언제나 불이 밝혀진다. 이는 참 빛이신 예수 그리스도를 상징한다(요 1:9, 9:5).

    ▫ 성령의 기름부으심(충만)이 있어야만 계속 빛을 밝힌다. 성령이여 임하소서!

    ▫ "나는 세상의 빛이다"(요 9:5)라고 말씀하신 예수 그리스도를 상징한다.

❺ **진설병**(떡상, 25:23-30) : 문자적으로는 '임재의 상(떡)'인데 거기에는 안식일마다 고운 밀가루로 만든 새 떡 12개가 6개씩 두 줄로 놓여졌다.

□ 이는 '생명의 떡'이신 예수 그리스도를 의미한다(요 6:32-58). 그리스도인은 예수님의 도움으로 자란다.

❻ **분향단**(30:1-10) : 금으로 된 작은 단으로 지성소와 성소를 구분 짓는 안 휘장 앞에서 분향하는데 사용되었다.

□ 이는 중보자이신 예수님의 기도(계 8:3-4), 또한 성도들의 기도를 상징하는 의미가 있다(시 141:2).

□ 제단은 두 개가 있다. 뜰의 놋제단은 십자가의 속죄를 통한 안식을 말한다. 그 후에 하나님을 예배하며 기도할 특권이 주어진다.

❼ **휘장** : 성소와 지성소를 나눠 놓은 것인데 죄인이 하나님께 나아갈 수 없음을 상징하는 휘장은 오직 속죄일에만, 그것도 대제사장만이 피를 뿌리는 의식을 행할 때에만 들어갈 수 있었다(레 16:21-22).

❽ **언약궤** : 지성소 안에 있는 2.5 × 1.5 규빗(1.25 × 0.75m) 크기의 유일한 것으로 금으로 그룹 둘을 만들어 날개를 높이 펴서 서로 바라보며 덮개를 향하게 하였다. 이 궤의 뚜껑은 속죄소(贖罪所), 또는 시은소(施恩所)라고 불리었다.

□ 대제사장은 속죄일에 거기에 피를 뿌렸는데 이것은 그리스도의 속죄를 상징한다(히 9:12).

□ 이 궤는 하나님의 백성 가운데서 하나님의 임재의 상징이다(25:8, 40:34) : "거기서 내가 너와 만나고 속죄소 위 곧 증거궤 위에 있는 두 그룹 사이에서 내가 이스라엘 자손을 위하여 네게 명령할 모든 일을 네게 이르리라."(25:22)

□ 이 궤 안에는 오직 만나를 담은 금항아리(요 6:51)와 아론의 싹난 지팡이(출 16:33, 민 17:10, 히 9:4), 그리고 언약의 상징인 십계명의 두 돌비를 담고 있었다(삼상 9:19, 왕상 8:9).

〈참고〉 문은 넓지만 성소와 휘장은 더 좁고 동시에 더 높다(마 27:51, 히 10:19-20) : "그러므로 형제들아 우리가 예수의 피를 힘입어 성소에 들어갈 담력을 얻었나니, 그 길은 우리를 위하여 휘장 가운데로 열어 놓으신 새로운 살 길이요 휘장은 곧 그의 육체니라."

*이는 피를 흘리고 부림이나, 휘장 안으로 들어감이나, 죄를 지고서 자신의 육체를 찢어야만 했던(마 27:51) 그리스도의 육체의 장막을 상징한다(히 10:20).

» 여호와께서 오늘 너희를 위하여 행하시는 구원을 보라.

율법에 대한 신학적 입장은 분명해야 할 필요가 있다.

즉, 이스라엘 백성이 구원받은 것은 행위에 '의한'(by) 것이 아니라 행위를 '위한'(for) 것이다. 율법은 출애굽의 조건이 아니었다. 이스라엘 백성들이 구원받을 어떤 조건(공로)이 있어서 그들을 애굽으로부터 '밖으로' 나온 것이 아닌 것처럼 율법을 받은 것 역시 어떤 자격(선행)이 있어서가 아니었다.

» 출애굽기(Exodus)

"모세가 백성에게 이르되 너희는 두려워하지 말고 가만히 서서 여호와께서 오늘 너희를 위하여 행하시는 구원을 보라 너희가 오늘 본 애굽 사람을 영원히 다시 보지 아니하리라. 여호와께서 너희를 위하여 싸우시리니 너희는 가만히 있을지니라."
(14:13-14)

"영광 중에 나타나서 장차 예수께서 예루살렘에서 '별세'(Exodus)하실 것을 말할새."
(눅 9:28-36 中 31)

우리는 출애굽기에 나타난 하나님의 계시의 진전(progress, 점진성)을 보면서 하나님의 나라(Kingdom of God)를 대망한다. 그 무한한 사랑과 행복이 찬란하게 펼쳐지고 있다.

☐ 출애굽(구원)
☐ 율　법(말씀)
☐ 성　막(예배)

3장_레위기 Leviticus

■ 맥잡기

❶ 제사법(예배) **: 하나님께 나아가는 길**(1-16장) **→ 예수님**

    ☐ 제사 : 성막에서의 희생 제사와 그 드리는 방법(1:1-7:38)

    ② 제사장 : 제사를 섬김(8:1-10:20)

    ③ 백성 : 제의적인 정결을 보호하기 위한 율법들(11:1-15:33)

    ④ 속죄일 : 오직 대제사장만을 통한 오염 속죄(16:1-34)

❷ 성결법(구별) **: 하나님과의 동행을 위해 성결함으로 나아가라!**(17-27장) **→ 성령님**

    ☐ 거룩한 백성(17:1-20:27) : 이스라엘

    ② 거룩한 제사장(21:1-22:33) : 레위인

    ③ 거룩한 절기와 재언급 되는 규례(23:1-24:23)

    ④ 거룩한 땅(25:1-55) : 희년

    ⑤ 계약적 축복과 저주(26:1-46)

❸ 부록 : 서원과 십일조(27:1-34)

    레위기는 모세오경 전체를 놓고 볼 때 이스라엘 민족의 기원(창세기) → 구원(출애굽기) → 생활(레위기)로 이어지는 구원 얻은 백성과 하나님과의 '교제'를 넓게 둘로 나누어서 전개하고 있다. 성막의 건설에 초점을 맞추고 있는 출애굽기의 마지막 장들(25-40장)은 성소에서 행해지는 다양한 제사들을 기술하고 있는 레위기의 처음 장들(1-7장)로 자연스럽게 연결되어진다.

    한마디로 말하면, 레위기는 '성막'의 거룩과 순결에서 '국가'적 순결과 거룩으로 이동한다. 이것은 성막 세계와 일반 국가 생활과의 구분(분리)을 말하고자 하는 뜻은 아니다.

오히려 그 반대로 시내산에 도착한 이스라엘로 하여금 '제사장 나라'(출 19:6)가 되는 관계를 맺으신다.

» 그리고 그가 부르셨다.

> "여호와께서 … 이르시되, 이스라엘 자손에게 말하여 이르라"(1:1-2a)
> "이것은 여호와께서 … 이스라엘 자손을 위하여 … 명령하신 계명이니라."(27:34)

레위기(Leviticus)는 27장과 859절로 이루어진 오경 가운데 가장 짧은 분량의 책이다. 또한 백성의 속죄를 근거로 한 제사(예배)와 봉사(친교)를 위한 하나님의 계획을 이스라엘 백성 중에 함께 거하시는 성막(회막, 증거막)에서 말씀하는 모세오경 가운데 세 번째 책이다(1:1, 4:1, 6:1). 특별히 '속죄의 책'이자(16:30-34), 성막의 제사 예식을 통해 하나님을 섬기게 하는 법도를 이스라엘 백성들 모두에게 가르치는 '예배의 책'이기도 하다. 한편 레위기의 히브리어 명칭은 '바이크라'(그리고 그가 부르셨다)이다.

레위기는 어떻게 이스라엘이 하나님과 '교제'하며 살 것인가를, 그것은 출 19-24장에서 수립된 '시내산 언약'을 유지하는, 그러니까 이를 통해 하나님의 나라의 씨로 받아들여진 이스라엘이, 어떻게 그 언약적인 씨로 계속 머물러 있을 것인가를 목적으로 한다. 무엇보다 이스라엘은 '하나님의 거룩'을 배우게 된다 : "너는 이스라엘 자손의 온 회중에게 고하여 이르라 너희는 거룩하라 나 여호와 너희 하나님이 거룩함이니라."(19:2)

레위기는 27장 중 절반 이상 되는 17장이 "여호와께서 모세에게 일러 가라사대"로 시작되는 것이 특징이며, 레위기 전체에 하나님이 모세에게 말씀했다는 점을 무려 56회나 반복하여 언급한 것은 레위기의 내용이 모세가 하나님의 말씀을 이스라엘 백성에게 전달하는 사명을 나타내는 시내산 언약의 전통을 분명히 보여주는 것이다(출 20:8-21, 레 7:38, 25:1, 26:46). 또한 "나는 여호와로다"가 21번, "나는 네 하나님 여호와이로다"는 표현이 역시 21번 나타나고 있다.

레위기에서 가장 중요한 단어는 '거룩'(150회)과 '속죄'(45회)와 '성결'(186회)이다. 또한 제사장들을 200여회 이상 언급함으로써 제사장을 위한 지침서로 불려 왔고, 신약에서

약 40여회나 인용될 정도로 중요한 성경이다.

> "육체의 생명은 피에 있음이라 내가 이 피를 너희에게 주어 제단에 뿌려 너희의 생
> 명을 위하여 속죄하게 하였나니 생명이 피에 있으므로 피가 죄를 속하느니라."(레
> 17:11)
> "율법을 따라 거의 모든 물건이 피로써 정결하게 되나니 피흘림이 없은즉 사함이 없
> 느니라."(히 9:22)

» 레위기 신학

오경의 기록 순서가 주는 하나의 통찰은 이것이다. 먼저 시내산에서 언약 관계를 공
적으로 채결하였고(출 19-24장), 이스라엘은 여호와만을 자신의 하나님으로, 여호와는 이
스라엘만을 자신의 '거룩한 나라'(holy nation, 출 19:5, 신 26:18)로 율법을 수여함으로써 받아
들였다.

이어서 언약 당사자들이 더불어 살아갈 장소이자 그 맺은 언약을 증거하는 성막이 준
비되었다(출 25-31, 34-40장). 그리고 이렇게 준비된 성막에서 어떻게 제사해야 되느냐에
대해서 자연스럽게 언급되고 있는데(1-7장), 이것은 제사가 하나의 독립적인 종교적인
행동이 아니라, 앞에서 맺은 쌍방간의 언약과 관계된다는 점을 보여준다. 즉, 제사는 하
나님과 이스라엘 사이에 맺은 언약 관계가 깨어졌을 경우에 그것을 회복하거나, 더 나
은 관계로 발전시키는 목적을 가진 것이다.

결국 이 책은 거룩하신 하나님 앞에서 어떻게 적절하게 행동해야 하는가에 대해서 제
사장들과 일반 백성들에게 지침을 제공해 주고 있으며, 따라서 미묘하고 다듬어진 문학
적 기교들보다는 정보를 제공해 주는 것에 강조를 두고 있다.

1) 제사법(예배) : 하나님께 나아가는 길(1-16장)

제사는 하나님의 소유된 제사장 나라 백성의 죄와 더러움을 제거하여 하나님께로 나
아가는 길을 제시하고 있다. 레위기에서 만나는 하나님은 이 죄악된 세상과는 분리되어

계시며, 오직 죄의 오염으로부터 자유로운 자들만이 그의 앞으로 나아갈 수 있다는 것을 가르치신다.

구약 제사의 본래적인 의미는 하나님과 이스라엘의 언약의 회복(발전)에서 찾아야 한다. 구약의 제사는 이 언약 관계가 깨어졌을 경우에 회복시키거나, 이미 있는 관계를 발전시키는 역할을 한다.

1-16장의 성막의 거룩과 순결에 관한 규례는 두 단락, 즉 1-7장과 8-16장으로 나뉜다. 후반부는 전반부에 묘사된 제사가 어떤 경우에 적용되는가를 논리적 순서를 따라 기술한다 : 제사의 종류(1-7장) → 제사를 위해서는 제사장이 필요(8-10장) → 제사가 필요한 각종 사안들(11-16장)

❶ 희생 제사와 그 드리는 방법(1-7장) : 성막에서 어떻게 제사해야 되느냐?

1장 1절의 "여호와께서 회막에서 모세를 부르시고 그에게 말씀하여"는 1-7장에 나오는 제사 규범들을 출애굽기 40장에서 설명된 성막 건축 및 여호와의 임재 사건과 연결 짓는다. 이처럼 여호와의 임재는 레위기의 신학적 관심사 뿐 아니라 동기를 부여하는 힘과 사건인 것이다.

구조	제사법1 : 백성의 관점에서(1:1-6:7)	
	제사법2 : 제사장의 관점에서(6:8-7:38)	
구분	1:1-6:7	제사 의식 묘사(모세가 4번 언급 : 문단 나눔의 역할)
	1:1a	"여호와께서 회막에서 모세를 부르시고 그에게 말씀하여"
	4:1	"여호와께서 모세에게 말씀하여 이르시되"
	5:14	"여호와께서 모세에게 말씀하여 이르시되"
	6:1	"여호와께서 모세에게 말씀하여 이르시되"
	6:8-7:34	제사장과 회중의 소득물 분배에 관한 규례들
	7:35-36	제사장 임무를 위한 규례(6:8-7:34)의 결론
	7:37-38	1:1-7:38에 이르는 모든 부분을 마감

□ 성막과 제사를 명하는 문구("여호와께서 모세에게 말씀하여 이르시되", 출 31:12)가 같다.

본문의 초점은 제의의 의미나 중요성이 아닌 단지 제사 제도를 서술하는데 맞추어져 있다. 제사는 거룩하지 않은 것을 다시 정결하게 하고, 하나님 앞에서의 관계를 회복하게 한다. 하나님께 드리는 제사에 대해서 먼저 제사자/백성의 관점에서(1-5장), 그리고 제사장의 관점에서(6-7장) 각각 기록하고 있다. 이것은 무엇을 말하는가?

☐ 제사자/백성은 제사에 능동적으로 참여한다.

[번제를 예로 들어보자(숫자는 순서) **]**

제사자/백성	제사장
① 희생물을 회막문에 끌고 와 안수하고 죽인다.	② 희생물의 피를 단 사면에 뿌린다.
③ 번제 희생물의 가죽을 벗기고 각을 뜬다.	④ 각을 뜬 것을 번제단의 불 위에 놓는다.
⑤ 내장과 정갱이를 물로 씻는다.	⑥ 그 전부를 단 위에서 사른다.

☐ 백성은 제사에 적극(능동)적으로 참여해야 하기 때문에 제사자는 제사법에 대해
서 잘 알아야 한다. 따라서 백성의 관점에서 기록된 본문(1-5장)이 제사장의 관점
에서 기록된 본문(6-7장)에 비해 더 많은 분량을 차지한다.

[Ⅰ] 번제(burnt offfering, 1:1-17, 6:8-13) : 온전한 헌신 → 롬 12:1

☐ 서론(1-3)

☐ 번제에 관한 규례(3-17)

■ 번제물이 소인 경우(3-9)

■ 번제물이 양/염소인 경우(10-13)

■ 번제물이 비둘기인 경우(14-17)

원어적 의미는 '올라가다'(ascending)는 의미를 갖고 있으며, 희생 제물의 향기
가 연기의 형태로 하늘로 올라간다는 점에서부터 파생되었다. 흠 없는 동물을
-예배자의 경제적인 처지에 따라 소, 양과 염소, 새를 드린다- 완전히 태워서
드려야 하는 것은 진정한 대가를 치르지 않고 적당히 속죄(expiation) 제사를 드리
는 것을 금지한 것이다.

☐ 죄와 관련이 있는 경우 : "속죄가 될 것이라"(1:4, 14:20, 16:24)에 번제의 목적
이 명백하게 밝혀지고 있듯이 일반적인 죄를 속한다. 레위기 밖에서 번제
는 인간(죄인)의 죄에 대한 하나님의 진노를 누그러뜨리는 기능을 담당한다(민
15:24, 삼하 24:25, 대상 21:26, 욥 1:5, 42:8).

□ 죄와 관련이 없는 경우 : 아브라함의 죄와 관련한 것이 아니라 전적 헌신(포기)과 관련한 그의 아들 이삭을 번제로 드리는 사건에서 볼 수 있다(창 22장). 또한 언약 제사에서 드려진 번제의 경우는 이스라엘이 지은 또는 지을 죄와 무관하게, 이스라엘이 언약 당사자이신 여호와께 대한 전적인 '헌신'을 나타낸다(출 24:5, 신 27:6).

□ 제사장을 위한 번제의 규례에서 3번이나 강조된 점은 번제단의 불을 꺼뜨리지 않는 것이다. 한편 번제를 드리는 자의 경제적 능력에 따라 소, 양이나 염소, 새를 바치게 되는데 이때 그 사람은 제물의 머리에 손을 얹음으로서 자신과 제물을 동일시한다(1:4).

② **소제**(grain offering, 2:1-16, 6:14-23) : "고운 가루를 예물로 삼아"

제사 중 유일하게 동물의 희생의 피와 관련 없이 곡식을 제물로 드리는 일종의 감사의 선물과 같은 매일의 제사이다. 즉, 인간 편에서의 반응인 감사와 찬양, 헌신과 봉사, 모든 소유가 하나님께 속한 것을 인정하고 표시하는 것이다.

□ 다른 특징은 다른 제사와 동반된다는 점이다. 예를 들어, 번제와 함께 드려지는 소제는 번제를 통해 죄에 대한 하나님의 진노를 피하고 용서함을 받은 것에 대한 감사와 앞으로의 삶에 대한 결단을 나타낸다고 볼 수 있다. 즉, 하나님의 값없이 부어주시는 은혜를 무엇으로 보답할 것인가를 보여준다.

□ 소제는 오븐에 굽거나(2:4), 팬에 굽거나(2:5), 솥에 삶는 것(2:7)으로 드려진다. 이처럼 소제를 드리는 방법의 다양성은 하나님께서 베푸신 은혜에 다양하게 감사를 표현할 수 있음을 나타낸다.

□ 여기에 반드시 들어가야 할 것이 '언약의 소금'(2:13)인데, 이는 이스라엘이 하나님과 맺은 언약이 변치 않는 영원한 것임을 천명하는 것이다(민 18:19, 대하 13:3). 반대로 반드시 들어가서는 안되는 것이 누룩과 꿀인데(2:11), 이것은 언약 관계를 부패시킬 요소, 그러니까 인간의 타락이 감사 속에 혼합됨으로써 위선적인 모습이 나타나서는 안 된다는 것이다. 또한 없어도 되지만 있으면 좋은 기름과 향유는(2:15) 제사자의 자원하는 마음과 순전한 헌신의 즐거움을 나타낸다.

[3] **화목제**(fellowship·peace offering, 3:1-17, 7:11-21)

하나님과의 신바람 나는 사귐(shalom)을 원할 때 자원해서 드리는 선택적 (optional) 제사다.

☐ 죄와 관련이 있는 경우 : 하나님과 이스라엘이 맺은 언약 관계가 파괴되었을 때 양자 사이의 관계의 회복을 위해 드려진다. 희생 제물의 머리에 안수하는 것이 그것이다(3:2).

☐ 죄와 관련이 없는 경우 : 다음 세 가지는 하나님과 이스라엘의 언약 관계가 쌍방의 깊은 이해와 사랑 가운데 발전하고 있음을 보여준다(7:11-18). 역시 피의 제사다.

■ 감사제(thanksgiving, 7:12) : 이미 베푸신 예기치 않은 축복이나, 이루어주신 구원에 대한 감사를 나타낸다(시 56:12-13).

■ 서원제(vow, 7:16) : 하나님께서 미래 혹은 과거에 구원을 베푸실 것에 대하여 했던 서원을 갚는 의미를 지닌다(창 28:18, 35장, 삼상 1-2장).

■ 자원제(free-will offering, 낙헌제, 7:16) : 추수나, 혹은 예상치 못했던 하나님의 일반적인 은혜와 감사에 답하는 제사다(출 35:29, 스 1:4, 8:28, 시 54:8). 특별히 어떤 축복을 고려하며 드리는 것은 아니다.

☐ 이 제사는 제물의 일부만 태우고(콩팥과 내장), 가죽 외에도 가슴과 오른쪽 뒷다리를 제사장에게 주고 난 뒤(7:30-34), 남은 고기는 -제물로 태워지는 것은 내장이다- 의식적으로 정결한 백성이, 즉 제사자와 그의 친구들 또는 가족들이 먹을 수 있지만 피와 기름은 결코 먹어서는 안 된다(17, 7:22-27). 이는 하나님과의 화목이 이루어진 가운데 기쁨의 식사를 함께 나누는 것인데(신 12:7 참조), 후에 초대교회의 공동식사로 발전한다.

[4] **속죄제**(purification offering, 4:1-5:13, 6:24-30) : "여호와께 드릴지니"

☐ 죄 그 자체를 처리하는 속죄와 관련한 가장 중요한 제사이지만 속죄의 유일한 제사는 아니다. 자유 의사에 따라 드리는 것이 아니라 누구든지 변상할 수 없는 구체적인 죄를 지었으면 반드시 의무적으로, 공적으로, 공개적으로 드

려야 한다. 자신의 치부를 드러낸다는 것은 결코
쉽지 않았을 것이다. 최근에는 '정결제'로 새롭게
보는 경향이 있다. 그러므로 거룩과 청결의 개념이
이 제사에 지배적이다.

신분에 따른 속죄제
제사장(4:3-12)
온 회중(4:13-21)
족 장(4:22-26)
평 민(4:27-35, 5:7-13)

□ 그러나 "그릇 범하였으되"(비의도적으로 범한, 4:2,13),
"부지 중에 범하"(4:22,27)게 된 죄만 사해진다. 즉, 의도적으로 범한 죄는 사
해질 수 없다(히 6:5-6). 이 둘의 차이를 보라(민 15:22-31).

5 **속건제**(guilt offering, 5:14-6:7, 7:1-10)

· 부주의로 성물을 범했을 경우(5:14-16)

· 이웃의 재산에 손해를 입혔을 경우(6:1-7)

□ 속건제는 죄 때문에 생긴 '변상'(배상)이 가능한 구체적인 손해(범죄)를 처리하
는, 즉 해당하는 물건 값의 20%를 추가로 덧붙여서 배상하는 제사(120%, the
reparation offering)다. 이는 하나님께 뿐만 아니라 인간 관계에서 생긴 것을 다
포함한다. 이때 법적인 만족이 요청된다. 이사야 53장은 이 제사의 의미를
가장 잘 나타낸다.

□ 이 제사를 드리는 경우는 하나님께 바쳐진 것이든지, 타인의 것이든지 일단
자신의 것이 아닌 타인의 것을 탈취한 잘못된 행위와 관련된다. 비록 의도적
인 것은 아닐지라도 일단 입힌 손해에 대해서는 책임을 져야만 한다.

□ 삭개오의 고백에서 발견된다(눅 19:8).
"제사를 통해 이루어지는 물질적, 도덕적 배상은 제사가 단순히 추상적이
거나 영적인 부분만을 다루지 않는다는 것을 보여 준다. 실제로 레위기에
서 이야기하는 제사는 예배 그 자체에 머무르지 않는다. 더 나아가서 물질
적이고 현실적인 차원에 관심을 기울이도록 도와준다."(Philip Jenson(2016), 『레
위기 읽기』, 31)

[제사의 종류 및 그 특징]

제사	장		기독론적 의미	특 징
번제	1장	지속성 : 인간의 죄 / 하나님께 헌신	예표(히 9:14)	
소제	2장	다양성 : 은혜에 대한 감사	인성(히 2:17-18) 첫열매(고전 15:20)	향기로운 냄새 자발적
화목제	3장	관계의 회복	화평(골 1:20) 감사제(레 7:11-12)	
속죄제	4장	대신(對神) 사이의 속죄	대속(고후 5:21)	향기롭지 않다. 강제적
속건제	5장	대인(對神) 사이의 배상(16)	배상(사 53:10)	

☐ 구약의 '속죄'는 '덮는다'는 의미를 갖는다. 이것은 레위기의 제사는 진정한 속죄가 그리스도의 십자가에서 이루어질 때까지 단지 죄를 덮을 뿐이라는 것을 의미한다(롬 3:25).

☐ 제사는 하나님과 이스라엘의 언약 관계에서 '죄'의 처리 문제가 가장 중요하다는 것을 보여준다. 이처럼 우리는 죄의 문제를 해결해 주신 하나님, 그리고 자신의 생명을 바치신 예수 그리스도를 위한 헌신과 성결의 삶을 살아야 한다.

☐ 두 제사로 구분된 구약의 속죄 제사는 우리에게는 충격적이다. 이 두 제사는 그리스도의 속죄 사역의 이중성을 나타낸다.

❷ 제사장(8-10장) : 섬김으로서의 예배를 이렇게 시작하라!

제사장은 거룩하신 하나님 앞에서 많은 시간을 보내는 자들이다. 따라서 그들의 행동은 그들 역시 거룩해야 한다는 사실에 의해서 많은 부분 규제를 받는다 : "나는 나를 가까이 하는 자 중에서 내 거룩함을 나타내겠고 온 백성 앞에서 내 영광을 나타내리라."(10:3)

성막에서의 제사에서는 제사장의 역할과 임무가 무엇보다 중요하다. 따라서 제사장의 위임 절차와 첫 제사의 방법, 제사장이 회막에 들어갈 때의 규례를 다루는 부분을 살피는 것은 매우 중요하다.

7:37의 제사장 위임제에 관한 언급은 1-7장이 제사장(8-9장)에 관한 서술의 배경

으로서 앞부분에 놓여진 듯 싶다. 8:1-2은 여호와께서 모세에게 성막과 제사장을 성결케 하라는 명령으로 레위기의 두 번째 단락을 시작하고 있다. 하나님의 거룩은 성막(1-7장) → 제사장(8-16장) → 모든 백성과 국가(거룩법, 17-27장)로 확장되고 있다.

1 **성별**(8장)

　　제사장을 세우는 일에 하나님이 아닌 그 누구의 뜻도 개입되지 않았다 : "여호와께서 모세에게 명령하심과 같았더라"(8:4,5,9,13,17,29,36, 9:5,7,10,21) 우리는 아론이 대제사장으로 위임을 받는 장면에서 예수 그리스도를 생각하게 된다(히 9:11-15).

2 **아론의 첫 제사**(9장)

　　제사의 순서는 언약 관계가 제사의 핵심이라는 사실을 보여 준다. 제사장의 죄가 먼저 해결되고 백성의 죄가 사해져야 하나님과 이스라엘이 비로소 '화목' 관계에 들어간다. 결국 하나님의 임재라는 제사의 목적이 성취된다(4,6,23).

□ 제사의 순서 : 속죄제(죄씻음) → 번제(전적 헌신) → 화목제(친밀한 교제)

□ 우리가 예수 그리스도의 피로 말미암아 구속 곧 죄사함을 받았다면, 그는 자원하는 마음과 기쁨으로 주님께 자신의 전부를 전적으로 헌신하게 될 것이다. 그렇게 되면 그는 분명히 하나님이 주시는 진정한 평안(shalom, 화목)을 누리게 된다.

[제 사 장]

역사	이스라엘은 [시내산 언약]에서 전체가 제사장으로 부름 받았다.
	① 멜기세덱(창 14:18, 시 110:4, 히 5:11, 6:20)
	② 가정 제사장(아브라함 : 창 12:8, 17장 / 욥 / 엘가나)
	③ 만인 제사장(출 19:6, 사 61:6)
	④ 레위계 제사장(출 28:1-3, 민 3:1-4, 신 10:68, 18:1)
	⑤ 대제사장 예수 그리스도(히 3:1, 7:26-27, 8:1- , 10:1- ,12)
	⑥ 만인 제사장의 의미(벧전 2:9 vs 엡 4:11-12)

임직식 (레 8장)	① 준비(8:1-5)	
	② 예식 절차(순서)	
	a. 물로 씻고(정결·성결, 6)	b. 기름을 붓고(성화·성별, 10)
	c. 옷을 입히고(임직·임명, 7-9)	d. 피를 뿌리고(헌신, 15)
	e. 제물을 바치고(속죄제와 번제, 18-21)	
	f. 오른쪽 귀·엄지손가락·엄지발가락에 피를 바름(23)	
기능	① 제사와 절기 : 하나님께 더 가까이	
	② 율법 강론(신 17:18, 31:9, 33:10, 왕하 22:8, 렘 18:18, 느 8:2-10)	
	③ 축복 기도(민 6:22-27; 호 4:4 참조)	④ 재판(신 21:5)
	⑤ 우림과 둠밈(신 33:8, 삼상 14:41-42)	⑥ 전쟁의 선봉(수 3:6)

① 제사장이 자신의 죄를 위해 속죄제를 드린다(3,8-11).

② 제사장이 자신을 위해 번제를 드린다(3,12-14).

③ 제사장이 백성을 위해 속죄제를 드린다(15).

④ 제사장이 백성을 위해 번제를 드린다(16-17).

⑤ 제사장이 모든 사람을 위해 화목제를 드린다(4,18-21).

⑥ 제사장이 백성에게 축복한다(22-23a).

⑦ 하나님의 응답과 백성의 반응(23b-24) : "여호와의 영광이 온 백성에게 나타나며, 불이 여호와 앞에서 나와 제단 위의 번제물과 기름을 사른지라 온 백성이 이를 보고 소리 지르며 엎드렸더라."

③ 두 제사장의 범죄(10장)

거룩하지 않은 '다른 불'(strange fire)을 드린 죄는 참람죄다. 제사장인 아론의 아들 나답과 아비후의 죽음은 왜 모세가 그토록 8-9장에서 "여호와의 명하신대로" 행하였다는 것을 강조했는지를 통찰하도록 한다.

□ 이 사건은 여호와의 임재의 영광(9:1,23-24)이 이스라엘 모든 백성들에게 나타나신 날과 동일한 날에 발생했다. 영광의 불이 단 위의 번제물을 사른 것처럼, 몇 구절 뒤에도 '불'이 범죄자를 삼킨다(10:2). 더구나 16:1-2에서는 대속죄일의 주의 깊은 배경과 근거로 10:1-2의 재난을 상기시킨다. 따라서 나답과 아비후의 죽음은 여호와께서 제사장 신학의 기초가 되는 기본적 원리들

을 제시하시는 기회로 사용되었다.

- ▢ 하나님은 '자기 식'(내가복음)대로의 예배를 싫어하신다. 우리는 사도행전의 아나니아와 삽비라의 사건을 기억할 필요가 있다.
  - ■ 속죄소는 아무 때나 들어가서는 안 된다(16:2).
  - ■ 회막 안에서 향을 올릴 자격자는 오직 아론뿐이다(출 31:1-10).

- ▢ 그렇다면 '다른 불'이라는 것이 이처럼 큰 문제인가. 한 가지 분명한 것은 규정된 계명을 무시하고서 자의적으로 어겼다는 점이다. 그것은 특권에는 더 큰 책임이 주어진다는 것을 교훈한다 : "무릇 많이 받은 자에게는 많이 요구할 것이요 많이 맡은 자에게는 많이 달라 할 것이니라."(눅 12:48b)

- ▢ 성소에서의 제사장 : "죽음을 면하라!"(8-20)
  무엇보다 제사장은 "거룩하고 속된 것을 분별하며 부정하고 정한 것을 분별하"는 자다(10).

❸ 제의적인 정결을 보호하기 위한 율법들(11-15장)
: 하나님의 백성은 구별되고 깨끗한(건강한) 예배자여야 한다.

하나님께서 이스라엘과 함께 하시고 계셨기 때문에 이스라엘 진영에는 정결성이 보존되어야 했다. 그러니까 우리의 의식주, 즉 먹고(11:1-47), 입고(13:47-59), 거주하는(14:33-53) 모든 것이 하나님의 정결을 이루는 현장이다. 따라서 우리네 삶의 모든 지평이 만약 부정한 것으로 얼룩지게 될 경우 하나님의 백성들이 가져야 할 마땅한 태도가 어떤 것인가를 제시한다. 여기서 '정'한 것과 '부정'한 것은 도덕적인 의미의 "좋(옳)은 것, 나쁜(그른) 것"이 아니라 이스라엘은 이방과 구별되며, 또한 이 나라는 주님을 향한 구별된 존재가 되어야 한다는 사실을 말하는 것이다.

레위기의 탁월성은 이처럼 영혼 뿐만 아니라 육체의 거룩한(깨끗한) 성결도 말씀되어지고 있다는 점이다. '육신적' 순결 율법은 여호와의 '육신적' 장막 임재(출 40:34-38, 레 9:22-24, 16:1-2, 민 9:15-23)에 상응한다. 하나님은 영육(靈肉)의 강건을 요구한다(요삼 1:2).

① 깨끗한 음식에 대한 규정들(the kosher laws, 11장)

이스라엘은 생활 속에서 정결한 것과 부정한 것을 세심하게 판별해야 한다. 구별된 삶을 살아야 되기 때문이다(43-45) : "몸을 구별하여 거룩하게 하라!"(44, 고전 10:31) 하나님의 관심은 백성의 거룩함이다.

□ 유대인들은 이 정결 규정을 자기 의를 내세우는 수단으로 남용하였다. 그러나 율법적인 의식이 사람을 깨끗케 만드는 것이 아니라 그리스도의 피가 사람을 정결케 한다(딛 2:14, 히 9:14, 요일 1:7).

□ 하나님은 겉 형식(외적 조건)이 아니라 속마음의 신앙적 성결을 원하신다(삼하 22:21-25, 사 6:5, 렘 33:8). 진정한 구별(성별)은 어떤 행위를 하거나 하지 않는 것으로써 규정되는 차원의 문제가 아니다.

□ 신약은 현대 그리스도인들은 음식에 관한 구약의 율법들을 따르지 않아도 된다고 가르친다(행 10:9-22, 15:20, 갈 2:11-16). 여기서의 중요한 원리는 우리는 세상에 속한 자가 아니라 부르심을 입은 구별된 주의 자녀라는 점이다. 즉, 신약시대에는 모든 식물이 다 거룩하며(막 7:19), 하나님이 지으신 모든 것이 다 선하다(딤전 4:4-5). 이처럼 신약의 거룩(정결) 개념은 영적인 것으로 다루어진다. 따라서 구약의 의식법은 그리스도의 그림자다(히 10:1) : "그러므로 먹고 마시는 것과 절기나 초하루나 안식일을 이유로 누구든지 너희를 비판하지 못하게 하라. 이것들은 장래 일의 그림자이나 몸은 그리스도의 것이니라."(골 2:16-17)

② 깨끗한 몸에 관한 율법들(12장)

출산에 동반되는 산후조리를 부정한 것으로 보는 것은 산혈 때문이다(1-5, 15:1-33). 산혈이 깨끗하게 되는 기간(아들은 40일, 딸은 80일)이 다 차면 산모는 공동체로 복귀하는데 이때 번제와 속죄제를 드려야 한다(6-8).

③ 깨끗한 옷과 집의 확인 및 다시 정결케 하는 방법(13-14장)

이스라엘은 문둥병을 죄악에 대한 하나님의 징벌로 여겼다(왕하 5:20-27, 대하 26:16-21). 그러나 그들은 이 일종의 피부병을 발견하는 것에 그칠 뿐 그 치료는 철저하게 하나님께 있다. 인간의 죄 문제 역시 마찬가지다(엡 5:25-27).

□ 제사장이 사람의 피부에 나는 질병을 진단하고 처리하는 절차를 소개한다 (13:1-46). 문둥병은 죄의 성질을 잘 보여준다.

　■ 죄는 표면보다 우묵하다(3). 즉, 죄란 표면적인 것이 아니다.

　■ 죄는 그것으로 끝나지 않고 퍼진다(7).

　■ 죄는 마음과 몸을 모두 더럽힌다(44-46).

　■ 죄는 하나님과 사람으로부터 고립·소외된다(46).

　■ 죄는 마침내 심판을 받는다(52).

□ 베, 털, 가죽으로 만든 의복에 생긴 문둥병(일종의 곰팡이)을 진단하고 처리하는 절차를 소개한다(47-59).

□ 문둥병으로부터 깨끗하게 된 자를 위한 정결의식으로써의 축제(감사제, 신고식)를 다룬다(14:1-32).

　■ 통과의례(5-7) : 진영 밖에서 제사장이 맞이하는 예식으로 새 두 마리로 치러진다.

　■ 구별의식(8-9) : 깨끗하게 된 사람이 자신의 천막 앞에서 옷을 빨고 털을 깎으며 몸을 씻는다.

　■ 감사제(10-20) : 회막문 앞에서 하나님께 희생 제사를 드림으로써 정결하게 복귀하였음을 감사하며, 하나님께 헌신한다는 다짐이 이루어진다.

□ 어느 건물 벽에 색점(곰팡이)이 생기거나, 퍼지거나, 생겼다가 그쳤을 경우 그것을 어떻게 진단하고 처리하며 정결케 해야 하는지를 설명한다(14:33-53).

4 **깨끗한 접촉**(15장)

　하나님은 문란한 성생활을 단호하게 거부하며, 특별히 여기서 생긴 질병은 의학의 문제가 아닌 신앙의 문제로 접근한다.

□ 남자의 경우 비정상적인 분비물이(2-15), 여자의 경우 계속되는 하혈(下血)이 부정을 낳는다고 말한다(25-30).

□ 단, 정상적인 유출이라고 해도 부정하게 되는 경우가 있는데 남자는 사정(射

精, 16-18), 여자의 생리(19-24), 남녀의 성관계이다.

⬜ '유출병'은 히브리어로 그냥 "흐르는 것"이다. 이것은 젖과 꿀이 '흐르는' 땅인 가나안인데 피와 고름이 '흐르는' 땅으로 변하는 문란한(잘못된) 성생활을 경고하는 것이다. 정결한 삶은 가장 은밀한 부분(생활)에서도 나타나야 한다.

❹ 오직 대제사장을 통한 성막의 오염 속죄(16장) : 대속의 피로 깨끗게 된 민족

구조적으로 16장은 성막 제사법(예배, 1-15장)의 결론임과, 동시에 10장과 연속성을 갖으면서(1-2) 대제사장이 1년에 단 한 번 지성소에 들어가는 위대한 대속죄일을 말씀한다. 이로써 제사장법(출 25 - 레 16)은 성막의 전체적 성결에 있어서 가장 중요한 성회인 1년1차 대속죄일(16장)로 그 끝을 맺는다. 왜 갑자기 대속죄일인가? 그것은 성막이 오염되면 하나님이 이스라엘과 함께 거하심의 존재 기반이 파괴됨으로 16장에서 기술하는 대속죄일은 앞 뒤 말씀들과 매우 자연스런 흐름이다.

이처럼 대제사장이 '자기를 위한 속죄제'를 먼저 드린 후에, 그리고 목숨을 걸고 지성소에 들어가는 것은 부정한 예배자들이 오염 시킨 성소를 정화시키는데 있다(16,19). 이것은 그리스도께서 우리의 대제사장이시며(히 2:17, 10:12), 그리스도인은 모두 제사장이다는(벧전 2:5,9) 사상으로 발전한다. 피를 흘리고 뿌림, 휘장 안으로 들어감, 죄를 지고 가는 속죄 염소의 상징적인 행위는 모두 예수 그리스도의 대속을 예표한다.

16장을 중심으로 앞과 뒤에 거룩하고 청결한 삶을 강조하는 것은 자연스럽다. 즉, 앞(11- 15장)에서는 물건(육체)과 관련된 거룩과 청결한 삶을 말하고, 뒤(17-22장)에서는 인간끼리의 윤리적인 삶의 거룩과 청결에 대해서 말하고 있다. 이는 성도들의 삶의 모든 정황들, 그러니까 육체로부터 영혼까지 하나님의 거룩과 청결을 체험하여야 한다는 것을 말하는 것이다.

좀 더 넓게 보면, 16장은 성막 제사법(예배, 1-15장)과 17장부터 이어지는 국가, 이 두 영역의 거룩과 순결이 가장 원대한 목표였다.

▢ 서론(1-2) : 대속죄일은 "아론의 두 아들이 죽은 후에"(1)라는 특정한 역사적 정황 속에 그 뿌리를 두고 있다.

2 **의식에 필요한 동물들과 대제사장의 복장**(3-5) : 위엄스러운 본래의 대제사장 복장이 아닌 단순한 흰색 세마포 옷을 입고 죄에 대해서 철저하게 겸손히 예식을 진행한다.

- □ 아론 자신을 위한 제물을 준비(3)
- □ 아론이 몸을 물로 씻음(4)
- □ 백성들을 위한 제물을 준비(5)

3 **속죄양 의식**(6-28) : 영문 밖 십자가에서 흘린 그리스도의 피로 완성된다(요 1:29, 히 9:12, 10:10 참조). 이로써 오직 예수 그리스도를 통해서만 하나님께 이를 수 있다.

- □ 의식의 개괄적 개요(6-10)
  - ① 先 자신 & 가족을 위한 속죄, 後 이스라엘 백성을 위한 속죄
  - ② 후자를 위해 숫염소 두 마리 준비·한 마리 속죄제, 한 마리 '아사셀'(16:21)
- □ 의식에 대한 자세한 설명들(11-28)
  - ① 피 뿌리는 의식(11-19) : 수송아지의 피를 지성소 안으로 가지고 들어가 언약궤 위의 시은좌에 아론과 제사장들을 위하여 그 피를 뿌리는 것(11-14) 외에는 기름부음 받는 제사장을 위한 속죄제(4:3-12)와 유사하다.
  - ② '여호와를 위한' 염소를 백성의 속죄 제물로 삼아 제사를 드린다(15-19).
  - ③ 속죄 염소(20-22) : 이 의식은 백성의 죄를 완전히 제거('azael')하고, 그 죄를 부정한 땅 곧 광야로 내어버린다. 무인지경('단절의 땅', '혼돈의 광야', 22)이란 염소를 끌고가는 장소와의 단절, 혹은 염소의 생명이 단절되는 곳으로 끌려간다는 상징적인 뜻일 수 있는데, 이는 그 동물이 다시 진중으로 돌아와 그들의 죄를 다시 가져올 수 없었다는 사실을 의미한다.
  - ④ 의식 관계자들의 속죄(23-28) : 속죄 염소가 모든 백성의 죄를 지고 광야로 나간 후에는 진과 성소를 다시금 깨끗하게 할 필요가 있다.

4 **백성의 임무**(29-34) : 대속죄 의식만으로는 불충분하다. 이제 이 의식이 효력을 나타내려면 온 이스라엘이 진정한 회개를 하지 않으면 안 된다(히 10:3-4,10,14).

2) 성결법(구별) : 하나님과의 동행을 위해 성결함으로 나아가라!(17-27장)

제사장들이 성막을 안에서 밖으로 바라보는 것은 자연스러운 일일 것이다.

그러나 성막을 회중과 연결시키기 위하여 그들은 또한 일반 회중의 자연스런 관점대로 성막을 외부로부터 안으로 바라볼 수 있어야 했을 것이다. 본질적으로 이것이 곧 레위기 1-16장과 17-27장 사이에 서로 지니는 특성이다.

11-16장의 규례를 지키면 하나님과 이스라엘과의 수직적 관계가 회복되고 완전하게 된다. 16장의 대속죄일 규례가 거의 피의 예식에 관한 것이므로 피와 관련된 주제를 17장에서 다룬다. 이어서 18-22장에서는 하나님과 이스라엘의 수직적 관계가 정리되고 난 뒤에, 이스라엘끼리의 수평적 관계에서 일어나는 거의 모든 문제들로부터의 성결을 구체적 항목들로 나누어 세부적으로 다룬다.

하나님의 백성들의 성결법전(Holliness Code)으로, 하나님과 동행하는 거룩한 백성의 삶의 내용과 지표를 제시한다. 이를 다시 크게 나누면 율법들(17-25장), 축복과 저주(26장), 서원을 다룬 부록(27장)으로 되어 있다.

> "너희는 내 규례와 법도를 지키라 사람이 이를 행하면 그로 말미암아 살리라 나는 여호와이니라."(레 18:5)

❶ 거룩한 백성(17-20장) : 이스라엘

성막(예배)과 관련하여 본 국가적 거룩과 순결을 다룬 17장은 거룩법(the Holiness Code, 17-26장)의 앞에 주어졌다. 특별히 중요한 것은 1-16장이 하나님만이 예배의 대상임을 명시하고 있지만, 우상숭배를 금하는 것은 17장에서라는 점이다. 한편 약속의 땅에서의 국가적 거룩과 순결을 18-20장에서 언급한다.

① 피의 취급 방법(17장)

이스라엘이 이방신을 섬기지 않고 피를 먹지 않는 것으로 다른 이방 민족과 구별된다. 하나님이 구별하여 정하신 한 장소가 5번이나 언급되고 있다(3-9) : "여호와의 성막 앞에서" 이렇듯 하나님께서 죄인을 만나 주시는 곳은 오직 한 곳이다(요 14:6).

□ 1-7절 : 이스라엘 백성은 제물을 잡을 때 반드시 성막이 아닌 다른 곳은 금지되었다. 이는 성소 밖에서의 번제 금지 뿐 아니라 다른 신에게 제물을 드릴 가능성을 원천적으로 없애는 것이다. 회막문에 있는 단은 십자가의 모형(예표, 그림자)이다(롬 3:23-25).

□ 10-16절 : 피는 생명 그 자체를 상징하지만, 속죄의 피로 사용했으므로 제사의 피는 신성(거룩)한 액체를 의미한다(11, 히 9:14) : "육체의 생명은 피에 있음이라"(11a, 창 9:4-) 특별히 '내가'는 속죄의 주체가 하나님임을 명백히 한다(요 6:54, 롬 5:9-11, 히 9:22, 엡 1:7, 요일 1:7).

2 근친상간에 관한 법들(18장) : 금지

성도덕의 준수가 선민인 이스라엘의 특징을 나타낸다. 거룩한 백성은 영적으로 하나님과 결혼을 했기 때문에, 이스라엘은 결혼의 결속에 대한 모든 위배 사항과 모든 성적 음란을 엄격히 금해야 한다. 특별히 현대인들은 일부일처(一夫一妻) 제도의 근거가 되는 18:18을 주목해 볼 필요가 있다.

특별히 당시는 대가족을 이루고 살았기 때문에 거기서 자연스럽게 만날 수 있는 가족 간의 성적인 타락을 집중적으로 다루고 있다는 점이 매우 특이하다.

□ 애굽과 가나안의 풍속을 따르지 말라(1-5).

□ 이스라엘이 지켜야 할 구체적인 금지 명령이 선포된다(6-23) :
   ① 근친상간(6-18)
   ② 생리중의 성행위(19)
   ③ 간통(20)
   ④ 자식을 몰렉의 제물로 드림(21, 레 20:2-5, 왕상 11:7, 렘 32:35)
   ⑤ 동성애(22; 20:13)
   ⑥ 수간(23)

□ 성윤리의 파괴를 경고한다(24-30).

3 사회 질서(19장) : 너희는 거룩하라!

이스라엘이 지켜야 할 기본 규례와(1-18: 십계명 반영), 사회생활에 대한 규례가 제시된다(19-37). 레위기의 거룩은 다름 아닌 이웃('거류민'까지다; 33-34)을 자신처럼 사랑하는 것이다. 따라서 거룩은 개인적이고 종교적인 것을 뛰어넘어 관계적(공동체적)이고 윤리적인 생활까지를 포함하고 있다. 이는 이웃, 백성(16), 동포(18)이라는 표현에서도 강조되고 있음을 알 수 있다.

- 거룩하다는 것은 다음과 같은 행동을 해서는 안 된다(1-18) : 도둑질, 거짓말, 거짓 증언, 속이는 것, 형제를 마음으로 미워하는 것 등을 하지 않아야 되는 것을 '거룩함'이라고 말한다. 그렇다면 다른 사람에게 '사랑'을 나타낼 때 거룩함이 드러난다는 뜻이다. 하나님은 삶의 거룩, 거룩한 삶을 하나로 보신다. 시내산 언약이 선언한 거룩(출 19:6)은 레위기에서도 동일하게 강조된다. 이는 물론 신약에서도 마찬가지다.

- 같은 맥락에서 다른 것끼리 서로 섞이는 것(19-22), 과일 수확법(23-25), 점술(26,31), 몸에 상해를 입히는 것(장례법, 27-28), 매음(29)을 각각 금하고 있다. 또한 안식일 준수와(30) 노인 공경(32), 정직한 사업을 명령한다(35-37).

- 이방인들을 보호하라(33-34) : "자기 같이 사랑하라!"(34,18) 이스라엘은 애굽을 경험했기 때문이다.

4 금지 사항과 형벌(20장)

성결한 백성들이 지켜야 하는 생활의 의무를 교훈한다. 두 번에 걸쳐(18, 20장) 언급되고 있음을 주목할 필요가 있다.

- 자식을 몰렉의 제물로 드리거나(2-5), 접신하는 자를 처벌할 것을 규정한다(6,27) : "너희는 스스로 깨끗하게 하여 거룩할지어다 나는 너희의 하나님 여호와이니라. 너희는 내 규례를 지켜 행하라 나는 너희를 거룩하게 하는 여호와이니라."(7-8)

- 사회·윤리적 처벌 규정들이 선포된다(9-21) : 부모를 저주(마법의 힘을 빌어 악담)하는 자(9), 간통죄(10), 근친상간(11-12,14,17,19-21), 동성애(13), 수간(15-16), 생리 중 성행위(18)

- 다시 계속되는 명령(22-27) : "너희는 나에게 거룩할지어다"(26a)

❷ 거룩한 제사장들과 제사들에 대한 법들(21-22장) : 레위인

레위기에서 오직 제사장들에 대한 것은 이 부분이며, 주 내용은 그들이 어떻게 그들의 거룩성을 유지하느냐 하는 것에 대한 것들이다.

1 제사장(21장)

하나님께 제물을 바치도록 성별된 제사장들이 지켜야 할 규례를 교훈한다.

□ 1-9절 : 장례와(1-6), 자녀를 포함한 결혼에(7,9) 있어서의 성결을 말한다.

□ "너(이스라엘)는 그(제사장)를 거룩히 여기라"(8a). 제사장을 거룩한 사람으로 대접해야 한다는 것은 수신제가(修身齊家)와 깊이 관련된다(삼상 2:12-36, 호 4:4-10, 5:1-3, 딤전 3장, 딛 1:5-9).

□ 10-15절 : 제사장은 부모 장례에 갈 수 없다(10-12). 이것은 그의 직무가 가족에 우선한 것인 만큼 완전한 헌신이 요구된다는 뜻이다. 또한 그의 성별은 처녀 장가에까지 요구되고 있다(13-15).

□ 16-24절 : 몸에 흠이 있는 사람은 휘장 안이나 제단 앞으로 나가 하나님의 성소를 더럽혀서는 안 되지만(23) 음식을 먹는 것은 자유하다(22).

2 제사법들(22장)

제사장들과 그들의 가족 그리고 나머지 이스라엘 회중이 성별된 음식을 먹는 것에 관한 규례들을 다룬다.

□ 1-9절 : 제사장들이 지켜야 할 규정으로, 부정한 자의 구체적인 예와 그들이 지켜야 할 의무 규정을 언급한다.

□ 10-16절 : 제사장의 친척들이 지켜야 할 세부 규정이 소개된다.

□ 17-25절 : 여호와께 바치기에 합당한 흠이 없는 제물에 대한 규정이다. 사람인 경우에도 역시 제사에 참여할 수 없었다(신 23:1). 그러나 이는 한시적이다(사 56:4-8, 눅 14:13,21, 요 5:3).

□ 26-30절 : 제물로 바치는 동물을 무분별하게 잡아서는 안 된다.

□ 31-33절 : 명령 준행의 당위성을 반복하여 선언한다.

❸ **거룩한 절기와 재언급 되는 규례**(23-24장)

하나님은 이스라엘이 지켜야 할 절기를 정하셨다. 간단하게 언급된 출애굽기 23장, 의미를 자세하게 설명하는 신명기 16장에 비하여, 레위기 23장에 표현된 이스라엘의 절기는 모두 추수와 관련되어 있다(민 28-30장 참조).

Ⅰ **안식일**(23:1-3) : 시간의 거룩

"너희는 아무 일도 하지 말라!"(3b) 이 규례는 독립적으로 전개되는데, 이는 모든 절기의 기초가 되는 역할을 하고 있기 때문이다(출 20:8-11, 신 5:12-15).

[절기들과 그 영적 & 모형적 의미]

절기	절	목적	기독론적 의미
유월절 (민 28:16)	4-5	죽음과 속박으로부터의 구속을 기념 양의 피를 우슬초와 함께 문 인방에 바름 고기는 구워 가족들이 먹음(신 16:1-6)	고전 5:7 유월절 어린양(날짜 일치)
무교절 (민 28:17-25)	6-8	구속의 축복에 대한 교제(유월절 후 7일) 구원의 즐거움 선포	고전 5:8, 11:23-26, 요 6:51 그리스도의 부활
초실절 (맥추절)	9-14	'안식 후 첫날'이며 보리 추수의 시작 출 23:16, 민 28:16-31	고전 15:23, 롬 8:29, 약 1:18
오순절 (칠칠절)	15-22	초실절이 있는 후 50일째 절기 성회 : 누룩 있는 밀떡 2개를 바침 출 34:22, 신 16:9-12	행1:3, 2:1, 고전 10:16-17 고전 12:13,20 성령강림(날짜 일치)
나팔절 (민 29:1-6)	23-25	일곱째 달의 특별한 안식일(성회로 모임) 시작을 나팔로 알림	미래/ 사 18:3-7, 58:1-14 소망(살전 4:16) : '우주의 추수'
속죄일 (레 16장) (민 29:7-11)	26-32	나팔절 바로 뒤에 오는 속죄의 날(16장) 가장 엄숙한 날(금식, 성회) 대제사장 지성소 출입(1년 1차)	히 9:11-14, 요일 1:9 우주적 청결인 심판
초막절 (장막절) (수장절)	33-44	추수 끝에 하는 1년 중 마지막 집회 대속죄일 후에 시작 종려와 버드나무를 흔들며 축하 출애굽 회상(42-43) : 장막생활 민 29:12-40, 신 16:13-15	하나님 의존 (슥 14:16-20) 천년왕국의 평화 새하늘과 새땅

2 **지켜야 할 여호와의 절기들**(23:4-44)

- □ 봄 절기들(4-22) : 유월절(4-5)과 무교절(6-8), 맥추절(초실절, 9-14), 칠칠절(오순절, 15-22)에 관한 세부 규정을 교훈한다.

- □ 가을 절기들(23-44) : 일곱째 달의 나팔절(신년제, 9-10월, 23-25), 속죄일(26-32), 초막절(장막절, 33-34)을 다룬다.

3 **성막과 신성모독**(24장)

성소에 관한 규례와(1-9), 하나님의 이름에 대한 모독죄와 살인죄에 대한 규례가 다시 추가로 주어진다(10-23). 이것들이 소홀히 되지 않도록 다시금 주위를 환기시키는 것으로 이해할 수 있다.

- □ 1-9절 : 하나님께 바쳐지는 제사/예배는 절기에만 한정되는 것이 아니라 '항상'(2,3,4,8), '영원히'(3,8), 그리고 반복적으로 드려져야 한다.

- □ 10-23절 : 이스라엘 사람이 여호와의 이름을 모독한 위기 상황의 사례(case)를 들면서(10-14), 이와 관련한 율법이 선포된다(15-22). 특별히 신성모독과 살인죄가 모두 사형으로 다스려지고 있다. 이는 십계명의 정신과 같은 의미이다.

❹ **거룩한 땅**(25-27장) : 희년

안식년만 언급하는 출애굽기나(23:10-11) 신명기에 비해(15장), 레위기는 두 가지를 다 언급하지만 특히 희년에 대해서 자세한 경우를 들어서 설명한다.

한편 앞서 23장은 한 해를 기준으로, 그리고 25장은 이를 뛰어넘은 시간의 거룩을 다룬다.

1 **희년**(禧年, 25장) : 안식년과 희년법의 원칙 및 관계 규정이 선포된다.

- □ 안식년(1-7) : 제7년 안식년에 대한 중심 개념은 '안식'이다(25:4, 히 4:9) : 땅을 위한 안식과(4), 수고로부터의 안식을(5-6) 말씀한다.

- □ 희년(8-55) : 50년에 대한 중심 개념은 소유권과 땅과 종에 대한 '자유'이다(10,28-31). 이처럼 희년법은 동족들 사이의 생존권 보호를 위한 규례이다(23-

24). 특히 희년법의 세부 규정은(23-55) 약자를 보호하며 도와줌으로써 평화와 사랑의 세상을 만들어 가는 것이 이스라엘을 출애굽 시키신 하나님의 뜻임을 선언한다(38,42,55).

① 땅을 무르기(23-34) - 고엘제도(25), 자력으로(26-27), 희년(28)

② 이자 금지(35-38) - 흉년은 이자 면제

③ 종을 풀어줌(39-55) - 희년으로 채무가 면책된다(54).

☐ 이스라엘은 하나님께만 속했기 때문에 그 나라가 하나님의 품꾼이라는 하나님의 선포로 마치게 된다 : "이스라엘 자손은 … 내가 애굽 땅에서 인도하여 낸 내 종이요."(55)

2 계약적 축복과 저주(26장)

성결법(17-26) 전체의 결론부다. 하나님 자신의 언약적 서원이다. 하나님은 이스라엘 백성들에게 순종을 권고하시기 위해서 오직 상(1-13)과 징계(14-46)라는 두 가지 수단을 사용하신다.

사실 시내산 언약(출 19-24장)이 체결되었을 때는 그 관계의 장래에 대한 축복만 있지 저주는 언급할 수도, 또 그럴 필요도 없었다. 왜냐하면 처음 결혼한 것과 같은 상태이기 때문이다. 그러나 이스라엘이 황금 송아지와 언약을 세움으로써 하나님과의 '결혼서약서'를 어김으로 나무나 빨리 하나님을 배신하였고, 이에 대한 하나님의 심판은 준엄하였으며(출 32-33장), 이어서 언약이 회복되었다(출 34장). 이 새롭게 회복된 언약에서 축복과 저주가 언급된 것은 당연한 것일 것이다. 그런데 하나님과 이스라엘이 만든 언약의 증거막과 그 속에서의 삶에 대한 규례가 출 35 - 레 25장까지 정리되고 나서야, 비로소 이 내용이 언급될 수 있게 된 것이다.

☐ 1-13절 : 축복의 조건은 '우상을 섬기지 말라'와(1), 안식일 준수 및 성소를 공경하는 것이다(2). "너희가 나의 규례와 계명을 준행하면"(3), 이때 주어지는 상급이 뒤따른다(3-13).

☐ 14-46절 : 한편 "그러나 너희가 내게 청종하지 아니하여 이 모든 명령을 준행하지 아니하며"(14)에서처럼 불순종에 대한 경고를 축복에 비해 4배나 길

게 언급된다. 만약 불순종하면 이스라엘을 흩으실 것을 예언한다(33-39 → 왕하 25:1-21, 렘 25:1-14 참조). 그러나 최종 결론 부분은(40-45) 이스라엘이 그들의 죄를 회개하고 돌이키면 그들을 맞아 구원의 은혜를 내리실 것을 분명하게 언약(권고)하고 있다(잠 3:11-12).

③ 부록(27장)

이처럼 명할 수 있는 근거는 26:46과 27:34을 비교해 볼 때 부록임을 알 수 있다. 하나님께 속한 땅과 모든 자원에 관한 규례다. 인간의 하나님께 대한 서원, 그리고 십일조를 다루고 있다. 즉, 거룩한 것으로 성별된 것과 공동체 일반 사이의 관계를 어떻게 다루어야 하는가를 교훈한다.

- 자기가 가진 것은 무엇이나 서원의 대상이며, 일단 서원한 것은 반드시 지켜야 한다.

- 30-33절 : 율법은 이스라엘의 제사장(사역자)들의 생계를 위해 백성들에게 최소한의 물질을 바치도록 규정하고 있다. 십일조는 자발적으로 하나님의 것을 성별하여 드리는 것으로써 성도의 의무라기보다는 하나님에 대한 사랑의 표현이다. 그러나 서원의 대상이 되기도 한다(창 28:20-22).

» 너희는 거룩하라!

성경에서 제사(예배)에 관한 대표적인 것으로는 레위기, 시편, 히 7-13장을 들 수 있다.

"그리스도께서는 … 염소와 송아지의 피로 하지 아니하고 오직 자기의 피로 영원한 속죄를 이루사 단번에 성소에 들어가셨느니라. … 영원하신 성령으로 말미암아 흠 없는 자기를 하나님께 드린 그리스도의 피가 어찌 너희 양심을 죽은 행실에서 깨끗하게 하고 살아 계신 하나님을 섬기게 하지 못하겠느냐."(히 9:11-14)

1) 예배자(Worshipper)를 찾으시는 하나님

우리는 예수 그리스도의 피의 공로를 따라 하나님의 보좌 앞에 담대히 나아가 그를 예배하게 되었다. 여기서 예수 그리스도가 율법의 제사를 폐한 것은(히 10:8-9), 그 제도적인 것과 형식적인 것이지, 하나님의 뜻을 따라 예배하는 예배의 원리와 예배 그 자체를 폐하려는 것이 아님을 분명히 할 필요가 있다(마 5:17, 롬 3:31).

2) 레위기의 영구적인 가치는 무엇인가?

예수님은 궁극적으로 대제사장이시다. 구약의 보통의 제사장 제도를 신비적인 인물인 멜기세덱과 대조시킴으로써 히브리서 기자는 또한 예수 그리스도께서 레위 지파의 배경을 갖지 않고 계시다는 문제를 해결한다(7:14). 경우야 어찌 됐든 아론적 제사장직과 구약의 희생제사 제도는 모두가 다 보다 위대한 실체, 즉 최종적인 제사장이자 완전한 제물이신 예수 그리스도를 고대하였다(히 4:14-5:10, 7-10장, 롬 8:3, 엡 5:1; L. B. Dillard & T. Longman Ⅲ, 122)

- □ 예배(출 7:16) – 광야에서 나를 섬길 것이니라.
- □ 하나님 앞에서 거룩(19:2) – 너희는 거룩하라.
- □ 이웃과의 관계에서 사랑(19:18) – 네 이웃 사랑하기를 네 자신과 같이 사랑하라.

Numbers

4장_ 민수기

민

■ 맥잡기 ···

❶ 광야에서 1 : 인구조사

> ① 옛 세대의 종말(1:1-25:18) : 옛 이스라엘 → 심판(비관적)
>
> 　1. 행군 준비 및 시작(1:1-10:36)
>
> 　2. 실패와 죽음(11:1-25:18)
>
> 　　a. 반복적인 반역과 속죄의 사건들(11:1-20:29)
>
> 　　b. 첫 세대의 종말(21:1-25:18)
>
> ② 새 세대의 준비와 조직(26:1-36:13) : 새 이스라엘 → 희망(긍정적)
>
> 　1. 새로운 계수와 지도자(26-27장)
>
> 　2. 새로운 교훈(28-36장)
>
> 　3. 마무리(36:13) : 모압평지

❷ 광야에서 2 : 이동 경로

> ① 시내광야에서(1:1-10:10; 출 19:1 참조)
>
> ② 시내광야에서 바란광야까지(10:11-21:35)
>
> ③ 모압평지에서(22:1-36:13)

[두 세대(the Old & the New)]

	옛 세대(언약의 실패)_심판 1-25장 · 방황(11-20장) · 종말(21-25장) · 바란광야(38년 6개월)	새 세대(은혜의 이야기)_희망 26-36장 · 모압평지(약 5개월)
세대		
계수	첫 번째/1-4장	두 번째/26-27장

여행	11-14장	28-36장
교훈	5-10장	

서로 다른 두 세대를 다루고 있다 : 인구조사(1장) → 백성 조직 → 가나안으로 진군 → 하나님의 인도 → 가나안 모임 → 이스라엘의 불신과 반역 → 심판 → 40년 방황 → 옛 세대의 소멸 → 새 세대 계수(26장) → 가나안에 들어감

이것은 하나님의 백성이 하나님의 약속을 신뢰하고 하나님의 능력을 의지할 때에만 전진할 수 있다는 것을 보여준다. 믿음이 없이는 광야에서 헛되이 죽을 수밖에 없다(히 3:7-19 참조).

» 광야에서

1) 두 세대(the Old & the New)

민수기(Numbers)는 이스라엘 자손의 수를 센 인구조사(1-4, 26장) 때문에 붙여진 이름이며, 히브리어 이름은 '광야에서'(1:1)이다. 이 칭호는 이 책 전체의 배경을 지칭하고 있다. 이 책에서 이스라엘은 '시내광야'(1:1; 출 19:1 참조)로부터 '바란광야'(10:12)로, 그리고 마지막으로 신명기의 배경이 되는 '모압평지'(22:1, 36:13)로 이동한다.

출애굽기가 끝난 부분에서 민수기가 시작되기까지는 레위기를 그 사이에 두고 꼭 한 달의 기간이 필요했다(출 40:17, 민 1:1). 민수기는 하나님의 명령에 따른 '인도'와 '그 구원'(21:6-9)을 중심 메시지로 하여 전개되며, 역시 모세에 의해 기록된 모세오경 가운데 네 번째가 된다(민 1:1, 2:1, 4:1, 33:2). 출애굽기와 레위기처럼 '그리고'라는 접속사로 시작함으로써 오경의 책들 사이에 존재하는 연속성을 보여주고 있다.

민수기는 한 가지 중요한 역할을 하고 있는데, 그것은 이 민수기가 애굽을 떠나 광야에서 죄를 지은 구세대로부터 약속의 땅의 바로 앞에 서 있는 신세대로의 전이(轉移)를 기술하고 있다는 점이다. 그러므로 이 책은 독자들에게 새로운 시작들과 소망에 대한 꿈을 제공해 준다(L. B. Dillard & T. Longman III, 123).

시내산 기슭에 여전히 머물러 있는 백성에서 시작되어, 약속의 땅으로 건너갈 채비를

갖추고서 요단강 동편 기슭에 망설인 채로 있는 그들의 모습으로 끝을 맺는다. 하나님으로부터 엄청난 특권을 부여받았지만 이스라엘은 계속해서 불평, 반역, 원망, 감사할 줄 모르는 인간 본성의 부정적 모습 때문에 영적 성장(성숙)과는 거리가 먼 불행한 '광야에서의 방황' 생활을 이어간다. 그러나 역설적으로 하나님에게서는 오래 참으시고, 용서하시고, 회복을 주시는 긍정적인 모습을 발견한다.

2) 모세 : 그는 누구인가?

모세의 임무는 매우 독특하다. 모세는 선지자, 제사장, 왕의 역할을 겸비하고 있다. 신약은 모세를 그리스도의 모형으로 본다(마 17:3, 눅 16:29-31, 요 5:46, 행 3:22, 히 3:2-).

□ 선지자적 소명(신 18:18) : 미래 예언, 율법 선포, 중보기도

□ 제사장 : 아론의 위임식에서 잘 나타난다. 이때 아론은 일반 평민의 역할을 하는 동안 모세는 제사장의 역할을 한다(레 8장).

□ 왕 : 백성의 재판관, 군사적 지휘관, 목자로서 후대의 왕이 수행할 모든 임무를 이행하였다(민 15:32-36, 27,31,36장).

» 광야의 신학

출애굽기의 결론 부분은 하나님의 약속의 실현이 곧 임박한 것처럼 보인다. 그러나 이스라엘의 불평(15:22-17:7)과 반역(32:1-6)은 시내산 언약으로부터 가나안 정복까지 40년이라는 기간이 존재하게 만들어 버렸다. 민수기는 이 중요한 공백을 메우는 역할을 한다. 즉, 그곳을 향한 이스라엘의 여정에 초점을 두고 있다.

□ 인구조사(20세 이상 장정)

① 1차(1:46) : 출애굽을 한 옛 이스라엘 - 603,550명

→ 40년(14:34) : 원망

② 2차(26:50) : 출애굽의 후예인 새 이스라엘 - 601,730명(-1,820명)

1) 옛 세대 : 시내에서 가데스바네아까지(1:1-25:18)

책을 열면 시내광야에 있는 약속의 땅을 바라보는 이스라엘 백성과 성막, 제사장, 그리고 율법이 펼쳐짐으로써 마침내 하나님은 이스라엘 국가가 해야 할 일을 준비하고 계심을 만난다. 애굽에서 나와서 광야에서 행군 준비 및 제의적인 조직(1-10장), 그리고 행군하는 하나님의 백성의 첫 세대의 역사를 다룬다. 이들은 반역, 죽음, 구원의 순환이라는 긴장된 이야기가 진행되면서 소망적인 요소가 있지만 궁극적으로는 실패와 죽음을 통해 첫 세대는 멸망의 세대로 그 막을 내린다(11-25장).

❶ 계수(計數, 1-4장)

약속의 땅까지 행진하는데 필요한 일련의 조직에 관한 지침이 나온다. 먼저 군사적인 목적으로 인구조사가 이루어졌다. 12종족 별로 계수되었고 회막을 중심으로 진영이 결정되었으며, 주로 진의 외형을 다루고 있다.

■ 성막에서 아셀 지파까지의 거리 : 2,000규빗(약 912M)
■ 성막에서 잇사갈 지파까지의 거리 : 2,000규빗(약 912M)

① 성인 남자(1장)

가나안 정복 전쟁에 참가할 군인을 계수한 결과 유다 지파가 가장 많았다(74,600명, 26:19-22). 이는 야곱의 예언 성취로 보여진다(창 49:8-12). 한편 이 계수는 유아, 여자, 레위 지파를 제외한 총계가 603,550명이라는 사실은 당시 인구가 약 2백만 정도였음을 암시한다. 요셉과 그 형제들이 애굽에 들어간 후 430년 동안 마침내 아브라함 언약이 성취되었다(창 15:13-14, 출 12:40).

② 종족별 진영 배치(2장)

무질서하게 야영한 것이 아니라 하나님의 지시에 따라 성막(tabernacle)을 중심으로 진쳤으며, 유다 지파가 선두 역할을 수행한다(9). 장자 르우벤이 아닌 유다 지파가 선봉(先鋒)에 선 것은 역시 야곱 예언의 성취로 보아야 한다(창 49:10).

③ 레위인 남자(제사장들, 3장)

제사장으로서 여타 레위 족속보다 탁월한 위치를 점하는 아론의 가계는 하나님께 봉사하도록 특별히 성별된 자들이며 회막 봉사를 하던 제사장들이다.

④ 레위인의 직무 분담 및 성막 봉사자 계수(4장)

고핫·게르손·므라리 족속의 각각의 임무는 서로 합력하여 선을 이루는 것으로 조화를 이룬다.

❷ 제의적인 조직에 대한 교훈(5:1-10:10)

주로 진의 내형을 다루고 있다. 마침내 두 번째 유월절이 거행되면서 가나안을 향한 행진 준비를 완료한다.

장	교 훈
5	진영의 정결(1-4), 죄로부터의 정직(5-10), 의심의 법(11-31)
6	나실인의 서원 : 하나님께 구별(레 27:2) 제사장이 낭독하는 축복 선언문(22-27) : 축복의 근원은 하나님이시다. · 보호(24, 성부의 사역, 신 29:2-6, 32:10-14) · 은혜(25, 성자의 사역, 출 20:6) · 평강(26, 성령의 사역, 시 4:6)
7	성막과 단의 봉헌 예물 : 각 족장들 자원, 하나님은 받으심(89, 막 12:41-44)
8	성소의 등대(1-4)와, 레위인의 성별 의식
9	과거 구원에 대한 기념일인 두번째 유월절을 지킴(성만찬, 고전 11:26) 성막 위의 구름(15-23, 출 40:34-38)
10:1-10	두 나팔을 만들 것을 명함(실전 4:13-18)

① 구름

- 움직이는 구름을 따라 진을 쳤다(9:15-23, 창 28:15). 이 여호와의 영광의 구름은 출애굽기 40장과 민수기 9장 사이에 단지 레 16:2에서만 나타났었다. 사실 이 구름은 애굽과 가나안 사람들도 다 알고 있었다(14:14).

- 움직이는 구름과 법궤는 하나님의 표상으로써 하나님의 동행과 승리로 나타난다(10:33-36). 그러므로 성막을 덮는 구름은 성막이 빈 왕궁이 아님을 보여준다.

- 지도권, 혹은 가나안에 대한 백성의 항거라는 위기의 때 갑작스럽게 출현하는 구름은 모종의 비참한 형벌을 예고하는 것이었다(11:25; 11:33, 12:5,10, 14:10, 16:19,42, 20:6 참조)

- 구름 기둥과 법궤가 없는 경우에는 반드시 패배했다(14:43-44).

- 결국 이 구름은 그들을 약속의 땅으로 인도하게 되며(33:1-49), 약속의 땅은 하나님의 임재가 자기 백성들 가운데 있음으로 해서 거룩하게 될 것이다(35:34).

② 땅 : 민수기는 가나안에 대한 어떤 메시지를 주는가?

- 정복 준비(1-10장) → 정복 행진(11-12장) → 정복 실패(13-14장) → 그리고 이어지는 긴 방황 여정(15-36장) : '약속의 땅은 유효한가?'

- 여호와께서 이스라엘에게 주신다(32:7,9,11; 14:15-16, 창 17:8, 26:3, 28:13 참조). 때가 되어 그 땅을 정복하게 된다는 보장인 셈이다. 그러므로 정탐꾼들의 불신앙은 참으로 가증스러운 것이다. 더구나 그들이 정탐한 '헤브론'(13:22-24) 지역은 아브라함이 최초로 그 땅에 관한 약속을 받았던 곳이자 그와 그의 가족이 매장된 곳이었다(창 13:14-18:1, 23장, 35:27-29, 50:13).

- 장차 하나님이 자기 백성과 함께 거하시는 거룩한 땅이 될 것이다(35:34). 이 때문에 완전히 정복해야 하며, 하나님만이 예배를 받으셔야 한다(33:51-52). 하나님의 임재에 의해 그곳은 참으로 '젖과 꿀이 흐르는 땅'이 될 것이다

(13:27, 14:8).

- ▢ 이 땅은 이스라엘의 영원한 소유지가 될 곳이다(36:9, 창 13:15, 17:8).

- ▢ 광야 : 광야는 출애굽기 - 신명기의 대부분의 배경의 역할을 하고 있다. 출애굽 → 광야 → 정복이란 주제는 성경 전체를 통해서 계속 반복되어지는 중요한 주제이다. 우리는 이미 가나안의 백성이지만 아직 세상이라는 광야에서 살고 있다. 이 두 지평 사이의 긴장이 신앙생활의 현장이다. 이에 대한 바울의 통찰은 매우 인상적이다(고전 10:1-).

❸ 여행 시작(10:11-36)

감격스러운 순간이었다. 아브라함과의 언약(약속)이 7세기를 지나서 마침내 "여호와께서 주마 하신 곳으로 우리가 행진하나니"(10:29)라는 말씀처럼 서서히 이루어지려 하고 있다. 이제 모든 준비(출 19:1 - 민 10:10)가 끝났다.

1 시내산에서 언약을 맺고 여호와의 거룩한 나라가 된 이스라엘은 마침내 여호와의 군대 진영으로 재편된다. 시내산을 떠나면서 이스라엘은 여호와가 선두에 서서 약속의 땅 안에 하나님의 나라를 세우기 위해 정복 전쟁을 나서는 군대로서 출정하게 된다.

2 위대한 초청 : "우리와 동행하자 그리하면 선대하리라!"(29b) 전진하는 백성들은 주위 사람들에게도 복된 초청을 하였다. 후에 호밥의 자손들이 가나안에 정착한 것을 볼 때 이때 함께 동행한 것으로 보인다(삿 1:16, 4:11, 삼상 15:6, 27:10, 30:29).

언약 공동체의 일원이 되는 비(非) 혈통의 흐름은 여기에서도 발견된다(창 41:50, 출 12:38, 수 6:23,25, 9:3- , 룻 1:4, 이방인, …). 그러나 이들은 문제아들이었다(11:4). 이것이 예나 지금이나 광야교회(행 7:38)의 모습이다.

3 언약궤의 이동(33-36)

❹ 반복적인 반역과 속죄의 사건들(11:1-25:18)

그러나 그들의 기대는 얼마가지 못하여 산산히 깨어지고 말았다. 불평과 불신앙은 40년 광야생활을 낳았다(14:34). 불평의 계보를 정리하면 다음과 같다. 이것은 무엇을 말하는가?

□ 모세가 바로와 대면할 때(출 5:20-21)

□ 홍해 앞에서(출 14:10-12)

□ 마라(출 15:22-24)

□ 신광야(출 16:1-3)

□ 만나(출 16:20,27)

□ 르비딤(출 17:1-3)

□ 시내산에서의 우상숭배(출 32:1-6)

□ 디베라(민 11:1-3)

□ 섞여 사는 다른 인종들(민 11:4-9) : 탐욕의 무리들

□ 정탐 보고 후(민 13:26-14.3)

　■ 다베라(11:1-3) : 죄, 징계, 호소, 회복의 전형적인 형식을 보여준다.

　■ 먹는 것(11:4-34) : '섞여 사는 다른 인종들'(이방인, 4) → 은혜(메추라기)와 공의(심판)

　■ 모세 지도력(11:35-12:16) : 아론과 미리암

　■ 정탐 보고 후 : 하나님에게까지(14:1-) → 절정 : "애굽으로 돌아가자!"

　■ 레위인 : 고라와 그 일당들(16:1-) → 백성들 : 이튿날 원망(41-50)

　■ 므리바에서의 반역(20:1-) :
　　"이 나쁜 곳으로 인도하였느냐"(5) → 모세의 혈기(10)

　■ 불뱀·놋뱀 사건(21:4-) : "이 하찮은 음식을 싫어하노라"(5)

이스라엘은 신광야에서 가나안을 탐지케 한 정탐꾼을 보내지만(13:17) 결과는 엇갈린 보고였다(13:27-). 이런 분위기 속에서 시행된 불순종(불법)의 가나안 공격은 패배일 수밖에 없었다(14:39-45). 이것은 첫 패배의 기록이다. 한편 광야에서의 '방황 세대'(15-20장)는 마침내 여호수아와 갈렙을 제외한 옛 세대와 새 세대의 교체가 시작된다. 하나님은 이 기간 동안에도 변함없이 모세를 통해 말씀하시고(15:1,17,35), 이스라엘 백성에게는 양식과 물과 옷과 신발을 주셨다(신 8:2-6).

1 시내산에서 가데스바네아까지의 여행 : 반복적인 반역들(11-14장)

[이스라엘 백성들의 광야 행군 순서]

단 아셀 납달리 〈제4대〉	에브라임 므낫세 베냐민 〈제3대〉	**1**	르우벤 시므온 갓 〈제2대〉	**2**	유다 잇사갈 스불론 〈제1대〉	**3** ➡

1 고핫 자손에 의해 성물 운반
2 게르손과 므라리 자손에 의해 회막 부품 운반
3 법궤가 앞서감, 그 뒤에 유다 지파가 선두에 섬
※ 굵은 글씨 : 선임 지파

▢ 여행의 노중에 많은 난관을 겪은 후 마침내 가나안 땅을 정탐하기 위해 가나
안 변경인 가데스에 안전하게 도착한다(10:11-12:16). 원망은 다베라(11:1-3) →
먹는 것(11:4-34) → 모세의 지도력에 항거(11:35-12:16)하는 것으로까지 발전
한다. 점점 그 긴장이 고조된다.

- 출애굽 3인 지도자(미 6:4) : "모세와 아론과 미리암을 네 앞에 보냈느니라"
- 위기(12장) - "여호와께서 모세와만 말씀하셨느냐 우리와도 말씀하지 아니
하셨느냐"(2)
  ① 모세(율법 수여자) : 온유함(겸손, 3), 충성(7), 용서와 기도(13)
  ② 아론(제사장)
  ③ 미리암(선지자, 출 15:20-21)
- 해결 - 이스라엘 공동체는 말씀(율법)이 중심인 신앙공동체다.

▢ 12 정탐군의 정탐 후의 보고는 매우 실망스러운 것이었으므로 이스라엘은
애굽으로 돌아가자고 제의한다(13:1-14:4). 마침내 이스라엘은 하나님과의 '분
리'를 요구하는 최고(최악)의 배반의 깃발을 든다. 불평은 그 절정에 달한다.

▢ 이에 하나님은 백성들을 진멸하고자 하셨지만(출 32:7-10) 모세의 중재(중보) 기
도로 취하되었다. 결국 하나님은 네 번의 경고(29, 32, 33, 35)와 함께 형벌 대신
광야의 40년 방랑을 선언한다(5-38).

- 믿음이 답이다 : "여호와께서 … 그 땅을 우리에게 주시리라"(14:8)

- ■ 불신의 정탐꾼(10명, 13:31-33, 14:2-4) - 그 거주민을 삼키는 땅, 척박한 땅
  → 애굽 신뢰
  - ▶ 그 땅에 대하여 악평한 자들 - 재앙으로 죽음(14:37)
- ■ 믿음의 정탐꾼(2명, 14:7-9) - 젖과 꿀이 흐르는 땅 → 하나님 신뢰
  - ▶ 성취 - 갈렙(수 14:6-15), 여호수아(수 19:49-51)

☐ 그러나 이스라엘은 불법적인 불순종의 전쟁을 하러 나갔고, 그것은 패배의 전주곡이었다(39-45). 이것은 잘못된 회개였다. 한편, 불신앙의 사람들은 광야에서 죽고, 오직 믿음의 사람들만이 약속의 땅에 들어간다(14:22-24). 약속의 땅 가나안은 인간이 주도권을 쥐고 정복할 수 없다는 진리는 예나 지금이나 여전히 유효하다.

> "내 영광과 애굽과 광야에서 행한 내 이적을 보고서도 이같이 열 번이나 나를 시험하고 내 목소리를 청종하지 아니한 그 사람들은, 내가 그들의 조상들에게 맹세한 땅을 결단코 보지 못할 것이요 또 나를 멸시하는 사람은 한 사람도 그것을 보지 못하리라. 그러나 내 종 갈렙은 그 마음이 그들과 달라서 나를 온전히 따랐은즉 그가 갔던 땅으로 내가 그를 인도하여 들이리니 그의 자손이 그 땅을 차지하리라."(14:22-24)

[이스라엘 백성을 위한 모세의 중보기도들]

1	우상숭배 죄 용서를 위해(출 32:11-14,31,32)
2	인도를 위해(출 33:12-16)
3	원망 죄 용서를 위해(민 11:1-2)
4	미리암의 문둥병 치유를 위해(민 12:13)
5	불신 죄 용서를 위해(민 14:13-19)
6	무지한 백성들의 구원을 위해(민 16:20-24) , 백성의 불평이 다시 시작될 때(41-50)
7	불뱀의 독 치유를 위해(민 21:7-9)
8	후임자 선정을 위해(민 27:15-23)

☐ 가나안을 거부하는 행위는 숨 막히는 긴장이 흐르는 대목이다. 가나안은 이미 아브라함을 통해 약속된 언약의 땅이다(창 12:7, 15:7-21). 이 땅은 영적 군사들인 이스라엘이 영적 전투를 통해 정복해야 할 땅이다. 그런데 하나님의 왕

국의 실현을 앞두고 있는 그 백성들이 그 땅을 차지하는 것을 거부하고 있으니 이것이야말로 난감한 일이 아니고 무엇이랴!

☐ 하나님은 이 문제는 과연 어떻게 풀어가실 것인가? 파국인가, 아니면 또 다시 옛 사람스러운 타락한 신부로 돌아가 버린 자기 백성을 가슴에 품고 갈 것인가? 하나님은 가출한 신부(아내)를 다시 찾아 오신다(호 3:1-3).

> "여호와께서 내게 이르시되 이스라엘 자손이 다른 신을 섬기고 건포도 과자를 즐길지라도 여호와가 그들을 사랑하나니 너는 또 가서 타인의 사랑을 받아 음녀가 된 그 여자를 사랑하라 하시기로, 내가 은 열다섯 개와 보리 한 호멜 반으로 나를 위하여 그를 사고, 그에게 이르기를 너는 많은 날 동안 나와 함께 지내고 음행하지 말며 다른 남자를 따르지 말라 나도 네게 그리하리라 하였노라."

[2] **계속되는 긴장들** : 아론 가문에 대한 몇 가지 규례들(15-19장)

율법(15,18-19장)과 사건(16-17장)으로 이어지는 부분으로, 제사장들과 레위인들의 특권에 맞서는 몇 가지 반역 행위들(고라, 다단, 아비람)을 언급하고 있다. 그러나 이 부분(긴장)은 민수기가 질서(율법) 속의 무질서(반역)처럼 전개되고 있다는 점이 특이하다. 그럼에도 불구하고 이것(16-17장)이 질서일 수 없는 것은 죄에 대한 속죄에로의 부르심(18-19장)으로 이어진다는 점에서 좀 더 분명해진다.

"너희는 내가 주어 살게 할 땅에 들어가서"(15:2) 그렇다. 하나님은 죄가 깊은 곳에 가나안의 은혜를 소망하고 계신다. 하나님은 다시 정결한 신부로 이스라엘을 단장하시면서 신혼을 위한 신방(新房, 가나안)을 준비하고 계신다.

인간의 죄와 불순종이라는 무질서를 하나님의 은혜와 사랑이라는 온전한 질서로 덮어 주시는 -"말씀이 육신이 되어 우리 가운데 거하시매(성막을 치시매)"(요 1:14a)- 하나님! 아, 이 얼마나 멋진 그림인가! 이처럼 고라의 반역은 또 다시 직무 재규정(17-19장)이라는 구속사적 진전으로 이어진다. 이렇듯 인간의 사건(범죄·타락)과 하나님의 마무리(은혜·구속)는 여전히 계속된다.

☐ 제사에 관한 규례(15장) : 소제와 전제, 그리고 고의로 짓는 죄, 안식일을 범한

자 및 옷에 다는 술 장식 등에 관한 규례를 담고 있다(레 1-7장 참조). 추가된 제사 규례는 백성의 원망에 대한 구속사적 진전이다.

□ 고라와 그 지지자들이 분향한 사건과 거기에 따른 염병(16장) : 분향은 제사장의 고유 직무였다(40). 그런데 르우벤 자손이 여기에 동조한 것은 이스라엘의 육적 장자로서의 위치를 되찾고자 한 불순한 정치적 목적 때문으로 보인다(창 49:3-4).

영적인 수직적 질서를 인간적인 수평적 질서로 폄하(貶下)하려는 곳에는 항상 인간의 영적 교만이 도사리고 있다. 레위인이라는 특권과 축복이 오히려 위기를 낳고 있다. 결국 이들의 반역이 최고조에 달했을 때 하나님의 진노는 염병이 발발한 사건으로 비화되었고, 이는 아론의 분향에 의해 중단되었다. 사건의 흐름은 대략 이렇다.

■ 3절 : "회중이 다 각각 거룩하고 여호와께서도 그들 중에 계시거늘"
■ 7절 : "레위 자손들아 너희가 너무 분수에 지나치느니라"
■ 10절 : "너희가 오히려 제사장의 직분을 구하느냐" → '향로(香爐)'
■ 22절 : "한 사람이 범죄하였거늘 온 회중에게 진노하시나이까"
■ 31절 : "이 모든 말(26-30)을 마치자마자"
■ 41절 : "이튿날 이스라엘 자손의 온 회중이 모세와 아론을 원망하여 이르되"

□ 아론의 싹난 지팡이(17장) : 아론의 가족 외에 하나님께 지나치게 가까이 나아가면 죽는다. 이로써 고라 사건으로 비롯된 아론의 대제사장직의 신적 권위의 정당성 여부는 일단락된다(히 9:4). 이것은 이스라엘의 값비싼 도전(16장)과 하나님의 확신시키는 선택(17장)이 이어지는 흐름으로 진행되고 있다 : "원망하는 말을 내 앞에서 그치게 하리라."(5b)
하나님이 다스리시는 공동체에는 반드시 하나님이 세우신 영적 질서가 있다. 그러나 이것마저도 하나님의 영광을 이루기 위한 '도구'에 불과하다는 점을 모두가 명심해야만 한다. 모세는 이 점을 분명히 인식하고 있었다.

□ 제사장과 레위인에 관한 규례(18장) : 17장을 구체적인 직무로 확증함으로써

제사장으로서의 위상을 공고히함과 아울러 그들의 분깃을 분명히 밝히고 있다(십일조, 21-24, 신 14:28-29). 그러나 레위인도 하나님께 십일조를 거제로 바쳐야 한다(25-32).

☐ 부정한 것을 정결케 하는 물(19장) : 광야에서 죽어가는 시체로 인한 부정 때문에 남은 백성을 위한 정결 규례가 필요했다. 이것은 13-14장의 불평 사건 이후에 죽은 자가 급증했기 때문이다(14:29-33).

③ 모세의 혈기(20장)

가데스는 선조들의 불신앙(14장)의 범죄가 이루어진 곳이다. 바로 이곳에서 모세와 아론이 죄를 범한 것은 대단한 역설이 아닐 수 없다. 그러나 여호와를 믿지 않았기 때문에 그 땅에 들어가지 못하게 되었다(12). 11-16장까지의 백성의 불평, 그럼에도 15, 17-19장의 하나님의 말씀, 거기에 외롭게 서 있는 모세, 그러나 그는 마침내 여기서 무너진다. 그런데 한 번의 실수가 아닌가? 많은 것을 생각하게 하는 대목이다.

· 미리암의 죽음(1) - 광야에서 죽다.
  · 모세(2-21) - 가나안에 들어가지 못할 것이다(34:1,5-6 참조).
· 아론의 죽음(22-29) - 광야에서 죽다.

☐ 모세의 실패 : "모세와 아론이 회중을 그 반석 앞에 모으고 모세가 그들에게 이르되 반역한 너희여 들으라 우리가 너희를 위하여 이 반석에서 물을 내랴 하고"(10) 하나님은 심지어 위대한 선지자요 여호와의 종인 모세조차도 하나님께 불순종하면 하나님의 진노에서 예외가 될 수 없음을 나타내 보이신다.

☐ 모세와 아론의 죽음 예고(12-13) : 옛 시대의 지도자들이 세상을 떠나고 있다. 약속의 땅에 서기도 전에 하나님께서 사용하셨던 인물들이 무대를 떠나고 있다.

▌ 모세와 동일한 여러 실례들(20:14-)

- 아브라함(창 22:1-19) : "그 아들을 잡으려 하니"(10)
- 에스더(에 4:13-5:4) : "죽으면 죽으리이다"(4:16)
- 다니엘(단 6:1-24) : "왕의 도장이 찍힌 것을 알고도"(10)
- 세례 요한(마 14:1-12) : "그 여자를 차지한 것이 옳지 않다"(4)
- 스데반(행 6:8-7:60) : "이 말을 하고 자니라"(7:60)
- 베드로(행 12:1-19) : "떠나 다른 곳으로 가니라"(17)
- 바울(행 20:22-25, 22:21, 23:11) : "환난이 나를 기다린다"(23)
- 히브리서 11장

☐ 그럼에도 여전히 계속해서 일하는 모세(14-)

: "모세가 …"(27:12-14 → 15-23 참조)

→ 당신은 여기서 무슨 교훈을 받는가?

→ 당신의 경우는 어떠했는가?

☐ 아론의 죽음과 그의 아들 엘르아살에 대제사장직 계승이 이어진다(22-29).

④ 첫 세대의 종말(21-25장)

에돔 족속이 그들 땅으로 이스라엘 백성이 통행하는 것을 거절했기 때문에 여행이 길어지게 되었다(20:14-22, 21:4,11). 긴장은 계속된다. 하나님께서는 이스라엘과 마침내 결별하시는가? 하나님의 약속은 무효로 돌아가는가? 이것이 발락과 발람 그 사이에서 몸부림치는 첫 세대 이스라엘의 모습이다. 과연 하나님은 이스라엘의 이야기를 어떻게, 어느 방향으로 이끄실 것인가? 긴장은 계속해서 고조된다.

☐ 일곱 번째 불평과 불뱀 사건(21장) : 원망과 불평이라는 내부의 적, 곧 불순종이 또 반복되었고 하나님은 불뱀을 보내셨으나, 후에 살아날 수 있는 방법을 함께 주셨다(8-9, 요 3:14-15, 고전 10:9-10). 한편 새로운 세대는 앞서 선조들이 패배했던 호르마에서 마침내 승리(1-4, 14:40-45 참조), 아모리 왕 시혼(21-32)과 바산 왕 옥에 대한 승리(33-35)는 드디어 가나안에 대한 심판의 때가 임하였

다는 것을 나타내 보이신 사건이다(창 15:16, 신 20:16-18). 정복 전쟁이 개시됨으로써 약속의 땅 가나안에 대한 언약의 성취가 임박하고 있음을 보여 주고 있다. 전쟁에서는 외부의 적에게 승리하나 불평이라는 내부의 적에게는 늘 실패하는 이스라엘을 보라.

▢ 모압 족속과 발람과의 만남(22-24장) : 모압 왕 발락이 이스라엘의 첫 번째 대적자인 점술가 발람을 고용한다(22장). 이로써 21장에서 시작된 정복의 희망이 다시금 위기 국면을 맞이한다. 그러나 이스라엘을 위해 싸우시는 분은 바로 하나님 자신이시다. 민수기의 첫 무대의 막 -첫 세대의 종말- 이 서서히 내려지는 그 때에 하나님은 발람의 입을 통해 찬란한 미래를 다시금 노래하신다(23:19-20)

> "하나님은 사람이 아니시니 거짓말을 하지 않으시고 인생이 아니시니 후회가 없으시도다 어찌 그 말씀하신 바를 행하지 않으시며 하신 말씀을 실행하지 않으시랴. 내가 축복할 것을 받았으니 그가 주신 복을 내가 돌이키지 않으리라."

이것이 광야교회가 은혜일 수밖에 없는 이유이다. 발람은 7번의 예언을 통해 이스라엘을 향한 하나님의 축복을 선언한다. 비록 이 축복의 즉각적인 향유는 이스라엘의 순종 여부에 달려있지만 최종적인 축복의 성취는 하나님의 성품에 달려있는 것이다. 그렇지만 불의의 삯을 사랑한 발람은 저주의 자식으로 대표되고 있음을 기억할 필요가 있다(벧후 2:15-16, 유 1:11, 계 2:14).

■ 발락의 첫 번째 초대(22:2-14)
    * 22:6 / "나를 위하여 이 백성을 저주하라"

■ 발락의 두 번째 초대(22:15-20)
    * 22:9,12,20 / "하나님이 발람에게 임하여 가라사대(이르시되)" → "그러나"
    · 발람과 말하는 나귀(22:21-35)
    · 발락의 환영(22:36-40)

■ 23-24장 : 일곱 단락 → '노래'(23:7,18, 24:3,15,20,21,23)
    · 발람의 예언1(22:41-23:12)

· 발람의 예언2(23:13-26)

· 발람의 예언3(23:27-24:13)

* 22:23-35 / '여호와의 사자' → "내가 네게 이르는 말만 말할지니라"(35)

· 발람의 예언4(24:14-25)

· 발람의 여행 경로

발락의 요청에 따라 발람은 거의 640㎞에 달하는 거리를 여행하며 나아갔다. 발락은 발람을 바못 바알(22:41), 비스가산(23:14), 브올산(23:28) 등지로 데리고 다니며 이스라엘을 저주케 하려 했다. 이 지역들은 이스라엘이 진을 쳤던 모압평지를 굽어볼 수 있는 곳이었다.

□ 바알브올을 섬기는 우상 숭배(25장) : 이스라엘은 모압 여인과의 음행이라는 성적 방종과 바알브올(모압과 미디안이 섬기는 多産의 신, 신 4:3)을 섬기는 소용돌이 속에 빠져들었다. 이것이 배은망덕(背恩忘德)한 첫 세대의 마지막 모습이다. 그럼에도 하나님은 이스라엘로 하여금 음행과 우상 숭배에 빠지게 한 미디안만의 멸절을 명하신다(25:14-18, 31장, 16). 이스라엘은 비느하스의 '속죄'가 있었기 때문에 2만 4천명의 죽음으로 일단락된다(6-15).

⑤ 결국 민수기는 하나님의 한없으신 사랑과 은혜를 강조한다.

그 절정은 끝내 이스라엘을 약속의 땅으로 인도하시는 것으로 꽃피운다. 그러나 약속의 땅은 아직도 멀기만 하다. 과연 약속의 땅에도 봄이 올 것인가? 마침내 이 소명은 새 세대의 몫으로 주어지고 있다.

2) 새 세대 : 가데스바네아에서 모압까지(26:1-36:13)

광야 40년, 정확히는 약 38년의 긴 방황은 끝이 났다(출 40:17, 1:1, 20:1, 신 2:14). 옛 세대는 사라지고 새 세대가 일어났다. 애굽에서 나온 하나님의 백성의 두 번째 세대, 그들은 마침내 영광스러운 약속의 땅으로 들어갈 준비를 한다. 하나님의 새로운 거룩한 백성의 준비와 조직이 밀도 있게 그려진다.

❶ 새로운 계수와 지도자(26-27장)

1 새로운 계수(26장)

40년이 시작될 때 제1차 인구조사 시 20세 이상의 남자가 603,550명이였는데(1:46), 40년이 끝난 다음의 인구도 601,730명이었다(26:51,63-65). 오히려 총 1,820명이 감소되었다. 이것은 하나님의 징계 때문이었다(14:28-35).

특별히 르우벤 지파는 2,770명이, 시므온 지파는 1/3 수준인 37,100명이나 각각 감소하였다. 그 이유는 무엇인가? 르우벤 지파의 경우는 고라의 반역 사건에 참여한 자들의 죽음(14,700명: 16:1,31-35), 그리고 시므온 지파는 시므리의 범죄(24,000명: 25:9,14-15) 때문이었다. 특히 시므온 지파는 훗날 모세의 유언 축복(신 33장, 수 19:1)을 받지 못한 채 결국 유다 지파에 흡수되고 말았다. 이것은 무엇을 말하는가?

☐ 하나님의 나라의 씨는 숫자가 많아진다고 완성되는 것이 아니라 그 백성의 순종을 통해서 완성된다. 순종이 없을 때는, 그 나라의 주권자인 하나님은 오직 두 사람 여호수아와 갈렙 만을 남길 작정을 하셨다. 이처럼 하나님의 나라와 세상 나라와는 근본적으로, 질적으로, 또한 완전하게 다르다.

☐ 문제는 군대의 크기가 아니라 그들의 신앙의 크기였다. 더 적은 새 세대가 가나안을 정복하는 하나의 역설을 주목하라(고전 1:26-29).

> "형제들아 너희를 부르심을 보라 육체를 따라 지혜로운 자가 많지 아니하며 능한 자가 많지 아니하며 문벌 좋은 자가 많지 아니하도다. 그러나 하나님께서 세상의 미련한 것들을 택하사 지혜 있는 자들을 부끄럽게 하려 하시고 세상의 약한 것들을 택하사 강한 것들을 부끄럽게 하려 하시며, 하나님께서 세상의 천한 것들과 멸시 받는 것들과 없는 것들을 택하사 있는 것들을 폐하려 하시나니, 이는 아무 육체도 하나님 앞에서 자랑하지 못하게 하려 하심이라."

2 모세에서 여호수아로의 지도력 계승이 임박하고 있다(27장).

딸의 기업 상속법(1-11, 36:1-2에서 보충됨)에 이어 모세 이후의 지도력에 대해서 말

씀한다 : "여호와께서 모세에게 이르시되 눈의 아들 여호수아는 그 안에 영이 머무는 자니 너는 데려다가 그에게 안수하고"(18)

❷ 새로운 교훈(28-36장)

옛 세대들에게도 가나안을 향한 행군을 앞두고서 여러 교훈들이 주어졌음을 기억할 필요가 있다. 하나님은 그 백성들을 언제나 무장시키신다. 새 세대 역시 여호수아를 필두로 하여 왕국에 대한 소명을 새롭게 하고 있다. 동일한 의미에서, 신약은 하나님의 나라의 백성으로 부르신 그리스도인들에게 좀 더 분명한 영적 통찰을 선포한다(엡 6:10-17) :

> "끝으로 너희가 주 안에서와 그 힘의 능력으로 강건하여지고, 마귀의 간계를 능히 대적하기 위 하여 하나님의 전신 갑주를 입으라. 우리의 씨름은 혈과 육을 상대하는 것이 아니요 통치자들과 권세들과 이 어둠의 세상 주관자들과 하늘에 있는 악의 영들을 상대함이라. 그러므로 하나님의 전신 갑주를 취하라 이는 악한 날에 너희가 능히 대적하고 모든 일을 행한 후에 서기 위함이라. 그런즉 서서 진리로 너희 허리 띠를 띠고 의의 호심경을 붙이고, 평안의 복음이 준비한 것으로 신을 신고, 모든 것 위에 믿음의 방패를 가지고 이로써 능히 악한 자의 모든 불화살을 소멸하고, 구원의 투구와 성령의 검 곧 하나님의 말씀을 가지라."

1 하나님께 드려야 할 제사와 서원에 관한 규례(28-30장)

상번제(매일제, 출 29:38-42), 안식일(출 20:8-11), 월삭, 유월절(레 23:5-14), 무교절, 칠칠절(레 23:15-21), 나팔절, 속죄일(레 23:26-32), 초막절(레 23:33-44), 서원 → 레 23-25장 참조

2 미디안에게 이스라엘의 원수를 갚을 것(31장)

25장을 보면(31:13-18 참조) 이스라엘의 타락(1-9)의 원인이 되었던 미디안의 멸망 예언(16-18)이 나오는데 이것이 가나안 정복의 전주곡으로 등장하고 있음을 본다. 이때 브올의 아들 발람도 죽는다(8). 그는 겉으론 이스라엘을 축복한 사람이지만 실은 미디안 여인을 이용해 이스라엘을 더럽힌 교묘한 자다.

③ 르우벤·갓·므낫세 반 지파의 기업(32장)

이들은 이미 정복한 요단 동편(21:10-35, 31:1-12, 신 3:12-22), 그러니까 가나안 바깥이 아닌 안쪽 땅을 요구하였다. 아직 정복 이전이었으며, 여호와의 교훈을 듣기보다는 그들의 눈에 보이는 것을 선택했다(32:1)는 점에서 새로운 갈등을 낳기도 했다. 모세는 가데스의 사건(14장)과 결부시켜서 이들의 요구를 견책하고(6-15), 이들은 세 가지 조건(16,17,19)을 제시하고 정복 전쟁에 참여한다. 그러나 이들의 나중 결과는 참담하기만 했다(대상 5:18-26).

④ 광야행전 여정 요약(33장)

애굽에서 모압까지의 목적(성공)도 없는 40년(38a)이라는 끝없는 순환 여정이라 할 수 있는 -"떠나 … 진을 치고"(5-49)라는- 패턴이 41회나 반복되고 있다. 하지만 민수기 9장에서 이미 이 노정은 구름의 인도에 따른 것으로 이스라엘이 임의대로 이동한 것이 아님을 주목할 필요가 있다. 이는 철저하게 하나님의 인도하심에 의해 이루어진 행진이었다(민 9:15-23 참조). 따라서 이 노정의 영성은 앞으로 곧 이어질 가나안 행진에서도 그대로 요구된다. 우리가 하나님을 의심하고 불순종(불신앙)할 때 우리도 그와 같은 경험을 하게 될 것이라는 교훈을 기억하게 한다 :

> "너희가 만일 그 땅의 원주민을 너희 앞에서 몰아내지 아니하면 너희가 남겨둔 자들이 너희의 눈에 가시와 너희의 옆구리에 찌르는 것이 되어 너희가 거주하는 땅에서 너희를 괴롭게 할 것이요, 나는 그들에게 행하기로 생각한 것을 너희에게 행하리라."(55-56)

한편 광야 40년을 회고한 후에 가나안 정복 및 분배 지시 원칙(33:50-56, 26:52-56)으로 이어지는 33장 후반부는 본서의 결론의 도입부로서 가나안 족속과 이방 종교를 훼파하라는 하나님의 명령이 언급된다. 사실 이 명령은 여러 곳에서 반복되는데(출 23:31, 신 7:2, 9:4, 수 23 : 13, 삿 2:3), 이는 하나님 나라의 의(義)와 이방의 불의(不義)가 공존할 수 없다는 사실을 분명히 하는 의미를 갖는다.

5 가나안 분할 계획(34장)

아브라함과의 약속(예언)의 성취이다(창 12:7-8, 15:7-21). 가나안은 이제 성큼 이스라엘(신부)의 품에 들어오기 시작한다. 여호와의 왕국의 실현은 이제 더 이상 꿈이 아니라 성취를 목전에 두고 있다. 그러나 가나안의 경계(1-15)는 아브라함과의 언약에서 약속한 것보다는 축소된 것인데(창 15:18, 출 23:31), 이는 무리한 확장으로 인한 위험 요소를 제거하시려는 하나님의 의도가 있었다(신 7:17-26).

6 레위인의 성읍과 도피성(35장)

레위인들은 본래 기업이 없으며, 백성의 십일조를 기업으로 받게 되어 있다(18:21-32). 한편, 마지막으로 이 책은 그리스도 안에서의 우리들의 영원한 보증을 가리키는 그들 기업의 보증을 다루면서 끝난다. 현대는 도피성과 같은 성소가 필요치 않다고 하더라도 저변에 흐르는 원리는 여전히 유효하다 : "결코 인간의 목숨으로 어떤 손해를 배상할 수 없다."

- □ 수효(6-8) : 레위인에게 주어진 48개 성읍 중 6개 성(신 19:1-13, 수 20장)
- □ 목적(9-12) : 피의 보응과 무고한 보복의 피흘림 방지
- □ 분할(13-14) : 3(요단 이편) + 3(가나안)
- □ 규율(15-34) : 여러 세칙들

7 여자의 재산 상속법(36장)

27:1-11에 이어지는 딸의 기업 상속법에 관한 보완 규례이다.

❸ 마무리(36:13)

모세는 본서의 모든 말씀들이 결코 자신의 말이 아닌 하나님의 말씀임을 강조함으로써 하나님의 주권을 보다 분명히 선언하고 있다.

> "이는 여리고 맞은편 요단 가 모압 평지에서 여호와께서 모세를 통하여 이스라엘 자손에게 명령하신 계명과 규례니라."

아직은 여전히 미지의 땅인 가나안에도 희망의 태양은 다시 떠오르는가?

이 새로운 세대는 과연 진실한가? 또 과연 이 세대는 약속의 땅에 들어갈 수 있는가?(약속) 아니면, 첫 번째 세대처럼 반역하고 실패할 것인가?(경고)

마침내 이스라엘은 약속의 땅 건너편인 요단강 동편에 진을 치고 있다. 바로 그 강 건너편에는 꿈에도 그리던 약속의 땅이 한 눈에 들어오고 있다. 과연 저 땅을 언제 얻게 될 것인가?

첫 세대가 죽은 이후에 두 번째 세대 중의 그 어느 한 사람도 죽었다는 이야기가 기록되어 있지 않다. 이제 새 세대가 하나님 앞에 서 있으며, 약속의 땅에 들어갈 시기가 무르익었다.

미래에 대한 약속이 마지막 부분의 지배적인 어조를 차지하고 있다. 그렇지만 새 세대가 가진 희망은 아직 시도되지 않은 희망이다. 이 세대 역시 그 신앙에 대한 치열한 위협들에 직면할 것이다(이어지는 여호수아를 보라). 그리고 그들이 이러한 위협들에 대해 어떻게 대처할 것인지도 아직은 지나 보아야 알 일이다.

1) 출애굽 그 이후의 광야생활이 주는 교훈들

이스라엘이 받은 형벌을 보면서 새 언약의 공동체(교회)는 어떻게 처신해야 하는가?(「그말씀」, 98.2, 130-147)

우리는 '이미' 시작되었으나 '아직' 끝나지 않은 영적 전투라는 지상전(地上戰)을 치르고 있는 중이다. 이것은 하나님의 나라에서 누릴 영광의 공중전(空中典)을 소망 가운데 예감케 한다. 우리는 민수기와 신약의 통전성을 통해 이 공개된 비밀을 붙잡게 된다. 그렇다. 우리는 예수 그리스도께서 다 이루어 놓으신 승전(勝戰)의 길을 따라 본향을 향해 걸어가는 나그네이다(요 19:30).

신약은 민수기를 통해 우리에게 무엇을 말하고 있는가?

❶ 고전 10:1-11

1 형제들아 나는 너희가 알지 못하기를 원하지 아니하노니 우리 조상들이 다 구

름 아래에 있고(출 13:21-22, 민 9:15-23) 바다 가운데로 지나며(출 14:21-22), **2** 모세에게 속하여 다 구름과 바다에서 세례를 받고(출 14:19-31, 민 33:8), **3** 다 같은 신령한 음식을 먹으며(출 16:4- , 민 11:4-), **4** 다 같은 신령한 음료를 마셨으니 이는 그들을 따르는 신령한 반석으로부터 마셨으매 그 반석은 곧 그리스도시라(출 17:1-7, 민 20:2-13, 시 106:32-33). **5** 그러나 그들의 다수를 하나님이 기뻐하지 아니하셨으므로 그들이 광야에서 멸망을 받았느니라(민 14:28-35, 26:63-65).

6 그러한 일은 우리의 본보기가 되어 우리로 하여금 그들이 악을 즐겨 한 것 같이 즐겨 하는 자가 되지 않게 하려 함이니(민 11:4,33-34, 시 78:16), **7** 그들 중에 어떤 사람들과 같이 너희는 우상 숭배하는 자가 되지 말라 기록된바 '백성이 앉아서 먹고 마시며 일어나서 뛰논다'(출 32:4-6) 함과 같으니라. **8** 그들 중의 어떤 사람들이 음행하다가 하루에 이만 삼천 명이 죽었나니(민 25:1-9, 시 106:29-30) 우리는 그들과 같이 시험하지 말자. **9** 그들 가운데 어떤 사람들이 주를 시험하다가 뱀에게 멸망하였나니(민 21:4-9) 우리는 그들과 같이 시험하지 말자. **10** 그들 가운데 어떤 사람들이 원망하다가 멸망시키는 자에게 멸망하였나니(민 11:1- , 14:1- , 16:42-) 너희는 그들과 같이 원망하지 말라. **11** 그들에게 일어난 이런 일은 본보기가 되고 또한 말세를 만난 우리를 깨우치기 위하여 기록되었느니라.

❷ 히브리서

1 정탐꾼의 사건을 상기시킨다(3:7-4:13). 불순종과 불신앙이 출애굽 세대로 하여금 약속 받은 안식의 땅에 들어가지 못하도록 막았듯이 그런 죄는 이후의 세대도 하늘의 안식을 누리지 못하도록 끊임없이 방해한다.

2 각종 동물, 곡식가루, 기름, 포도주 등의 제사 제도는 신약의 예배 양식으로는 타당하지 않다(10장). 이것들은 그리스도의 유일한 속죄 제사를 통해 완전히 폐기되었다. 하지만 기억해야 할 원리는 유효하다 : "그러므로 우리는 예수로 말미암아 항상 찬송의 제사를 하나님께 드리자 이는 그 이름을 증언하는 입술의 열매니라. 오직 선을 행함과 서로 나누어 주기를 잊지 말라 하나님은 이같은 제사를 기뻐하시느니라."(히 13:15-16)

❸ 유 1:5,8,11

불신앙적 교우들로부터 오는 위험에 대해 교회에게 경고한다. 이는 고라의 반역
처럼 육체적 부도덕과 권위의 거부, 또한 발람의 실수처럼 탐욕을 이들의 과오(죄)로
지적하고 있다.

❹ 마태복음

☐ 예수님은 옛 이스라엘이 실패한 지점을 이어받은 새 이스라엘이다. 예수님은
광야로 몰려가 굶주림을 겪으셨다. 마귀의 유혹에 대한 예수님의 답변은 모두
가 이스라엘의 광야생활을 다루는 신명기를 인용한 것이다(4:1-11, 눅 4:1-13).

☐ 십일조도(18장) 신약의 헌금 생활로 남아 있지만(마 23:23), 그러나 더 많이 드렸다
는 사실도 주목해야 한다(눅 19:8, 행 2:45, 고후 8장).

❺ 요한복음

예수님은 참 빛과 길(구름·불기둥, 9:15-23), 모세보다 위대한 선지자(5:46, 6:14), 선한
목자(10:1-18, 민 27:17), 목숨을 살리는 뱀(3:14), 유월절 어린양(19:36), 생수를 주시는
이(4:10-15), 하늘로부터 온 만나(6:26-58), 성막(1:14) 등으로 묘사하고 있다.

2) 예레미야 2장 2절

민수기는 참으로 변화무쌍(變化無雙)하다. 종잡을 수 없는 변칙적인 생활을 계속하는
이스라엘의 광야 생활, 즉 '광야교회'(행 7:38)는 오늘을 살아가는 우리들의 이야기가 아
닌가. 여기서 우리는 하나님의 마음을 들여다 봐야 한다.

> "여호와의 말씀이 내게 임하니라 이르시되, 가서 예루살렘의 귀에 외칠지니라
> 여호와께서 이와 같이 말씀하시기를 내가 너를 위하여 네 청년 때의 인애와 네
> 신혼 때의 사랑을 기억하노니 곧 씨 뿌리지 못하는 땅, 그 광야에서 나를 따랐음
> 이니라."(렘 2:1-2)

그럼에도 불구하고 가나안에 대한 희망은 끊임없이 진전된다. 왜 그런가? '광야 기

간'은 하나님과 신부 이스라엘 사이에 밀월의 기간이었기 때문이다. 마침내 신랑은 신명기에서 결혼식을 치르고, 그 신부는 약속의 땅으로 들어가게 될 것이다.

3) 타락한 신부에게도 봄은 오는가?

그러나 광야의 철부지 이스라엘이 중생(구원) 그 이후에 자주 감정적으로 혼란을 겪는 우리의 삶과 어찌 그리 일치되는지 ……. 그래서 주님은 예상되는 이 문제를 미리 경계하셨다 : "이것을 너희에게 이르는 것은 너희로 내 안에서 평안을 누리게 하려 함이라 세상에서는 너희가 환난을 당하나 담대하라 내가 세상을 이기었노라."(요 16:33)

결국 민수기는 옛 세대(이스라엘) 뿐만 아니라 새 세대(교회와 그리스도인)에게도 적절한 메시지를 담고 있다. 하나님께서는 불순종한 백성들을 분노로 심판하시나, 그의 은혜는 새벽 빛처럼 확실하며, 하나님의 구속의 목적은 결코 방해 받지 않을 것이다.

이제 결혼을 위한 갈등은 서서히 일단락 되고 있다. 신랑은 부도덕한 신부를 끝까지 인내로 감당하였다. 마침내 결혼식은 새롭게 준비되기 시작한다. 그러나 이것은 아직 시도되지 않은 미지의 희망이다. 그럼에도 이 약속은 아직 유효하다. 이것이 신랑에게 갖는 신부의 영원한 감사요 은혜의 보답이 아닌가. 과연 이스라엘은 이 은총을 신명기를 통해 어떻게 보답할 것인가? 이제 이러한 기대와 긴장으로 광야의 끝에 서 보도록 하자.

Deuteronomy   5장_신명기

■ 맥잡기1 – 시간 중심

❶ 과거로(1:1-4:43) **: 여호와 이레**

   ☐1☐ 가까운 과거(1:1-3:29)

   ☐2☐ 먼 과거(4:1-43)

❷ 현재로(4:44-30:20) **: 언약(율법)과 경고**

   ☐1☐ 현재의 시행 : 이스라엘이 사랑해야 할 율법(5-26장) → 모세에 의해 마무리

   ☐2☐ 대계명들(4:44-11:32) : 절대적 순종 요구

   ☐3☐ 예배와 거룩한 생활에 대한 법규(12:1-16:20)

   ☐4☐ 재판 : 특별한 범죄에 대한 처리법(16:21-26:19)

   ☐5☐ 미래 축복과 심판/저주의 예언(27-28장) → 여호수아에 의해 완성

   ☐6☐ 모압언약 체결(29-30장) : 하나님의 축복과 믿음에 대한 모세의 설교

❸ 미래로(31:1-34:12) **: 모세의 고별 유언**

   ☐1☐ 오경의 결론 : 고별사 및 부록

   ☐2☐ 율법의 위임(31:1-30) : 지도권 이동

   ☐3☐ 모세의 노래·권고·죽음 예고 : 언약에 대한 이스라엘의 책임(32:1-52)

   ☐4☐ 각 지파에 대한 모세의 축복(33:1-29)

   ☐5☐ 모세의 죽음과 그의 사망에 대한 기사(34:1-12)

■ 맥잡기2 – 모세의 설교 중심

	주 제	장	내 용
1	뒤를 돌아보라(과거)	1-4	시내산에서 율법을 받을 때부터 요단강의 모압평지에 이르기까지의 과거를 회상함
2	위를 쳐다보라(현재)	5-26	하나님께서 주신 시내산 율법(언약)을 다시 한번 회상하며 요약 설명함
3	앞을 바라보라(미래)	27-30	가나안에서도 율법을 지켜야만 하나님의 축복을 받게 될 것임을 권고함
고별사	유언, 오경의 마무리	31-34	모세의 마지막 유언, 축복, 지도자 교체

» 두 번째 율법

이스라엘은 금송아지를 만든 옛 세대가 죽는 것을 지켜보면서 40년간을 광야에서 방황한 후, 요단 동편의 모압 평야에 이르게 되었다. 모압 평야에서 하나님은 새 세대에게 그들의 역사, 하나님과의 관계, 서로에 대한 책임을 상기시키기 위하여 언약을 갱신하였다. 이것은 백성들이 약속의 땅을 차지하기 위한 정복 전쟁을 시작하기 전에 치러진다.

신명기(Deuteronomy, 申命記)는 '두 번째 율법'(율법의 반복 / deutero = 두 번째, nomos = 율법, 17:18)이라는 의미를 가지는데(LXX), -한문으로도 신(申)은 '되풀이하다'는 뜻의 '납 신'(申)이다- 이는 광야에서 자란 새 세대 이스라엘 백성들에게 새로운 율법이 아닌 이미 주어진 율법을 새롭게 설명해 주기 위해 두 번째 법으로 주어진 것이기 때문이다. 히브리어 명칭은 '엘레 하드바림'(말씀들은 다음과 같다)이다.

모세는 자신의 생애 마지막 달에, 이스라엘 백성의 총회를 소집하고, 그 백성에게 여호와께 속한 안식의 백성으로서의 특권과 의무를 분명하게 가르친다. 가나안 정복을 내다보면서, 모세는 약속의 땅에서 이룩되어야 할 새로운 신정국가(Theocracy)의 거룩한 규정을 공포했다. 그는 백성들 모두와 예배자(Worshipper)의 의식에 이 거룩한 나라를 보존할 책임을 부과했다.

한 가지 특이한 점은 민수기까지는 하나님의 사랑에 대해서 특별한 언급이 나타나지 않는다는 점이다. 그런데 신명기에서는 그의 사랑을 나타내는 뛰어난 단어들이 나타난다(4:37, 7:7-8, 10:15, 23:5). 한편 본서의 메시지는 '하나님께 순종하라!'이며 (4:1,2,3,9,15,23,40, 5:1, 6:1-3, 11:26-27), 모세오경 가운데 마지막 책이다(31:9,24-26).

» 모세의 설교

> "내가 너희의 조상 아브라함과 이삭과 야곱에게 맹세하여
> 그들과 그들의 후손에게 주리라 한 … 땅을 차지할지니라."(1:8)

한 마디로 요약하면 신명기는 모세의 작별 인사이다. 곧 그는 '임종'을 할 것이기 때문이다. 이미 새 지도자는 준비되었다. 이스라엘 백성들은 그들이 그토록 소망하던 약속의 땅에서 새로운 생활을 하기 직전에 있었다. 따라서 모세는 이 언약의 백성들의 무리를 각각 그들의 기업으로 보내기에 앞서 단순한 율법의 재진술(반복)이 아닌 하나님이 전해 주신 율법(말씀)을 따르기를 설교로써 요구하고 있다.

[공관율법(공관사경)]

내 용	공관사경(공관율법)			
	출애굽기	레위기	민수기	신명기
조직 정비	18:13-27			1:9-18
십계명 수여	20:1-21			5:1-33
종에 관한 규례	21:1-11			15:12-18
3대 절기	23:14-19			16:1-17
성막의 등잔 규례	27:20-21	24:1-4		
제사장 위임식	29:1-37	8:1-36		
상번제 규례	29:38-46		28:1-8	
금송아지 사건	32:1-35			9:6-29
두번째 두 돌판	34:1-9			10:1-5
언약의 갱신	34:10-17			7:1-5
성막 위의 구름	40:34,38		9:15-23	
정·부정 짐승		11:1-31		14:3-21
각종 절기들		23:4-44	28:16-29:40	

안식년 규례		25:1-7		15:1-11
축복과 저주		26:1-39		28:1-68
정탐꾼 파송			13:1-14:38	1:19-39
1차 가나안 침공			14:39-45	1:41-46
시온과 옥의 정복			21:21-35	2:26-3:11
요단 동편 땅 분배			32:1-42	3:12-22
도피성 제도			35:9-34	19:1-13

신명기는 마감하는 책이다. 신명기는 이스라엘이 약속의 땅을 점령하는 일에 집중하고 있다. 이 책에서 가장 자주 등장하는 표현은 "가서 얻으라!"와 "여호와께서 너희에게 주시는 땅"이다. 69번에 걸쳐 이스라엘이 "땅을 소유하고 기업으로 차지할 것"이라는 약속을 반복한다.

하나님이 주실 때 -"너희의 하나님 여호와께서 이 땅을 너희 앞에 두셨은즉"(1:21a)- 이스라엘은 그 땅을 받아들이지 않으면 안 된다 : "가서 치자하라!"(1:21)

1) 과거로(1:1-4:43) : 여호와 이레

먼 미래로(29:2-30:20)와 서로 대칭 구조를 이룬다. 이스라엘 백성들의 실패와 성공에 대한 회고이다. 모세는 가데스바네아에서의 실패와 38년 동안의 방황에 초점을 맞춤과 동시에 또한 새로운 신앙의 기간을 언급했으며, 약속의 땅 초입에서부터 그들에게 있게 될 것들을 조언하고 있다. 미래를 위한 최상의 준비는 과거 광야사(曠野史)를 회고하는 것이다.

❶ 가까운 과거(1:1-3:29)

이스라엘이 시내산에서 행진하여 현재의 모압평지에 올 때까지의 가까운 과거를 회고(묘사)한다.

[1] 1장 : 시내광야에서 가데스까지의 광야 여행에서 출애굽 옛 세대(1세대)가 마침내 광야에서 죽은 것은 하나님의 정당한 심판임을, 이 책의 독자인 새 세대(2세대)에게 잘 설명한다.

□ '열 하루 길'(2)이라는 말과 '제 사십년에'(3)라는 말의 대조는 이스라엘이 거역한 죄의 어리석음을 암시한다.

□ 가데스 반역 사건 회고(19-46, 민 13:1-14:45) : 불순종과 원망이 하나님과의 관계에 얼마나 치명적인 장애물인가를 깨우치고 있다. 이는 믿음으로 극복해야 한다(32).

2 **2장** : 가데스에서 시혼 정복까지의 가나안 입국 직전의 전쟁사(戰爭史)를 회고하면서, 세일(에돔, 4-7), 모압(8-12), 암몬(16-23) 족속의 땅은 이스라엘에게 약속한 땅이 아님을 분명히 한다. 이는 그들의 조상인 에서와 롯을 사랑함과 아울러 그들과의 언약을 준수하기 위함이다(창 19:36-38, 27:39-40, 36:6-43).

3 **3장** : 이스라엘을 적극적으로 공격해 온 바산왕 옥과의 싸움에서 이겨서 이스라엘이 요단 동편의 땅을 차지하게 된 경위를 설명한다.

□ 가나안 입성을 소원한 모세(23-29) : "구하옵나니 나를 건너가게 하사 … 보게 하옵소서"(25) 여기에 대해 하나님은 부정적인 답변을 하신다. 이로 보건데 가나안은 인간 노력이 아닌 하나님의 주권과 은혜로서 들어갈 수 있는 곳이다.

❷ **먼 과거**(4:1-43)

그 내용에 있어서 29-30장과 관련(대칭)된다. 호렙(10) → 애굽(20) → 족장(37) → 창조(32) 때까지를 시간적으로 소급한 설교(교훈)로 되어 있다. 모세가 백성에게 과거의 실수들을 피함과 하나님을 향한 순종을 진지하게 권고한다.

1 새 세대가 율법을 지키는 것에 대해 훈계를 받는다(1-14). 온전한 신앙을 위해서 이것이 적극적인 명령이라면, 소극적으로는 우상 숭배를 척결해야 한다(15-40).

2 질투하시는 하나님(9-24) : '어떤 형상대로든지 우상을 새겨 만들지 말라.'(16) 하나님은 형상으로 만들 수 있는 분이 아니라 말씀하시는 분이시다. 이것이 애굽과, 동시에 가나안에 먼저 거주하던 자들과 다르게 살아야 할 이스라엘의 소명이다.

③ 요단 이편의 도피성에 대해 약속한다(41-43). 한편, 요단 서편 가나안의 도피성
은 정복 이후에 지정된다(19장, 수 20:2).

2) 현재로(4:44-30:20) : 언약(율법)과 경고

> "네 조상의 하나님 여호와께서 네게 주셔서 차지하게 하신 땅에서 너희가 평생
> 에 지켜 행할 규례와 법도는 이러하니라."(12:1)

신명기 법전(도덕법·시민법·예식법)으로 십계명의 순서를 따라 배열되었다. 그 길이에 있어
서 시내산 언약(출 21-23장)과 비교할 수 없을 만큼 늘어났다. 이제 이스라엘은 구속 받기
위해 법적인 행동을 하는 것이 아니라, 그들은 이미 구속의 은총을 누렸으므로 당연히
법적인 행동을 나타내야 한다는 것이다.

한편 이스라엘에 임할 미래 심판을 예고함으로써 이스라엘이 사랑해야 할 율법에 대
해서 그 책임을 분명히 하고 있다는 점을 주목해야 한다. 또한 12-26장에는 모세의 이
름이 나타나 있지 않다. 하나님이 언약의 주도권을 잡고 계시기 때문이다.

❶ 현재의 시행 : 이스라엘이 사랑해야 할 율법(4:44 – 26장)
→ 모세에 의해 마무리

십계명(5:7-21)이 뼈대(골조)라면 나머지 부분들은 이 십계명을 기초로 율법이라는
은혜의 집을 세운 것으로 비유된다.

Ⅰ 기본적인 계명들(4:44-11:32) : 율법 수여와 계명들에 대한 순종을 다룬 설교

예수님께서 광야에서 사탄에게 시험을 받으셨을 때 "기록되었으되"라는 말
로 인용한 세 구절이 이 부분에 기록되어 있다(8:3, 6:16, 6:13, 마 4:1-11, 눅 4:1-13). 이
것은 신명기의 권위를 하나님께서 증명하신 것이다. 이 책은 예수님이 사랑하신
책이었다.

[쉐마(Shema, 6:4-9)]

기본 원리 (6:4-5)	이스라엘이 하나님과 관계를 갖는 첫 번째 항목이자 가장 우선 되어져야 하는 지상명령(마 22:35-39).
기본 진리 (6:23)	· 예수님은 우리들을 죄로부터 구원(롬 8:1-2) · 예수님은 가나안으로 우리를 인도(갈 2:20, 엡 1:3-4, 2:19) · 예수님은 그의 약속을 신실하게 지키심(살전 5:23-24)

신

□ 4:44- 6장 : 십계명(출 20:3-17)에 대한 재진술과 후손에게 가르쳐야 할 하나님의 사랑과 교육의 대명사인 '쉐마'('이스라엘아 들으라!', 6:4-9, 20-25는 그 연장임)를 언급한다. 특별히 쉐마의 재언급(11:18-20)과 함께 축복과 저주가 이어지고 있음은 의미 심장하다.

■ 십계명(5:6-21)

■ 쉐마(6:4-9)

■ 불신앙에 대한 경고(6:10-19) : '질투하시는 하나님'(15), '시험하지 말고' (16)처럼 풍요와 우상 숭배로 인한 배도의 위험성을 경고한다. 반면 순종에 대한 축복으로 균형을 잡고 있다(13,17-19).

□ 7-11장 : 십계명 가운데 제1계명을 중심으로 한 설교로써 신실한 순종과 하나님의 행위에 대한 계속적인 감사의 기억을 촉구한다.

■ 7장 : 죄에서 스스로를 구별하라는 명령과 가나안의 우상과 그 숭배자들을 멸절하라는 명령이 주어진다(20장에 다시 반복). 여기에 중요한 단어 '헤세드'(Hesed, 9절)는 하나님과의 언약(계약)에 의한 '계약적 사랑' 또는 '성실한 사랑'을 의미한다. 하나님은 율법을 완성시키는 '사랑'으로 이스라엘을 가르치시기를 원하셨다.

■ 8장 : 광야 여행의 교훈들을 기억하라(1-10). 결국 이스라엘은 하나님의 과거 책임지심(2-6)과 미래 보장(7-10), 그러므로 현재 순종(1)으로 응답해야 한다. 하나님은 가나안의 풍요가 오히려 그들의 멸망의 씨앗이 되지 않기를 촉구하신다(11-13 → 14-20). 이스라엘은 이 모든 게 하나님께로부터 온 것임을 '기억하라'(2,18)시는 명령 앞에 서 있다.

> "네 하나님 여호와를 기억하라 그가 네게 재물 얻을 능력을 주셨음이라 이같이 하심은 네 조상들에게 맹세하신 언약을 오늘과 같이 이루려 하심이니라."(8:18)

[가나안 정복 전쟁의 특징]

1	하나님의 의를 나타내는 심판 전쟁(창 15:26, 레 18:25,28)
2	하나님의 유일성과 참되심을 나타내는 전쟁(신 7:5, 12:1-3)
3	선민의 언약적 축복을 위한 전쟁(창 15:7-21, 레 11:45)

■ 9장 : 금송아지 사건을 상기시킴으로써 가나안 정복이 이스라엘의 의로움(공로, 1-24)이 아니라 오직 하나님의 은혜와 언약의 신실한 성취의 결과임을 확인시키신다(5b). 이를 위해 눈물을 흘린 모세의 중보기도(25-29)는 기도의 은총을 새롭게 기억하도록 만든다.

■ 10장 : 순종하라! 이스라엘의 불순종의 광야사(曠野史)를 다룬 9장의 연속이다. 이미 구약에서도 육체의 할례가 아닌 마음의 할례를 말하고 있다(30:6, 롬 3:28).

> "그러므로 너희는 마음에 할례를 행하고 다시는 목을 곧게 하지 말라."(10:16)

■ 11장 : 율법 준수의 여부에 따라 축복과 저주가 결정됨을 강조한다(1-17,21-32). 역시 '쉐마'가 중심에 놓여 있다(18-20).

② **예배와 거룩한 생활에 대한 법규**(12:1-16:22) : 의식법

가나안 시대에 시행해야 할 구체적인 법규들이 제시된다. 이를 통해 이스라엘은 이방의 다른 여러 민족들과 다른(구별된) 하나님의 백성임을 드러내어야 한다. 예배 처소에 해당하는 '여호와께서 택하신 장소'(12:5,11,14,18,21,26)라는 말이 여기서부터 나타난다(총 21회).

□ 12-13장 : 참된 예배 장소와 제사 모범, 고기 취식에 따른 주의 사항, 우상 숭배와 잡류(雜類, 13:12-18, 용례들 → '악한 여자' / 삼상 1:16, '불량배' / 삼상 10:27, '벨리알' / 고후 6:15)를 막는데 필요한 규약들을 소개한다. 말씀의 가감을 금하고 있으며

(12:32), 제1계명을 준수하면 계속되는 축복을 약속하고 있다(13:17-18).

- 단일성소(12:1-14) : '내 이름을 기념하게 하는 모든 곳'(출 20:24)에서 '택하신 곳'(택하실 그 곳)으로 제한되고 있다.

□ 14-16장 : 음식·십일조의 사용, 안식일, 절기에 대한 규례들이 재차 강조되고 있다. 하나님은 자기 백성들이 음식에서조차도 '거룩'하기를 원하신다(14장). 그들끼리는 사랑해야 했고(15장), 예배 드리기 위해서는 함께 모여야 했다(16장).

- 가난한 자를 위한 구제(15:7-11) : '반드시'(8,10,11)

┃ 성경의 십일조 규례

- 제1 십일조(민 18:21-29) : 레위인의 생계를 위한 십일조
- 제2 십일조(14:22-27) : 여호와의 절기(잔치, 식사)를 위한 십일조
- 제3 십일조(14:28-29, 26:12-15) : 안식년을 기준으로 제3년과 제6년에 드리는 레위인과 가난한 자(고아·과부·객)의 구제를 위한 십일조
- 신약의 십일조(마 23:23, 눅 11:42) : "그러나 …."

③ 재판(시민법) : 특별한 범죄에 대한 처리(16:21-26:19)

신앙과 생활은 불가분의 관계에 있다. 때문에 신앙적인 법규들(12-16장)에 이어 백성들의 권리를 구체적인 생활까지를 다룬 시민법이 이어진다 : "만일 … 하거든 … (할) 것이요"

□ 17장 : 우상 숭배로 인한 죽음, 상고 절차, 왕정제도에 관한 규례를 말씀하고 있는데, 특별한 것은 '이 법의 복사'(18)가 '두 번째 법'으로 번역되었다는 점이다(LXX). 그렇다면 첫 번 법은 출애굽 세대이고, 지금 모세의 설교인 이 신명기('율법의 반복')는 광야 세대(출애굽 후 세대)에게 율법을 강해하는 설교다. 이는 신명기의 성격을 잘 보여준다.

[반사회적 범죄와 그 처벌 규정]

죄	처벌 규정	죄	처벌 규정
살인죄	사형(출 21:12)	도적질	배상(출 22:1-13)
방화죄	배상(출 22:6)	유괴죄	사형(출 21:16, 신 24:7)
간음죄	사형 (레 20:10, 신 22:22-25)	뇌물 수수	금지 사항이며 처벌 규정은 나타나지 않음 (출 23:8, 신 16:19)
위증죄	위증한 대로 보응함 (신 19:15-21)	법정 불복죄	사형(신 17:8-13)
폭행죄	배상(출 21:18-19)	중상 모독죄	금지 사항, 처벌 규정은 나타나지 않음(레 19:16)

□ 18장 : 마술과 거짓 예언에 대한 벌을 매우 강한 어조로 말씀하심으로써 하나님은 강신술을 싫어하신다는 점을 분명히 하신다(사 8:19-20, 레 19:31, 20:6). 그 이유는 오직 하나님만이 미래를 아시기 때문이다. 제사장과 왕(17:14-20)의 규례에 이어 참 선지자를 약속(15-22)하심으로써 가나안은 이제 하나님의 통치와 다스림의 밑그림이 완성되었다.

> "네 형제 중에서 너를 위하여 나와 같은 선지자 하나를 일으키시리니"(18:15,18)라는 말씀에서 모세와 같은 '선지자 하나'가 바로 예수 그리스도에게서 성취되었다(행 3:22-24). 예수님이 바로 '그 선지자'이시다.

□ 19장 : 우연한 살인을 위한 도피성, 협잡과 위증에 대한 벌

□ 20장 : 전쟁과 공격에 대한 규칙들 가운데 가나안 밖의 민족들은 화평을 거부할 때에만 공격하여 남자는 죽이지만 여자와 아이는 살리고(10-15), 하지만 약속의 땅 '안'에 있는 가나안 족속은 '진멸'(Herem)만이 허락되었다(16-18; 7:1-6 참조). 이는 가나안 '안'이 이방 종교와 우상숭배를 통해 오염되고 무너지는 것을 차단하기 위함이다.

[가나안 땅에서 행해야 할 주요 명령]

1	가나안 족속의 진멸(신 7:2, 20:16-18)
2	가나안 우상 숭배 및 풍속 추방(출 23:24-33, 신 7:1-5, 18:9-14)
3	가나안 땅의 분배 및 도피성 설정(민 26:52-56, 35:10-34)

4	하나님께 제사와 말씀 준수(민 15:1-26, 신 6:1-3, 12:5-20)
5	각종 절기 준수(신 12:4-14, 16:1-17)
6	자녀 신앙교육(신 4:9-10, 6:2,7, 11:19)

□ 21장 : 시체 돌보기, 포로된 여인의 결혼법, 상속과 패역한 자녀 교육법, 나무에 달린 범죄자의 시체 처리법을 기술하고 있다.

> 신 21:22-23을 읽고 요 19:31과 비교한다면 우리는 그리스도께서 왜 십자가에 달리시어 곤욕을 당하셨는지를 알게 된다. 그것은 우리의 죄 때문이었다(갈 3:10-13, 고후 5:21). 이 사실은 바울에게 어떤 도전을 주었는 가를 묵상해 보라(고후 5:14-15).

□ 22:1-12 : 이웃의 잃은 소유물을 찾아 주고, 이성(異性)의 옷을 입지 말 것과 종자나 동물을 혼합하지 말 것을 교훈한다.

□ 22:13-24:5 : 결혼, 순결, 몸조심, 여호와의 총회 참여권, 정결·긍휼·약자 보호에 관한 규례를 아주 세밀하게 말씀한다.

□ 24:6-25:19 : 경제 및 사회 정의에 관한 규례다. 특별히 이삭을 남겨서 이웃(사회적 약자)의 생계 유지를 위해 배려할 것을 말한다(24:19-22).

[이혼에 대한 성경의 입장]

	내 용
하나님의 근본 뜻	원하시지 않음(막 10:8-9)
	미워하심(말 2:16)
	모세가 이혼을 허락한 것은 사람의 완악함 때문(신 24:1, 마 19:8)
가능한 경우	수치 되는 일(신 24:1)
	음행(마5:32, 19:9)
	신앙적인 이유(스 10:3,44, 고전 7:12-15)
방 법	이혼증서를 써 주고 집에서 내어 보냄(신 24:1)
이혼 후	재혼이 가능함(신 24:2)
	이혼 후 재혼한 여인은 前 남편에게 돌아갈 수 없음(신 24:3-4)
	갈릴지라도 재혼하지 않거나 다시 화합되기를 권면함(고전 7:11)

□ 26장 : 가나안 정착 후 첫 소산물을 얻을 때에 어떻게 하나님께 감사와 신앙을 고백할 것인지에 대한 지침과 제3 십일조의 규례가 다시 언급(강조)되고 있다.

❷ 미래 축복과 심판/저주의 예언(27-28장) → 여호수아에 의해 완성

모세는 긴 설교를 마무리 하면서 세겜이 잘 보이는 에발산과 그리심산 위에서 한 예식을 갖도록 명령하고 있다. 그 땅에 들어간 직후에 갖게 되는 이 명령은 광야에서 태어난 새 세대로 하여금 언약적인 책임들이 기다리고 있음을 기억하게 한다. 이렇듯 미래는 순종에 달려 있다.

① 27장

새 세대는 에발산에서 돌에 모든 율법을 기록하고(1-4), 저주의 산 '에발'에서 번제와 화목제를 드려야 한다(5-8). 이스라엘 12지파는 각 6지파씩 축복의 산(그리심)과 저주의 산(에발)으로 양분하여 서서, 두 산의 중간에서 레위 사람이 큰 소리로 말하면 대략 12가지의 저주의 율례에 '아멘'으로 화답해야 했다(9-26, 수 8:30-35). 이 저주 12계명은 은밀히, 불법적이고, 고의적으로 행한 죄에 대한 일종의 '자기 저주'(self-curse)인 셈이다.

> "모세와 레위 제사장들이 온 이스라엘에게 말하여 이르되 이스라엘아 잠잠하여 들으라 오늘 네가 네 하나님 여호와의 백성이 되었으니, 그런즉 네 하나님 여호와의 말씀을 청종하여 내가 오늘날 네게 명령하는 그 명령과 규례를 행할지니라."(9-10)
> "… 하는 자는 저주를 받을 것이라 할 것이요 모든 백성은 응답하여 말하되 아멘 할지니라."(15)

2 28장

국가에 대한 축복과 징계의 조건부 약속이 생활 전반에 걸쳐 예언되었다(이스라엘에 임할 미래 심판의 예언).

[하나님의 저주의 결과]

1	망하고 파멸에 이름(신 28:20)	2	질병에 걸림(신 28:21)
3	한재(旱災)와 풍재(風災)를 당함(신 28:22)	4	화를 당함(신 29:19-21)
5	단명(短命)함(사 65:20)	6	놀림과 비방거리가 됨 (신 28:37,45-46, 렘 29:18)
7	곡식을 먹지 못함(신 28:38-40,45)	8	가정이 파괴됨(신 28:41,45)
9	자녀가 죽임을 당함(수 6:26)	10	이방에 포로로 잡혀 감(신 28:36,45)
11	지옥불에 떨어짐(히 9:27)	12	불로 소멸됨(신 29:20)

축복보다는 저주를 다루는 내용의 분량이 3배나 더 많다는 것을 주목해 볼 필요가 있다.

▢ 순종의 축복(1-14) : "네가 … 지켜 행하면 … 여호와께서 … 하실 것이라."(1)

▢ 불순종의 저주(15-68) : "네가 만일 … 순종하지 … 아니하면 이 모든 저주가 네게 임하며 네게 이를 것이니"(15) 그 가운데 47-49에는 로마의 침략(AD 70년)과 현대의 유대(63-67)를 각각 말해 주고 있다. 특별히 이스라엘의 불순종의 문제는 로마서가 증거하는 소위 〈이스라엘 문제〉(9-11장, 10:16-21, 11:7-10)에 잘 나타나 있다.

> "기록된 바 하나님이 오늘날까지 그들에게 혼미한 심령과 보지 못할 눈과 듣지 못할 귀를 주셨다 함과 같으니라."(롬 11:8)

❸ 모압 언약 체결(29:1-30:20) : 하나님의 축복과 믿음에 대한 모세의 설교

> "내가 오늘 하늘과 땅을 불러 너희에게 증거를 삼노라 내가 생명과 사망과 복과 저주를 네 앞에 두었은즉 너와 네 자손이 살기 위하여 생명을 택하고"(30:19)

4장과 반대로 가장 먼 미래까지 소급한다. 가나안의 주역인 새 세대와의 언약 체결은 시내산 언약을 회상(기억)토록 할 뿐만 아니라 보다 더 깊은 순종을 요구하는 내용들이다.

① 29장

　　이스라엘의 불순종의 역사가 쌓일 때, 궁극적으로 그들은 해체되고 열국 중
에 끌려갈 것을 예고한다.

□ '언약'이라는 단어가 7번이나 나온다.

□ 새 언약에 참예한 자들은 백성의 지도자(10)와, 유아·여자·객(이방인)·노예들까
지 포함된 것은(11), 하나님의 백성됨은 '혈통'이 아닌 '언약'으로 이루어진다
는 구속사적 의미를 지닌다(12-15, 요 1:12-13, 롬 10:12, 골 3:11).

> "너희의 유아들과 너희의 아내와 및 네 진중에 있는 객과 너를 위하여 나
> 무를 패는 자로부터 물 긷는 자까지 다 너희의 하나님 여호와 앞에 서 있
> 는 것은"(29:11)

□ 그러나 반대로 비록 언약의 백성들일지라도 불신앙자(배교자)들은 하나님의
진노하심 아래 있게 된다(16-29, 28:15-68, 레 26:14-39).

[시내산 언약과 모압평지 언약의 비교]

	시내산 언약	모압 언약
시기	출애굽 1년 3월	출애굽 40년 11월
장소	시내반도 시내산(호렙산)	요단강 동편 모압평지
대상	출애굽한 옛 세대	광야 행군한 새 세대
내용	이스라엘이 하나님의 백성으로서 율법을 지키면 복을 받고, 거역하면 저주를 받음 (출 19:5-6, 레 26:3-39)	시내산 언약의 반복 (신 29:2-28, 30:1-20)

② 30장

　　앞으로의 가능성이 어떻게 열리는가? 이것은 신명기가 앞으로 올 세대를 향
해서 새로운 전망을 원리적으로 열어놓은 것이다(느 1:8-9).

□ 모압에서의 언약 갱신의 최종적인 요약이다.

□ 비록 불순종에 따른 심판(진노, 29:16-29)의 자리에 놓였다 하더라도 선(先) 회
개, 후(後) 회복이 부드럽게 약속되었다(1-14).

> "내가 오늘 네게 명령한 이 명령은 네게 어려운 것도 아니요 먼 것도 아
> 니라."(11)

☐ 결론적으로 다시금 순종을 요구하고 있다 : "보라 내가 오늘 생명과 복과 사
   망과 화를 네 앞에 두었나니"(15) 인간의 최종적인 심판(멸망)은 범죄 때문이
   아니라 회개하지 않는 불순종 때문이다. 하나님은 순종하는 복(福)을, 불순종
   하면 멸(滅)을 제시한다(15-20).

3) 미래로(31:1-34:12) : 모세의 고별 유언

언약 아래서의 지도권 계승을 다루면서 오경이 마무리된다. 마침내 미래에 대한 믿
음은 바라는 것들의 실상으로 눈 앞에 보이기 시작한다. 찬란한 신세계가 눈 앞에 들
어온다.

신명기는 광야의 출구로 우리를 안내하고, 여호수아는 가나안의 입구(정문)로 우리를
인도할 것이다. 미래로의 희망이 타오른다. 이 부분은 신명기의 결론이자 여호수아서를
잇는 교량이다.

❶ 오경의 결론 : 고별사 및 부록

이스라엘이 가나안 땅에 들어가자마자 할 일을 소개하고 있다.

☐ 31장

매 7년 초막절에 행해야 할 아주 중요한 절기인 언약 갱신 축제를 소개한다.
모세가 여호수아에게 그의 지도력(지휘권)을 넘겨 줄 때에 그는 모든 이스라엘 백
성들, 여호수아, 제사장들, 레위인들에게 그의 마지막 권면들을 하고 있다.

☐ 지도권 위임(1-8) : 백성과 여호수아에게 준 '격려문' → 모세의 성숙함이 엿보
   인다.

☐ 이스라엘은 하나님의 은혜를 기억하면서, 모세는 지금까지 계시된 모든 율
   법을 기록하여 제사장과 장로들에게 전수하고(9), 매 7년마다의 정기 면제년
   (15:1-11)의 초막절에 온 백성에게 낭독하고, 앞으로 오는 세대에게 계속해서

가르칠 것을 교훈한다(10-13).

□ 그러나 하나님은 이 백성들이 언젠가 다시 배신(언약 파기)할 것을 미리 아셨고
(14-18), 이 배신의 예고를 노래로 만들어 서로간의 타락을 막도록 하였다(19-
22). 이것은 32장의 노래가 지어지는 배경이기도 하지만, 동시에 이스라엘의
잘못된 신관을 목도하는 것이기도 하다.

□ 모세는 율법의 말씀을 다 책에 기록한 후에 이를 언약궤 곁에 둠으로써 증거
가 되게 하였다(23-29)

② 32장

모세는 이스라엘 총회(전체)에게 앞으로 역사 속에서 나타내실 하나님의 모습
을 찬양하는 의미 심장한 예언의 노래를 부른다(증거의 노래). 즉, 이스라엘의 배반
과 그에 대한 하나님의 심판을 주제로 하는 모세의 예언시(豫言詩)이다. 또한 모
세의 마지막 권고와 함께 그의 죽음이 임박했음을 알린다.

□ 모세는 애굽과 홍해로부터 이스라엘을 구출하면서 축복의 노래를 불렀는데
(출 15장), 이제 또 다른 찬미로써 그의 생애를 마치려고 한다(1-43). 이 노래의
끝은 희망이다는 점을 간과해서는 안 된다. 그는 또한 시편 90편을 세 번째
노래로 썼다.

> "옛날을 기억하라 역대의 연대를 생각하라 네 아버지에게 물으라 그가
> 네게 설명할 것이요 네 어른들에게 물으라 그들이 네게 말하리로다."(7)
> "너희 민족들아 주의 백성과 즐거워하라 주께서 그 종들의 피를 갚으사
> 그 대적들에게 복수하시고 자기 땅과 자기 백성을 위하여 속죄하시리로
> 다."(43)

□ 모세의 마지막 훈계와 죽음(44-52) : 모세는 마지막 최후까지 백성의 '생명'을
염려한다. 가나안을 내려다보는 건강한 모세(34:7)를 상상해 본다. 그는 무엇
을 생각하며 눈을 감았을까?

> "너희의 자녀에게 명령하여 이 율법의 모든 말씀을 지켜 행하게 하라."(46b)

③ 33장

이스라엘 개별 지파의 장래에 대한 모세의 마지막 예언적인 축복(축도, 기도, 유언)이 시(詩)의 형식으로 소개된다.

> "하나님의·사람 모세가 죽기 전에 이스라엘 자손을 위하여 축복함이 이러하니라."(1)

야곱의 축복(창 49:3-27)에 이은 모세의 축도는 야곱의 것보다 더 진전(발전)된 계시임을 알 수 있다. 특이한 것은 시므온 지파에의 예언이 생략되어 있다는 점이다. 이는 야곱의 예언(창 49:5-7)에도 불구하고 오히려 죄악에 깊숙하게 빠짐으로써 축복의 예언에서 제외되었다(민 25:1-15).

예언의 결론으로써 복의 근원이신 하나님을 찬양하면서 이스라엘의 영광이 힘차게 예언되고 있다(26-29).

> "이스라엘이여 너는 행복한 사람이로다 여호와의 구원을 너 같이 얻은 백성이 누구냐 그는 너를 돕는 방패시요 네 영광의 칼이시로다 네 대적이 네게 복종하리니 네가 그들의 높은 곳을 밟으리로다."(29)

④ 34장

전체 서론(1:1-4)과 대비되는 결말(colophon)이다. 모세의 죽음과 그의 사망에 대한 기사가 이채롭다. 이로써 광야 40년의 마지막 옛 세대 사람인 모세는 최후를 맞는다. 그는 분명 '지혜의 영이 충만한'(9)자요, '선지자'(10)요, 그 누구보다 가장 '온유함'(민 12:3)으로 달려갈 길을 마친 하나님의 사람이었다.
마침내 여호수아가 이스라엘의 새 지도자로 리더십을 이어간다(9). 한 세대는 가고 또 한 세대가 오고 있다. 마침내 가나안 시대는 점점 실현되어가고 있으며, 모세는 죽었으나 하나님은 여전히 일하신다. 드디어 역사의 무대는 새롭게 재편된다.

파란만장(波瀾萬丈)했던 '광야교회 40년사'(행 7:38)는 이렇게 해서 그 막을 내린다. 광야는 마침내 가나안으로 새롭게 이어지고, 약속의 땅을 바라보는 것으로 신명기는 막을 내린다. 신명기는 이 영광스러움을 여호수아서에게 넘겨주는 것으로 자신의 임무를 완수한 셈이다.

❸ 모세(34:10)

그는 120세에 죽었으며(34:7) 하나님이 장사(葬事)하신 유일한 사람이다(34:6). 모세는 비록 광야에서 죽었으나, 그 역시 약속의 땅에 들어갔음이 분명한데 이는 변화산에서 예수님 앞에 나타났기 때문이다(마 17:1-8, 막 9:2-8, 눅 9:27-36, 히 11:23-29).

모세의 죽음은 신명기 끝에 기록되어 있다. 40년간 그는 비범한 인내와 성실로써 하나님과 하나님의 백성을 섬겼다. 그는 입법자와 행정가와 재판장의 역할을 했다. 무엇보다도 그는 하나님이 택한 대변자, 곧 선지자였다. 이 마지막 부분에서 저자는 이와같이 덧붙이고 있다.

> "그 후에는 이스라엘에 모세와 같은 선지자가 일어나지 못하였나니 모세는 여호와께서 대면하여 아시던 자요."(34:10)

① '나와 같은 선지자'(18:15)

사도행전에 나타나는 베드로의 설교 가운데 두 번째 설교(행 3:11-26)에서 베드로는 모세가 말한 선지자가 바로 예수 그리스도임을 증거한다. 그는 이처럼 쓰임받았다.

> "또 주께서 너희를 위하여 예정하신 그리스도 곧 예수를 보내시리니, 하나님이 영원 전부터 거룩한 선지자들의 입을 통하여 말씀하신 바 … '모세가 말하되' … 또한 사무엘 때부터 이어 말한 모든 선지자도 이 때를 가리켜 말하였느니라."(행 3:20-24)

② 그의 생애는 40년을 주기로 크게 제3기로 나누어진다.

이는 스데반의 설교와 히브리서에서 좀 더 분명하게 요약되고 있다.

▫ 제1기 40년 : 애굽 생활(출 2:11, 행 7:22-23)

> "믿음으로 모세가 났을 때에 그 부모가 아름다운 아이임을 보고 석 달 동안 숨겨 왕의 명령을 무서워하지 아니하였으며, 믿음으로 모세는 장성하여 바로의 공주의 아들이라 칭함 받기를 거절하고"(히 11:23-24)

□ 제2기 40년 : 미디안 생활(출 2:15, 행 7:29-30)

> "도리어 하나님의 백성과 함께 고난 받기를 잠시 죄악의 낙을 누리는 것
> 보다 더 좋아하고, 그리스도를 위하여 받는 수모를 애굽의 모든 보화보
> 다 더 큰 재물로 여겼으니 이는 상 주심을 바라봄이라."(히 11:25-26)

□ 제3기 40년 : 광야교회 지도자(출 7:7, 신 31:2, 행 7:38)

> "믿음으로 애굽을 떠나 왕의 노함을 무서워하지 아니하고 곧 보이지 아니
> 하는 자를 보는 것 같이 하여 참았으며, 믿음으로 유월절과 피 뿌리는 예식
> 을 정하였으니 이는 장자를 멸하는 자로 그들을 건드리지 않게 하려 한 것
> 이며, 믿음으로 그들은 홍해를 육지 같이 건넜으나 애굽 사람들은 이것을
> 시험하다가 빠져 죽었으며"(히 11:27-29)

» 하나님께 순종하라!

1) 오늘 선택하라! : "순종이냐, 불순종이냐?"

신명기는 "여호와께서 그 이름으로 거하시게 될 특정한 한 성소"에서 예배드려야 할 중요성에 대해 강조하고 있으며 또한 순종과 불순종, 거기에 따른 보상과 형벌이 불가분리적으로 공존할 것임을 지시해 주고 있다. 이스라엘 백성들은 하나님께서 자비를 베푸셨기 때문에 마땅히 하나님께 순종하는 편을 택해야만 한다(32:46-47).

순종은 이스라엘에게 주어진 최후의 명령이다(롬 10:16-21, 11:7-10). 이 순종 안에서 이스라엘은 하나님의 구원을 완성하게 될 것이다(롬 9-11장).

> "네 하나님 여호와께서 네 마음과 네 자손의 마음에 할례를 베푸사 너로 마음을
> 다하며 성품을 다하여 네 하나님 여호와를 사랑하게 하사 너로 생명을 얻게 하실
> 것이며."(30:6, 10:16)

이스라엘이 회개하고 돌이킬 책임을 끝까지 강조하지만, 그 한계에 도달했을 때 인간의 마음의 할례를 행해주시겠다는 약속을 주신다. 이것은 구속사의 흐름에서 새언약(렘 31:31-34), 화평의 언약(겔 36-37장)으로 진전될 것이다.

2) 마음의 할례

결국 율법을 지키는 할례라는 '행위언약'은 마음의 할례인 믿음, 그러니까 하나님의 은혜로 완성된다. 예수님께서 이 율법을 십자가에서 완성하신다(마 5:17). 따라서 신명기는 이미 이러한 하나님의 은혜의 거룩한 씨앗을 품고 있다는 점에서 오경 가운데 독특하게 등장하는 하나님의 '사랑'(4:37, 7:7-8, 10:15, 23:5)의 목소리를 이해하도록 인도한다.

모세의 사명은 여기까지다. 그러나 그리스도는 모세의 완성자이신 '나와 같은 선지자'(행 3:20-24)로 우리의 구원을 완성하신다.

- "목이 곧고 마음과 귀에 할례를 받지 못한 사람들아 너희도 너희 조상과 같이 항상 성령을 거스르는도다."(행 7:51)

- "무릇 표면적 유대인이 유대인이 아니요 표면적 육신의 할례가 할례가 아니니라. 오직 이면적 유대인이 유대인이며 할례는 마음에 할지니 영에 있고 율법 조문에 있지 아니한 것이라 그 칭찬이 사람에게서가 아니요 다만 하나님에게서니라."(롬 2:28-29)

- "할례자도 믿음으로 말미암아 또는 무할례자도 믿음으로 말미암아 의롭다 하실 하나님은 한 분이시니라."(롬 3:30)

- "그리스도 예수 안에서는 할례나 무할례가 효력이 없되 사랑으로써 역사하는 믿음 뿐이니라."(갈 5:6)

3) 가나안을 바라본다.

이제 더 이상 모세는 없다. 분명한 것은 지금껏 그래왔던 것처럼 하나님께서 모세 이후를 여전히 이끄실 것이라는 점이다. 문제는 모세와 함께 하셨던 것처럼 그럼 이 일을 과연 누구와 그리할 것인가. 마침내 우리는 이 문제를 여호수아서 안에서 희미하게나마 바라보게 되는 축복을 누리는 특권을 얻게 된다.

하나님은 신명기를 통해 말씀하시고, 다시 말하면 모세는 신명기를 통해 하나님의 말씀을 선포(설교)한다. 그리고 여호수아는 여호수아서를 통해 신명기의 말씀에 순종함으로써 '그 말씀'을 성취한다. 그런 의미에서 신명기가 조감도(설계도)라면 여호수아서는 완공된 건물이다. 과연 신명기라는 씨앗이 가나안이라는 밭에 뿌려져 어떤 결과를 만들어 갈 것인가. 자 그럼, 애굽 → 광야교회 → 가나안으로 이어지는 하나님의 언약 안에서의 구속사의 역사적 진전과 그 성취 과정을 기대하자.

| 2부 |

역사서

1장_ 여호수아 Joshua

■ 맥잡기 --

❶ 입성(1:1-5:12) **: 약속의 땅으로 건너가다.**

    |1| 정복 지시(1:1-18)

    |2| 정복 확신(2:1-24)

    |3| 요단 도하(3:1-5:1) : 전진

    |4| 이스라엘의 재성결(5:2-12)

❷ 정복(5:13-12:24) **: 약속의 땅을 취(取)하다.**

    |1| 정복 조건(5:13-15)

    |2| 정복 I (6:1-8:35, 중부)

    |3| 정복 II(9:1-11:15, 남부와 북부)

    |4| 정복 요약(11:16-12:24)

❸ 분배(13:1-22:34) **: 약속의 땅에 정착하다.**

    |1| 각 지파의 땅 분배(13:1-19:51)

    |2| 도피성(20:1-9)

    |3| 레위인을 위한 48개의 도성(21:1-42)

    |4| 정복과 정착의 결론(21:43-45)

    |5| 요단 동쪽 지파 해산(22:1-34)

❹ 미래(반응, 23:1-24:33) **: 하나님만을 섬기라!**

    |1| 정복 완수 명령(23:1-16)

    |2| 언약 갱신(24:1-28)

③ 결론(24:29-33)

» 모세 이후

모세는 떠났다.

그렇다면 모든 일이 수포로 돌아간 것인가! 아니다. 하나님은 이미 오래 전부터 '모세 이후'를 준비하셨다. 여호수아(Joshua: 호세아, 민 13:8, 신 32:44 참조), 그는 애굽의 용광로에서 단련되어 광야교회를 거쳐, 후에 가나안에서 정금처럼 빛을 남긴 하나님의 사람이었다.

여호수아서는 모세가 죽고 그 뒤를 이은 여호수아가 이스라엘 백성을 거느리고 약속의 땅 가나안을 정복하는 내용이다. 이 가나안 정복은 하나님의 언약의 성취로 제시된다. 하나님은 이미 가나안을 아브라함과 이삭, 그리고 야곱에게 약속하셨다(창 12:2-3, 15:18-21). 한편 이 약속은 통일왕국(다윗과 솔로몬) 시대에 성취되어진다(삼하 8:3-12, 왕상 4:21,24, 8:65 참조).

> "그 날에 여호와께서 아브람과 더불어 언약을 세워 이르시되 내가 이 땅을 애굽 강에서부터 그 큰 강 유브라데까지 네 자손에게 주노니, 곧 겐 족속과 그니스 족속과 갓몬 족속과, 헷 족속과 브리스 족속과 르바 족속과, 아모리 족속과 가나안 족속과 기르가스 족속과 여부스 족속의 땅이니라 하셨더라."(창 15:18-21)

애굽의 노예생활로부터의 구속이라는 위대한 하나님의 역사는 약속의 땅의 기업과 분리될 수 없다. 여호수아서는 이스라엘을 이 기업으로 인도한다. 이스라엘이 안식의 땅에 들어간 것은 이스라엘의 공로나, 군사적 우월성에 있는 것이 아니며, 언약을 지키시는 하나님의 신실성에 있음을 분명히 하고 있다. 하나님은 신명기에서 69회에 걸쳐 가나안을 약속하셨고, 마침내 이것이 성취된다.

가나안 정복은 여호와의 성전(聖戰), 혹은 거룩한 성전(the holy war)이며, 이스라엘은 하나님의 땅을 정복하기 위해 그의 군대(군사)로서 헌신한다. 이 전쟁은 단순히 영토 싸움(땅뺏기)이 아니다. 이것이 세상을 복음으로 정복하는 사도행전과 약속의 땅을 정복하는 여호수아서가 서로 비교되는 이유이기도 하다.

한편, 지리적으로는 요단강(1-5장)과 가나안(6:1-13:7), 그리고 요단강 양쪽에 위치해 있는 12지파(13:8-24:33)를 배경으로 서술되고 있다. 여호수아서는 크게 하나님의 은혜(1-22장)와 이스라엘의 반응(23-24장)으로 되어 있는데 이것은 모두 하나님의 유업으로서의 '땅'과 관련되어 있다. 약속의 땅에서 하나님의 은혜를 충만하게 누리려면 하나님의 언약에 충실해야만 한다. 하나님(소유자)의 은혜에 대해 이스라엘(관리자)이 어떻게 반응하느냐가 중요한 구조적 흐름인 이유가 여기에 있다.

» 광야에서 가나안으로!

하나님의 말씀이 여호수아에게 임함으로 역사는 시작된다.

신명기가 모세의 죽음으로 끝을 맺는 것과 마찬가지로 여호수아서도 여호수아의 죽음으로 끝을 맺는다. 이 책은 "모세가 죽은 후에"라는 문구로 시작되며(1:1), 사사기는 "여호수아가 죽은 후에"라는 문구로 시작된다(삿 1:1).

▌여호수아

- · 에브라임 사람 '눈'의 아들이며, 원 이름은 호세아였다(민 13:8,16).
- · 젊어서부터 모세를 돕고 아말렉과 전쟁을 수행하였다(출 17:9).
- · 모세와 함께 호렙산에 있었다(출 24:13).
- · 12 정탐군으로 가나안 땅에 갔었다(민 13:8,16).
- · 하나님의 명령에 따라 모세의 후계자로 부름 받았다(신 31:1-8).
- · 정복 후 딤낫세라를 분깃으로 받았으며, 110세에 죽었다(수 19:50).

1) 입성(1:1-5:12) : 준비하다.

약속의 땅에 대한 정복의 예비 단계인 이스라엘의 내적(1장), 외적(2장) 준비 과정과 역사적인 요단 도하를 기록한다. 여호수아는 모세가 시작해 놓은 일을 완성하기 시작한다. 그렇다. 하나님은 그의 사업을 미완성의 상태로 방치하지 않으신다. 하나님은 이 일을 성취하시기 위해서 사람들을 사용하신다. 특별히 1:1-5:8절까지 '건너라'는 단어가 무려 21번이나 나온다.

❶ 정복 지시(1:1-18) : 이스라엘의 새 지도자 여호수아

여호수아의 권위는 하나님의 말씀에 기초하고 있다. 동시에 승리의 요건이다.

> "내 종 모세가 죽었으니 이제 너는 … 일어나 이 요단을 건너 … 이스라엘 자손에게 주는 그 땅으로 가라."(2)

① 하나님 → 여호수아(1-9) : "가라!"

신명기가 하나님과 이스라엘이 맺은 언약의 명세들과 규정들을 담고 있는 '율법책'이라면, 여호수아서는 하나님께서 이 '율법책'이 어떻게 이스라엘 백성들의 삶('생활책')으로 이어지느냐에 관심이 있다(8-9).

- □ 형통의 과정(8) : 말씀 → 묵상 → 행함 → 평탄 → 형통(성공)

- □ 오직 하나님만을 의지하라는, 강하게 하라는 명령은 영적 전투에 임하는 우리에게 여전히 유효한 명령이자 정확한 통찰이다(엡 6:10-20).

② 여호수아 → 백성의 유사 → 백성(10-18)

여호수아는 즉시 순종한다 : "준비하라 … 들어갈 것임이니라."(11) 마침내 백성의 불안은 이제 끝이 났다. 백성들, 특히 요단 동편을 차지한 지파들(갓, 르우벤, 므낫세 반 지파, 민 21:21-35, 신 2:26-3:17, 수 13:8-33)은 "우리가 가리이다"(16b)로 응답(순종)함으로써 이스라엘 온 백성들 모두는 중요한 준비를 마친다.

❷ 정복 확신(2:1-24) : 라합과 두 명의 정탐군

지난 38년 전 가데스에서 12 정탐군의 보고(민 13:1-16)와는 반대였는데, 그것은 그 땅 거주자들이 이스라엘에 역사하신 하나님 때문에 심히 놀랐다는 점이다. 특별히 라합에게서처럼 믿음의 고백(간증)이 입으로 시인되기까지는 40년이란 세월이 걸린 셈이다. 이스라엘은 참으로 값비싼 대가를 지불하였다.

이스라엘은 아직 요단강 동편에 진을 치고 있으며, 이때 여호수아는 두 명의 정탐군을 '가만히'[1] 보내어 요단강 서편 어귀의 땅, 특히 여리고 주변을 살펴보도록 하였다.

① 기생 라합의 이야기

> "믿음으로 기생 라합은 정탐군을 평안히 영접하였으므로 순종하지 아니한 자와 함께 멸망하지 아니하였도다."(히 11:31)

□ 그녀의 신앙고백 "… 내가 아노라 … 우리가 들었음이니라 … 우리가 듣자 곧 마음이 녹았고 너희로 말미암아 사람이 정신을 잃었나니 너희의 하나님 여호와는 위로는 하늘에서도 아래로는 땅에서도 하나님이시니라"(9-11)는 매우 놀랍다.

□ 이 믿음의 기원은 어디인가? 요단강 건너 8㎞ 떨어진 여리고에 사는 그녀가 어떻게 이러한 '복음'을 알고 있었을까? 그렇다. 믿음은 들음에서 난다(롬 10:17). 이것이 여리고 백성과 라합이 근본적으로 나누어지는 지점이다.

[구약에 등장하는 주요 이방인들]

이방인들	출신지	인적 사항
하갈	애굽(창 16:1)	아브라함의 첩
다말	가나안(창 38:6)	유다의 며느리(마 1:3a)*
십보라	미디안(출 2:21)	모세의 아내
이드로	미디안(출 18:1)	모세의 장인
라합	가나안(수 2:1)	여리고 정탐군을 도움(마 1:5a)*
옷니엘	그나스(삿 3:1)	초대 사사
룻	모압(룻 1:5)	나오미의 며느리(마 1:5b)*
우리아	헷(삼하 23:39)	다윗의 신하

*표시는 예수님의 족보에 오름

□ 그녀는 생활이 정숙하지 못했음에도 불구하고 영광스럽게도 예수님의 구속사의 족보에 올랐다(마 1:5). 구원하심이 혈통이 아닌 하나님의 전적 은혜임은 신구약 모든 성경과 역사의 핵심이다(요 1:12-13). 라합이 선해서가 아니라 그녀를 믿음 안에서 그렇게 만드시려고 구원 공동체 안으로 부르신 것이다.

한편 위의 표에서 알 수 있듯이 이스라엘은 혈통(민족) 공동체가 아니라 신앙 공동체였음을 알 수 있다('수많은 잡족', 출 12:38). 이처럼 무엇이 정복해야 할 대상이 아닌 이스라엘 공동체에 속하게 하는가? 여기에 라합은 믿음으로 그 답을 제시하고 있다.

> "믿음으로 기생 라합은 정탐군을 평안히 영접하였으므로 순종하지 아니한 자와 함께 멸망하지 아니하였도다."(히 11:31)
> "또 이와 같이 기생 라합이 사자를 접대하여 다른 길로 나가게 할 때에 행함으로 의롭다 하심을 받은 것이 아니냐."(약 2:25)

2 가나안 사람들

이들은 함의 후예들로써 우상을 섬기고 있었으며, 사악하였다. 그리고 라합이 들었던 하나님의 소식을 진정으로 듣지 못했다(9-11).

❸ 요단 도하(3:1-5:1) : 전진과 기념비

하나님은 앞서 부모 세대가 홍해를 마른 땅처럼 건너게 하셨던 것처럼 길이가 약 400km나 되는 요단강을 건너는 광야 세대 백성들에게도 기적을 베푸신다. 이 정복의 행진은 언약궤가 백성보다 2,000 규빗 앞장선다. 하나님이 친히 약속의 땅에 임재하실 것을 공개적으로 선언하신 것이다. 무엇보다 지금 여호수아와 이스라엘은 하나님을 믿고서 요단을 건넜고, 여전히 믿음 안에 있다.

요단을 건넌 것은 지난 40년 광야 생활에서 태어난 세대(출애굽 2세대)가 맛보지 못한 홍해를 마른 땅처럼 건넌 기적을 경험케 한 사건이다. 바울의 통찰처럼 이들 역시 "바다 가운데로 지나며 모세에게 속하여 다 구름과 바다에서 세례를 받"(고전 10:1-2)은 셈이다. 이 감격과 은혜를 기념하기 위해 요단강과(4:9-10) 길갈에(4:19-20) 각각 12개의 기념돌을 세웠다.

1 요단 안으로(3:1-17) : 요단강을 건넘

하나님은 마침내 아브라함에게 하신 약속(창 12:1-3,7, 13:5)을 이루시는 역사를 온 이스라엘과 '함께' 시작하신다. 이 일은 레위 지파의 제사장들이 언약궤를 메고 선두에 섬으로써 군사의 행렬이기보다는 '예배의 행렬'이었다. 이스라엘은 하나님 중심, 말씀 중심, 성막(교회) 중심의 신앙을 보여 준다.

강수량이 최고 수위를 기록하는 니산월(3-4월, 장마철)이었음에도 불구하고 궤를 멘 자들이 요단에 이르러 그들의 발이 물가에 잠기자 흘러가는 물이 '곧'바로 온전히 끊어졌으며, 마침내 백성이 여리고 앞으로 바로 건너게 되었다(15-16). 사실 이것은 두려움(불신앙)을 건넌 셈이다. 한편 요단강을 건넌 것은 실제적으로 두번째 출애굽 사건이다. 가나안은 하나님이 주시는 곳이다. 이것은 요단강을 건넌 것 뿐만 아니라 이후에 치러지는 전쟁(특히, 여리고 점령)에서 좀 더 분명해진다.

[2] 요단을 넘어서(4:1-24) : 기념비

요단에 각 지파를 상징하는 12개의 돌을 쌓음으로써 이스라엘의 광야 행진의 마침표와 가나안 정복의 시작을 알리는 징표를 삼았다(1-9).

- □ 백성이 다 건넌 후 제사장들이 요단 가운데서 나오며 그 발바닥으로 육지를 밟은 '동시에' 요단 물이 다시 언덕을 흘러 넘치게 되었다(3:15a,15-18).

- □ 길갈(19-20) : 요단 도하 직후 그들의 첫 숙영지이자 할례를 행한 장소이며 (5:9), 가나안 정복의 본부·교두보였다(10:15,43). 한편, 길갈(뜻/굴러간다, 돌무더기; 5:9)이라는 지명은 애굽의 수치가 굴러가버림으로 새 시대가 도래했음을 알리는 깊은 의미가 들어 있다.

- □ 마침내 이스라엘과 가나안은 극명하게 대조된다. 그리고 더 이상 광야는 없다. 마침내 광야생활을 영원히 청산한 것이다. 그러나 가나안에 있지만 광야에 있는 가나안 족속들을 보라!

  > "요단 서쪽의 아모리 사람의 모든 왕들과 해변의 가나안 사람의 모든 왕들이 여호와께서 요단 물을 이스라엘 자손들 앞에서 말리시고 우리를 건너게 하셨음을 듣고 마음이 녹았고 이스라엘 자손들 때문에 정신을 잃었더라."(5:1)

❹ 이스라엘의 재성결(5:2-12) : 할례와 유월절

여호수아는 가나안 정복에 앞서 할례를 행하고, 또한 유월절을 지킴으로써 하나님 앞에서 부족함이 없도록 백성을 성결케 하였다. 이는 신약의 세례(골 2:11-12)와 성찬에 각각 해당하는 예식이다.

① 할례(2-9) : 언약

할례는 하나님과 이스라엘 사이의 언약의 보증이다. 광야에서 출생한 출애굽 후세대는 도덕적, 영적 분리를 의미하는 할례를 통해 언약의 일원으로서의 표시를 지니게 된다. 가나안은 할례 받은 거룩한 백성만이 들어갈 수 있다.

한편 전쟁을 앞둔 여호수아와 그 백성들이 적진이 코앞인 곳에서 할례를 행했다는 것은 놀라운 일이다. 하나님을 향한 신뢰와 믿음이 아니고서는 할 수 없는 행동이기에 그렇다.

② 유월절(10-12) : 피

유월절은 출애굽 전날에(출 12:1-20), 그리고 민수기 9:1-14에서 출애굽 다음 해 정월에 시내광야에서 지켜졌고, 시내산을 떠난 이후 '길갈'에서 마침내 다시 지켜지고 있다. 이것은 이스라엘과 하나님의 언약을 기억하게 하며, 속박으로부터의 구원을 회상하게 하는 예식이다. 1월 10일에 건너고, 14일에 유월절을 지킨다(10, 4:19).

□ 정결 : 가나안 정복은 단순히 땅뺏기 싸움이 아니다. 아브라함 언약(창 15:7-21)의 성취로서 이루어지는 거룩한 전쟁이다.

□ 열매 : 출애굽기 16장에서 내리기 시작한 만나(Manna)가 마침내 그쳤다. 백성은 가나안 땅의 곡식을 먹기 시작했다(11-12). 이 사건의 영적 중요성을 묵상하라(요 6:32-51).

> "너희 조상들은 광야에서 만나를 먹었어도 죽었거니와, 이는 하늘에서 내려오는 떡이니 사람으로 하여금 먹고 죽지 아니하게 하는 것이니라. 나는 하늘에서 내려온 살아 있는 떡이니 사람이 이 떡을 먹으면 영생하리라 내가 줄 떡은 곧 세상의 생명을 위한 내 살이니라 하시니라."(요 6:49-51)

» 다 멸하여 정복하라!

약속의 땅에 대한 군사적인 정복 활동에 대한 전투들, 성공과 실패, 승리와 패배에 대해서 생생하게 기록하고 있다.

가나안을 정복하고, 거기서 안식을 누리는 것은 '조건적'이다. 이스라엘은 하나님과의 언약을 지킬 때 약속의 땅에서 안식을 누릴 수 있다. 동시에 언약의 장소인 성지(聖地) 가나안에서 언약을 파기할 때 어떤 일이 일어나는가를 보여준다. 아간의 사건이 이를 보여준다.

그럼에도 이스라엘의 군대는 그들의 승리에 대한 소식들만큼이나 신속하게 그 땅에 퍼져 나간다(9:3, 10:1, 11:1).

한편, 정복 전쟁은 거의 6~7년이나 진행되었다(14:7,10). 첫 번째 가나안 정탐(민 13-14장)은 출애굽 2년에 실시되었기 때문이다. 그러나 이 6~7년으로 정복이 완료된 것이 아니다. 아직 정복해야 할 땅은 남아있다. 그렇다면 이 순종치 못한 남은 땅이 어떻게 될 것인가? 이 문제는 여호수아서 이후의 역사서에 흐르는 하나의 긴장이다.

2) 정복(5:13-12:24) : 취(取)하다.

> "이와 같이 여호수아가 … 그 온 땅을 점령하여 … 그 땅에 전쟁이 그쳤더라."
> (11:23)

가나안 정복은 하나님의 언약궤가 앞서는 '전쟁'으로 시작된다. 놀라운 것은 군대의 힘으로가 아니라 일곱 제사장들의 양각 나팔소리와 백성들의 순종으로 이루어졌다는 점이다.

첫 번째 전쟁은 중앙(허리)을 공격함으로써 적들을 남과 북으로 분리시켰다(6-9장).

두 번째 전쟁은 남부 지역을 점령하였다(10장).

세 번째 전쟁은 북부 지역을 얻게 되었다(11장).

이처럼 여호수아의 치밀한 전략은 가나안을 정복하는 장면들을 더욱 흥미롭게 만든다.

또한 선 요단강 도하, 후 여리고 정복이라는 흐름이 불평 없이 진행되는 것은 전자의 경험이 이스라엘 백성들을 완전히 새롭게 만들어 놓았기 때문이다.

❶ 정복 조건(5:13-15)

이제 정복을 위한 모든 준비는 끝났다. 마지막으로 하나님은 여호수아를 준비시킴으로써 거룩한 출정식을 마무리한다. 이것은 여호수아의 소명이다(5:13-15).

> "… 네 발에서 신을 벗으라 네가 선 곳은 거룩하니라."(15)

마침내 주의 군대 장관이 가나안을 정복하는 일을 위해 이스라엘 군대를 총괄하고자 친히 내려오신 것이다. 그러므로 이 가나안 정복은 단순히 영토 싸움이 아니라 하나님의 통치와 다스림의 실현이라는 원대한 목표가 성취되어지는 하나의 성전(聖戰)인 셈이다. 이로써 정복의 모든 준비는 완료되었다. 이 정복 전쟁은 하나님이 앞설 것이다. 이것이 성경이 말하는 영적 전투이다(고후 10:4, 엡 6:10-20).

❷ 정복 Ⅰ (6:1-8:35) : **중부**

산악지대인 중부 가나안(여리고 & 아이성) 정복의 역사를 다루고 있다.

"모든 것을 … 멸하라"(6:21)는 신 20:16-18의 명령에 근거한 순종이다. 여리고성의 완전 정복(24)은 신 13:16의 성취이다. 하나님 앞에서 신앙적으로 반응한 여리고성(6장), 여호수아의 합리적이고 인간적으로 행동한 아이성(7장), 그 결과를 보라.

▢ **여리고 함락**(6:1-27) : **순종**

사해 근방 요단강 서편에 위치한 작은 오하시스, 여리고성은 약속의 땅으로 들어가는 관문이었을 뿐만 아니라, 요새화된 성이었고 이스라엘이 넘어야 할 첫 무대였다. 지리적으로 여리고는 북쪽, 남쪽, 서쪽 등으로 갈 수 있는 가나안 통로였다. 또한 지형적으로는 요단을 건너 가파른 산을 타고 약 800 고지의 편평한 부분에 올라서면 남·북·서 각 방향으로 갈 수 있는 여리고 평지가 나타난다.

예루살렘의 영국계 고고학자 존 가스탱(John Garstang)이 1929-36년에 걸쳐서 발굴한 성과에 의하면 여리고성은 이중으로 쌓여져 있었으며, 밖의 성은 6자, 안의 성은 12자의 넓이와 안 밖의 두 성 사이는 15자나 되었으며, 그 높이는 30자나 되는 육중한 성이었다. 이 높은 두 성벽 위에는 집들이 지어져 있었다. 기생 라합의 집은 그 가운데 하나였다.

▢ 하나님 → 여호수아 : "내가 여리고와 그 왕과 용사들을 네 손에 넘겨 주었으

니"(2) 여기 '넘겨 주었으니'(완료형)는 아직은 미래인데 이미 완료된 것으로 표현되어 있다. 온 백성은 묵묵히 일하고(10), 여호수아는 새벽에 일한다(12,15). 이처럼 정복은 이스라엘에게 맡겨진 게 아니라 하나님께 달렸다는 것을 보여준다. 이스라엘에게 요구되는 것은 순종(믿음)이다.

❑ 참으로 이상한 전투 행렬이 아닐 수 없다. 여리고성은 마지막 일곱째 날 일곱 번 돈 후에, 바로 그때 무너졌다. 그 이전에 무너지려는 어떤 징후도 없었다.

> "믿음으로 칠 일 동안 여리고를 도니 성이 무너졌으며"(히 11:30)

❑ "모든 것을 온전히 바치되 남녀노소와 … 칼날로 멸하니라."(21) 이는 모세가 신 20:16-18에서 완전정복을 명령한 말씀을 그대로 따른 것이다. 하지만 곧바로 사사기에서 이 명령은 지켜지지 않았는데(삿 3:6) 이것은 사사기가 혼돈을 넘어 심각하게 무너지는 것을 바라볼 수 밖에 없게 한다.

❑ 약속대로 라합과 그와 함께 있었던 모두가 다 구원을 받았다(22-25).

❑ 이러한 승리 그 뒤에 아간이라는 한 사람의 '욕심이 잉태'되어 '죄의 삯'으로 자라고 있음(7:21)을 아무도 모르고 있었다. 그러나 필경 그는 '사망'을 낳게 될 것이다(약 1:15). 결국 아간은 헤렘(herem)을 거역한 셈이다(17-'바치되', 18-'바친', 21-'모든 것을 … 멸하니라', 신 12:29-32, 20:16-18 참조).

❑ 여리고의 재건축에 대한 여호수아의 경고(예언, 26)는 열왕기상 16장 34절에서 성취된다.

② 제1차 아이성 전투의 실패(7:1-26) : 한 사람의 죄가 모든 사람에게

여리고의 승자가 아이성의 패자가 되었다. 이스라엘은 큰 충격을 받는다. 가나안에서도 실패할 수 있는가? 승리는 자동적으로 얻어지지 않는다. 실패의 배후에는 '죄'의 문제가 도사리고 있었다. 아간의 죄는 누룩처럼 번져 36명이나 희생되는 불행을 초래하였고(5), 이스라엘 모두에게 하나님의 진노와 실패를 경험하게 했으며, 더 나아가 자신과 가족의 죽음으로까지 확장되었다(11,20-21). 마치 아담과 하와(창 3:6-10), 그리고 신약의 아나니아와 삽비라 사건(행 5:1-11)을 연상케 한다.

군사학(전술학)적인 면에서 실수가 일어난 게 아니다. 하나님이 명하신 거룩한 전쟁이라는 법을 따르지 않았기 때문에 일어난 패배다.

□ 실패 후의 여호수아(7-10) : 그는 언약궤 앞에 엎드려 회개하며 기도한다. 이는 하나님의 찾아오심으로 이어진다(11). 그리고 하나님은 해결책을 말씀하신다. 문제는 인간에게 있으나 해답은 하나님께로부터 왔다. 이것이 은혜.

> "너는 일어나서 백성을 거룩하게 하여 이르기를 너희는 내일을 위하여 스스로 거룩하게 하라 이스라엘의 하나님 여호와의 말씀에 이스라엘아 너희 가운데에 온전히 바친 물건이 있나니 너희가 그 온전히 바친 물건을 너희 가운데에서 제하기까지는 네 원수들 앞에 능히 맞서지 못하리라."(13)

□ 이처럼 불순종은 파멸에 이른다. 아간은 십계명 가운데 8과 10번째 계명에 불순종했다(출 20:15,17). 아간의 범죄는 출 20:5, 34:7에 대한 실제적인 주석인 셈이다. 한편, 이것이 가나안에서 첫 실패 경험이다.

□ 아간의 죄는 4단계로 진행되었다(21, 하와 & 밧세바 참조). 죄는 눈에서 시작하여 마음으로 결정한 다음에 손을 통하여 행동으로 이루어진다. 생명과 바꾸기에는 정말 작은 것이었다. 하지만 그 대가는 목숨을 내놓아야 했다.

- ■ '보다'(saw)
- ■ '탐내다'(coveted)
- ■ '취하다'(took)
- ■ '숨기다'(hid)

□ 24절에 아내가 빠져있다. 아마도 자녀들과는 다르게 그녀는 남편의 범죄에 동조하지 않았던 것 같다(신 24:16). 헤렘의 대상이 아이(가나안)가 아닌 아간(이스라엘)이 된 것은 헤렘의 대상이 혈통에 있는 것이 아니라 불순종에 있음을 알 수 있다.

③ 제2차 아이성 함락과 에발산 제단(8:1-35) : 회복의 은혜

□ 승 리(1-29) : 복병(12) → 유인(16) → 협공(21)

☐ 제단(30-35) : 여호수아는 승리하자마자 세겜성이 한눈에 바라다 보이는 에발 산에 다듬지 않은 새 돌로 한 단을 쌓음으로써 하나님만을 섬기겠다는 계약 을 맺는다(30-35). 결국 여호수아는 모세의 명령, 즉 '언약을 인준하는 의식' 을 그대로 순종하는(신 27:2-26) 예배를 드림으로써 말씀을 듣고 순종하는 길 만이 축복의 길임을 상기시키고 있다.

❸ **정복 II**(9:1-11:15) **: 남부와 북부**

> "이 일 후에 요단 서쪽 산지와 평지와 레바논 앞 대해 연안에 있는 헷 사람과 아 모리 사람과 가나안 사람과 브리스 사람과 히위 사람과 여부스 사람의 모든 왕 들이 이 일을 듣고, 모여서 일심으로 여호수아와 이스라엘에 맞서 싸우려 하더 라."(1-2)

가나안 족속들은 조직적으로 이스라엘을 대항한다. 한편, 가나안 족속의 제1차 동맹(1-2)에도 불구하고 남부(9-10장)와 북부(11:1-15) 가나안 정복의 역사는 성취되고 만다.

☐ **기브온 사람들의 계교**(9:3-27)

승리 뒤에 또 다시 실패가 자리한다. 하나님 없이 결정할 때 무슨 일이 벌어 질 수 있는가? 이스라엘은 기브온 거민들에게 속임을 당한다. 아이성 패배에 이 어 그들은 매우 중요한 교훈을 역시 두 번째 실패 가운데서 얻는다. 그것은 조용 히 찾아온 영적 전투였다는 점이다. 전쟁이 아닌 것처럼 치러지는 것 때문에 더 위험하다. 또한 기도하지 않은 대가가 얼마나 큰가를 묵상해 보자(18-20).

> "어떻게 할지를 여호와께 묻지 아니하고, 여호수아가 곧 그들과 화친하여 그들을 살리리라는 조약을 맺고 회중 족장들이 그들에게 맹세하였더라." (14b-15)

☐ 하나님께서 가나안 거민들을 진멸하도록 명령하신 것은 그들의 유혹을 받아 가나안의 거짓 신들을 섬기게 됨으로써 그들 역시 멸망(심판)받는 것을 막기 위함이었다(출 23:32, 34 : 10-17, 신 7:2, 20:16-18).

- 자만과 방심과 성급함, 그리고 외모만을 본 것은 승리의 길목에 드리워지는 패배의 그림자들이다. 우리의 대적 사탄(마귀)은 지금도 우는 사자같이 두루 다니며 삼킬 자를 찾고 있다. 그러므로 믿음을 굳게 하여 저를 대적해야만 한다(벧전 5:8-9).

- 거짓말은 오래가지 못했다. 3일 만에 들통이 났다(16). 결국 이들에게는 레위인의 임무 가운데 가장 힘든 일이 부과되었다(22-27). 이렇듯 하나님의 뜻이 무엇인지 분명하지 않을 때 하나님보다 앞서 행동해서는 안 된다.

2 가나안 남방 점령(10:1-43) : 여호수아의 긴 밤

기브온과의 화친은 곧 남쪽 다섯 도시의 연합군(예루살렘·헤브론·야르뭇·라기스·에글론)과 싸우게 되는 계기가 된다. 이들은 가나안 최초의 연합군이었다. 여호수아는 밤중에 길갈에서 기브온까지 약 35㎞를 이동했는데 아직 달이 보이고, 해가 막 떠오르는 때에 공격을 감행했다. '우박'(11)과 '태양 사건'(12-14)은 계속되는 이 정복이 하나님의 '선물'임을 명백히 한다.

- 여호수아는 기도하지 않았던 실수를 다시 반복하지 않았다(12-14).

- 여호수아는 "이 왕들의 목을 발로 밟으라!"(24b) 명하고, 그리고 그들을 죽여 나무에 매달아 심판한다(26-27). 이제 이스라엘은 완전 정복(승리)의 은혜를 맛본다(28-43). 하나님은 이스라엘이 가나안의 종교와 혼합되는 것을 막으신 것이다.

> "이와 같이 여호수아가 그 온 땅 곧 산지와 네겝과 평지와 경사지와 그 모든 왕을 쳐서 하나도 남기지 아니하고 호흡이 있는 모든 자는 다 진멸하여 바쳤으니 이스라엘의 하나님 여호와께서 명령하신 것과 같았더라. 이스라엘의 하나님 여호와께서 이스라엘을 위하여 싸우셨으므로 여호수아가 이 모든 왕들과 그들의 땅을 단번에 빼앗으니라"(40,42)

3 가나안 북방 점령(11:1-15)

남쪽의 정복 소식은 곧바로 북쪽 도시의 가장 큰 도시인 하솔왕 야빈(10)으로

하여금 역시 부근 모든 왕들과 연합군을 결성하여 마침내 메롬 물가에 진을 치도록 했다. 이것이 가나안 제2차 동맹이다. 승리에 취해 있을 때가 아니었다. 그들의 군대는 해변의 수다한 모래 같이 많았으나(4), 여호와께서 그들을 이스라엘의 손에 붙이셨으니(8), 결국 전쟁의 승패는 군대의 수효에 있지 않음을 본다.

- □ 하나님 → 여호수아(6) : "… 두려워하지 말라 내일 이맘 때에 내가 … 몰살시키리니 …."(6) 하나님은 이처럼 이스라엘과 여호수아를 격려하신다.
- □ 온전한 순종(7-15) : "이에 여호수아가 … 행하지 아니한 것이 없었더라."

4 신명기 언약의 시행들

- □ 누구도 이스라엘을 막을 수 없다(신 11:25, 1:5).
- □ 아간(7:16-26)은 신 7:25과 13장의 규정에 따라 벌을 받았다.
- □ 기브온 사람들에게 속임을 당한 이후 신 20:10-11의 규정들이 이스라엘과 이 민족의 관계를 규정지어 주었다(9:23-27).
- □ 죽임을 당한 다섯 왕의 시체들은 신 21:23의 규정에 따라 매달린 나무로부터 해가 지기 전에 거두어졌다(10:27).
- □ 아낙 사람들은 신 9:2의 약속처럼 진멸되었다(11:21).
- □ '왕벌'(hornet)이 적들을 쫓아낸다(신 7:20, 24:12).

❹ 정복 요약(11:16-12:24) : 하나의 중간 결산

약속의 땅을 정복한 후에 이루어진 '분배'(11:23)는 마침내 방랑과 전쟁(투쟁, 싸움)으로부터의 '안식'(21:44)으로 이어진다. 그러나 이러한 모든 것들은 여호와께서 이스라엘을 위하여 싸우시고 승리케 하시며(10:14, 11:20), 안식을 얻게 하심으로(21:44) 그들에게 주어지는 일련의 선물이다.

1 정복이 마무리됨(11:16-23) : "그 땅에 전쟁에 그쳤더라"(23b)

계속되는 정복이 결코 쉽지만은 않았음을 엿보게 된다. 정복에 소요된 기간은 갈렙의 나이를 통해서 볼 때 대략 6-7년이 소요된 것으로 보인다(14:7,10).

한편 블레셋 지역에 약간 남긴 불순종(22; 민 33:50-56, 신 7:16-21)은 후에 하나님의 경고처럼 그들에게 '큰 올무(화근)'가 되어 이스라엘을 괴롭혔다(삼상 17:4, 갈

6:7-8). 약간 남은 가드에서 약 400년 후에 나타난 가드 사람 골리앗(삼상 17:4)은 마치 육신을 입은 사탄처럼 언행한 점에서 그렇다.

전쟁은 그쳤지만 정복은 '아직' 남아 있다(13:1-7,13). 우리가 지금 치르는 영적 전쟁 역시 같은 맥락에서 이해되어야 한다. 구원 받았지만 아직 영적 전쟁은 다 끝나지 않았다(엡 6:10-20). '이미' 얻었으나 '아직' 완성되지 않은 구원이 그렇다(요 5:24).

2 정복사(征服史)의 목록표(12:1-24)

정복에 대한 회고로써 모세의 요단 동편 승리(2-6), 여호수아의 요단 서편 승리(7-8), 그리고 중앙(9)과 남부(10-17)와 북부(18-23)의 승리와 전체의 통계(24)가 나온다. 이 요약은 오는 세대의 이스라엘의 기억과 감사를 위해 기록한 것이다.

정복은 점진적으로 진전된다(행 1:8). 가나안은 전쟁으로부터 얻어진다. 분명한 대상(적)이 있는 하나의 실전(實戰)이다. 들어가기만 하면 그냥 자동적으로 얻어지는 것이 아니다.

» 나의 영원하신 기업

정복 전쟁은 그쳤지만 중요 지역들은 여전히 점령되지 못한 채 여호수아서가 기록되고 있는 '오늘까지' 남아 있다(13:13, 15:63, 16:10)는 것은 그것이 앞으로의 이스라엘에게 어떤 영향을 미칠 것인가를 생각하게 하면서 독자들로 하여금 계속해서 긴장하게 만든다.

마침내 이스라엘은 언약의 성취에 따른 하나님의 선물을 즐기는 것으로 옮겨간다. 약속의 땅에서의 이스라엘의 새로운 존재 양식이 지파들과 가문들 및 그들이 할당 받은 영토들에 대한 목록을 통해서 묘사된다.

"또 나라를 그들의 앞에서 쫓아내시며 줄을 쳐서 그들의 소유를 분배하시고 이스라엘의 지파들이 그들의 장막에 살게 하셨도다."(시 78:55)

한편, 창세기 49장의 야곱의 예언(축복)과 신명기 33장의 모세의 기도(축복)가 각각 어떻게 성취되어 가는가를 주의 깊게 살피는 것도 매우 유익한 통찰이 될 것이다.

3) 분배(13:1-22:34) : 약속의 땅에 정착하다.

하나님은 강자(强者)나 약자(弱者), 부자나 가난한 자, 유명한 자나 무명한 자, 정복에 큰 공을 세운 자나 아닌 자나 구분할 것 없이 가장 공정한 '분배'를 명하셨다. 백성은 하나님의 임재의 상징인 언약궤 앞에 모여 땅을 제비 뽑아 나누니 아무도 시기(不平)할 수 없었던 것이다(14:2). 이것 역시 민수기 언약의 순종이다.

"그 다소를 막론하고 그들의 기업을 제비 뽑아 나눌지니라."(민 26:56)

❶ 각 지파의 땅 분배(13:1-19:51)

요단 동편(13장)과 서편(14-19장) 땅 분배의 역사를 다루고 있다. 그러나 '아직'은 가나안 족속의 땅인 곳이 남아 있었다(13:1). 거의 완전 정복의 연속에도 불구하고 가나안 전역을 다 정복하지는 못했는데(1-7,13), 주로 남쪽 해안가에 있는 블레셋의 대부분 지역과 북쪽 끝의 시돈과 호르산을 낀 일부분이 그러했다. 이는 하나님의 인도하심을 따라 앞으로 그 땅을 차지하겠다는 앞날에 대한 그들의 믿음의 선언이었다. 이 믿음은 훗날 다윗 왕에 의해서 성취된다(15:63, 왕상 9:20-21).

① 요단강 동편 분배(13:8-33) : 하나님의 명령과 두 지파 반

요단강 동편이 몇 지파(므낫세 반, 갓과 르우벤 지파)에게 분배된 것을 재언급한 것은 모세의 약속(민 32장, 신 3:8-17)이 성취되었음을 입증하는 것이다.

□ 르우벤 지파(15-23) : 아르논 골짜기와 헤스본 사이의 사해 동쪽의 모든 성읍들이다(민 21:24-32, 신 3:12,16-17). 그러나 이 기업은 오래 보존되지 못했다(삿 5:16). 한편, 이스라엘로 하여금 배교(背教)하도록 했던 브올의 아들 발람이 죽임을 당한다(22).

□ 갓 지파(24-28) : 야셀과 길르앗 성읍들이다.

□ 므낫세 반 지파(29-32) : 마하나임에서 야일의 60 성읍과 바산 전역이다.

□ 레위 지파(33) : 하나님이 이스라엘의 기업이시기 때문에 오직 하나님만을 바라보도록 땅을 기업으로 주지 않으셨다(14, 민 18:19-24).

2 갈렙이 헤브론을 상속함(14:1-15) : "이 산지를 내게 주소서!"(12)

요단 서편 땅의 분배에 대한 서론 부분에(1-5) 이어 갈렙의 요구가 가장 앞서 등장한다. 갈렙의 나이 이제 85세(14:10), 이 땅은 아직 정복되지 못한 미지의 땅이 아닌가! 그런데 그는 위험한 땅을 요구한다. 그는 믿음의 사람이었다. 또한 자신의 공로를 내세워 좋은 몫을 요구하지도 않은 겸손한 사람이었다. 그는 믿음으로 말하고, 믿음으로 행했다. 그러자 하나님은 그 믿음을 보고, 얻고, 누리게 하셨다.

> "여호와를 온전히 좇았음이라"(14:8-9,14)
> "그 날에 여호와께서 말씀하신 이 산지를 지금 내게 주소서 당신도 그 날에 들으셨거니와 그 곳에는 아낙 사람이 있고 그 성읍들은 크고 견고할지라도 여호와께서 나와 함께 하시면 내가 여호와께서 말씀하신 대로 그들을 좇아내리이다"(14:12)

갈렙이 요청할 수 있었던 이유는 분명하다(민 14:24, 신 1:36,38). 그러나 그는 최고를 원하지 않았고, 믿음으로 최선을 원했다. 이것은 모범을 보인 것이다. 자신이 희생하여 모든 백성들이 믿음으로 가나안을 정복해가기를 바라는 그의 간절한 희망이기도 했다.

그렇게 해서 아직 정복되지 않은 땅을 받았으나 그 땅을 마침내 약속의 땅으로 만든다(15:13-19). 결정적인 전쟁은 그쳤지만(11:24) 정복은 계속되고 있다. 또한 그는 드빌을 점령하기도 한다(삿 1:11-12). 믿음은 이처럼 현실에 안주하는 것이 아니라 약속의 성취를 향해 도전하도록 이끈다.

그는 광야 시절의 정복 신앙(민 13:30)을 40년이 넘도록 그대로 유지하였다. 실로 그 험난한 '광야교회'(행 7:38)를 지나오면서도 그는 한결같은 성숙한 신앙인으로 살아갔다. 이것은 출애굽 1세대 중 여호수아와 함께 유일하게 가나안 입성 및 정복의 공신이었음에도 불구하고 온 백성의 지도자 여호수아 뒤에서 묵묵히 헌신했던 성품에서도 발견된다.

제일 먼저, 가장 넓은 땅을 받음으로 야곱의 예언이 성취된다(창 49:8-12). 한편, 이 땅은 그들에게 너무 넓은 땅이었기에 시므온 지파의 기업이 여기서 할당된다(19:1-9).

흥미로운 것은 갈렙만이 아직 정복하지 못하여 남은 아낙 소생들을 쫓아낸다. 특히 그의 조카인 용사 옷니엘은 후에 이스라엘의 사사가 된다(16-19, 삿 3:7-11).

유다 지파가 정복하지 못한 화근이자 올무였던 여부스 족속은 후에 다윗에 의해 정복된다(63, 삼하 5:6-7, 왕상 9:20-21).

[4] 요셉의 아들들이 땅을 분배받음(16:1-17:18)

요셉의 자손 에브라임과 므낫세 지파는 야곱의 예언대로 두 배의 기업을 분배받는다. 장자권과 관련하여 동생인 에브라임이 먼저 언급되고 있는 것은 매우 의미심장(意味深長)하다.

☐ 에브라임 지파(16:5-10) : 게셀에 거하는 가나안 사람을 쫓아내지 않고 종을 삼음으로써 하나님의 명령을 거역하는 죄를 범하였다(10, 신 7:1-26).

☐ 므낫세 반 지파(17:1-13) : 므낫세의 장자 마길의 자손들은 이미 요단 동편의 땅을 할당 받았고(17:1, 민 32:39-42, 신 3:13-15), 여기서는 남은 반 지파가 분배받았으나 이들 역시 가나안 사람을 다 쫓아내지 못하였다(13).

☐ 요셉 자손의 불평(17:14-18) : 두 지파이면서도 한 지파의 분깃을 받은 것에 대해 불평한다. 여호수아 역시 에브라임 자손임에도 그의 대답은 단호하다. 믿음으로 말미암은 개척 정신은 가나안(구원) 안의 삶을 더욱 풍성하게 한다.

> "네가 큰 민족이 되므로 에브라임 산지가 네게 너무 좁을진대 브리스 족속과 르바임 족속의 땅 삼림에 올라가서 스스로 개척하라"(15,18a)

[5] 실로의 성막과 베냐민 지파가 땅을 분배받음(18:1-28)

이제 길갈에서 '실로'로 회막이 옮겨졌다(14:6 → 18:1). 이곳은 "벧엘 북쪽 … 세겜으로 올라가는 큰 길 동쪽"(삿 21:19)에 위치해 있는데, 예루살렘에서는 북쪽으로 약 30㎞ 정도의 거리이다. 이때부터 실로는 사무엘 시대에 이르기까지 이스라엘의 중심지, 즉 중앙성소('단일성소')가 되었다(신 12:11, 삿 18:31, 삼상 1:9,24, 렘 7:12). 한편, 남은 일곱 지파에 문제가 생겼다. 갈렙의 태도와 비교해 볼 때 이들은 결국 두려움과 믿음 없음 때문에 하나님의 약속을 순종하지 못하는 연약함에 빠져 있었다(3). 이러한 불순종에 대한 여호수아의 단호한 책망을 보라.

> "여호수아가 이스라엘 자손에게 이르되 너희가 너희 조상의 하나님 여호와께서 너희에게 주신 땅을 점령하러 가기를 어느 때까지 지체하겠느냐."(3)

이러한 불순종은 점점 누적되고 있었다(13:1,13, 15:63, 16:10, 17:12-13, 23:1-13, 삿 1:1,21-36). 이 불순종의 결과를 이미 들었고 알았지만(민 33:54-56) 행할 능력(믿음)이 없었던 것이다. 그러므로 여호수아의 질책(책망)은 매우 당연했다.

한편 베냐민 지파(11-28)는 상대적으로 매우 작은 땅을 분배받았다.

6 시므온·스불론·잇사갈·납달리·단 지파가 땅을 분배받음(19:1-51)

□ 시므온 지파(1-9) : 족장 시므리의 바알브올 범죄로 가장 작은 소수의 지파가 되었으며(민 25:3,5,14), 훗날 유다 지파의 영토에 흡수됨으로 야곱의 예언이 성취되었다(창 49:5-7).

□ 스불론 지파(10-16) : 해안에 거하지 않았다(창 49:13, 신 33:18-19).

□ 잇사갈 지파(17-23) : 비옥한 농토(평야)를 분배받았다(창 49:14-15).

□ 아셀 지파(24-31) : 기름을 생산하는 경사지를 분배받았다(창 49:20, 신 33:24).

□ 납달리 지파(32-39) : 가나안 세력과 혼거함으로써 우상 숭배에 빠졌다(삿 1:33).

□ 단 지파(40-48) : 후에 블레셋 족속 때문에 새 땅을 찾는다(삿 18장).

□ 여호수아의 기업(49-50) : 맨 나중에 분깃을 취하는 겸손함을 보인다. 무릇 지도자는 사사로움이 아닌 공공성에 우선해야 한다.

□ 기업 분배의 종결(51) : 여호수아는 혼자 일하지 않고 제사장 엘르아살과 이스라엘 자손 지파의 족장들과 서로 동역(협력)하여 사역하였다. 마침내 이스라엘은 지파별 자치 시대를 맞이하게 된다.

❷ 도피성(20:1-9)

하나님의 명령에 의해서 "부지중 실수로 살인한 자를" 위한 6개의 도피성이 세워진다(출 21:12-13, 민 35:6-34, 신 4:41-43, 19:1-13). 요단 동편에 3개(8, 베셀, 길르앗 라못, 바산 골란)와 요단 서편에 3개(7, 갈릴리 게데스, 세겜, 기럇아르바 곧 헤브론)를 이스라엘 전역(全域)에 골고루 만들어서 개인적인 복수를 피하게 했다(민 35:11-15,32 / 『성경과 함께 보는 지도』, Simon Jenkins, 35).

한편 진정한 도피성은 죄인의 피난처이신 예수 그리스도 자신이시다. 누구든지 도피성이신 그리스도 안에 있으면 정죄함이 없다(롬 8:1-2).

[도피성 본문 비교]

경 우			장 소	
출 21:12-13	하나님이 손에 붙이신 경우	1		계약법전
민 35:6-34	그릇 살인한 경우	6(요단 서편)		레위기 성결법전
신 4:41-43, 19:1-13	부지중 오살	동3 서3+(3)		신명기법전
수 20:1-9	부지중 오살	6(동3, 서3)		

〈참조〉 1. 출애굽기가 민수기 이후에 확대 적용된다.
　　　 2. 신명기 19장에는 더 정복한 후 3곳에 더 설치할 것을 명하고 있다.
　　　 3. 여호수아 = 민수기 + 신명기

❸ 레위인을 위한 48개의 도성(21:1-42)

회막이 있는 조그마한 성읍 실로에 거주하고 있던 레위 지파는 이미 약속 받던(민 35:2) 성읍을 요구했고(1-2), 그리하여 어떤 '지역'이 아닌 '성읍들'이 할당되었다(3). 레위 지파는 게르손, 그핫, 므라리 등 세 족속(출 6:16-19, 민 3장)으로 이루어졌는데 이들은 이스라엘 전 지역에 흩어져 거주하게 하심으로써 이스라엘 전 지역에 하나님의 다스리심이 골고루 미치도록 하였다(신 33:10).

각 지파는 자신들의 기업에서 일부를 레위인을 위해 헌납되었다. 이는 야곱이 예언한대로 레위인은 "이스라엘 중에서 흩으리로다"(창 49:7)라는 말씀을 따라 거주할 최소한의 성읍과 목초지만을 필요로 했다(41-42).

☐ 아론 자손들(4,8-19) : 유다, 베냐민, 시므온 지파에게서 13 성읍

☐ 그핫 자손들(5,20-26) : 에브라임, 단, 므낫세 반 지파에게서 10 성읍

□ 게르손 자손들(6,27-33) : 잇사갈, 아셀, 납달리, 므낫세 반 지파에게서 13 성읍

□ 므라리 자손들(7,34-40) : 스불론, 르우벤, 갓 지파에게서 12 성읍

❹ **정복과 정착의 결론**(21:43-45) **: 언약의 성취**

하나님은 아브라함(창 12:1-2, 15:16-21), 이삭(창 26:2-3), 야곱(창 28:13), 그리고 온 이스라엘 백성(출 3:8)에게 가나안 땅을 주실 것을 약속하셨고, 마침내 이 언약은 성취되었다. 이는 이스라엘이 군사적으로 이룬 것이 아니라 하나님이 하셨다.

> "여호와께서 이스라엘의 조상들에게 맹세하사 주리라 하신 온 땅을 이와 같이 이스라엘에게 다 주셨으므로 그들이 그것을 차지하여 거기에 거주하였으니, 여호와께서 그들의 주위에 안식을 주셨으되 그 조상들에게 맹세하신 대로 하셨으므로 그들의 모든 원수들 중에 그들과 맞선 자가 하나도 없었으니 이는 여호와께서 그들의 모든 원수들을 그들의 손에 넘겨 주셨음이니라. 여호와께서 이스라엘 족속에게 말씀하신 선한 말씀이 하나도 남음이 없이 다 응하였더라."(43-45)

❺ **요단 동쪽 지파 해산**(22:1-34)

□ 발단(1-9) : "이제는 … 안식을 주셨으니 … 너희의 장막으로 돌아가되 … 그를 섬길지니라"

□ 전개(10-12) : '보기에 큰 단'

□ 위기(13-20) : "여호와의 제단 외에 다른 제단을 쌓음으로"

□ 절정(21-29) : "오직 우리와 너희 사이에 증거만 되게 할 뿐이라"

□ 결말(30-34) : "우리 사이에 이 제단은 여호와께서 하나님이 되시는 증거라"

마침내 가나안에 안식이 왔다. 그래서 요단 동편에 기업이 있는 두 지파 반이 자신의 땅으로 돌아와 요단 저편에 단을 세운다(10). 그러나 이 행위는 곧 '다른 단'(19)으로 오해가 되었고, 동족간의 전쟁 위기는 대화로 원만히 해결되었다(13-). '보기에 큰 단'(10)이란 말에서 양측은 서로 오해했음이 분명하다.

약속의 땅 가나안은 '여호와의 소유지'(22:19), 즉 '여호와의 기업'으로 불렸다. 이 땅의 진정한 소유주는 하나님이시라는 말인데, 그렇다면 이스라엘은 그 땅의 나그

네가 아닌가!

» 약속의 땅 가나안에도 죄악의 꽃은 피는가? ────────

여호수아서는 미래의 청사진을 믿음의 눈으로 보게 한다. 이스라엘이 하나님과 맺은 언약을 갱신하고, 이 백성이 자신들의 기업들을 누리도록 여호수아가 그들을 파견하고, 여호수아가 사망하는 것으로 매듭을 짓는다.

4) 미래(23:1-24:33) : 하나님만을 섬기라!

이스라엘은 아직 정복하지 못한 지역들을 정복하려는 의지가 없어 보인다. 이것이 생의 마지막 앞에 서 있는 여호수아의 마음에 깊은 짐이 아닐 수 없었다. 이런 때에 여호수아는 약속의 땅에서 지켜야 할 언약과 충성을 내용으로 한 고별 설교를 선포한다.

❶ 정복 완수 명령(23:1-16) : 고별사

각 지파 지도자들에게 여호수아가 권면한다. 여호수아는 유언에 가까운 고별사를 통해 가나안 정복은 하나님의 주권 가운데 이루어졌으며(1), 말씀 순종(6), 통혼(12)과 우상 숭배(16)를 금함으로써 하나님의 진노를 피하라고 간곡한 유언을 남긴다.

1 과거의 회상

- ☐ 하나님이 너희를 위하셨음을 생각하라(3).
- ☐ 하나님이 너희를 위하여 행하셨던 모든 일을 생각하라(3).
- ☐ 하나님이 너희를 위해 친히 싸우셨음을 기억하라(3).
- ☐ 너희에게 기업 주신 자를 생각하라(4).

2 현재의 책임

- ☐ 율법 책에 기록된 것을 다 지켜 행하라(6).
- ☐ 율법을 떠나 우로나 좌로나 치우치지 말라(6).

□ 이방의 신들의 이름을 부르지 말라(7).

□ 여호와를 항상 가까이 하라(8).

□ 스스로 조심하여 하나님을 사랑하라(11).

□ 이방 민족들과 가까이 교제(결혼)하지 말라(12-13).

3 미래의 약속

□ 여호와가 원수들을 너희 앞에서 쫓아낼 것이다(5).

□ 너희에게 말한 모든 것이 이루어질 것이다(5).

□ 반드시 그 땅을 차지하게 될 것이다(5).

□ 불순종하면 약속의 땅에서 속히 멸망할 것이다(14-16).

❷ 언약 갱신(24:1-28)

여호수아는 그리심산과 에발산 중간 계곡에 위치한 세겜에서 백성과 온 지도자를 불러 모아 하나님만을 섬기기를 공개적으로 권고하는 언약을 체결한다. 여호수아가 실로가 아닌 '세겜'을 언약의 장소로 택한 것은 아브라함이 가나안 이주 후 첫 약속을 받았으며(창 12:6-7), 그 후 성스러운 곳으로 여겨졌기 때문이다.

> "그러므로 이제는 여호와를 경외하며 온전함과 진실함으로 그를 섬기라 너희의 조상들이 강 저쪽과 애굽에서 섬기던 신들을 치워 버리고 여호와만 섬기라. 만일 여호와를 섬기는 것이 너희에게 좋지 않게 보이거든 너희 조상들이 강 저쪽에서 섬기던 신들이든지 또는 너희가 거주하는 땅에 있는 아모리 족속의 신들이든지 너희가 섬길 자를 오늘 택하라 오직 나와 내 집은 여호와를 섬기겠노라"(14-15)

1 서론(2-13) : 네 가지 사건의 회상

이스라엘의 시초부터 정복까지의 역사인 아브라함과 그 자손들의 선택(2-4a), 출애굽(4b-7a), 요단 저편 정복(7b-10), 가나안 정복(11-13)을 재설명함으로써 언약 체결의 기초를 놓았다. 이스라엘은 다음 두 가지 중 하나를 선택해야 했다.

□ 여호와 하나님을 섬길 것인가?

□ 조상들이 메소보다미아와 당시 주변에서 섬기던 우상을 섬길 것인가?

2 **언약의 내용**(14-24) : 오직 여호와를 섬기겠다.

　　이스라엘은 하나님을 섬기고 그에게 복종하겠다고 서약한다. 이스라엘 백성은 마음을 다하여 그들의 언약의 주인(왕)이신 하나님을 섬겨야 했다. 마침내 여호수아의 모범(14-15)에 이어 백성들 역시 공개적으로 하나님의 언약에 응답한다(16,18,21,22,24). 특히 22절은 증인 선서에 해당한다.

3 **언약의 대상**(25-28)

　　여호수아를 대표로 하여 하나님과 이스라엘 사이에 맺은 언약이다. 이는 여호수아가 "이 모든 말씀을 하나님의 율법책에 기록하고"(26a)에서 분명해진다.

❸ **결론**(24:29-33)

　　여호수아의 죽음을 기록한다. 그는 '모세의 수종자'(1:1)로 시작해 '여호와의 종'(29)으로 생애를 마무리한다.

> "이스라엘이 여호수아가 사는 날 동안과 여호수아 뒤에 생존한 장로들 곧 여호와께서 이스라엘을 위하여 행하신 모든 일을 아는 자들이 사는 날 동안 여호와를 섬겼더라."(31)

[모세와 여호수아의 대조]

모세와 여호수아는 많은 공통점이 있다.	모 세 - '뿌리다'	여호수아 - '거두다'
하나님 앞에서 신발을 벗음	출 3:5	수 5:15
백성의 죄에 대한 중보기도	신 9:25-29	수 7:7-9
유월절 준수	민 9:1-5	수 5:10-11
지팡이·단창을 높이 듦(승리)	출 17:12	수 8:18,26
할당한 약속의 땅의 목록	민 32:1-32	수 14:1-
승 리	민 32:29-42	수 12:7-24
죽음 앞에서 축복과 저주의 제시	신 28장	수 23:14-16
언약 갱신	신 26:16-19	수 24:1-28
지도력 이양	신 31:1-8	-
하나님을 배신할 것을 앎	신 31:15-29	수 24:19-20

① 여호수아의 죽음 이후를 약술하고 있다.

　　이를 통해 볼 때 위에서 갱신한 언약이 얼마나 지키기 어려운 것인가를 보게 된다. 아마도 여호수아는 이 사실을 알고 있었던 것 같다(19).

② 이스라엘은 그들이 하나님을 섬기도록 지도해 줄 지도자가 없다.

　　백성들은 지도자 없이 그 땅에 남겨졌다. 이것이 어떤 방향(상황)으로 발전할 것인가? 바로 이것이 이어지는 사사기의 이야기이다. 마침내 40년 만에 얻은 그들의 안식, 그러나 그것은 기껏해야 일시적인 것에 불과했다. 그렇다면 약속의 땅은 무슨 의미가 있는가? 영원한 기업은 하나의 꿈인가? 이런 질문들은 여호수아 이후의 이야기를 기다리도록 만든다.

③ 약속의 땅 가나안은 우리에게 어떤 의미를 주는가?

　　'예수'와 '여호수아'는 같은 이름이다. 그러니까 여호수아는 메시야의 예표인 셈이다.

❑ 가나안은 썩지 않고 쇠하지 않는 기업(벧전 1:4), 하늘의 본향(히 11:16)을 예표한다.

❑ 우리는 이 땅에서 거룩한 나그네이다(히 11:13, 벧전 2:11). 따라서 하늘의 기업을 물려받을 하나님의 상속자이다(롬 8:17).

❑ 가나안에 누리는 일시적인 안식은 장차 하나님의 나라에서 누릴 영원한 안식과 비교된다(히 3:7-4:11).

④ 하나님께 순종

　　이스라엘은 정복 전쟁을 통해 하나님께 '순종'하는 것이 얼마나 큰 축복인가를 배웠다. 순종과 불순종의 결과를 똑똑하게 목격한 이스라엘, 이것이 여호수아서가 독자들에게 던지는 영적 도전이다.

2장_사사기 Judges

■ 맥잡기

❶ 서론(1:1-3:6)

  [1] 이스라엘의 정복 실패(1:1-2:5) : 미완의 정복

  [2] 이스라엘의 우상숭배(2:6-3:6)

❷ 사사들의 구원 이야기(3:7-16:31) : **구원과 실패의 돌림노래**

  [1] 전형적 사사 옷니엘(3:7-11) : 유다

  [2] 왼손잡이 사사 에훗(3:12-30) : 베냐민

    ① 소사사_삼갈(3:31) : 납달리

  [3] 여자 사사 드보라(4:1-5:31) : 에브라임

  [4] 전설적 사사 기드온(6:1-8:35) : 므낫세

  [5] 적 사사(anti-judge) 아비멜렉(9:1-57)

    ② 소사사_톨라(10:1-2) : 잇사갈

    ③ 소사사_야일(10:3-5) : 길르앗

  [6] 입다(10:6-12:7) : 길르앗

    ④ 소사사_입산(12:8-10) : 베들레헴

    ⑤ 소사사_엘론(12:11-12) : 스불론

    ⑥ 소사사_압돈(12:13-15) : 에브라임

  [7] 삼손(13:1-16:31) : 단

❸ 결론(17:1-21:25)

  [1] 종교적 혼란(17:1-18:31) : 단

2 도덕적 부패(19:1-21:25) : 베냐민

» 두 얼굴의 교향곡

[장조 멜로디] - 시 작
"누가 먼저 올라가서(1:1) 유다가 올라갈지니라."(1:2) "백성이 여호수아가 사는 날 동안과 여호수아 뒤에 생존한 장로들 곧 여호와께서 이스라엘을 위하여 행하신 모든 큰 일을 본 자들이 사는 날 동안에 여호와를 섬겼더라."(2:7)

◀▶

[단조 멜로디] - 마무리
"이스라엘 자손이 … 올라가서(20:18a) 유다가 먼저 갈지니라."(20:18b) "그 때에 이스라엘에 왕이 없으므로 사람이 각각 자기의 소견에 옳은 대로 행하였더라."(21:25, 17:6 참조)

» 광야변주곡

1) 서론(1:1-3:6)

사사기는 여호수아가 죽은 후부터 사울이 이스라엘의 초대 왕으로 등장하는 왕정시대가 열리기까지 약 300년의 혼돈기를 기록하고 있다. 사사기의 분위기와 어조는 처음부터 암울하다. 모세 율법의 급격한 퇴조와 그 결과로 찾아온 개인주의의 득세는 신앙 공동체의 틀을 근본적으로 위협해 왔다. 한 쌍의 서론(1:1-2:5, 2:6-3:6)은 모두 여호수아의 죽음을 언급하는 것으로 시작되며(1:1, 2:8), 여호와께서 가나안 족속을 쫓아내지 않겠다는 선언으로 각각 끝이 난다(2:3, 2:23).

그 이유는 무엇인가? 이것은 여호수아를 통해 주어진 이스라엘의 사명과 관련된다. 그러나 이스라엘은 유감스럽게도 가나안에 대한 완전정복 수행, 그리고 하나님의 주권과 통치 아래 살아감이라는 두 사명을 완수하지 못했다. 결국 모세와 여호수아의 '예고편' 대로 역사는 흐른다. 이것이 서곡(序曲)이 품고 있는 사사기라는 씨앗이다 : "그러므로 내가 또 말하기를 내가 그들을 너희 앞에서 쫓아내지 아니하리니 그들이 너희 옆구리에 가시가 될 것이며 그들의 신들이 너희에게 올무가 되리라 하였노라."(2:3; 민 33:55, 수 23:13)

❶ 이스라엘의 정복 실패(1:1-2:5) : '올라가서'

누가 먼저 올라가서(1:1)

유다가 올라갈지니라(1:2)

유다가 올라가매(1:4)

요셉 가문도 … 올라가니(1:22)

여호와의 사자가 … 올라와(2:1)

첫째 사명은 아직 남아 있는 미정복 가나안 족속을 몰아내고 약속의 땅을 완전히 정복하는 임무였다(수 23장). 여호수아 시대는 순종을 통해 가나안을 정복하였으나 사사 시대는 불순종으로 7번이나 반복적으로 가나안에서의 실패를 되새김질하고 만다. 1:1-26절이 정치적이라면 2:1-5절은 종교적인 스펙트럼을 통해 사사기의 배경 역할을 한다.

[1] 유다 지파의 계속되는 정복1(1:1-15)

[2] 승전가 : 계속되는 정복2(1:17-20,22-26,35b)

[3] 패전가 : 실패 목록표(1:16,19b,21,27-36)

[4] 불순종의 결과(2:1-5) : 슬피 울다.

❷ 이스라엘의 우상숭배(2:6-3:6)

둘째 사명은 가나안 족속의 이방 문화를 본받지 않으면서 하나님의 왕국을 실현해야 하는 임무였다(수 24장).

승리와 패배의 이중주는 원음이 아니다. 승리가 있기에 안심이 아니라 패배도 있기에 불길하다는 뜻이다. 승리 안에 이미 패배의 기운이 숨겨져 있기 때문이다. 패배도 있는 승리는 진정한 승리가 아니다. 이게 사사기의 영적 분위기다.

[1] **여호수아 그 이후**(2:6-10) : 여호수아 24장 마무리 부분과 오버랩(overlap)된다.

□ 수 24:28 → 6

□ 수 24:31 → 7

□ 수 24:29-30 → 8-9

2 **가나안의 황무함**(2:11-23) : 사사기의 순환 싸이클 - 나선형으로 발전

　① 이스라엘의 범죄(패역, 우상숭배) : 배신

　　→ ② 하나님의 진노 : 심판

　　　→ ③ 압제(사람 막대기와 인생 채찍)

　　　　→ ④ 이스라엘의 부르짖음 : 회개

　　　　　→ ⑤ 하나님의 평화 : 구원

　　　　　　→ ① 이스라엘의 재범죄

3 **사람 막대기와 인생 채찍**(3:1-6)

가나안에 남겨 두신 이방 민족들은 이스라엘이 하나님의 명령을 순종하는지를 알고자 남겨 두셨다(1-4). 이 화근은 어떤 식으로 가나안을 가나안 되게 할까(5-6). 가나안 족속들과의 결혼은 우상숭배라는 화근을 낳았다. 그 결과 어떻게 되는가? 다 쫓아내지 아니한 이스라엘의 불순종은 더 깊은 타락으로 치닫고, 하나님은 사사기 사이클을 통해 저들을 다듬으시고 훈련하시고 하나님을 경험하게 하시는 기회로 삼으신다. 이것이 이어지는 사사들의 구원 이야기다.

2) 사사들의 구원 이야기(3:7-16:31)

> "내가 무슨 말을 더 하리요 기드온, 바락, 삼손, 입다…의 일을 말하려면 내게 시간이 부족하리로다. 그들은 믿음으로 나라들을 이기기도 하며 의를 행하기도 하며 약속을 받기도 하며 사자들의 입을 막기도 하며, 불의 세력을 멸하기도 하며 칼날을 피하기도 하며 연약한 가운데서 강하게 되기도 하며 전쟁에 용감하게 되어 이방 사람들의 진을 물리치기도 하며"(히 11:32-34)

애굽 → 광야 → 가나안으로 이어지는 이스라엘, 이들은 아브라함과 그의 후손들에게 언약되었던 바로 그 약속의 땅에 들어 왔다(창 12:7, 15:12-21). 그런데 이 '안식'(rest)의 땅

에 들어왔음에도 불구하고 계속적인 '비안식'(unrest)의 땅과 백성이 될 수 밖에 없다는 점이다.

사사들의 구원이야기에서는 -아비멜렉을 제외하고- 이스라엘의 역사가 6번 반복되는 순환(cycle)으로 제시되고 있다. 각 이야기는 등장 인물과 장소만 다를 뿐 기본적으로 동일한 이야기를 반복하고 있다. 한편 12명의 사사를 등장시킴으로써 12지파가 공히 여호수아 이후의 가나안에서의 정복활동을 계속하고 있음을 의도적으로 말하려고 하는 인상을 주는 것이 특별하다.

하나님은 비록 연약한 인간 사사들을 사용하시지만 이스라엘의 유일한 사사는 여호와 한 분이심을 우리로 하여금 깨닫도록 한다. 사사들은 한결 같이 연약한 인간의 모습을 고루 지니고 있다. 어디 사사들뿐인가. 우리 역시 악하고 추한 죄인들이지만 하나님의 은혜로 의롭다함을 얻어 주께서 쓰신다. 사사기의 하나님은 '은혜와 사랑'으로 우리를 만나 주신다.

결국 사사들로서는 가나안이 평화(안전)로울 수 없다. 한편 점차 더욱 몰락해 가는 사사기의 하강구조는 사실 이미 예고되었었다(2:10). 이 일은 기드온(6-8장) 이후에 본격화된다. 지도자답지 않은 사사들, 점점 심해지는 배도의 강도, 이것들이 서로 부정적인 상승 작용에 협력한다.

첫 사사 옷니엘(BC 1,375)부터 마지막 사사 삼손(BC 1,050)까지 사사들은 대략 300년이 넘는 기간을 통치했다.

❶ 전형적 사사 옷니엘(3:7-11) **: 메소보다미아**

구산 리사다임(메소보다미아) → 구원자(9)/갈렙의 조카

❷ 왼손잡이 사사 에훗(3:12-30) **: 모압**

구원자(15)/장애인

　① 소사사 삼갈(3:31) : 블레셋

❸ 여자 사사 드보라(4:1-5:31) **: 가나안 하솔왕 야빈**

❹ 전설적 사사 기드온(6:1-8:35) : **미디안**

> "내가 너희를 다스리지 아니하겠고 나의 아들도 너희를 다스리지 아니할 것이
> 요 여호와께서 너희를 다스리시리라"(8:23)

Y - "큰 용사여 여호와께서 너와 함께 계시도다"(6:12)

G - "어찌하여 이 모든 일이"(6:13)

Y - "너는 가서 … 구원하라"(6:14)

G - "무엇으로 이스라엘을 구원하리이까"(6:15)

Y - "내가 반드시 너와 함께 하리니"(6:16)

G - "표징을 내게 보이소서"(6:17)

기드온은 하나님이 그를 부르고 계심에도 처음에는 선뜻 응답하지 않았다. 그 후 두 기적을 통해 하나님의 부르심에 확신과 믿음으로 응답한다. 이것이 빈 항아리와 횃불과 나팔을 든 300명의 군사들만으로 전쟁에서 승리한 이유이기도 했다. 승리는 군대의 크기(규모)에 있지 않고 하나님을 믿고 신뢰하는 믿음에 있다.

> "내가 무슨 말을 더 하리요 기드온, 바락, 삼손, 입다…의 일을 말하려면 내게 시
> 간이 부족하리로다."(히 11:32)

▢ 135,000 vs 300

이를 통해 기드온과 그의 후손들까지, 이들은 백성들로부터 왕이 되어 달라는 요청을 받는다(8:22). 이는 이미 앞서 하나님이 염려하신 부분이기도 하다(7:2). 한편 기드온은 흔들렸고, 이스라엘은 범죄하고 만다.

❺ 적 사사(anti-judge) **아비멜렉**(9:1-57) : **불의한 야망**

▢ 기드온의 아들 - 스스로 왕이 되다.

▢ 요담의 우화

기드온이 남긴 70명의 아들(8:30-31) 중 아비멜렉은 다른 형제들을 다 죽이고 불의한 야망을 불태운 지 3년 만에 패망하고 만다.

② 소사사 돌라(10:1-2)

③ 소사사 야일(10:3-5)

❻ **입다**(10:6-12:7) **: 압몬 & 블레셋**

　기생에게서 태어난 서자로서 후에 그의 형제들에게 쫓겨난다. 무남독녀를 서원대로 번제로 드렸을까? 하나님은 이미 사람 희생제사를 금하셨다(레 18:21, 20:2-3). 그럼에도 입다는?

> "내가 무슨 말을 더 하리요 기드온, 바락, 삼손, 입다…의 일을 말하려면 내게 시간이 부족하리로다."(히 11:32)

④ 소사사 입산(12:8-10)

⑤ 소사사 엘론(12:11-12)

⑥ 소사사 압돈(12:13-15)

❼ **삼손**(13:1-16:31) **: 블레셋**

　블레셋은 다윗 때까지 이스라엘을 계속해서 괴롭혔다.

　수태고지(13:5) - 나실인, 구원자

　블레셋 딤나 사람의 딸들 중에서 아내를 삼다.

　삼손의 솔로(15:16)

> "그 아이가 자라매 여호와께서 그에게 복을 주시더니 …
>   여호와의 영이 그를 움직이기 시작하셨더라."(13:24-25)
> "(howbeit, 그렇지만) 그의 머리털이 밀린 후에 다시 자라기 시작하니라."(16:22)
> "내가 무슨 말을 더 하리요 기드온, 바락, 삼손, 입다…의 일을 말하려면 내게 시간이 부족하리로다."(히 11:32)

3) 결론(17:1-21:25)

[장조 멜로디] - 시 작		[단조 멜로디] - 마무리
누가 먼저 올라가서(1:1)		이스라엘 자손이 … 올라가서(20:18a)
유다가 올라갈지니라(1:2)		유다가 먼저 갈지니라(20:18b)

　앞에서 읽었던 대로 '올라가다'(1:1-2 ↔ 20:18) 멜로디가 긍정(장조)과 부정(단조)으로 쌍

을 이루고 있다. 사사기의 두 얼굴이 극명하게 대조되는 그림에서 이스라엘의 흥망성쇠(興亡盛衰) 이야기의 허무함을 만난다.

이제 더 이상 반역과 핍박과 구원이라는 순환이 나타나지 않는다. 이에 따라 주제 공식이 달라진다. 즉, 종교·도덕적으로 혼란과 부패의 고리가 어디에서 기인하는가를 보여준다 : "그 때에는 이스라엘에 왕이 없었으므로 사람마다 자기 소견에 옳은 대로 행하였더라."(17:6; 18:1, 19:1, 21:25 참조) 마침내 이스라엘은 각 사람이 하나님의 율법을 대신하기에 이르고야 말았다.

❶ 종교적 혼란(17:1-18:31) : 미가의 이야기
❷ 도덕적 부패(19:1-21:25) : 레위인의 첩 이야기

모세/여호수아 → 사사시대 → 왕정시대라는 이스라엘의 역사는 하나님이 그 주도권을 잡으시고 이끌어 가시는 신정(神政)의 또 다른 이름이라고 한다면 지나친 확장일까 : "전에 내가 사사에게 명령하여 내 백성 이스라엘을 다스리던 때와 같지 아니하게 하고 너를 모든 원수에게서 벗어나 편히 쉬게 하리라"(삼하 7:11a)

» 가나안에서 광야를 돌아보다.

"그 때에 이스라엘에 왕이 없으므로"(21:25a)
"너희의 하나님을 오늘 버리고 이르기를 우리 위에 왕을 세우라 하는도다"(삼상 10:19a)

사사기의 '영적 전쟁'은 아직 끝나지 않았다.

신약 또한 성도와 교회의 정체성(identity)을 악과 사탄과의 영적 전쟁 주제로 이해하는 것을 포기하지 않는다(엡 6:10-17). 주님이 오셔서 선포하신 메시지 역시 이 세상 주관자의 어두운 지배가 물러가고 '하나님의 나라'의 새로운 도래를 알리셨으며, -"회개하라, 천국이 가까이 왔느니라"(마 4:17)- 이 일을 십자가에서 완성하셨다 : "다 이루었다!"(요 19:30)

1) 전쟁은 끝나지 않았다.

이처럼 사탄과의 영적 전쟁은 '이미' 시작되었고 동시에 승리했다. 그러나 '아직' 끝나지 않았다. 창세기 3장 15절부터 시작된 이 거룩한 전쟁은 주님이 다시 오시는 그 날에 완수될 것이다. 따라서 신약을 살아가는 우리는 이처럼 주님이 이미 승리해 놓으신 은총 -은혜로 말미암은 구원- 안에서 살아가는 특권을 받았다. 하지만 이 삶이란 이미와 아직 사이의 긴장 속에 있다.

그래서 더욱 성령님의 도우심과 계속되는 은혜의 부어주심이라는 함께하심이 아니면 새로운 피조물임에도 불구하고, 즉 하나님의 자녀가 되었음에도 불구하고, 그러니까 사사기의 주제와 연결해 볼 때 하나님의 다스리심과 언약의 성취인 가나안에 들어와 있어도, 그럼에도 불구하고 사사기 백성들처럼 살아갈 수 밖에 없다. 이것이 사사기가 주는 영적 교훈 가운데 놓치지 않아야 할 대목이다.

2) 그리스도 안에 들어왔으나 아직 남아있는 옛성품^(미정복)과 싸워야한다.

이것이 성화의 거룩한 행진이다. 예수를 믿었다고 해서, 그러니까 가나안에 들어왔다고 해서 모든 것이 다 자동적으로 주어지거나 해결되는 것은 아니다. 이는 구약을 살았던 성도들이나 신약을 살아가는 우리에게나 동일한 주제이다. 가나안이 하나님의 통치의 새로운 시작이었듯이 그리스도 안에서의 은혜로 말미암아 믿음으로 시작된 새로운 피조물됨의 은총 역시 시작된 하나님의 나라의 백성됨에 해당된다.

홍해를 건넌 것이 하나님의 은혜일 수 밖에 없듯이(출 14:13-14), 역시 가나안에 들어감 또한 하나님의 은혜의 선물일 수 밖에 없다. 이렇듯 우리가 죄와 사탄의 지배로부터 해방되어 하나님의 나라의 백성됨이라는 구원 역시 하나님의 전적인 은혜가 아니면 결코 이루어질 수 없는 하나님의 사건이다(롬 8:1-11).

그러나 문제는 이것이다. 사사기의 백성들이 이 은혜 아래서의 대가를 지불하며 살았듯이 그리스도 안에 있으나 우리 역시 피 흘리기까지 싸워야 하는 대가를 지불해야만 한다. 이미 승리했으나 "너희 대적 마귀가 우는 사자와 같이 두루 다니며 삼킬 자를 찾나니, 너희는 믿음을 굳게 하여 저를 대적하라 이는 세상에 있는 저희 형제들도 동일한 고난을 당하는 줄을 앎이니라"(벧전 5:8-9)는 베드로의 영적 통찰처럼 아직 남아있는 사탄과의 전쟁, 그것만큼이 구약(舊約) 사사기의 백성들과 신약(新約) 하나님의 나라의 성도인 우리가 동시에 싸워야 할 부분이다.

사사기에서 전쟁이 아직 끝나지 않고 계속 진행되는 것처럼 우리 역시 -세상 끝날까지 함께 하시는 주님의 분부하심처럼(마 28:18-20), 그리고 사도행전 1장 8절 말씀처럼- 아직 정복하지 못한 땅끝까지 복음을 전해야 할 영적 전투에 참예한 거룩한 영적 군사로 부르심을 받았다.

사사기는 우리 앞에 이처럼 두 얼굴을 가지고 서 있다. 정복하지 못한 만큼이 화근이요 올무요 가시인 것처럼 이 세상에 아직 남아있는 죄의 파편들이 하나님의 영광과 은혜를 끊임없이 공격하는 올무와 가시인 셈이다. 그러나 반대로 하나님의 명령(말씀)이 성취되어 정복된 것만큼 하나님의 평화(살롬)가 이루어진다.

사사기에는 하나님 안에서 누리는 풍성한 삶이 있다. 그러나 동시에 하나님의 말씀에 순종하지 못한 믿음 없는 사람들의 철저한 실패와 좌절이 들어있다. 그리스도 안에의 생활 역시 마찬가지다. 이미 하나님의 은혜로 성도가 되었으나 여전히 죄와 싸워 승리하지 못하고, 아니 싸워 보지도 않고 항복하여 세상 사람들과 방불하게 살아가는 못나고 추한 성도들이 있다(특히 신약 고린도전서가 이를 분명히 해 준다). 반대로 말씀과 기도로 거룩을 이루며(딤전 4:5) 믿음으로 죄와 사탄의 어둔 권세를 파하며 살아가는 성도들이 있다. 놀랍게도 이 두 그림이 사사기의 무대에 함께 걸려 있다.

어떻게 살 것인가? 어떻게 살아야 하는가? 이것이 계속해서 사사기를 묵상(통독)하면서 교훈 받아야 할 메시지이다. 과연 무엇이 가나안에서도 실패할 수 있다는, 동시에 그리스도 안에서도 실패할 수 있다는 가능성을 보란 듯이 깨닫게 만드는가? 사사기는 지금도 여전히 말을 걸어온다.

여호와의 안식의 백성으로서의 특권과 의무를 분명하게 가르친다. 가나안 정복을 내다보면서, 모세는 약속의 땅에서 이룩되어야 할 새로운 신정국가(Theocracy)의 거룩한 규정을 공포했다. 그는 백성들 모두와 예배자(Worshipper)의 의식에 이 거룩한 나라를 보존할 책임을 부과했다.

한 가지 특이한 점은 민수기까지는 하나님의 사랑에 대해서 특별한 언급이 나타나지 않는다는 점이다. 그런데 신명기에서는 그의 사랑을 나타내는 뛰어난 단어들이 나타난다(4:37, 7:7-8, 10:15, 23:5). 한편 본서의 메시지는 '하나님께 순종하라!'이며 (4:1,2,3,9,15,23,40, 5:1, 6:1-3, 11:26-27), 모세오경 가운데 마지막 책이다(31:9,24-26).

3장_룻기 Ruth

■ 맥잡기

❶ 제1악장 – 룻과 엘리멜렉(1:1-22) ; complication A

   1 엘리멜렉 가문의 모압 이주(1-5); prologue

   2 룻의 出모압기(6-18) : 결정

   3 귀향(19-22)

❷ 제2악장 – 룻과 나오미(2:1-23) ; solution

   1 룻과 보아스의 첫 만남(1-7)

   2 이삭줍기(8-16) : 헌신

   3 나오미의 회복(17-23)

❸ 제3악장 – 룻과 보아스(3:1-18) ; complication B

   1 나오미의 통찰(1-5)

   2 청혼과 약혼(6-13) : 구원자

   3 룻의 보고(14-18)

❹ 제4악장 – 룻과 다윗(4:1-22) ; resolution

   1 기업 무를 자('고엘', 1-16) : 기쁨

   2 다윗의 가계(17-22) - epilogue

» 룻의 애가(愛歌)

룻기는 사사시대(1:1)를 사무엘상(4:22)으로 연결하는 책이다.

즉, 사사시대(BC 1375-1050)에서 다윗을 바라본다. 어떻든 "사사들이 치리하던 때에" (1:1a)로 시작되는 것을 볼 때 그 뿌리는 사사다. 이 어구는 룻기를 이해할 수 있는 단초이자 룻 이야기가 사사기와 어떤 식으로든 깊은 관계가 있음을 암시하고 있다. 동시에 룻기 전체에 흐르고 있는 이야기의 색깔을 읽어낼 수 있도록 해 주는 중요한 키워드 (key word) 가운데 하나다.

1) 사사기를 알면 룻기가 열린다. 룻기를 알면 사무엘상이 보인다.

사사기는 어떤 책인가? 사사기는 여호수아 사후(死後)로부터 사무엘과 사울을 통한 왕정시대가 열리기 이전에 있었던 어두운 시대를 배경으로 하고 있다. 약속의 땅, 가나안인데 신앙과 삶의 질은 애굽과 방불하기 그지없다. 하지만 이처럼 캄캄한 사사기 시대에도 아름답고 따뜻한 사랑 이야기가 연주되고 있음이 놀랍다.

한편 사사기를 알기 위해서는 여호수아서의 도움을 받을 필요가 있는데, 여호수아서가 마무리되는 부분에 가면 이스라엘 백성은 여호수아 앞에서 결코 하나님을 떠나지 않을 것을 맹세하는 장면이 나온다(수 24:16-18,21,24). 그러나 그들은 사사시대에 이르러 하나님을 버린다. "여호수아가 죽은 후"(삿 1:1)에 사사기 백성들이 만든 당시의 영적 분위기를 사사기 기자는 이렇게 증언한다.

> "그 세대의 사람도 다 그 조상들에게로 돌아갔고 그 후에 일어난 다른 세대는 여호와를 알지 못하며 여호와께서 이스라엘을 위하여 행하신 일도 알지 못하였더라."(삿 2:10)

이 비극의 역사가 하나의 싸이클(cycle)이 되어 여섯 번이나 반복되고 있는 때가 바로 "사사들이 치리하던 때"인 것이다. 삿 2:11-23에서 싸이클의 한 모델을 찾아보자. 그런데 우리가 놀라는 것은 다른 것이 있다면 반복되지 않는다는 것을 제외하고는 이 싸이클이 룻기에도 그대로 나타난다는 점이다.

○ 타 락 ➜ 진 노 ➜ 부르짖음 ➜ 사 사 ➜ 평 화 ➜ ◎ 타 락

그럼 룻 이야기의 시점은 언제인가? 바로 이러한 총체적 위기를 배경으로 룻 이야기가 시작된다. 이런 면에서 사사기를 통해 룻기의 배경을 관찰하는 것은 중요하다. 그럼, "사사들이 치리하던 때"는 어느 때인가? 룻기의 마지막 결론에서 다루겠지만 살몬은 라합에게서 보아스를 낳는데, 이때 보아스의 어머니는 여호수아 시작 부분(2장)에 등장하는 기생 라합이다(4:21, 마 1:5).

한편 엘리멜렉의 고향 베들레헴에서 첩 사건(삿 19-21장) 때문에 민족전쟁이 벌어졌던 혼돈의 시기는 "아론의 손자 엘르아살의 아들 비느하스"(삿 20:28) 때를 배경으로 하는 역사인 것으로 보아 룻기의 시대적 배경은 사사기의 초반부였을 것이다. 그러니까 엘리멜렉은 이러한 고난이 시작되는 시기의 사람이다. 사사시대 이스라엘을 향한 하나님의 진노는 이렇게 선언된다.

> "여호와께서 이스라엘에게 진노하여 이르시되 이 백성이 내가 그들의 조상들에게 명령한 언약을 어기고 나의 목소리를 순종하지 아니하였은즉, 나도 여호수아가 죽을 때에 남겨 둔 이방 민족들을 다시는 그들 앞에서 하나도 쫓아내지 아니하리니, 이는 이스라엘이 그들의 조상들이 지킨 것 같이 나 여호와의 도를 지켜 행하나 아니하나 그들을 시험하려 함이라 하시니라. 여호와께서 그 이방 민족들을 머물러 두사 그들을 속히 쫓아내지 아니하셨으며 여호수아의 손에 넘겨 주지 아니하셨더라."(삿 2:20-23)
>
> "자기 소견에 옳은 대로 행하였더라."(17:6, 21:25)

영적 권위(Spiritual authority)가 무너질 때의 적나라한 모습이 바로 사사기와 룻기의 배경이다. 이 시기는 말씀이 없던 시기이다. 하나님의 언약을 거부하고, 무시한 시기이다. 그래서 자행자지(自行自知)하던 시대이다. 이런 시기에는 사람들이 하나님을 버리거나(렘 2:13), 아니면 대용품을 찾는다.

2) 룻 교향곡

사사시대의 영적 혼돈기에도 하나님의 사랑 이야기는 중단되지 않는다.

비극은 베들레헴에서 모압으로 이어진다. 어디나 하나님의 부재(不在)가 연속적으로 이어진다. 나오미는 많은 시간이 지난 후, 많은 이야기가 흘러간 후에 이국 땅 모압에서 이를 깨닫는다. 비극이 끝날 조짐이 희미하게 나타난다. 그것은 하나님을 다시 찾는 나오미에게서 분명하게 발견된다(1장).

풍족하게 나갔던 그녀가 텅 빈 모습으로 돌아와 이삭줍기(신 24:19-22)로 연명하는 그림이 애처롭기만 하다. 그러나 하나님의 편으로 입양된 며느리 룻이 있고, 잃어버렸던 하나님에 대한 회상과 고백들을 다시 회복하는 나오미, 여기에 하나님은 보리 이삭뿐 아니라 그녀들의 생의 전부를 다시 채우시기 시작하신다. 이 일에 보아스가 합류한다 (2-3장).

룻은 다윗의 증조모이며, 그리스도의 족보에 오른 여인 가운데 -다말, 라합, 룻, 밧세바- 한 사람으로 예수 그리스도의 조상이 되었다. 사실 그녀의 등장은 모압(이방인)이 이스라엘 회중에 들어올 수 없다는 구약의 말씀들과 심각한 갈등을 갖는다(신 23:3-6, 스 9:1- , 느 13:1-3,23-27). 하지만 인간의 돌이킬 수 없는 죄(사사시대)와 하나님의 놀라우신 은혜(메시야 대망)를 룻기는 이미 그 속에 합력하여 선으로 품고 있다. 하나님은 사사시대에도 룻이라는 꽃을 피우신다(4장).

신학적으로 볼 때 다윗은 그냥 이새의 가문에서 그렇게 태어나기만 한 사람이 아니다. 그가 등장하기까지 하나님의 섭리가 있었고, 그 한 단편 가운데 하나가 바로 룻기다.

» 인간의 비가(悲歌), 하나님의 애가(愛歌)

사사기의 토양에도 보아스가 자라고 있다는 것을 무엇으로 설명할 수 있을까?

밤이 깊으면 새벽이 더 가깝다는 말은 진리다. 사사기의 마지막은 칠흑 같은 밤이다 : "그때에 이스라엘에 왕이 없으므로 사람이 각각 그 소견에 옳은 대로 행하였더라."(삿 21:25) 그리고 룻기의 땅도 "사사들이 치리하던 때에 그 땅에 흉년(凶年)이 드니라"(룻 1:1)처럼 역시 마찬가지다. 그런데 이런 영육의 환경 속에서도 보아스는 건강하다. 그리고 이방 땅 모압에서 엘리멜렉 가문의 사람들로부터 전도를 받았던 이방 여인 룻 역시 건강한 영성을 소유하고 베들레헴으로 시어머니 나오미와 함께 정착한다. 정작 나오미는 영적으로 고갈되어 있고, 초신자 룻은 영적으로 충만하다.

하나님은 이 두 건강한 영성의 사람들을 타작마당에서 중매를 하시고, 이 두 사람을 통해서 아브라함과 다윗의 자손 예수 그리스도의 족보를 이어가신다. 사사시대라고 모두가 다 병들었거나, 다 영적 기갈을 따라 살아가는 것은 아니다. 그것은 우리 시대 역시 마찬가지다. 일제시대에도, 한국전쟁 때에도, 보릿고개를 넘나들던 50-60년대에도, IMF 시대는 물론 세계 경제가 요동치는, 여전히 어렵고 힘든 지금 이 시간에도 하나님을 따라 살아가는 신실한 주의 백성들은 있었고, 또 있다.

삶의 건강과 그 질(質)은 환경의 문제가 아니며, 지위고하(地位高下), 남녀노소(男女老少), 빈부귀천(貧富貴賤)의 문제가 아니다. 삶에서 가장 중요한 것은 어떠한 형편과 처지 속에서도 자족을 배웠던 바울처럼 문제는 신앙이요 영성이다. 룻기는 이것을 도전한다. 룻기는 하나님의 섭리가 어떻게 신앙의 사람들 속에서 성취되어 가는가를 보여주시는 '신앙교향곡'이다.

인생은 비가(悲歌)처럼 슬플 때도 있으나 하나님은 그것을 애가(愛歌)로 바꾸신다. 무엇이, 누가, 어떻게, 언제, 어디서, 왜 나오미의 노래(1:13,20-21 → 4:14-17)를 이처럼 바꾸는가를 룻을 따라 가며 통독(묵상)해 보자. 나의 부를 노래가 보인다.

1 Samuel

4장_사무엘상

■ **맥잡기** --

삼상

❶ **사무엘**(1:1-7:17) : **마지막 사사**

　　1 출생(1:1-2:11) : 한나의 기도와 찬송

　　2 소명(2:12-3:21) : 사무엘 vs 엘리의 아들들

　　3 블레셋의 법궤 강탈(4:1-7:2)

　　4 이스라엘의 회복(7:3-17)

❷ **사울**(8:1-15:35)

　　1 왕정논쟁(8:1-22) : 백성 vs 사무엘

　　2 왕이 된 사울(9:1-11:15)

　　3 사무엘(12:1-25)

　　4 사울의 불순종(13:1-15:35)

❸ **다윗**(16:1-31:13)

　　1 다윗_ 기름붓기(16:1-23)

　　2 다윗_ 높아지기(17:1-18:5)

　　3 사울_ 시기하기(18:6-20:42)

　　4 다윗_ 유랑하기(21:1-27:12)

　　5 사울_ 몰락하기(28:1-31:13)

4장. 사무엘상 · 161

» 사무엘 - 사울 - 다윗

1) 사무엘(1:1-7:17)

☐ 제사장 가문 : 엘리 → 홉니-비느하스 / 몰락 → 법궤(4-6장)

☐ 에브라임 지파 : 엘가나 → 사무엘 / 2:26 → 3:19-21

① 예언자(3:19-21) - 여호와께서 … 말씀으로 … 자기를 나타내시다.

② 사사(7:2-17a) - 이스라엘을 다스리다.

③ 제사장(7:17b) - 여호와를 위하여 제단을 쌓았다.

❶ 출생(1:1-2:11)

① 사무엘家(1:1-8)

☐ 서언(1-3)

☐ 갈등 구조(4-8) : 자식을 낳지 못하는 한나의 괴로움

☐ 불임의 원인(5-6) : 하나님의 개입 때문이다. 그렇다면 하나님의 개입에 의해서만 불임이 해결될 수 있다. 결국 가정의 문제가 아니라 신학의 문제라는 것을 뜻한다. 따라서 이는 단지 하나의 아이가 태어나는 것, 그 이상이다(예_이삭, 세례 요한).

② 한나의 기도(1:9-18)

☐ 한나의 서원기도(9-11) : "돌보시고 … 기억하사 … 잊지 아니하시고"

☐ 엘리 vs 한나(12-18) : 엘리는 한나가 술에 취한 것으로 오해한다(13-14). 그녀의 슬픈 심정, 그리고 원통함과 격분됨을 읽어내지 못한다. 이에 대해 완곡한 한나의 결백 주장이 뒤를 잇는다 : "'악한 여자'로 여기지 마옵소서."(16) 이는 자신을 '벨리알의 딸'로 여기지 말아달라는 요청인데 흥미로운 것은 사무엘 기자는 엘리의 아들들이 실은 벨리알의 자녀라고 선언하고 있다(2:12). 이렇듯 엘리는 허둥거리고 있고, 사사시대를 어찌해 볼 수 없는 것처럼 보인다.

하지만 아직은 엘리의 사명이 남아 있는 것일까. 제사장으로서 정상적인 역할을 하고 있음에서 그렇다(17). 엘리는 제사장의 역할 중 하나인 축복을

한다. 이때 한나는 응답의 확신을 얻고 귀향한다(18). 하지만 좀 더 냉정하게 들여다본다면 엘리가 그리 말했기 때문에 불임이 풀린 게 아니다. 이 혼돈의 사사시대를 끝내려는 하나님의 열심이 때가 차고 있기 때문이다.

3 **사무엘의 출생**(1:19-28)

- □ 한나의 임신과 사무엘의 출생(19-20) : 이전까지 한나는 하나님으로부터 잊혀진 자였으나(5-6) 이제는 기억하신 바 된 자가 되었다. 이 둘 사이에 그녀의 기도(9-11)가 자리하고 있다. 드디어 '생각하시고'(11)의 응답이 왔다. 불임의 원인은 하나님께 있고, 그래서 그분에게 구하였으며, 마침내 그분으로부터 응답이 온다.

- □ 서원의 이행(21-28) : 사무엘을 하나님께 바침
  - ■ 한나(여자/아내)가 한 서원을 엘가나(남자/남편)가 지킨다(21, 민 30:6-8 참조).
  - ■ 태어나기는 에브라임 사람으로 태어나지만 그러나 그는 제사장으로 키워진다(28).

4 **한나의 노래**(2:1-11)

- □ 감사의 찬양(1-2)
  - □ 역사 안에서의 하나님의 능력(3-8a)
    - □ 전지하신 하나님(3)
    - □ 운명의 전환(4-5)
    - □ 낮고 가난한 자를 높이는 하나님(6-8a)
  - □ 땅을 심판하는 하나님(8b-10)

사무엘의 출생으로 한나는 사망(저주, 잊혀진 존재)의 땅에서 생명(축복, 기억된 존재)의 땅으로 옮겨진다.

❷ **소명**(2:12-3:21)

- □ 엘리家의 부패(2:12-17)
- □ 사무엘家 vs 엘리家(2:18-26)
- □ 엘리家에 대한 저주(2:27-36)

□ 사무엘의 소명(3:1-9)

□ 엘리家의 멸망에 대한 메시지(3:10-18)

□ 선지자 사무엘(3:19-21)

엘리 시대 이스라엘의 영적 시계(視界, 3:1)는 단지 제사를 통해서만 그 명맥이 유지되어 오고 있던 때였다. 때문에 사무엘은 하나님의 부르심을 알아 듣지 못한다. 하나님을 만난 경험이 없는, 즉 하나님과 직접적으로 교제한 적이 없다. 바로 그가 개인적으로 하나님을 만나는 사건이 발생한다.

하지만 엘리는 아버지로서 아들에게도 신앙을 잇는 일이 이루어지지 않았다 : "내가 그의 집을 영원토록 심판하겠다고 그에게 말한 것은 그가 아는 죄악 때문이니 이는 그가 자기의 아들들이 저주를 자청하되 금하지 아니하였음이니라."(3:13) 이것이 하나님과 단절(분리)된 사사시대의 한 영적 현주소다.

❸ 블레셋의 법궤 강탈(4:1-7:2)

□ 언약궤를 탈취당함(4:1-11)

□ 엘리家의 최후(4:12-22)

□ 블레셋과 언약궤(5:1-7:2)

엘리家의 심판 이야기가 이어진다. 문제는 실로 성소에 대한 심판은 다름 아닌 이방(블레셋)을 통해 집행된다는 점이다. 한 순간 언약궤는 빼앗기고(5:2), 엘리의 두 아들도 아벡 전투(에벤에셀 전투)에서 전사하고, 이 소식을 듣던 엘리도 그만 목이 부러져 죽음으로서 40년 사사 생활을 비극적으로 마무리한다. 이는 하나님의 심판이었다.

❹ 이스라엘의 회복(7:3-17)

사사기 구조가 엿보이지만('돌아오라' → '건지리라'), 사무엘은 직접적으로 전쟁에 참여하는 사사는 아니다. 그는 기도하고, 하나님이 직접 전쟁에 참여하셔서 이스라엘을 구원하신다. 사무엘의 생애 전체(15-17)를 벧엘 → 길갈 → 미스바를 순회하며 사역하는 것을 보여주면서 사무엘 기자가 말하고자 하는 메시지는 사사시대에는 부족함이 없다는 메시지다(7장의 위치). 이로써 그럼에도 불구하고 이스라엘은 왕정을 요구했다는 점, 이것이 사무엘 기자가 바라보는 왕정(王政)에 대한 스펙트럼이다.

서서히 이스라엘은 사무엘을 중심으로 회복되어 간다. 법궤는 돌아오고, 백성들은 회개하고, 사무엘은 하나님의 명령을 따라 이스라엘을 새롭게 하는 일을 시작한다. 어찌 보면 사사시대는 사무엘로서 충분해 보인다. 하지만 이스라엘은 생각이 달랐다.

2) 사울(8:1-15:35)

❶ 왕정논쟁(8:1-22) : 백성 vs 사무엘

□ 왕의 제도(11-17) – '취하다'(11,13,14,15,16)

사무엘 이후의 이스라엘은 사사(예언자, 제사장)인 사무엘 뿐만 아니라 유일한 왕이신 하나님을 거부(부정)하고 다른 이웃 국가들처럼 왕을 요구한다(1-9). 하나님에 대한 불신이 두려움을 가져왔고, 하나님으로는 안 되겠다는 언행으로까지 비화되고 있는 셈이다. 이에 대해 사무엘은 왕의 제도를 말해주지만 백성들의 요구를 꺾지는 못한다. 이것이 앞서 예고된 신정(神政: 창 17:16, 민 24:17-19, 신 17:14-20)과 다른, 다른 열방 '모든 나라와 같은' 왕정 제도가 허락된 배경이다 : "여호와께서 사무엘에게 이르시되 그들의 말을 들어 왕을 세우라!"(22a)

❷ 왕이 된 사울(9:1-11:15)

1 사무엘과 사울의 만남(9:1-10:16) : 선택

하나님은 사울을 이스라엘의 지도자로 삼을 것에 대해 사무엘에게 말씀하고(9:16), -하나님이 주도권을 쥐고 계신다.- 사무엘은 하나님의 말씀에 따라 그의 머리에 기름을 붓고(10:1), 이 일이 하나님께로 말미암았음(7)에 대한 세 표징 -나귀찾음, 떡 두 덩이 얻음, 예언- 을 예고한다(10:2-8). 사울은 사무엘의 예언대로 새 마음을 따라 '새사람'이 되었고, "하나님의 영이 사울에게 크게 임하므로" 예언을 하기에 이른다(10:6,10).

2 이스라엘의 초대 왕 사울(10:17-27) : 즉위

"사무엘이 백성을 미스바로 불러 여호와 앞에 모으고"(17) 출애굽의 하나님에 의한 신정(神政)을 버리고 왕정(王政)을 택한 것에 대해 분명한 입장을 전달한다(18-19). 제비를 뽑아 사울이 뽑혔는데 단지 왕을 뽑았을 뿐, 그가 왕의 능력을 보여준 것은 아직 아니다.

③ 암몬대첩(11:1-15) : 확증

아직 그는 명목상의 왕이다. 사울은 '하나님의 신에게 크게 감동'되어 길르앗 야베스 전투에서 대승을 거둔다(1-11). 이때 자신을 거부하는 자들까지 용서하는 성숙함을 보여준다(12-13). 이를 기회로 "모든 백성이 길갈로 가서 거기서 여호와 앞에서 사울을 왕으로 삼고"(15a) 나라를 새롭게 한다. 이로써 공식(공개)적으로 인정을 받는다.

❸ 사무엘(12:1-25) : 이스라엘 - 사울/사무엘 - 하나님

왕정으로 가는 바로 그 길목에서(11:15), 사무엘은 사사제도를 회고하면서(1-5), 하나님의 신정(神政)을 거부하고 인간의 왕정(王政)을 택한 이스라엘의 죄를 지적한다(6-13). 따라서 "왕을 구한 일 곧 여호와의 목전에서 범한 죄악"을 선택한 것에 대한 대가를 지불해야 하는 것은 당연한 일이다(14-18). 이에 백성들은 "모든 죄에 왕을 구하는 악을 더하였"(19)음을 인하여 두려워 떨게 되고, 사무엘은 여호와만을 섬기는 것이 멸망하지 않게 되는 길임을 강력하게 선포한다(20-25).

❹ 사울의 불순종(13:1-15:35, 행13:21-22a)

① 첫 번째 불순종(13장) : 믹마스 전투

놀라운 것은 사울이 왕이 된지 2년 만에 '이미' 버림을 받는 것이고(13:1,13-14), 그랬음에도 38년 동안이나 '아직' 왕의 자리에 있었다는 점이다. 사울은 망령된 제사 행위(13:8-15)를 통해 버림을 받지만, 이와는 대조적으로 그의 아들 요나단은 하나님을 신뢰한 믿음으로 블레셋을 물리친다(14:1-23).

하지만 전투 중에 사울의 명령을 듣지 못한 요나단은 금식 명령을 어기게 되고 죽음의 위기를 맞는 등 사울의 나라는 혼돈스럽기만 하다(14:24-46). 그럼에도 사울은 승전을 거듭하게 되는데 이는 예언의 성취로 볼 수 있다(14:47-48, 9:16 참조). 적어도 사울의 왕권은 무조건 부정되지는 않는다(왕권의 한계, 14:47-52).

② 두 번째 불순종(15장) : 아말렉 전투

　　한편 사울은 아말렉과의 성전(聖戰)에서 "그들의 모든 소유를 남기지 말고 진멸하"(15:3; 출 17:14; 신 25:17-19 참조)라는 하나님의 명령을 어기고 "가장 좋은 것…을 남기고 진멸하기를 즐겨 아니하고 가치 없고 하찮은 것은 진멸"(15:9; 신 13:15-17, 20:16-18 참조)하는 불순종의 죄를 자행함으로써 -"여호와의 목소리를 청종하지 아니하고"(15:19a)- 하나님은 사울을 세워 왕 삼은 것을 후회하시고 (15:11,35), 그를 버리신다(15:23). 왕정 제도의 참담한 실패가 몰락해 가는 사울과 중첩된다.

　　놀라운 것은 사울 자신의 고백이다 : "내가 범죄하였나이다 내가 여호와의 명령과 당신의 말씀을 어긴 것은 내가 백성을 두려워하여 그들의 말을 청종하였음이니이다."(24) 사울은 모든 책임을 백성들에게로 돌리고 있다. 이런 이중성은 한 번 더 교묘하게 포장된다(30). 마침내 사울은 회복 불능의 상태로 추락하고야만다.

3) 다윗(16:1-31:13)

① 첫 번째 기름부음(예선) - 삼상 16:13 / 10대 후반
② 두 번째 기름부음(유다) - 삼하 2:4 / 30세(7년 6개월)
③ 세 번째 기름부음(12지파) - 삼하 5:3 / 37세(33년)

　　사울은 다윗을 죽이려는 음모를 숨기지 않는다(18:29). 둘은 필사적이다(19:10). 이제 다윗은 놉으로(21:1), 가드로(21:10), 아둘람으로(22:1), 광야로(23:15) 사울의 칼을 피해 다닌다. 그러나 그는 하나님을 의지하는 신앙이 결코 연약해지지 않는다(시 34, 52, 54, 57, 142 참조). 사울은 사울이고, 다윗은 다윗이다.

❶ 다윗_ 기름붓기(16:1-23)

□ 일곱 형들 vs 다윗(1-13) : 목동
□ 다윗 vs 사울(14-23) : 음악가

　　여기서부터 사울에서 다윗에게로의 하나님 이동이 시작되고 있다. 하나님은 다

윗의 중심(마음)을 보신 것이다(7). 놀라운 것은 "그날 이후로"(13) 다윗은 지속(연속)적으로 하나님의 영의 지배를 받는다는 점이다. 여덟 번째 아들이라는 것은 이미 그가 완전수(일곱) 밖에 있는, 즉 모든 것으로부터 철저하게 분리되어 있는 자였다는 것을 의미한다는 점에서 뭔가 일반적인 상황은 아니다. 그런 그가 하나님에 의해 기름부음(Anointing)을 받고, 바로 '그날 이후로'(그날부터 줄곧) 그의 생명이 다 하는 날까지 하나님의 손 안에서 살아간다. 이것이 이스라엘과 유다의 왕위에 오르기까지의 긴 여정(삼상 16:1 - 삼하 5:10)을 지배하는 '그날 이후로'가 갖는 위치다.

❷ 다윗_ 높아지기(17:1-18:5)

① 도전자 골리앗(17:1-11) vs 승리자 다윗(17:12-54)

> "살아 계시는 하나님의 군대를 모욕한 이 할례 받지 않은 블레셋 사람"(36)인 골리앗은 여호수아가 '약간' 남겨 놓았던 바로 그 가드 출신이다(4, 수 11:22).

② 관찰자 사울(17:55-58) vs 친구 요나단(18:1-5)

4절이 묘사한 뉘앙스를 던져준다(왕하 2:13- 참조). 여기서 주목하게 되는 것은 이스라엘 왕조가 사울家가 아닌 다윗家에 의해 계승될 것이라는 점이다. 요나단은 이미 탁월한 신앙의 사람이었다(14:6-15).

❸ 사울_ 시기하기(18:6-20:42)

① 질투와 음모(18:6-30)

다윗은 '이날 이후로'(16:13) 요나단(1,3), 온 이스라엘과 유다(백성들, 16), 미갈(20,28), 사울의 신하들(22), 그리고 사무엘에게까지(19:18) 대중적인 사랑을 받지만 유독 사울에게만은 '평생' 질투의 대상으로 부상하게 되고(8-9,12,15,29), 이러한 분위기는 27장까지 이어진다. 사울은 "여호와께서 사울을 떠나 다윗과 함께 계심"(12,14,28a; 16:18 참조)을 보고 알았음에도 -이는 그가 원한 바이기도 하다(17:37b)- 질투의 적개심에 포위되어 있었다는 점이 묘한 여운을 남긴다. 이것이 악신(악령, 10; 16:14 참조)에게 붙잡힌 사울의 정체다.

② 친구 요나단(19:1-7)

③ 도피자 다윗(19:8-24)

사울은 악신의 지배권 안에 있고(9, 18:10), 때문에 여전히 다윗 죽이기를 도모한다(10-). 일이 이쯤 되자 다윗은 사무엘이 있는 라마로 도피한다(18). 그는 지금 악신(16:14, 18:10, 19:9)과 하나님의 신(10:10, 19:23) 사이에 서서 하나님의 신에 감동된 자(다윗)에게 도전하고 있다.

④ 다윗과 요나단(20:1-42)

다윗은 무죄하다(19:4, 20:1,8, 24:12). 하지만 그는 여전히 죄를 도모하는 사울 곁에 있다(적대적 관계, 6,18,25-29). 바로 그 사이에 다윗을 "자기 생명을 사랑함 같이"(사랑의 관계, 17; 18:1,3) 하는 사울의 아들 요나단이 있고, 이 둘은 이렇게 해서 서로 언약을 맺는다(11-23). 이들의 언약은 후손에게까지 확장된다(15-17,42; 삼하 9:1-13, 21:7 참조).

❹ 다윗_ 유랑하기(21:1-27:12)

① 놉의 제사장 아히멜렉에게서 가드 왕 아기스에게로(21:1-15)

엘리의 증손, 즉 비느하스의 손자이며(14:3), 아히둡의 아들인(22:9) 제사장 아히멜렉에게로 가서 '거룩한 떡'(6; 레 24:5-9; 마 12:3-8 참조)을 먹고, 사울을 두려워하여 다시 가드 왕 아기스에게 피한다(21:10-15; 시 56:1-13 참조).

② 아둘람굴에서 모압으로(22:1-5)

가드(블레셋, 17:4 참조)가 안전지대가 아님을 알게 되고 다시 아둘람굴로 '도망'한다(1). 이때 "그의 형제와 아버지의 온 집"(1, 유다 베들레헴 에브랏, 17:12 참조)은 물론 "환난 당한 모든 자와 빚진 모든 자와 마음이 원통한 자가 다 그에게로 모였고"(2), 그는 400인을 거느리는 자가 된다. 다시 모압으로 가지만 선지자 갓의 말에 따라 유다 헤렛 숲으로 이동한다(3-5).

③ 사울의 놉 제사장 학살사건(22:6-23)

사울의 망령된 언행(17a,18-19)은 왕정이 보여주는 실상이다(8:10-18; 신 17:14-20 참조).

④ 두 얼굴의 그일라(23:1-14)

다윗은 그일라의 대적인 블레셋을 놓고 하나님께 두 번이나 여쭙고 난 후 저들을 무찌르고 그일라 거민을 구하였다(1-5). 하지만 저들은 사울이 다윗을 잡기 위해 올 때 다윗이 아닌 사울 편이 될 것에 대해 하나님과 나눈 대화를 통해 알게 된다(6-13). 이때 다윗은 그일라를 위해 황무지로 피한다(14).

⑤ 다윗과 요나단의 마지막 만남(23:15-18)

사울이 다윗의 목숨을 '매일'(14) 찾고 있는 그때에도 요나단은 다윗을 찾아 하나님의 이름으로 그를 격려하며, 둘은 하나님 앞에서 언약(계약)을 맺는다(17). 흥미로운 것은 요나단이 공개적으로 다윗을 '왕'이라 선언하고 있음이다.

⑥ 십과 마온 황무지(23:19-29)

유다의 한 성읍인 '십 황무지'(수 15:55 참조) 사람들도 그일라처럼 다윗을 사울에게 넘겨주려 한다(19). 다윗이 유다 땅으로 들어왔다 할지라도 유다가 자동적으로 다윗 편이 아니다.

⑦ 엔게디 동굴(24:1-22) : 사울 살려주기1

다윗은 기름부음 받은 상전(사울, 6,10)에게 손을 대기를 거절하면서 하나님께 맡기고(7-15), 사울은 다윗이 왕이 되리라고 예고하면서 언약(다윗과 솔로몬의 계약, 21; 23:18 참조)을 상기시킨다. 이제 사울마저도 서서히 다윗의 손을 들어주기 시작한다(20).

⑧ 나발과 아비가일(25:1-44)

사무엘이 죽고, 다윗은 바란광야로 내려간다(1). 그리고 나발과 아비가일 이야기가 이어진다. 완고하고 행사가 악하고 불량한 남편(나발, 3b,25)의 실수를 총명하고 용모가 아름다운 부인(아비가일, 3)이 지혜롭게 해결하는 장면이 그것이다(23-31). 그 사이 '왕의 잔치같은 잔치'(36)를 하던 나발은 다윗을 만나고 돌아온 아내로부터 사건을 전모를 듣고 낙담하더니 급기야 "한 열흘 후에 여호와께서 나발을 치시매"(38) 죽고, 아비가일은 다윗의 아내가 된다(39-42).

9 십 황무지(26:1-25) : 사울 살려주기2

10 가드 왕 아기스(27:1-12) : 망명

계속되는 생명의 위기 앞에 다윗은 가드 왕 아기스에게로 가 1년 4개월 동안 시글락에 거하게 되고, 이로써 사울의 추격이 멈춘다(1-7). 이때 그는 이스라엘을 괴롭히는 족속들(그술, 기르스, 아말렉)을 공격하는데 아기스는 다윗이 자기 백성 이스라엘을 공격함으로써 동족에게 미움을 사게 되는 줄로 착각한다(12).

❺ 사울_ 몰락하기(28:1-31:13)

A 다윗(28:1-2) : "블레셋 사람들이 이스라엘과 싸우려고"

B 사울(28:3-25) : "여호와께 묻자오되 여호와께서 … 대답하지 아니하시므로"

A' 다윗(29:1-30:31) : "여호와께 묻자와 이르되 여호와께서 그에게 대답하시되"

B' 사울(31:1-13) : "블레셋 사람들이 이스라엘을 치매"

1 블레셋 vs 이스라엘(28:1-25) : 사울의 비극

◻ 아기스와 함께 출전하는 다윗(1-2)

◻ 엔돌의 '신접한 자'(점쟁이)를 찾는 사울(3-25)

다윗과 사울이 서로 교차하면서 파국, 즉 사울의 몰락을 향하고 있다. 다윗 역시 블레셋(아기스) 편에 서서 이스라엘을 쳐야 하는 묘한 긴장 앞에 서고(1-2), 사울은 하나님 없는 풍전등화와 같은 이스라엘(6)의 앞날을 구하기 위해 신접한 여인에게서 금지된 답을 찾아야 하는 참담한 모습을 보여주는 등 이스라엘은 총체적 위기 앞에 서 있다(3- , 15장 참조). 사울은 지금 이스라엘에게 허락된 방법들(꿈, 우림, 선지자) 중 어느 것을 통해서도 하나님의 뜻을 알 수 없게 되어 버렸다. 하나님은 지금 사울에게 완전히 등을 돌린 것이다. 바로 이때 절망 가운데 몸부림치는 사울의 참담한 모습, 결국 사울이 이렇게 끝나는 것인가?

이것이 사사와 왕정이 서로 교차하면서 왕정으로 넘어가는 시대("사무엘이 죽었으므로", 3a), 그러니까 하나님이 부재중인 이스라엘 왕정의 실상이다. 가증한 접신녀(점쟁이 여인, 신 18:9-14 참조)에 의해 불러낸 사무엘에 의해 사울家의 최후에 대한 심판이 예고되고 있음이 애처롭기만 하다.

2 **블레셋에게 배척당하는 다윗**(29:1-11) : 추방

28장 1-2절과 자연스럽게 연결된다. 다윗은 이제 온 이스라엘(18:16)을 넘어 블레셋의 아기스에게까지 '하나님의 전령'(9) 같이 선한 자로 불리워진다. 그러나 동일한 자들로부터 '우리의 대적'(4, 우리의 사탄, 밀고자, 고발자)으로 지목됨으로써 동족상잔(同族相殘)의 비극을 피하게 된다. 한편 사울과의 전쟁에 다윗이 무관하다는 사무엘서 기자의 친 다윗적인 분위기가 엿보인다.

3 **아말렉을 친 다윗**(30:1-30)

다윗이 시글락(27:6) → 아벡(29:1) → 시글락(1, 29:10)으로 돌아오는 어간에 아말렉 사람들이 시글락을 쳐서 다윗의 사람들, 즉 "자기들의 아내와 자녀들이 사로잡혔"다는 것을 알게 된다(1-6). 장소만 원점이 아니라 삶의 자리마저 다시 원점이다. 책임이 다윗에게 집중되는 것은 예나 지금이나 동일하다 : 내가 실패(실수)할 때 내 곁에 있는 사람들은 어떤 모습일까.

이때 다윗은 지도력의 위기를 하나님께 여쭙고(7-8a), 하나님은 다윗의 질문에 응답하신다(8b). 그 결과 아말렉대첩을 승리로 이끌게 되고(16-20), 승리를 통해 얻은 전리품을 모두가 다 함께 나누고(21-25), 또한 '그 친구 유다 장로들에게'도 이를 나눔으로써 영향력이 확대되고 훗날 유다(헤브론)의 왕에 오르게 된다(26-30, 삼하 2:1-4 참조).

4 **길보아대첩에서 전사하는 사울**(31:1-13)

다윗의 승리(30:16-20)와 사울의 패배가 대조를 이룬다. 하나님 없이 신접한 여인을 의지해야 만 했던 사울(28:6-7), 성령으로 시작하였으나(10:10) 왕이 된지 2년 만에 하나님으로부터 버림을 받고(13:1), 급기야 성령이 그에게서 떠나신다(16:14). 사울이 그렇게도 죽이고자했던 다윗은 대적 블레셋(아기스)에 의해 살아나고(29장), 다윗이 하나님의 기름부음을 받은 자라 하여 죽이는 것을 원치 않았던 사울은 블레셋에 의해 죽는다(31장). 어느 때보다 하나님이 서 계신 자리가 선명하게 드러나는 대목이다(28:6-7, 30:8).

» 사울 vs 다윗

  사울은 베냐민 지파이고, 다윗은 유다 지파다.

  지금껏 구약은 창세기에서부터 '여자의 후손'(창 3:15)의 발전을 주목해 왔다. 그 흐름은 셋, 노아, 아브라함-이삭-야곱을 거쳐 유다로 이어지고 있었다. 그런데 현실은 베냐민 지파의 후손 기스의 아들 사울이다는 점이 예사롭지 않았던 게 사실이다. 그것도 사무엘의 선언을 대할 때 더 그렇다(13:13) : "왕이 망령되이 행하였도다 왕이 왕의 하나님 여호와께서 왕에게 내리신 명령을 지키지 아니하였도다 그리하였더라면 여호와께서 이스라엘 위에 왕의 나라를 영원히 세우셨을 것이거늘"

  이것이 사무엘상이 요동치는 이유다. 그 속에서 어떻게 다윗이 등장하고, 또한 다윗 언약이 주어지고, 동시에 이 언약이 성취되어 가는가를, 그리고 이 모든 것 속에 하나님이 당신의 나라와 백성들을 어떻게 통치해 가시는가를 읽어가게 된다.

  이제 사울은 죽고, 다윗은 살아 있다. 과연 이스라엘은 어찌될 것인가. 이미 기름부음을 받은 다윗(16:13), 그는 어찌 될 것인가.

5장_사무엘하

■ 맥잡기

다윗교향곡	기(起)_ 다윗 왕되기(1:1-5:10)
	승(承)_ 다윗 잘하기(5:11-10:19)
	전(轉)_ 다윗 못하기(11:1-18:33)
	결(結)_ 다윗 왕접기(19:1-왕상2:11)

» 다윗행전

1) 다윗 왕되기(1:1-5:10)

사울은 권력으로 왕권을 지킬 뿐만 아니라 다윗을 제거하려 했다. 하지만 다윗은 자신의 힘과 능력으로 사울을 제거하는 방식으로 왕권을 얻으려 하지 않았다. 그러고도 마침내 다윗왕국을 이룰 수 있게 되었다. 왕은 만들어서 얻는 자리가 아니라 하나님으로부터 주어지는 자리다. 다윗의 목자적 왕권에 잘 어울리는 그림이다(시 78:70-72).

❶ 사울 추도식(1:1-27) : 다윗의 애가

　　□ 다윗의 슬픔(1-16)

　　□ 다윗의 애가(17-27) : 활의 노래

사울왕국이 문을 닫고 드디어 다윗왕국의 문이 활짝 열리는 '사울의 죽은 후'(1:1a)라는 절묘한 기회의 순간이 사무엘하를 연다. 하지만 사울이 전사한 소식을 전해들은 다윗의 모습은 매우 이례적이게도 슬픔과 탄식에 따른 애가('활의 노래', 17-27)를 부르는 단조풍(短調風)이다. 한편 사울이 죽었다고 해서 곧바로, 즉 자동적으로 왕

174 · 2부. 역사서

권이 다윗에게로 넘어오는 것은 아니다. 아직 넘어야 하고, 또 해결해야 하는 숙제들이 남아있다. 이것이 5:10절까지 흐르는 하나의 긴장이다. 과연 이 문제를 다윗은 어떻게 풀어갈 것인가?

❷ 다윗 왕되기(2:1-5:10) : 권력이동

- □ 유다 지파의 왕(2:1-4a, 7년 6개월) : 두 번째 기름부음
  - □ 다윗이 길르앗 야베스를 축복함(2:4b-7)
  - □ 사울의 아들 이스보셋이 이스라엘의 왕이 됨(2:8-11)
  - □ 이스라엘의 내전(2:12-32) : 사울의 집(아브넬) vs 다윗의 집(요압)
  - □ 두 왕가(3:1-11) : 번영하는 다윗家(1-5) vs 몰락하는 사울家(6-11)
    - □ 이스보셋을 배반하는 아브넬, 그리고 그의 죽음(3:12-39)
    - □ 이스보셋의 죽음(4:1-12) : 암살
- □ 온 이스라엘의 왕(5:1-10, 33년) : 세 번째 기름부음

다윗은 사울이 죽은 이후에도 여전히 하나님께 묻는 것으로 행보를 시작한다(2:1, 삼상 27장에서는 그러지 않았다). 하나님께 묻는 것은 자연스럽게 반복되고 있다(삼상 23:2-4, 삼하 2:1, 5:19,23, 21:1). 하나님의 주권을 인정하면서 하나님 보다 앞서지 않으려는 다윗의 마음이 느껴지는 대목이다.

두 번째 기름부음(유다 지파의 왕, 2:1-4a)과 세 번째 기름부음(온 이스라엘의 왕, 5:1-10) 사이에는 7년 6개월이라는 시간이 들어있는데(5:5), 본문은 바로 그 사이에 벌어진 일들을 소개해 준다.

사무엘서 기자는 이때를 가리켜 "사울의 집과 다윗의 집 사이에 전쟁이 있는 동안"(3:6)이라고 소개하면서, 동시에 매우 흥미로운 사실을 하나의 사관(史觀)처럼 전해 준다 : "사울과 집과 다윗의 집 사이에 전쟁이 오래매 다윗은 점점 강하여 가고 사울의 집은 점점 약하여 가니라."(3:1) 물론 이것은 다윗이 온 이스라엘의 왕이던 때에도 마찬가지다(5:10).

한편 다윗은 유다의 왕으로 기름부음을 받기 이전에도, 동시에 그 이후에도 변함없이 하나님 앞에서 살았다(1:14-16, 4:10-12). 이점은 사무엘상과 사무엘하가 연속적임을 보여준다. 다윗은 하나님 보다 앞서지 않았으며, 왕이 되기 위해 행동한 것이

아니라 하나님의 뜻을 구하였고, 하나님의 인도하심을 따라 거기에 자신을 맞추며 살았다(2:1-4a). 이것은 7년 6개월이라는 세월을 사울家(사울의 아들 이스보셋과 사울의 군대장관 아브넬)와 치른 전쟁에서 그가 견지한 모습이기도 하다.

2) 다윗 잘하기(5:11-10:19)

다윗 잘하기(5:11-10:29)를 다루는 본문은 다윗 왕되기(삼상 16:1 - 삼하 5:10)라는 상승곡선과 다윗 못하기(11:1-)라는 하강곡선 사이에 위치한다. 과연 무엇이 분명하고 영원한 다윗언약을 불분명한 다윗왕국(다윗 왕조)으로 추락하게 하였는가. 이것은 영광스러운 다윗의 뒤를 따라 가면서, 동시에 이를 긴장하며 지켜보아야 할 신학적 질문이다.

다윗왕국

[출처] Stephen M. Miller, 『성경핸드북』, 122.

❶ 승전가1(5:11-25) : 정치

□ 안_헤브론에서 예루살렘으로(11-16)
□ 밖_블레셋 정복(17-25)

헤브론에서 예루살렘으로 통치의 무대가 바뀐 때에 두로왕 히람(11-12)과 블레셋(17-23)이 보여준 반응은 극적인 대조를 이룬다. 그 와중에서도 다윗왕가는 예루살렘에서 더욱 번성하는 것은 물론(13-16), 두 번에 걸쳐 블레셋을 물리친다. 다윗은 여전히 하나님께 묻고서 전쟁을 치르고 있다(19,23). 한편 헤브론에서 낳은 자식(3:2-5)이 아닌 예루살렘에서 낳은 자식(13-16)에서 왕가의 대(代)가 이어지는데, 솔로몬 역시 아버지 다윗처럼 장자(長子)가 아닌 열번째 아들이다.

❷ 언약궤 이야기(6:1-23) : 종교

- ☐ 바알레유다에서 오벧에돔의 집까지(1-10) : 두려움
- ☐ 가드 사람 오벧에돔의 집에서(11) : 복
- ☐ 오벧에돔의 집에서 다윗성으로(12-23) : 기쁨, 제사

바알레유다(기럇 여아림, 기럇 바알, 바알라: 수 15:9, 18:14 참조) 아비나답의 집에 모셔진 법궤(삼상 7:1-2)가 마침내 예루살렘을 향한다. 그런데 다곤의 타작마당에 이르러 수레에 싣고 이를 운반하던 "소들이 뛰므로 웃사가 손을 들어 하나님의 궤를 붙들었"(6)는데 그만 웃사가 죽는 일이 발생한다. 그러자 법궤가 가드 사람 오벧에돔의 집에 3개월 동안 머물러 있게 된다. 쓰라린 경험은 마침내 법궤를 메고 옮기는 율법대로 진행하게 되는 기회가 된다(12,13,15,17; 민 4:4-20 참조). 한편 "다윗이 그것을 위하여 친 장막 가운데 그 준비한 자리에"(17) 법궤, 곧 여호와의 궤를 두었다.

법궤와 관련하여 두 사람이 눈에 띈다. 하나는 아비나답의 아들 웃사. 이미 다윗 일행은 법궤를 수레에 싣는 것으로 이를 운반하는 율법을 어기고 있었는데(4), 여기에 웃사는 법궤를 손으로 붙듦으로서 죽는다. 다른 하나는 다윗의 아내가 된 사울의 딸 미갈이다. 그녀는 법궤를 다윗성으로 옮기는 축제에서 다윗이 하나님 앞에 즐거워 한 언행을 업신여겼다(16,20)

이렇게 해서 미갈은 '오벧에돔과 그의 온 집'(11)이 받은 하나님의 복으로부터 제외되고, 예루살렘의 처첩들처럼 다윗에게 후계자를 낳아주는 일에 참여하지 못한다(23, 9:1 참조). 이렇듯 그녀는 다른 여자들보다 낮추어진 것이다(22). 그녀는 하나님을 예배하는 일에 참여하지 못했다. 아니 그럴 만 한 신학적 준비가 되어 있지 못했다. 하나님을 예배하는 일이 아닌 왕(왕비)의 체통을 지키는 일이 더 중요했다(형식, 제도). 그러나 다윗은 처음 법궤를 옮기려 했던 인간적인 의도와 목적을 다 내려놓고서 하나님의 은혜를 받기에 합당한 순전한 마음을 회복한 상태에서 심령이 가난한 예배자로 하나님의 궤 앞으로 나아갔다.

❸ 다윗언약(7:1-29) : 다윗 왕조

- ☐ 나단의 신탁(1-17) - '영원히'
- ☐ 다윗의 기도(18-29) - '영원히'

[1] **나단의 신탁**(1-17)

　　"다윗이 그것을 위하여 친 장막 가운데 그 준비한 자리에"(6:17a) 둔, 즉 그 휘
장 가운데 있는 법궤가 거할 집(성전)을 건축하려는 소원을 선지자 나단에게 말
하자 하나님은 나단에게 이에 대한 말씀(약속)을 주신다(1-3 → 4-17). 이것이 영원
한 다윗 왕조를 핵심으로 하는 다윗언약이다.

① 하나님은 출애굽 이후부터 "오늘까지 집에 살지 아니하고 장막과 성막 안에
서" 이스라엘과 함께 하였다(4-7). 하나님은 완곡한 방식으로 "네가 나를 위
하여 내가 살 집을 건축하겠느냐?"- 다윗이 성전을 건축하려는 것을 거부하
신다. 하지만 이어지는 신탁에 의하면 이는 단순한 거부가 아니라 또 다른
약속으로 이어지고 있음이 흥미롭다(5 → 11b).

② 다윗을 영화롭게 하고, 이스라엘을 평안케 하리라(9-11).

③ 영원한 다윗 왕조와 함께 네 뒤를 이을 왕(아들인 후계자 약속, 11b 참조)이 성전을
건축할 것이다(12-13). 그렇다. 다윗이 집을 건축하는 게 아니다. 하나님이
다윗 왕조라는 집을 지어주실 것이다.

④ 그 아들이 범죄하면 징계하겠지만 그 나라는 영원하리라(14-16). 한편 이 '무
조건적 약속'("영원히", 왕상 9:3)은 후에 솔로몬에게서 '조건적 약속'("네가 만일 … 지
키면", 왕상 9:4)으로 발전한다. 어떻든 하나님이 아버지가 되어 아들을 훈계할 것
이다(14). 그리고 이어질 미래의 다윗家까지 부자(父子) 관계가 된다(16). 종말론
적(메시야 사상)으로 볼 때 여기가 이 신탁의 절묘한 부분이다. 이것이 남왕국 유
다(다윗왕가)와 북왕국 이스라엘의 열왕들(정변)의 역사가 보여주는 차이다.

[2] **다윗의 기도**(18-29)

　　□ 언약에 대한 화답(18-20) : 현재

　　□ 회고(21-24) : 과거

　　□ 소망(25-29) : 미래

　　다윗언약의 '영원성'(13,16)에 대한 하나님의 말씀을 다윗 역시 '영원히'
(19,24,25,26,29) 있게 되기를 감사에 담아 기도한다.

❹ 승전가2(8:1-10:19)

마침내 아브라함 언약의 성취를 본다 : "내가 이 땅을 애굽 강에서 그 큰 강 유브라데까지 네 자손에게 주노니."(창 15:18) 다윗 왕국이 견고해질수록 사울왕가(내부)는 그 힘을 잃어간다. 또한 주변국가들 역시 하나 둘 다윗에게 무릎을 꿇는다. 서서히 다윗 왕가가 견고하게 자리를 잡아가고 있다.

① 정복과 조직개편(8:1-18)

□ 밖_동서남북 정복(1-14)

□ 안_행정조직 개편(15-18)

마침내 다윗언약이 성취되는데, 먼저 나라 밖을 정복하는 것을 통해서다 : "네 모든 원수를 네 앞에서 멸하였은즉 … 너를 모든 원수에게서 벗어나 편히 쉬게 하리라"(7:9a,11a) 먼저 블레셋(1, 동쪽, 삼상 17:1, 19:8, 23:1, 28:1, 31:1; 삼하 5:25 참조)을 시작으로 모압(2, 서쪽), 소바/아람(3-8, 북동쪽), 하맛(9-10, 북쪽), 에돔(13-14, 남쪽)까지 동서남북을 정복함으로써 실제적으로 아브라함 언약(창 15:1-21)을 성취하기에 이른다.

한편 안으로는 커가는 나라에 걸맞도록 행정조직을 개편함으로써 국가적 면모를 점차 강화해 간다(15-18). 이것 역시 다윗언약의 성취다(7:12-13,16). 사실 사울왕은 조직이나 국가의 경계가 명확하게 드러나 있지 않다는 점에서 그의 통치기를 국가로 볼 것인가에 대해서는 아직 토론의 여지가 남아있다. 그러나 다윗왕은 브나야를 축으로 한 직할부대(친위대)를 거느릴 만큼 강력한 군사를 거느리고 있었다(18a). 물론 요압이 어느 정도 통제권 밖에 있는 것은 사실이지만 말이다(3:22-26).

② 므비보셋(9:1-13)

사울家는 이미 쇠하였음을 슬쩍 보여주면서 이제 승해야 할 다윗家를 비출 준비를 시작한다. 하지만 사울家는 왕권을 주장할 조그마한 기회가 왔다고 생각되면 여전히 다윗을 받아들이지 않는 등 다윗왕가에 위협적이었다(16:1-4,5-8, 19:16-30). 그럼에도 다윗은 요나단과의 언약(삼상 18:1-4, 20:1-23,42, 23:15-18)을 따라 그의 아들을 돌보아준다.

3 암몬과 아람 정복(10:1-19)

　　□ 암몬대첩(1-14)

　　□ 아람대첩(15-19)

　　암몬과 아람은 서로 연합군(동맹군)이 되어 이스라엘을 차례로 대적하지만 결과는 항상 패배가 있을 뿐이다. 그 결과 "아람 사람들이 두려워하여 다시는 암몬 자손을 돕지 아니하니라."(19b) 암몬과의 전쟁에서는 다윗이 출전하지 않았고, 전쟁을 위해 하나님의 뜻을 묻지 않았다. 이것이 밧세바로 연결되는 것은 매우 자연스럽다.

3) 다윗 못하기(11:1-18:33)

1. 다윗의 범죄(11:1-27)
2. 하나님의 해법(12:1-31)
3. 왕자의 난(13:1-18:33)

　　A 상승하기(삼상 16:1 - 삼하 10:19)

　　　X 범죄하기(삼하 11:1-27, 왕상 15:5 참조)

　　B 하강하기(삼하 12:1 - 왕상 2:11)

　　나단의 신탁(7:1-17)은 다윗왕가를 예고하였다. 그 많은 왕자들 중 과연 누가 다윗의 뒤를 이어 왕이 될 것인가?(3:2-5, 5:13-16) 사울家는 므비보셋 → 미가로 이어지는 흔적만 남아있다(9장, 대상 8:29-40 참조). 한편 다윗의 범죄(11장)가 충격적이지만 놀라운 것은 동시에 이를 기점으로 다윗 곡선은 하강하기 시작한다는 점이다. 바로 그때 왕위에 가장 가까이에 있는 아들들 중 암논(13장), 압살롬(14-18장), 아도니야(왕상 1-2장)가 제거된다. 그러나 다윗의 범죄라는 부끄러운 가지 끝에서 솔로몬이 태어나고 자라기 시작한다(11-12장). 뼈가 마르는 고통의 세월을 지내는 다윗의 심정은 어떠했을까(시편 3, 4, 62-62 참조).

❶ 다윗의 범죄(11:1-27) **: "여호와 보시기에 악하였더라."**(27b)

- □ 다윗은 예루살렘에 그대로 있더라(1).
- □ 다윗이 밧세바와 간음을 하다(2-5).
- □ 그 죄를 은폐하려고 힘쓰다(6-13).
- □ 밧세바의 남편 우리아를 죽이다(14-25).
- □ 밧세바와 결혼하다(26-27).

다윗은 간음죄(7계명)와 살인죄(6계명)는 물론 8-10 계명을 범하면서까지 한 가정을 무참하게 깨트리고 만다. 여기에 요압은 적극적으로 다윗의 죄에 줄타기를 하고 있고, 우리아는 끝까지 정직하게 반응하다가 장렬하게 전사한다. 하지만 이것은 매우 치밀하고도 은밀하게 진행되었다. 그러나 이러한 "다윗이 행한 그 일이 여호와 보시기에 악하였더라"(27b)는 사무엘서 저자의 코멘트에는 나단의 신탁(7:1-17)을 위협하는 죄악이 흩뿌려졌음을 정확하게 드러내 주고 있다는 점에서 이 죄가 장성하여 무엇을 낳을 것인가를 주목하게 한다.

❷ 하나님의 해법(12:1-31)

- □ 나단의 비유와 책망(1-15a)
- □ 밧세바가 낳은 첫 아들이 죽다(15b-23).
- □ 밧세바가 다시 아들 솔로몬을 낳다(24-25).
- □ 다윗이 랍바(암몬)를 점령하다(25-31).

부자(다윗)는 겉보기에는 손님을 대접하는 선한 사람이지만 실상은 자기 힘을 이용하여 가난한 자(우리아, 백성)를 부당하게 착취한다. 이것이 나단의 비유(예화)에 담겨 있는 설교의 핵심이다. 이를 듣고 다윗은 즉각적으로 자기 죄를 자백한다(13). 하나님께서 선지자 나단을 통해 다윗의 죄를 드러내시자 다윗은 그대로 하나님 앞에 무릎을 꿇는다(시편 51편 표제어 참조).

다윗의 즉각적인 회개는 받아들여지지만(용서), 그러나 다윗은 그 죄의 대가를 지불해야만 한다(13-14). 죄에 대한 징계로 인해 그 씨앗이자 열매인 아이가 죽고(14-23), 회개의 씨앗이자 열매인 하나님으로부터 사랑을 받는 아들 솔로몬이 태어난다(24-

25). 이런 내부의 소용돌이 속에서도 밖으로는 전쟁이 계속되고 있는데 암몬의 랍바성을 정복하는 전쟁에서 승리함으로써 하나님의 용서가 은혜 안에서 흘러가고 있음을 보여준다(25-31).

❸ 왕자의 난(13:1-18:33)

□ 암논(13:1-22) : 배 다른 누이 다말을 강간하다.

□ 압살롬(13:23-18:33) : 압살롬이 암논을 죽이다.

다윗왕가가 순조롭게 진행되지 못한 것은 다윗의 범죄 때문이다(12:10-11). 이것이 역대기와 다르게 사무엘서가 보여주고자 하는 메시지다.

[다윗의 아내들과 아들들(삼하 3:2-5, 5:13-16; 대상 3:1-9, 14:3-7)]

헤브론에서 낳은 아들들 (대상 3:1-4)	– 이스르엘 여인 아히노암 : ① **암논** – 갈멜 여인 아비가일 : ② 다니엘(길르압) – 그술왕 달메의 딸 마아가 : [*딸_다말(13:1)] ③ **압살롬** – 학깃 : ④ **아도니야** – 아비달 : ⑤ 스바댜 – 에글라 : ⑥ 이드르암
예루살렘에서 낳은 아들들 (대상 3:5-9a, 14:3-7)	– 암미엘의 딸 밧수아(밧세바) : ⑦ 삼무아 ⑧ 소밥 ⑨ 나단 ⑩ **솔로몬** – 아홉 아들 : 첩의 아들들(삼하 5:13-16, 대상 3:9b) 　　　　입할, 엘리사마(엘리수아), 엘리벨렛(엘벨렛), 노가, 네벡, 　　　　야비야(야비아), 엘리사마, 엘랴다(브엘랴다), 엘리벨렛

다윗은 나단의 비유를 듣고 "그 양 새끼를 4배나 갚아 주어야 하리라"(12:6b)며 대노한다. 그의 말대로 였을까. 이제부터 그의 생애는 하강하기 시작하면서 우리아의 처가 다윗에게 낳은 아이(12:14-23), 암논(13:29), 압살롬(18:14-15), 아도니야(왕상 2:25), 이렇게 네 아들을 차례로 잃게 된다.

[1] 암논과 다말(13:1-22)

□ 암논의 다말과의 근친상간(1-14)

□ 다말을 쫓아낸 암논(15-22)

다윗에서 솔로몬으로 가는 길은 피로 물든 어두운 길이다(12:10-12). 암논은 사랑과 증오를 동시에 하는 묘한 사람이다. 암논 스캔들에 대해 다윗은 심히 노하는 것으로 그만이다(21). 그는 매우 수동적이며 사건을 해결하는 자가 아니라 그것에 휩쓸려가는 자로 점점 몰락해 간다. 한편 이때 압살롬이 움직이기 시작한다(22). 그런 의미에서 13장부터는 압살롬 이야기라 할 수 있다.

2 **압살롬**(13:23-18:33)

- □ [압살롬의 난(13:23-39)] : 암논의 죽음(29)
- □ 요압의 중재에 의해 압살롬이 예루살렘으로 돌아오다(14:1-33).

  A 압살롬의 반역(15:1-12)

  　B 예루살렘을 떠나 도피하는 다윗(15:13-23)

  　　X 다윗의 신앙(15:24-37)

  　　　x1 시바 vs 시므이(16:1-14)

  　　　x2 후새 vs 아히도벨(16:15-17:23)

  　A' 압살롬의 죽음(17:24-18:33)

  　　B' 예루살렘으로 돌아오는 다윗(19:1-15)

- □ 요압의 중재에 의해 압살롬이 예루살렘으로 돌아옴(14:1-33) : 살인자인 압살롬은 죽어야 하지만 이미 암논이 죽은 상태에서 과연 누가 다윗을 이어 왕위를 계승할 것인가? 라는 소용돌이에 직면한다. 이처럼 후계자 문제로 다윗家의 심각한 혼란에 빠져있는 중이다. 이때 요압은 족보상 유력한 압살롬, - 그는 지금 그술왕 달매에게로 가 3년 동안이나 망명 중에 있다- 그를 다시 예루살렘으로 돌아오게 하는 일(정치적 복권)을 주도한다.

  한편 귀환은 하지만(23) 아버지 다윗을 알현하지는 못한다(24,28). 왕이 될 외적(外的) 조건은 충분하다(25-27). 그러나 그는 이미 내적(內的)으로 깨어진 자다. 그런데 왜 갑자기 이 이야기가 들어 있을까. 그는 왕이 될 만한 인물이지만 결정적으로 하나님과 연결된 어떤 언급이 없다. 그렇다면 그는 하나님 없이 외적 조건들을 통해 백성들을 선동하여 왕권을 노리는 자일 뿐이다. 그 결과 자신의 자랑인 머리털(외적 조건)에 걸려 죽는다(18:9).

- □ 압살롬의 반역(15:1-12) : 압살롬은 "이스라엘 사람의 마음을 훔치"(6)면서까

지 왕권에 도전한다. 이로 보건데 다윗 왕권이 이렇게 무력한가 라는 질문을 갖게 한다. 7년 반이나 왕으로 다스렸던 헤브론이 압살롬에게 넘어갔다는 점에서 그렇다(10).

□ 예루살렘을 떠나 도피하는 다윗(15:13-23) : 암논이 다말을 범한 지 2년 후에 압살롬에 의해 암논이 죽고(13:23), 압살롬은 다윗을 피하여 망명한 지 3년이 지난 후에 다시 예루살렘으로 돌아온다(13:38). 그리고 다시 4년이 지난 후 왕권을 찬탈한다(15:7). 이런 배경 하에서 볼 때 다윗의 통치 기반이 점차 무력해지고 있다는 것을 주목하게 된다.

□ 다윗의 신앙(15:24-37)

  ■ 언약궤(15:24-29)
  ■ 탄식에 찬 기도(15:30-31)
  ■ 다윗의 친구 후새(15:32-37)

다윗은 자신이 법궤를 주관하는 것이 아니라 법궤가 자신을 주관하도록 하는 신앙 앞에 서 있다. 위급할 때 말이다. 그는 아들의 반란이 하나님의 뜻 안에서 진행되고 있음을 알았고, 그래서 하나님의 뜻이라면 돌아오게 될 것이라는 점을 분명히 한다. 간혹 [법궤 만능주의]에 빠져 하나님과 법궤를 사사로이 이용하기에 바쁜 일그러진 신앙을 만난다.

다윗은 이 고난을 단순한 정치적인 사건으로만 이해하지 않고 하나님께로 말미암았다는 것을 읽어내고 있음이 분명하다(30). 그는 압살롬보다 아히도벨을 더 무서워하고 있는 듯하다(31, 16:23). 하지만 후에 압살롬은 아히도벨의 모략을 따르지 않음으로써 그의 모반은 철저히 하나님과 상관없는 압살롬의 반역으로 끝나게 된다.

  ■ 시바 vs 시므이(16:1-14)

다윗을 저주하는 사울의 친척 시므이(16:5-14)를 통해서 볼 때 사울家는 다윗家에 적대적이었음을 알 수 있다.

  ■ 후새 vs 아히도벨(16:15-17:23)

후새(다윗) vs 아히도벨(압살롬)의 대리전처럼 보인다(16:15-17:23). 아히도벨의 탁월함(16:23)에도 불구하고 그의 모략이 채택되지 않은 것은 다윗의 기도에 대한 하나님의 응답으로 보인다(15:31). 아히도벨의 몰락 배후에는 역시 그의 능력(16:23)을 신뢰하거나 따르지 못한 압살롬의 무능이 자리한다.

　□ 압살롬의 죽음(17:24-18:33)

4) 다윗 왕접기(19:1-왕상2:11)

❶ 예루살렘으로 돌아오는 다윗(19:1-15)

압살롬이 죽었지만 다윗의 왕권이 회복된 것은 아니다. 그만큼 그의 예루살렘 귀환은 그리 쉬운 일이 아니었을 것이다. 이런 맥락에서 다윗왕을 모시기 위한 이스라엘의 논의가 자리한다(8-10). 북쪽 지파들에 의해 기름 부음을 받았던 압살롬이 죽자 이들을 다시 다윗을 왕으로 모시는 일에 의견을 모으고 이를 다윗에게 공식적으로 전달한 것 같다(10,12). 이미 북쪽 지파에게는 다윗이 왕이 아니고 압살롬이었다. 이것이 다윗을 다시 왕으로 세우는 일을 진행하는 북쪽 지파의 모습이다. 결국 다윗의 말기에 가까이 올수록 그의 왕권은 어떤 의미에서 계약 관계에 있었다.

그런데 북쪽은 이미 다윗으로 결정을 했는데 남쪽은 아직이다(11-12). 다윗 왕권의 안정을 위해 유다 지파의 지원은 절실했고, 때문에 다윗은 반란군의 군장이었던 아마사(압살롬의 군대장관, 17:25)에게 요압의 자리를 약속한다(13). 다윗은 그만큼 안정적이지 못한 상태였다. 이런 긴장이 흐르고 있는 때에 유다는 다윗을 다시 왕으로 맞기로 결정한다(14).

❷ 만남(19:16-39)

　□ 시므이(16-23)
　□ 므비보셋(24-30)
　□ 바실래(31-39)

이렇게 해서 '요단'(19:39)을 건너 예루살렘으로 귀환하는 길에 시므이가 베냐민 지파 1천명을 거느리고 다윗을 맞으러 나온다(16-17). 시므이를 살려 줄 수 밖에 없는 것은 다윗은 지금 다시 왕으로 인정받아야 할 만큼 뚜렷한 쇠퇴기에 접어든지 오래였기 때문이다(22b). 한편 그는 임종시 솔로몬에게 시므이를 부탁한다(왕상 2:39-45).

므비보셋의 종과 므비보셋 중 누가 더 진실했는지를 밝히는 것은 어려운 일이다(16:1-4, 19:24-30). 다윗은 그만큼 판단력이 흐려지고 있다.

호의를 베푼 바살래에게 보답한다(31-39).

❸ 새로운 긴장(19:40-20:26)

☐ 분열의 씨앗(19:40-43) : 이스라엘 vs 유다
☐ 세바의 난 진압과 다윗의 예루살렘 귀환(20:1-22)
☐ 다윗의 신하들(20:23-26, 8:15-18 참조) : 요압

다윗의 예루살렘 귀환을 둘러싸고 남과 북에 새로운 긴장이 발생한다(19:40-41). 유다는 혈연 관계에서(19:42), 이스라엘은 10지파라는 분깃(수)에 근거하여(19:43) 각각 권리를 주장한다. 하지만 여기서도 다윗은 이 둘 사이에서 전혀 주도권을 행하지 못하고 그 틈바구니에 끼어 있고, 이 둘의 긴장(갈등)을 해결할 능력이 없다. 이것이 양 진영의 새로운 갈등을 낳는 씨앗이 된다.

이런 맥락에서 볼 때 베냐민 사람 세바의 난은 자연스럽다(20:1-2). 한편 예루살렘에 귀환한 다윗이 세바의 난을 진압한다(20:3-22). 새 군대장관이 된 아마사(4, 17:25, 19:13 참조)가 어떻게 된 일인지 준비하지 못하자 아비새를 통해 진압이 명해진다(6). 한편 요압은 아마사에게 군대장관을 빼앗긴 처지인데 이를 기회로 요압이 아마사를 죽이고(7-10a) 다윗의 권위에 상관없이 군권을 찬탈한다(20:23a). 역시 다윗은 이 일이 어찌 진행되고 있는지조차 알지 못하고 있을 정도다.

다윗의 신하들(20:23-26, 8:15-18 참조)이 다시 나오는데 다윗의 아들들이 대신(제사장)이었음이 생략되고 야일 사람 이라가 다윗의 대신(제사장)이 되었다는 이야기가 첨가된다.

❹ 다윗 시대의 단편들(21:1-24:25)

A 사울왕가의 몰락(21:1-14)
　B 블레셋 멸하기(21:15-22)

C 다윗의 노래(22:1-51)

C' 다윗의 유언(23:1-7)

B' 다윗왕가의 용사들(23:8-39)

A' 다윗의 인구조사(24:1-25)

그럼에도 다윗에게는 아직 희망이 남아있다(21-24장).

① 사울왕가의 몰락(21:1-14)

3년이나 계속된 기근의 원인이 사울이 기브온 사람들을 죽인 것이었다고 밝혀진다(1, 창 4:10 참조). 이렇게 해서 사울의 자손들 중에서 요나단의 아들을 제외한 사울 집안의 후손 중 7명이 목 메달아 처형된다(7-9). 한편 의문은 사울의 딸 메랍에게서 난 자들은 엄밀히 사울家의 후손은 아니다는 점이고(8b), 동시에 다윗이 꼭 기브온 사람들을 죽어야 하는가이다.

기브온 사람들은 계약 파기로 보고 있지만 엄밀하게 따지면 이스라엘과 기브온 사이의 계약이지 사울과 맺은 것은 아니며, 이를 다시 다윗에게 계약 파기의 결과를 요구하는 것 역시 무리다. 즉, 이런 정황에서 볼 때 기브온이 피의 복수를 요구할 수 있느냐 하는 점이다.

이 부분이 절묘하다. 다윗은 계속되는 사울家(베냐민 지파, 16:5-14, 20:1)의 위험으로부터 자유롭고 싶었고, 기브온 역시 다윗의 힘을 빌려 자신의 원수를 갚고자 한 것이 말이다. 동시에 사울家가 멸문한 것이 다윗에게 있는 것이 아님을 말하고자 한 것도 들어있다.

② 블레셋 멸하기(21:15-22)

③ 다윗의 노래(22:1-51)

□ 구원의 하나님(1-31)

□ 능력의 하나님(32-51)

왕은 하나님 앞에서 어떤 모습으로 살아가야 하는가?

④ 다윗의 유언(23:1-7)

⑤ 다윗왕가의 용사들(23:8-39)

- □ 첫째 3인(8-12)
- □ 둘째 3인(13-23)
- □ 다윗의 경호원 30인(24-39)

⑥ 다윗의 인구조사(24:1-25) : 죄악

□ 다윗의 인구조사(1-9) : 하나님이 조사하게 하셨으면서(1; 삼상 26:19, 대상 21:1 참조), 그런데도 그 책임을 다윗에게 물으신다(10,17). 하지만 다윗의 죄를 하나님께 전가 할 수는 없다(롬 6:1). 왜냐하면 죄인은 자신의 행위에 대한 마땅한 대가를 받아야 하기 때문이다.

다윗은 요압의 반대(3)는 물론 그것이 하나님의 뜻과 반대되는 죄인지 알면서도 재촉한다(4). 한편 하나님은 민수기에서 2번(민 1:2, 26:2)에 걸쳐 이스라엘에게 인구조사를 명하셨다. 그런데 본문은 왜 이것을 죄라고 말하는가? 이 점이 묘하다. 때문에 이면에 들어있는 실상(원뜻)을 정확히 읽어내야만 한다. 다윗은 하나님만을 의지했던 신앙을 버리고, 자신의 번성과 세력 확인용으로 인구조사에 임한다.

같은 이야기를 다루는 역대상 21장은 인구조사의 시기를 다윗이 솔로몬에게 성전을 지을 것을 명하기 바로 직전, 그러니까 다윗 통치의 말년쯤으로 잡고 있다. 다윗은 지난 40년 가까이 쌓아온 왕으로서의 자신의 업적과 실적을 이쯤에서 한 번 확인하고, 그리고 이를 뽐내고 싶었는지도 모른다.

문제는 이 죄가 무려 9개월 20일 동안이나 계속되었다는 점이다(8). 아이러니한 것은 그 긴 세월 동안 하나님은 다윗의 죄에 개입하시지 않고 묵묵히 침묵하고 계셨다는 점이다.

□ 하나님의 징벌(10-17) : 온역으로 7만이 죽임을 당함

> "나는 범죄하였고 악을 행하였거니와 이 양 무리는 무엇을 행하였나이까 청하건대 주의 손으로 나와 내 아버지의 집을 치소서"(17)

다윗은 9개월 20일 동안이나 끌어온 죄에 대해 마침내 그것이 죄(罪)라는 사

실을 깨닫기 시작한다(10). 드디어 마음(양심)의 가책을 느낀 다윗은 회개한다. 그러나 하나님은 그 죄를 세 가지 재앙(7년 기근, 3개월 도망자, 3일 온역) 중 하나를 택하여 이를 받아야 한다며 다윗의 '책임'을 물으신다(12-14). 하나님은 사랑이시지만 동시에 공의의 하나님이시다. 하지만 재앙이 멈춘 것은 다윗의 회개에서 비롯된 것이 아닌 하나님의 자비로우신 은혜 때문이다. 그리고 다윗의 기도가 이어진다 :

"내가 이 일을 행함으로 큰 죄를 범하였나이다"(10)

"여호와께서는 긍휼이 크시니"(14)

'전염병'(15-16a)

"여호와께서 이 재앙 내리심을 뉘우치사 … 이제는 네 손을 거두라"(16b)

"나는 범죄하였고 악을 행하였거니와"(17)

□ 하나님의 용서(18-25) : 회개에 이르는 통로는 제사(예배)와 기도다(25). 이것들은 죄악을 회개하는 가운데 하나님을 만나는 통로들이다. 그리고 이것은 아무 대가 없이, 공으로 되지 않는다(24). 이것이 용서에 들어있는 깊은 뜻이다. 다윗은 무죄하기 때문에 살아 있는 게 아니라 죄를 회개하고 용서받았기에 하나님 앞에 서 있다. 다윗의 제사는 하나님의 용서의 씨앗이 아니다. 하나님의 용서는 다윗으로 하여금 용서받아 은혜의 열매 앞에 서 있게 만든다.

이미 하나님은 재앙을 그치기로 결정하셨다(16). 그리고 다윗의 기도(17)와 제사가 이어진다(18-). 이를 볼 때 다윗의 제사(기도)가 자동적으로 심판을 그치게 한 것은 아니다. 제사(기도)는 용서의 필요 충분 조건이 아니다. 인간 행위 이전에 하나님의 자비가 늘 우선한다.

» 영원히 견고하리라.

> "네 집과 네 나라가 내 앞에서 영원히 보전되고
> 네 왕위가 영원히 견고하리라 하셨다 하라."(7:16)

다윗언약은 어찌될 것인가?

어찌 되었건 다윗 왕조, 그러니까 남왕국 유다는 마지막 왕 시드기야를 끝으로 바벨론에 의해 멸망(BC 586)하는 것으로 그 문을 닫는다. 그후 다윗의 후손이 왕이 되는 일은 일어나지 않았다. 그렇다면 다윗언약을 어떻게 읽고 받아들여야 하는 것일까? 사무엘기는 이 부분에 대해 분명한 답을 하지 않는다. 아마도 이후 구약 역사(구약신학)는 이 부분을 드러나지 않게 고민했을 것이다.

> "아브라함과 다윗의 자손 예수 그리스도의 계보라."(마 1:1)

□ 다윗언약의 파노라마

- ■ **언약**(삼하 7:1-17, 대상 17:1-15)
- ■ **위기**(왕상 11:11-13)
- ■ **파기**(렘 22:24-25:30)
- ■ **회복**(학 2:20-23)
- ■ **성취**(마 1:1, 빌 2:6-11)

6장 _ 열왕기상

■ 맥잡기

❶ 통일왕국시대 – 솔로몬(1:1-11:43)

① 왕으로 기름부음을 받음(1:1-2:12) : 아도니아 vs 솔로몬

② 성전건축 이전의 통치(2:13-4:21)

③ 성전건축(5:1-9:9)

④ 지혜와 부귀의 축복(9:10-10:29)

⑤ 범죄(11:1-43)

❷ 분열왕국시대의 공관역사1(12:1-22:53)

북왕국 이스라엘	남왕국 유다
① 여로보암 I (930-09, 12:1-14:20)	
	② 르호보암(930-13, 14:21-31)
	③ 아비얌(913-10, 15:1-8)
	④ 아사(910-869, 15:9-24)
⑤ 나답(909-08, 15:25-32)	
⑥ 바아사(908-886, 15:33-16:7)	
⑦ 엘라(886-85, 16:8-14)	
⑧ 시므리(885, 16:15-20)	
⑨ 디브니(885-80, 16:21)	
⑩ 오므리(885-74, 16:22-28)	
⑪ 아합(874-53, 16:29-22:40) – 엘리야	
	⑫ 여호사밧(872-48, 22:41-50)
⑬ 아하시야(853-52, 22:51 – 왕하 1:18)	

※ 번호는 기록 순서임 / ※ 살해됨(⑤, ⑦), 자살(⑧), 전사(⑪), 선한 왕(④, ⑫), 나머지 – 악한 왕

» 두 왕국, 그 흥망성쇠

> "여호와께서 솔로몬에게 말씀하시되 네게 이러한 일이 있었고 또 네가 내 언약과 내가 네게 명령한 법도를 지키지 아니하였으니 내가 반드시 이 나라를 네게서 빼앗아 네 신하에게 주리라."(11:11)

열왕기상하는 연속적인 이야기를 다루는데 그 시작과 끝이 매우 인상적이다.

열왕기의 시작은 통일왕국의 전성기인 솔로몬 시대의 영광으로 시작한다(왕상 1-11장). 그러나 열왕기서는 북왕국 이스라엘과 남왕국 유다로 나누어지더니(왕상 12-), 급기야 마지막에 가면 이 두 나라가 멸망하고 포로로 끌려가는 것으로 끝을 맺는다(왕하 17, 25장). 이렇듯 열왕기상은 분열 왕국의 전반부를 기록하고 있는데, 여기서 중요한 것은 영광에서 포로까지의 흥망성쇠(興亡盛衰)라는 단순한 역사만이 아닌, 그러니까 이스라엘이 이처럼 반전에 반전을 거듭하는 이유가 무엇인가를 살피는 것이 중요하다 : 왜 나라(성전)의 문은 닫히고 이방의 포로가 되어 끌려가야 했는가?

1) 솔로몬(1:1-11:43)

- "네 수한이 차서 네 조상들과 함께 누울 때에 내가 네 몸에서 날 네 씨를 네 뒤에 세워 그의 나라를 견고하게 하리라."(삼하 7:12)

- "보라 한 아들이 네게서 나리니 그는 온순한 사람이라 내가 그로 주변 모든 대적에게서 평온을 얻게 하리라 그의 이름을 솔로몬이라 하리니 이는 내가 그의 생전에 평안과 안일함을 이스라엘에게 줄 것임이니라."(대상 22:9)

- "네가 만일 … 내 법도와 율례를 지키면 … 네 이스라엘 왕위를 영원히 견고하게 하려니와 만일 … 다른 신을 섬겨 그것을 경배하면 … 이스라엘은 모든 민족 가운데에서 속담거리와 이야기거리가 될 것이며"(왕상 9:4-7)

- "여호와께서 솔로몬에게 말씀하시되 … 네가 내 언약…을 지키지 아니하였으니 내가 반드시 이 나라를 네게서 빼앗아 네 신하에게 주리라 그러나 … 다 빼앗지 아니하고 … 한 지파를 네 아들에게 주리라 하셨더라."(왕상 11:11-13)

다윗의 뒤를 이은 솔로몬(삼하 7:12-17, 대상 22:9-10, 28:5-7 참조)의 왕위 계승(1-4장)과 이어지는 성전건축, 그리고 왕궁의 건축으로 이어지는 영광이 찬란하게 빛난다(5-10장). 그러나 뭔가 심상찮은 분위기가 감지되기 시작하더니(9:11-10:29), 급기야 타락과 몰락을 길로 곤두박질하기 시작한다(3:1 → 11:1- ; 신 17:17 참조).

[솔로몬의 타락 vs 하나님의 진노]

씨앗(3:1) →	■ 솔로몬이 애굽의 왕 바로…의 딸을 맞이하고 다윗성에 데려다가 두고(3:1; 7:8 참조)
타락(11장) →	■ 그의 여인들이 왕의 마음을 돌아서게 하였더라(3) ■ 그의 여인들이 그의 마음을 돌려(4) ■ 솔로몬이 마음을 돌려 이스라엘의 하나님 여호와를 떠나므로(9)
진노(11:9) →	■ 여호와께서 에돔 사람 하닷을 일으켜 솔로몬의 대적이 되게 하시니(14) ■ 하나님이 또 … 르손을 일으켜 솔로몬의 대적자가 되게 하시니(23) ■ 솔로몬의 신하 느밧의 아들 여호보암이 … 왕을 대적하였으니"(26)

마침내 선지자 '나단의 신탁'으로 불리우는 다윗언약(삼하 7:1-17)이 축복만이 아닌 저주까지를 포함한 2중주로 솔로몬 이후에 연주될 것이 예고된다(9:4-7 → 11:11-13). 솔로몬의 영광과 타락은 곧바로 우리가 읽어가는 열왕의 역사가 되고 만다. 그런 의미에서 솔로몬의 일생은 이어지는 불행한 역사의 전조가 된다.

한편 다윗의 뒤를 이어 왕이 된 솔로몬(1:32-48)은 일천번제를 드린 후 "네게 무엇을 줄꼬 너는 구하라"(3:5b)는 하나님의 요구에 지혜('듣는 마음', 3:9)를 구함으로써 그것이 "주의 마음에 든지라."(3:10) 이에 하나님이 그가 구하지도 아니한 부와 영광도 주셨다(3:13). 이렇게 해서 그 지혜는 창기에게까지 공평한 재판을 위해 사용됨으로써 만방에 지혜의 탁월함을 알리는 기회가 되었고(3:16-), 이 여세를 몰아 진행된 성전건축은 솔로몬 시대의 절정을 이루었다.

하지만 그는 잡혼(雜婚)을 통해서 -이방 결혼은 율법으로 금지되어 있었다(출 34:16, 신 17:17)- 그의 마음이 하나님으로부터 멀어지는 것과 비례하여 급속한 몰락의 길을 걷다가, 급기야 왕국의 분열이라는 씻을 수 없는 혼란으로 왕국의 뒷문을 내주고 만다. 처음 마음을 끝까지 지키지 못했기 때문이다.

그러나 솔로몬의 몰락은 어느 날 갑자기가 아니다. 흥미로운 것은 열왕기 기자의 앵글에 잡힌 솔로몬의 모습이다. 이때가 그의 생애에서 가장 중요한 3장에서라는 점, 예사롭지 않다 : "솔로몬이 애굽의 왕 바로와 더불어 혼인 관계를 맺어 그의 딸을 맞이하고 다윗 성에 데려다가 두고 자기의 왕궁과 여호와의 성전과 예루살렘 주위의 성의 공사가 끝나기를 기다리니라."(3:1)

생각해 보라. 애굽의 바로의 공주가 왔다면 허다한 무리들이 함께 들어왔고, 그렇다면 애굽의 문화와 종교까지 함께 들어왔다는 점을 간과할 수 없다. 결국 이 씨앗이 꽃을 피우며(3:1 → 7:8 → 11:1-9) 통일왕국의 미래가 하나님의 진노의 소용돌이로 뒤덮이고 만다. 흥미로운 것은 '듣는 마음'(3:5,9)을 구했고, 이게 '주(하나님)의 마음'(3:10)에 맞았다. 그런데 그만 "솔로몬이 마음을 돌려 이스라엘의 하나님 여호와를 떠나"(11:9)게 되고, 그 결과 하나님의 진노 앞에 서게 되었다는 점이다.

2) 분열왕국의 공관역사(共觀歷史, 12:1-22:53)

□ 열왕기 저자가 사용한 자료들
   ① 솔로몬의 실록(11:41)
   ② 이스라엘왕 역대지략과 유대왕 역대지략(14:19,29)
   ③ 사무엘, 나단, 갓의 글(대상 29:29)

□

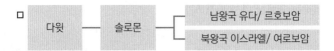

"평생에 자기 옆에 두고 읽어 그의 하나님 여호와 경외하기를 배우며 이 율법의 모든 말과 이 규례를 지켜 행할 것이라. 그리하면 그의 마음이 그의 형제 위에 교만하지 아니하고 이 명령에서 떠나 좌로나 우로나 치우치지 아니하리니 이스라엘 중에서 그와 그의 자손이 왕위에 있는 날이 장구하리라."(신 17:19-20)

두 왕국 이야기의 극명한 대조가 그려진다. 열왕기상은 이스라엘 9왕과 유다 4왕이 시작된 분열왕국 80년의 역사를 각각 보여준다. 르호보암(다윗왕가)의 통치를 거부한 10지파는 여로보암을 왕으로 삼아 세겜을 수도로 - 얼마 후 디르사로 옮겼다가, 오므리가 사마리아(바알 숭배의 중심지)로 수도를 옮긴다.- 한 북왕국 이스라엘을 세웠다(12:20). 북왕국 이스라엘의 여로보암 1세는 곧바로 남왕국 유다의 예루살렘으로 왕래하는 백성들을 막기 위해 벧엘(남쪽)과 단(북쪽)에 각각 다른 예배 장소(성전)를 마련하고 그 중심에 금송아지상을 세움으로써 종교적 부패를 통한 총체적인 타락으로 치닫는다(12:28-29, 13:34). 이것은 끊임없는 심판과 내란(여로보암 1세 - 아합왕)을 통해 몰락을 자초한 결과를 가져왔다. 두 왕국의 피의 전쟁(14:30, 15:16)은 열왕기상이 거의 마무리되는 22장까지 계속되었다.

> "이 일이 여로보암 집에 죄가 되어 그 집이 땅위에서 끊어져 멸망하게 되니라."
> (13:34)

이러한 패역한 시대, 그 중에 타락한 왕의 대명사 가운데 하나인 아합의 시대에 -아합은 이스라엘의 모든 왕들 가운데 가장 악한 왕이었다(16:29-30)- 선지자 엘리야의 사역(16:29 - 왕하 2:11)은 별처럼 빛난다. 인간은 죄를 선택하여 하나님을 포기하고 떠나지만 하나님은 선지자를 보내시사 당신의 자녀(백성)들을 포기하지 않으시고 하나님께로 이끄신다. 그는 생명을 다해 아합과 바알을 대항하여 영적 전투를 벌임으로써 타락한 시대에 성도는 무엇으로 사는가를 교훈한다(18:17-18,21) : "그가 대답하되 … 당신과 당신의 아버지의 집이 괴롭게 하였으니 이는 여호와의 명령을 버렸고 당신은 바알을 좇았음이라."(18)

한편 역대기에 비해 상대적으로 적은 조명을 받는 남왕국 유다의 역사는 아버지 솔로몬의 지혜와 현격한 간격을 두며 무지하게 연명했던 못난 왕 르호보암으로부터 시작된다. 그는 백성들의 요구(12:4)에 악언으로 대답(12:14)함으로써 여로보암의 반란을 촉발시켰고(12:20), 마침내 왕국은 완전히 분열되고 만다. 이는 율법을 저버린 결과다(14:21-24) : "솔로몬의 아들 르호보암은 유다 왕이 되었으니 … 유다가 여호와 보시기에 악을 행하되 …"(21,22)

특이한 것은 아사와 여호사밧 시대에는 하나님의 율법이 흥성한 평화의 시대였다. 그러나 여호사밧의 아들 여호람은 아합과 이세벨의 딸인 아달랴와 결혼(대하 18:1, 21:5-6)함으로써 이세벨의 바알 문화가 그의 딸 아달랴를 통해 유다에 유입되었고, 유다 역시 바알과 아세라로 대표되는 이교와 이방신으로부터 자유롭지 못하게 됨으로써 몰락의 길을 걷게 되고 만다. 아마 이러한 배경 때문인지는 모르지만 대부분의 왕들이 말년으로 가면 갈수록 하나님을 멀리하는 죄에 물들고 만다.

3) 엘리야(17:1-19:21) : 엘리야 vs 아합

- ☐ 기적일기(17:1-24) : 엘리야 vs 아합
- ☐ 갈멜대첩(18:1-46) : 엘리야 vs 바알

□ 호렙행전(19:1-18) : 엘리야 vs 하나님

□ 사역계승(19:19-21) : 엘리야 vs 엘리사

아합 시대가 그 배경이다. 아합은 비와 풍요와 다산의 신인 바알 종교의 본산인 시돈의 공주 이세벨을 아내로 맞는다. 하지만 하나님은 이세벨의 고향인 시돈에 속한 사르밧(왕상 16:31)에서 - 이곳 역시 3년이나 비가 없다. 바알의 무기력이다.- 엘리야를 먹이신다. 그리고 갈멜에서 바알(아합과 이세벨)이 얼마나 무기력한 인조신(人造神)인가를 온 이스라엘에게 드러내신다 : "여호와 그는 하나님이시로다!"(18:39)

하지만 이세벨은 엘리야의 목숨을 요구하고, 엘리야는 브엘세바로 내려가 죽기를 구한다. 엘리야마저 떠났으니 아합은 더 얼마나 하나님을 멀리 떠났겠는가. 선지자는 갈멜산에서 이스르엘과 브엘세바까지 200km에 조금 못미치는 거리를 "자기의 생명을 위해 도망하여"(19:3) 죽기를 구하기에 이른다. 이쯤에서 아합은 얼마나 기고만장했을까.

» 벌거숭이 분열왕국

통일왕국은 솔로몬 이후에 곧바로 다시 분열되었다.

사울 시대에 계획되었다가 다윗 시대에 성취된 통일왕국은 다시 솔로몬 시대에 붕괴되고 만다. 그리고 그 이후는 처참하게 일그러진다. 하나님에 의해서 세워지지 않고 끊임없는 권력 투쟁에 의해 출현한 왕들의 모습, 이것이 열왕기상의 역사다. 그 첫 단초가 바로 여로보암 1세다. 그는 악한 왕의 기준이다. 하지만 그 와중에서도 다윗의 뒤를 이어 여호와 보시기에 선한 왕들의 역사가 면면히 그 뒤를 이어간다. 이처럼 다윗과 여로보암으로 대칭되는 선과 악의 왕정은 불규칙적으로 반복되어 일어나고 사라진다.

무엇이 왕들의 흥망성쇠(興亡盛衰)를 평가하는 기준인가? 이 물음이 열왕기상을 읽어감에 있어서 매우 중요한 질문이다. 기준은 "하나님 보시기에"이다. 하나님 보시기에 다윗 쪽인가, 아니면 하나님 보시기에 여로보암 쪽인가, 역시 여기의 핵심은, 그러니까 열왕기상의 핵심은 18장의 영적 전투다. '여호와 보시기에'를 '바알이 보기에'로 대체하려는 아합과 아달랴의 끈질긴 시험은 엘리야의 등장으로 파괴된다.

이렇듯 열왕기상은 하나님-다윗-엘리야 vs 바알-여로보암-아합의 구조로 요약된다. 열왕들의 모든 것들은 바로 이 구조 안에서 이해되어진다. 그렇다면 결국 열왕기서를 묵상하는 독자들 역시 이 평행되는 두 구조를 바라보는 두 지평 앞에 서 있다. 열왕기를 살았던 사람들과 우리가 걸어가야 할 길이 묵상(통독)의 두 기둥이 되는 이유가 여기에 있다.

7장_열왕기하　　　　　　　　　　2 Kings

■ 맥잡기 ┄┄┄┄┄┄┄┄┄┄┄┄┄┄┄┄┄┄┄┄┄┄┄┄┄┄┄┄┄┄┄┄┄┄┄

- **오므리 왕조**(왕상 16:21 - 왕하 10:36)
- **엘리야의 사역**(왕상 16:29 - 왕하 2:11)

❶ 아합家의 멸망(1:1-10:36)

　　① 아하시야(853-52, 왕상 22:51 - 왕하 1:18)

　　② 엘리야(왕상 17:1 - 왕하 1:18) → 엘리사(2:1-25) : 엘리사의 사역(2:12-13:20)

　　③ 여호람(852-45, 3:1-27)

　　④ 엘리사의 사역2(4:1-8:15)

　　⑤ 여호람과 아하시야(8:16-29) : 남왕국

　　　　▢ 여호람(847-45, 8:16-24) - 아합의 딸 아달랴와 결혼

　　　　▢ 아하시야(845, 8:25-29)

　　⑥ 예후(845-18, 9:1-10:36)

❷ 북왕국 이스라엘의 멸망(11:1-17:41)

　A. 남왕국 유다

　　① 아달랴(845-40, 11:1-3; 대하 22:10-12) - 아합의 딸(아하시야의 모친)

　　② 요아스(840-01, 11:4-12:21)

　　③ 아마샤(801-787, 14:1-22; 대하 25:1-26:2)

　　④ 아사랴(웃시야, 783-36, 15:1-7; 대하 26:1-23) : 이사야(사 1:1, 6:1)

　B. 북왕국 이스라엘1

　　① 여호아하스(818-02, 13:1-9)

» 두 왕국의 파노라마

"이 때에 여호와께서 이스라엘에서 땅을 잘라 내기 시작하시매"(10:32a)

엘리사의 고군분투가 눈물겹다. 이스라엘(북왕국)은 이스라엘대로, 유다(남왕국)는 유다 대로 하나님의 심판을 향해 돌이킬 수 없는 길을 걸어간다. 마침내 이스라엘은 앗수르에 의해(BC 722), 그리고 유다는 바벨론에 의해(BC 586) 각각 나라의 문을 닫고 만다. 이 역사의 소용돌이를 열왕기는 가감 없이 증거한다.

1) 아합家의 멸망(1:1-10:36)

오므리 왕조(오므리-아합-아하시야-여호람)는 예후에 의해 그 문을 닫는다. 이 긴 역사가 열왕기를 연결하고 있고, 또한 이 일이 엘리야(왕상 16:29 - 왕하 2:11)와 엘리사(2:12-13:20)에 의해 주도되면서 표면적인 '열왕의 역사'(북왕조)가 이면적인 '하나님의 역사'(선지자)와 만나게 된다.

❶ 아하시야(853-52, 왕상 22:51 - 왕하 1:18)

- ☐ 아하시야와 엘리야(1:1-18)
- ☐ 아하시야(왕상 22:51 - 왕하 1:2)
- ☐ 영적 전쟁(1:3-18)
  - ■ 1차_사신들(3-8) : 돌아감
  - ■ 2차_첫 번째 50부장과 그 50인(9-10)
  - ■ 3차_두 번째 50부장과 그 50인(11-12)
  - ■ 4차_세 번째 50부장과 그 50인(13-18)

오므리 왕조를 잇는 아하시야는 선왕(先王) 아합의 몰락을 목도한 것도 모자라 엘리야를 통해 말씀하시는 하나님을 거역한다. 그는 지금 하나님(선지자)이 아닌 에그론의 신 바알세붑을 찾는다(2-3). 이것이 왕권과 예언자적 권능이 충돌하는 부분이다(삼상 19:18-24 참조).

❷ 엘리야(왕상 17:1 - 왕하 1:18) **→ 엘리사**(2:1-25)

- ☐ 엘리야의 승천(1-11)
- ☐ 엘리사의 사역1(12-25)

> "또 아벨므홀라 사밧의 아들 엘리사에게 기름을 부어 너를 대신하여 선지자가 되게 하라."(왕상 19:16b)

패역한 죄에 따른 심판(죽음)이 집행되는 한복판에서 엘리야는 선지자로서의 사역을 마치고 하늘로 승천하고, 역시 능력의 선지자인 엘리사가 그 뒤를 이어 북왕국 이스라엘을 향한 하나님의 메시지를 전한다(왕상 19:19-21).

① 엘리야에게서 엘리사에게로(1-11)

◻ 요단을 건너면서

- ■ 엘리야 Q - "내가 네게 어떻게 할지를 구하라!"(9a)
- ■ 엘리사 A - "당신의 성령이 하시는 역사가 갑절이나 내게 있게 하소서!"(9b)
- ■ 엘리야 Q - "나를 네게서 데려가시는 것을 네가 보면 이 일이 네게 이루어지려니와"(10)

갑절은 다른 선지자의 생도들은 한 배를, 자신에게는 두 배를 구함으로써 후계자로 지명되기를 구하는 요구다. 이때 엘리야는 이를 위해 남들과는 다른 그 어떤 무엇이 더 요구됨을 말한다(10a). 이것은 지명하는 엘리야에게 주도권이 있는 것이 아니라 뭔가 다른 것을 볼 수 있는 엘리사 자신의 영적 능력(자질)이 있어야 한다는 뜻이다(10b). 그리고 11절이다. 그렇다면 11절은 단순한 사건이 아닌 신적(神的) 사건이다. 엘리사는 바로 이를 보고, 읽어내고, 경험하고, 바로 그것이 진행되는 현장에 있었다.

② 엘리사의 사역1(12-25)

- ◻ 사역 계승_스타트(12-18) : '그의 겉옷'
- ◻ 여리고의 물 근원을 고치는 기적(19-22)
- ◻ 벧엘의 아이들에 대한 저주(23-25)

❸ 여호람(852-45, 3:1-27)

- ◻ 여호람의 통치(1-3)
- ◻ 모압의 배반(4-12)
- ◻ 엘리사와의 만남(13-20)
- ◻ 모압을 물리침(21-27)

심판이 집행중인 북왕국 이스라엘과 그럼에도 불구하고 선지자와 모압을 통해 여전히 일하시는 하나님이심을 증거 하시는 하나님의 일하심이 극적인 대조를 이루고 있다. 이스라엘 왕 여호람과 선지자 엘리사와의 관계가 여기서는 그리 적대적이지는 않다. 하나님(선지자)을 의지하는 자들(여호람과 여호사밧)과 그모스를 의지하는 자(모압 왕, 27a) 사이에 벌어지는 전쟁을 통해 이스라엘의 모습이 그려진다.

❹ **엘리사의 사역2**(4:1-8:15)

- ❑ 과부의 기름(4:1-7)
- ❑ 수넴 여인의 이야기1(4:8-37)
- ❑ 길갈에서의 두 기적(4:38-44)
  - ■ 독이 든 국을 가루로 해독시킴(38-41)
  - ■ 보리떡 20개로 100명을 먹임(42-44)
- ❑ 나아만(5:1-19)
  - ■ 게하시의 탐욕(5:20-27)
- ❑ 물 위에 떠오른 도끼(6:1-7)
- ❑ 아람을 물리침(6:8-23) : 승리
  - ■ 사마리아에 내린 재앙(6:24-33) : 심판
- ❑ 사마리아에 내린 은혜(7:1-20) : 구원
- ❑ 수넴 여인의 이야기2(8:1-6)
  - ■ 아람왕 하사엘(8:7-15, 왕상 19:15 참조)

엘리사의 사역은 눈부실 뿐만 아니라 하나님이 함께 하시는 것이 무엇을 의미하는가를 실증적으로 보여준다.

❺ **여호람과 아하시야**(8:16-29) : **남왕국**

- ❑ 여호람(16-24)
- ❑ 아하시야(25-29)

남왕국 유다의 왕들 중 여호람(852-45)과 아하시야(845)는 아합家(18,26-27)와 통혼함으로써 저들은 북왕국 이스라엘의 길을 걸어가고 만다.

❻ 예후(845-18, 9:1-10:36)

☐ **왕이 된 예후**(9:1-20)

☐ **여호람**(요람)**과 아하시야의 죽음**(9:21-29)

☐ **이세벨의 처형**(9:30-37)

☐ **아합家의 진멸**(10:1-17)

☐ **바알주의자들의 숙청**(10:18-29)

☐ **예후의 치적**(10:30-36)

> "너는 또 님시의 아들 예후에게 기름을 부어 이스라엘 왕이 되게 하고,
> 하사엘의 칼을 피하는 자를 예후가 죽일 것이요 예후의 칼을 피하는 자를 엘
> 리사가 죽이리라."(왕상 19:16a,17)

아합이 회개하자 심판이 연기되었다(왕상 21:29). 하지만 오므리 왕조는 끝내 심판
받아 마땅한 하나님을 떠난 죄를 회개하지 않았고, 하나님은 예후에게 전한 엘리사
의 예언(9:7-10) 대로 이세벨과 아합의 죄(왕상18:4, 21:21)에 대해 심판을 예후를 통해
성취하신다. 오르리 왕조는 엘리야와 엘리사로 이어지는 하나님의 선지자들의 사역
을 듣고, 보고, 알고, 접하면서도 끝내 돌아오지 않았다.

2) 북왕국 이스라엘의 멸망(11:1-17:41)

A. 남왕국 유다

❶ 아달랴(845-40, 11:1-3; 대하 22:10-12) **– 아합의 딸**(아하시야의 모친)

다윗왕가 안에서 이런 정변이 가능했다는 것은 적어도 유다 안에 적지 않은 세력
이 아달랴를 지원했을 것이다.

❷ 요아스(840-01, 11:4-12:21)

☐ **제사장 여호야다의 혁명**(11:4-16)

☐ **제사장 여호야다의 개혁**(11:17-21)

☐ **요아스의 개혁**(12:1-21)

아하시야의 아들 요아스가 여호세바(아하시야의 누이, 요아스의 고모, 2)에 의해 6년 간 성

전에서 숨어 지낸다. 그런 후 '제7년에'(4a) 제사장 여호야다에 의해 요아스가 유다 왕이 된다.

❸ **아마샤**(801-787, 14:1-22; 대하 25:1-26:2)

북왕국 요아스를 만나자고 거듭 제안하자 벧세메스로 내려와 아마샤와 싸워 이기고 그를 사로잡는다(8-14).

❹ **아사랴**(웃시야, 783-36, 15:1-7; 대하 26:1-23)

52년이라는 긴 시간을 다스리는 중 어느 시점에서 문둥병 때문에 아들인 요담과 함께 통치한다(5,7). 하지만 그가 왜 문둥병에 걸린 왕인지 말하지 않는다.

B. 북왕국 이스라엘1

❶ **여호아하스**(818-02, 13:1-9)

아람에 의한 멸망 위기 : 기도(4) → 구원자(5) 엘리사가 아직 살아있는데(13:20) 왜 그의 이름을 직접 언급하지 않고 구원자일까?

❷ **요아스**(802-787, 13:10-13,22-25, 14:15-16) : 엘리사가 죽는다(20).

C. 엘리사의 죽음(13:14-21)

　□ 요아스 vs 엘리사(14-19)
　□ 죽은 엘리사의 능력(20-21)

D. 북왕국 이스라엘2

❶ **여로보암 II**(787-47, 14:23-29)

이스라엘은 "하맛 어귀에서부터 아라바 바다까지" 다윗 시대의 이스라엘 지경을 거의 회복하는 국가적 번영을 누린다(25). 그런데 그는 하나님을 버린 자가 아닌가(23-24). 그런 그에게 선자자 요나에 의해 승리가 선포되고 있다(25-26). 이는 이스라엘에 대한 하나님의 은혜가 임하는 것이 아닌가. 지금껏 24절처럼 이었던 자는 심판(진노)의 대상이었다는 점을 기억할 때, 이것은 여로보암을 읽는 일을 매우 고민스럽게 한다.

❷ 스가랴(747, 15:8-12)

예후 왕가의 4대(代) 왕 스가랴가 야베스의 아들 살룸에 의해 피살됨으로써 예후
가의 이스라엘 통치는 문을 닫는다(10:30 참조). 이로부터 거듭되는 반역과 암살이라
는 모반에 의해 북이스라엘은 회복 불능의 상태에 빠지고 결국 멸망에 이르고 만다.

❸ 살룸(747, 15:13-16)

❹ 므나헴(747-38, 15:17-22)

❺ 브가히야(737-36, 15:23-26)

❻ 베가(735-32, 15:27-31)

E. 남왕국 유다2

❶ 요담(759-44, 15:32-38)

❷ 아하스(744-29, 16:1-20)

    □ 서론(1-4)

    □ 아람과 이스라엘 연합군의 침입(5-9) : 시로-에브라임 전쟁

    □ 배교(10-21)

예루살렘이 이방처럼 되고 만다(3-4). 아하스는 "놋제단은 내가 주께 여쭐 일에만
쓰게 하라!"(15b)는 말에 나타나듯 이미 하나님을 섬기는 제사로부터 떠나 버렸다.
소위 앗수르化 된 유다의 모습이다.

F. 북왕국 이스라엘의 최후

❶ 호세아(731-722, 17:1-41)

    ⬛ 앗수르에 의한 북왕국 이스라엘의 멸망(1-6)

        □ 평가(1-2)

        □ 호세아의 사로잡힘과 사마리아의 몰락(3-6)

2 멸망의 원인(7-23)

- 가나안의 우상숭배(7-12)
- 선지자를 거절(13-20)
- 여로보암의 죄(21-23)

하나님을 경배하는 순수한 신앙을 지키지 못했다.

벧엘과 단에 만들어 놓은 송아지를 섬기는 죄는 멸망을 낳는다. 사실 예루살렘 성소에 대항하여 세워질 때는 하나님의 임재를 상징하는 것이었다. 하지만 이것들은 점차 하나님을 대신하는 것으로 바뀐다.

3 사마리아, 멸망 그 이후(24-41)

- 앗수르에 의해 사마리아에 정착한 이방인들(24)
- 이방 정착민들에게 예전을 가르침(25-28)
- 사마리아의 혼합주의(29-33)
- 멸망 이후의 사마리아(34-41)

이스라엘(사마리아) 백성은 앗수르 북서쪽(할라와 고산 하볼 하숫가와 메대 사람의 여러 고을, 6)에, 그리고 다른 정복민들을 사마리아에 각각 쌍방향으로 강제 이주시킨다(24). 이런 일은 거듭 진행되는데 앗수르왕 에살핫돈(BC 681-68) 때에도 그랬다(에 4:2).

아마도 이런 일들은 사람들만 이주하는 것이 아니라 그들의 문화와 종교까지 따라 오게 되고, 이는 결국 종교 혼합주의에 빠지게 되는 원인이기도 하다.

3) 남왕국 유다의 멸망(18:1-25:30)

므낫세 통치 55년의 죄악은 유다가 끝내 쇠퇴기(멸망기)로 들어서도록 하는 씨앗이었다. 요시야의 고군분투가 아쉬운 것은 그만큼 유다의 죄악이 멸망(심판)을 돌이킬 수 없을 만큼 크고 강했다는 점에서 더 그렇다.

❶ 히스기야(18:1-20:21)

 ① 개혁 정책(18:1-12)

  ☐ 평가(1-8)

  ☐ 사마리아 멸망(9-12)

 놋뱀(18:4) : 뱀은 당시 가나안 풍습에서 풍요와 다산의 상징이다. 만들기는 모세가 만들었으나 이것이 가나안의 문화와 결탁되면서 그 본질을 잃어버렸다.

 ② 앗수르 산헤립의 원정과 예루살렘의 구원(18:13-19:37)

 이스라엘의 구원은 정치적 문제가 아닌 종교적 문제라는, 즉 하나님을 신뢰하는 것만이 살 길이다는 메시지가 산헤립이 예화로 쓰이는 것처럼 보이는 이야기가 주는 교훈이다. 한편 강대국을 의지하지 말라는 것은 정치(외교)적 관계를 끊으라는 것이 아니라 하나님의 자리에 강대국을 올려 놓치 말라는 메시지다.

  ☐ 산헤립의 원정에 대한 보고(18:13-16)

  ☐ 히스기야의 예물에 만족하지 않고 예루살렘을 위협하는 앗수르(18:17-35)

   ■ 랍사게의 주장들 : "네가 이제 누구를 의뢰하고 나를 반역하였느냐?"(20)

    a. 유다가 의존하는 애굽은 '상한 갈대 지팡이'에 불과할 뿐이다(21).

    b. 히스기야의 개혁은 하나님의 뜻이 아니다(22).

    c. 포위된 예루살렘(히스기야)에게는 군사력이 없다(23-24).

    d. 하나님의 대리자인 앗수르의 예루살렘 침공은 하나님의 뜻이다(25).

  ☐ 랍사게 vs 히스기야(18:36-19:7)

   ■ 히스기야의 반응1(18:36-37)

   ■ 이사야의 예언1(19:1-7)

 랍사게의 말을 듣고 하나님께 나아간 히스기야는 이사야에게 도움(중보기도)을 구한다(19:1-4). 이사야는 두려워 말라는 위로의 말(6)과 함께 산헤립의 철군과 예루살렘의 구원 예언을 히스기야에게 전한다(7 → 37). 예루살렘의 상황과는 상관없이 앗수르發 풍문(7)에 의해, 그리고 하나님의 직접적 개입에 의해(35) 예언은 성취된다.

- □ 산헤립이 히스기야에게 다시 사자를 보냄(19:8-13)
- □ 히스기야의 반응2(19:14-19)
- □ 이사야의 예언2(19:20-34)
  - ■ 앗수르에 대한 심판(20-28)
  - ■ 유다의 회복(29-34)
- □ 앗수르로부터의 구원(19:35-37) : 약 20여년 후에 7절이 성취된다.

③ 히스기야의 치유(20:1-11)

사람(히스기야, 나)은 하나님의 결정을 취소(변경)시킬 수 없지만 하나님은 당신의 계획을 스스로 취소하거나 변경하실 수 있는 분이시다. 여기서 보여주는 메시지는 하나님의 결정("뜻이 하늘에서 이룬 것 같이 땅에서도 이루어지이다.")을 변경할 권리 차원에서의 청원이 아니라, -그렇다고 그냥 체념(포기)하고 주저앉을 것인가- 죽음의 선언이 하나님께로부터 왔기에 이 하나님의 결정에 대해 이해할 수 없음을 그분에게 고할 수 있는 길은 늘 열려있다는 것을 보여준다.

④ 히스기야와 이사야의 세 번째 이야기(20:12-21)

히스기야의 행한 일에 의해 바벨론 포로가 선고된다. 그런데 히스기야는 참으로 무책임한 반응을 보인다(19). 여기서 열왕기 기자는 유다의 멸망과 히스기야의 관련을 말하려고 하는 것 같다. 유다의 멸망은 어느 날 갑자기 찾아온 것이 아니라 이미 아하스와 히스기야 때부터 가라지가 뿌려지고 있다.

❷ 므낫세(696-42, 21:1-18)

- □ 므낫세의 악정(1-9) : 우상숭배
- □ 유다 멸망에 대한 예언(10-18)

아버지 히스기야와 달리 철저하게 親앗수르 정책을 표방한다. 정치적으로 볼 때 이런 결정은 당연해 보인다. 하지만 므낫세는 역시 하나님을 철저하게 배반한다(2-9). 이것이 예루살렘 멸망이 예고되는 이유다(10-15). 뒤에 요시야의 개혁에도 불구하고 므낫세의 죄 때문에 하나님은 예루살렘과 성전을 버리실 것을 말씀한다(21:16,

23.26-27, 24.3-4). 그만큼 므낫세의 죄는 유다의 근본 뿌리를 흔드는 것이었다.

한편 역대기 기자는 므낫세를 긍정적으로 보려고 한다(대하 33:11-16). 아마도 55년 이라는 긴 통치를 가능케 한 이면에는, 즉 그가 이처럼 할 수 있기까지는 뭔가 긍정적인 면이 있었다는 것을 말하려고 한 것이 아닌가 싶다.

❸ 아몬(641-40, 21:19-26)

2년 만에 암살 당하는 일이 벌어질 만큼 뭔가 왕궁에 심각한 일이 있었을 것이다. 아마도 反앗수르파에 의해서 제거된 듯하다.

❹ 요시야(640-09, 22:1-23:30)

□ [대하 34:1-]_ 8세 즉위

- ■ 8년_조상 다윗의 하나님을 구함(3a; 대하 34:3)
- ■ 12년_예루살렘을 정결케 함(3b)
- ■ 18년_성전수리(8) → 율법책 발견

① 요시야의 선정(22:1-7) : 성전수리

② 율법책의 발견(22:8-20)

율법책을 발견(8-13)한 후에 여선지 훌다의 예언이 이어진다.

③ 종교개혁(23:1-27)

□ 언약의 회복(1-4)

□ 우상척결(5-20)

□ 유월절 준수(21-23)

□ 평가 : 그럼에도 불구하고(24-27)

요시야의 개혁은 다윗왕국이 다시 한 번 부흥되는 것처럼 보이지만 그러나 예루살렘의 멸망을 취소시킬 수는 없었다. 또한 므낫세의 죄 역시 요시야의 개혁으로도 씻을 수 없었다(26). 그만큼 므낫세의 죄는 유다의 멸망과 직결되어 있다.

4 **요시야의 죽음**(23:28-30)

　　요시야는 反애굽 정책을 펴다가 므깃도에서 애굽왕 바로느고에 의해 죽는다 (29). 이로써 요시야의 개혁은 멈추고 만다. 역시 역대기가 이 부분을 뭐라 이야기하는가가 궁금하다(대하 35:20-27). 역대하에 의하면 요시야는 '하나님의 입에서 나온 느고의 말'(22)을 듣지 아니한 것 때문에 죽음을 당한다. 그는 결과적으로 하나님의 뜻을 거스른 것이다.

❺ 예루살렘 멸망(23:31-25:21)

1 **여호아하스**(살룸, 23:31-34)

요시야의 둘째 아들이 형 여호야김을 제치고 먼저 3개월 동안 왕위에 오른다.

2 **여호야김**(엘리아김, 608-598, 23:35-24:7)

　　요시야의 장남인데 동생의 뒤를 이어 왕이 된다. 그는 예레미야가 본격적으로 일하던 때에 11년 동안 나라를 다스렸다.

3 **여호야긴**(고니야, 598.12 - 597. 3, 24:8-17) : 제1차 예루살렘 침공

　　여호야김의 아들 여호야긴은 3개월만인 597년에 바벨론에 항복하고 바벨론에 포로로 끌려간다.

4 **시드기야**(맛다니야, 597-86, 24:18-25:21) : 예루살렘 멸망

　　마침내 제2차 예루살렘 침공에 의해 예루살렘 성전이 초토화되면서 BC 586년 유다가 멸망한다(레 26:33-39 참조). 이때 요시야의 셋째 아들이고 여호야긴의 삼촌인 맛다니야(시드기야)가 바벨론에 의해 왕위에 오른다. 親애굽파(여호야긴을 적법한 왕으로 간주하는)와 親바벨론파(예레미야) 사이에서 나약하기 그지없는 왕으로 11년을 통치한다.

❻ 예루살렘 멸망 그 이후(25:22-30) : 바벨론 포로

□ 남은 자들의 역사(22-26, 렘 40:7-41:8) : 유다 총독 그달리야의 암살
□ 여호야긴의 석방(27-30)

597년에 바벨론에 사로잡혀간 여호야긴이 560년에 석방된다. 유다의 재건 가능성에 대한 새로운 소망을 보는 듯하다.

» 파국인가, 희망인가?

1) 북왕국 이스라엘의 멸망(BC 722)

> "이 일은 이스라엘 자손이 자기를 애굽 땅에서 인도하여 내사 애굽의 왕 바로의 손에서 벗어나게 하신 그 하나님 여호와께 죄를 범하고 또 다른 신들을 경외하며, 여호와께서 이스라엘 자손 앞에서 쫓아내신 이방 사람의 규례와 이스라엘 여러 왕이 세운 율례를 행하였음이라."(왕하 17:7-8)

2) 남왕국 유다의 멸망(BC 586)

> "이 일이 유다에 임함은 곧 여호와의 말씀대로 그들을 자기 앞에서 물리치고자 하심이니 이는 므낫세의 지은 모든 죄 때문이며, 또 그가 무죄한 자의 피를 흘려 그의 피가 예루살렘에 가득하게 하였음이라 여호와께서 사하시기를 즐겨하지 아니하시니라."(왕하 24:3-4)

3) 통일왕국의 미래는 어찌될 것인가.

솔로몬의 등장은 일단 다윗언약의 긍정적인 미래를 내다보게 한다. 하지만 그로부터 나라는 둘로 분열되고, 한 지붕 두 나라로 존속해 간다.

8장 _ 역대상

■ **맥잡기** ···

❶ 구조1

    <u>1</u> 이스라엘史(족보, 1:1-9:34) : 아담 - 사울

    <u>2</u> 사울왕의 계보와 죽음(9:35-44) : 사울

    <u>3</u> 통일왕국1(10:1-29:30) : 다윗

❷ 구조2

    <u>1</u> 족보 이야기(1:1-9:44)

        □ 아담에서 야곱까지(1:1-54)

        □ 야곱에서 포로기까지(2:1-3:24)

        □ 야곱의 열 두 아들들(4:1-8:40)

        □ 포로귀환 이후(9:1-34)

        □ 사울(9:35-44)

    <u>2</u> 다윗 이야기(10:1-29:30)

        □ 다윗이 왕이 되다(10:1-12:40)

        □ 법궤를 예루살렘으로 옮기다(13:1-16:43)

        □ 승리와 실패의 이중주(17:1-21:30)

        □ 성전건축을 준비하다(22:1-27:34)

        □ 죽음으로 가는 길(28:1-29:30)

대상

» 다윗 왕국사(王國史)

> "왕의 하나님 여호와께서도 왕에게 말씀하시기를 네가 내 백성 이스라엘의 목자가
> 되며 내 백성 이스라엘의 주권자가 되리라 하셨나이다"(11:2b)

아담에서 아브라함과 다윗까지의 역사가 흐른다.

물론 이를 포로기에 회고하는 형식으로 말이다(5:25-26, 9:1-2). 여기에는 역대기 기자의 신학적 의도가 있음에 틀림없다. 그는 무엇을 이야기 하고자 했을까. 참으로 장구한 세월을 족보로 간단하게 정리해 버리고서(1-9장), 그리고 다윗을 이스라엘의 역사 안에 우뚝 세워놓는 목적은 무엇일까.

다윗이 BC 1010년 쯤 이스라엘의 왕이 되고, 남왕국이 BC 586에 바벨론에 포로가 되어 나라가 멸망을 하고, 그리고 역대하 36장에 기록된 [고레스 칙령](22-23, 스 1:1-4)으로 볼 때 아마도 주전(主前) 5C 중엽에 포로 귀환을 전후한 이스라엘 백성들을 대상으로 한 메시지가 아닌가 싶다. 그렇다면 아담에서부터 포로귀환을 전후한 때까지 줄잡아 3,500여 년의 역사를 통해 역대기 기자가 말하고자 한 메시지는 결국 무엇이었을까. 이것이 역대상 앞에 서서 던지는 질문이다. 역대기는 이 질문에 대해 성실한 대답을 해 줄 것이다 : 하나님은 이스라엘을 사랑하시며, 저들을 결코 포기하지 않으셨다.

1) 족보 이야기(1:1-9:44) : 이스라엘의 가계도

- □ 아담에서 이스라엘까지(1:1-54)
- □ 이스라엘의 자손들(2:1-9:44)
  - A 이스라엘의 12 아들들(2:1-2)
    - B 유다의 자손들(2:3-4:23)
      - C 시므온과 요단 동편 지파(4:24-5:26)
        - D 레위(6:1-81)
      - C' 요단 서편 지파(7:1-40)
    - B' 베냐민의 자손들(8:1-40)
  - A' 出포로기의 이스라엘의 아들들(9:1-34)

이스라엘 역사의 서론, 어떻게 쓸 것인가? 죄록(罪錄)으로 물든 인간의 역사를 하나님

은 변치 않는 애록(愛錄)으로 바꾸어 가신다. 그 사이사이에 빛나는 신앙의 거장들로 서 있는 사람들 때문이 아니다. 하나님을 배반하고 당신의 가슴에 못을 박는 사람들로 인해 이 역사의 호흡을 끊으셨다면 저들의 언행(言行)은 피어나지도 못하고 이슬처럼 사라지고 말았을 것이다.

그러므로 역사(족보)의 주인은 하나님이시다. 비록 죄를 심어 그 열매를 거두는 것으로밖에 주어진 삶의 끈을 붙들 수 없는 것이 인간의 역사였지만, 그러나 하나님은 그 심판의 땅(밭)에도 생명과 은혜의 씨앗을 심으사 당신의 영광을 거두시는 그야말로 오래 참는 사랑 안에 인고의 역사를 품고 오셨다.

포로기라고 다를 바 없다. 이것이 포로기를 살아가는 이스라엘 백성들이 깨달아야 할 하나님의 메시지다. 포로기라는 심판은 더 나은 관계와 삶으로 나아가는 일을 위해 지불해야 할 대가였다. 그렇다면 이것 역시 또 다른 이름의 하나님의 사랑이 아닌가. 이것이 심판의 언덕을 밟고 살아가는 사람들이 취해야 할 마땅한 자세다.

굵직한 삶을 살았던 족보의 사람들은 바로 이 비밀을 알았다. 심판의 거센 파도 속에서도 결코 낙심하거나 좌절하지 않고 묵묵히 자신이 서 있는 자리를 하나님으로 다시 채워갔다. 이것이 죄악과 심판의 땅에 핀 하나님의 영광이라는 꽃이자 열매다. 저들이라고 엉망진창으로 소일했던 사람들과 다른 환경이 아니었다.

모두가 다 아담에서 포로기까지, 그 사이를 살았다. 그런데 누구는 이 쓰라린 고통의 세월 안에 흔들리지 않고 하나님 앞에서 자신의 삶을 치열하게 승부하며 살았다. 하지만 대다수의 사람들은 고난과 시련이라는 파도에 그만 자신을 송두리째 맡겨버리고서 그냥 그렇게 흘러가는 인생으로 살았다. 놀라운 것은 모두가 다 동일한 환경과 여건이었다는 점이다. 그러므로 족보에 복된 이름으로 자신(가문)을 올렸느냐 그렇지 못했느냐는 전적으로 자신의 책임이다. 결코 핑계할 수 없다.

❶ 아담에서 이스라엘까지(1:1-54)

   1 아담에서 노아와 그의 아들들까지(1-23)

   2 셈에서 아브라함과 그의 아들들까지(24-54)

      □ 셈의 자손들(24-27)

      □ 아브라함의 자손들(28-37)

- ■ 이삭(34a)
- ■ 에서(34b-37)
  - · 세일의 아들들(38-42)
  - · 에돔의 통치자들(43-54)

❷ 이스라엘의 자손들1 : 유다(2:1-4:23)

A 이스라엘과 유다의 아들들(2:1-8)
  B 헤스론에서 다윗까지(2:9-17)
    C 갈렙과 여라므엘의 자손들(2:18-55, 4:1-7)
  B' 다윗의 자손들(3:1-24)
A' 기타 유다 지파 자손들(4:8-23)

1 이스라엘과 유다의 아들들(2:1-8)

족보의 중심인 이스라엘의 12 아들(2:1-)은 에서의 자손들(1:35-37)과 세일과 에돔 땅을 다스린 왕들과 연결된 정보(1:38-54)를 확장하여 다루다가 다시 1:34 과 연결된다.

2 헤스론에서 다윗까지(2:9-17)

- □ 헤스론 – 람(여라므엘/람/글루배[갈렙]) – 암미나답 – 나손 – 살마 – 보아스 – 오벳 – 이새 – 다윗(엘리압/아비나답/시므아/느다넬/랏대/오셈/다윗)

3 갈렙과 여라므엘의 자손들(2:18-55, 4:1-7)

- □ 갈렙의 자손들(2:18-24, 42-55, 4:1-7)
- □ 여라므엘의 자손들(2:25-41)

갈렙(글루배, 9,18,42)은 첫 아내 아수아가 죽은 후에 에브랏(에브라다, 19,50)과 결혼 하여 훌(19)과 아스훌(19)을 낳았고, 이들의 자손이 각각 훌(2:50-55, 4:1-4)을 통해, 그리고 아스훌(4:5-7)을 통해 각각 이어지고 있다.

4 **다윗의 자손들**(3:1-24)

다윗의 아들들 (1-9)	헤브론에서 낳은 자(1-4) : 암논/다니엘/압살롬/아도니야/스바댜/이드르암
	예루살렘에서 낳은 아들들(5-9) : 시므아/소밥/나단/**솔로몬**/입할...
솔로몬의 자손들 (10-16)	르호보암 – 아비야 – 아사 – 여호사밧 – 요람 – 아하시야 – 요아스 –
	아마샤 – 아사랴(웃시야) – 요담 – 아하스 – 히스기야 – 므낫세 – 아몬 –
	요시야 – 요하난/**여호야김**/시드기야/살룸(여호아하스)
	여호야김 – 여고냐(여호야긴) – 스알디엘
여고냐 (여호야긴)의 자손들 (17-24) : 포로 후기 시대	스알디엘/말기람/**브다야**/세낫살/여가먀/호사마/느다뱌
	브다야 – **스룹바벨**/시므이
	스룹바벨 – 므술람/**하나냐**/(슬로밋/하수바/오헬/베레갸/하사댜/유삽헤셋)
	하나냐 – 블라댜/여사야/르바야–아르난–오바댜–**스가냐**의 아들들
	스가냐 – 스마야 – 핫두스/이갈/바리야/**느아랴**/사밧
	느아랴 – **에료에내**/히스기야/아스리감
	에료에내 – 호다위야/엘리아십/블라야/악굽/요하난/들라야/아나니

5 **기타 유다 지파 자손들**(4:8-23)

- □ 그 밖의 유다 자손들(8-16)　　□ 에스라의 아들들(17-20)
- □ 시몬의 아들들(20)　　□ 셀라의 자손들(21-23)

　　유다에서 다윗으로 이어지는 메시야의 족보가 앞서 소개되었다(2:3-17). 그렇다면 이어지는 또 하나의 족보(4:1-23)는 유다 지파의 주류(主流)가 아니다. 물론 앞부분(4:1-7, 2:50)은 갈렙 족속의 족보다. 같은 유다의 후손이지만 '야곱의 축복'(예언, 기도, 창49:8-12)과 '모세의 축복'(신 33:7)과는 거리를 두고 이어지는 그리 주목 받지 못한 변방(邊方)의 사람들의 족보다. 바로 이 안에 야베스가 있다는 점이 흥미롭다.

❸ **이스라엘의 자손들2**(4:24-5:26)

1 시므온의 자손들(4:24-43)

　　시므온 족속이 후에 유다 지파에 흡수되었음에도 불구하고 유다 자손들처럼 번성하지 못하였다는 점을 들어 저들과 비교하고 있음이 흥미롭다(27, 수 15:21,

19:1-9 참조). 아마도 '온 이스라엘'(All Israel)에 대한 역대기 기자의 일관된 신학 때문인 듯하다.

2 **요단 동편 지파들 : 르우벤, 갓, 므낫세 반**(5:1-26)

　　요단 동편 지파들이 소개된다. 르우벤의 후손(1-10), 갓의 후손(11-17), 므낫세 반 지파 자손들(23-24)이 그들인데 이들의 [가나안생활](18-24)이 간략하게 요약되고, 이어 [포로생활](25-26)이 하나의 결론으로 기술된다.

　　가나안 정복이 끝나고 두 지파 반은 여호수아의 지시를 따라 모세가 약속한 땅에 들어간다(수22:1-9). 그리고 그들은 승승장구(乘勝長驅)한다. 이는 저희가 "하나님께 의뢰하고 부르짖으므로 하나님이 그들에게 응답하셨음"(20b) 때문이다. 하지만 저들은 범죄하고 만다(25). 그리고 그 결과 나라를 잃고 BC 722년 앗수르의 포로가 되어 흩어진다(26). 이는 다 하나님의 언약을 버린 불순종의 결과다(레 26:14-39, 신 28:15-68). 약속의 땅에도 저주의 꽃은 피는가? 무엇이 이스라엘의 축복을 가져오게 하고, 동시에 또 무엇이 이스라엘의 멸망(단절)을 낳게 하는가. 이것이 出포로기 이후 세대(9:1-)가 주목해야 할 메시지의 핵심이다.

❹ **이스라엘의 자손들3 : 레위**(6:1-81)

　　레위 지파에 대한 모세의 예언과 그 성취가 눈부시다(창 49:5-7). 신실하신 하나님에 반해 이스라엘은 지금 이 모든 은혜를 다 잃어 버리고 포로기를 살고 있다(5:26b). 이것 역시 하나님의 말씀의 성취다(레 26:14-39, 신 28:15-68). 하나님의 약속은 긍정적으로만이 아닌 부정적으로도 성취된다. 또한 하나님은 죄(罪)의 문제는 결코 적당하게 어물쩍 넘어가지 않으신다.

1 **대제사장의 계보**(1-15)

　　　□ 레위 - 그핫 - 아므람 - 아론(**아론**/모세/미리암)
　　　　□ 엘르아살(나답/아비후/**엘르아살**/이다말) - 비느하스
　　　　　□ 사독(다윗, 삼하8:17) - 아사랴(솔로몬, 10) - 여호사닥(14-15)

　　야곱의 아들 레위에게는 게르손, 그핫, 므라리 세 아들이 있다. 그 중에 그핫의 자손이 대제사장을 맡았다(1-15). 뿐만 아니라 레위 지파의 계보를 이처럼 비

교적 자세하게 소개한 것은 다른 여러 형제들에 비해 레위 지파의 위상이 얼마나 컸는가를 생각하게 한다. 레위의 아들 중 그핫에게서 대제사장 아론의 후손이, 그리고 모세가, 또한 사무엘이 등장하는 것은 매우 흥미롭다. 그야말로 대단한 가문(家門)이다.

[2] **레위 지파의 계보**(음악가, 16-48)

- □ 게르손(17,20-21) – 야핫 – 베레갸 – 아삽(39-43, 헤만의 우편)
- □ 그핫(18,22-28) – 엘가나 – 사무엘 – 요엘 – 헤만(찬송하는 자, 31-38)
- □ 므라리(19,29-30) – 무시 – 기시 – 에단(44-47, 헤만의 좌편)
- □ 다른 레위인 형제들(48)

[3] **아론의 자손들**(제사장, 49-53)

- □ 엘르아살 – 비느하스 – 아비수아 – 북기 – 웃시 – 스라히야 –
  므라욧 – 아마랴 – 아히둡 – 사독 – 아히마아스

대제사장의 족보(6:1-15)와 다른 점은, 나답과 아비후(민 3:4)가 빠졌고, 또 아히마아스에서 중단됨으로써 아사랴에서부터 여호사닥까지의 계보가 역시 생략되어 있다.

[4] **레위 지파의 거주지**(48성읍, 54-81)

- □ 그핫(54-61,66-70)
- □ 아론과 갈렙 – 13성
- □ 그 밖의 남은 자손 – 10성
- □ 게르손(62,71-76) – 13성
- □ 므라리(63,77-81) – 12성

레위 지파는 가나안 땅을 기업으로 분배받지 못하고 각 지파의 성읍들을 분배받았다(민 18:1-32, 35:1-8, 수 21:1-42). 중요한 것은 이스라엘 전 지역에 골고루 퍼져 있었다는 점이다. 이것은 레위인이 어떻게, 무엇을 위해 살아야 하는가를 보여준다.

⑤ 이스라엘의 자손들4(7:1-8:40)

번성하는 야곱의 아들(후손)들의 족보가 이어진다. 이스라엘은 참으로 놀라우리만큼 번성해 갔다. 아브라함과의 언약의 성취인 셈이다. 한편 각 지파들의 번성을 군사력에 그 초점을 맞추고 있다(2,4,5,7,9,11,40). 하지만 이처럼 막강한 힘을 가지고 있었음에도 저들은 퇴락의 길을 걸었고, 마침내 멸망하고 만다. 역대상 기자는 '포로기'(5:26)를 살아가면서 지난 과거의 역사를 이처럼 추억하고 있는 이유는 뭘까. 하나님은 모든 것이 없어지고 무력(無力)해졌을 때 저희를 구원하신다. 알 듯 모를 듯한 것이 이스라엘의 역사라는 생각을 해 본다.

① 요단 서편 6지파(7:1-40)

잇사갈의 아들들 (1-5)	돌라/부아/야숩/시므론
베냐민의 아들들(6-12)	벨라/베겔/여디아엘
납달리의 아들들(13)	야시엘/구니/예셀/살룸
므낫세의 아들들(14-19)	아스리엘/마길/슬로브핫
에브라임의 아들 (20-29)	수델라 – 베렛 – 다핫 – 엘르아다 – 다핫 – 사밧 – 수델라
	브리아 – 레셉(레바/레셉) – 델라 – 다한 – 라단 – 암미훗
	엘리사마 – 눈 – **여호수아**
아셀의 아들들(30-40)	임나/이스와/이스위/브리아

② '단' & '스불론' : 지파가 없다.

> "단은 이스라엘의 한 지파 같이 그의 백성을 심판하리로다."(창 49:16)
> "스불론은 해변에 거주하리니 그곳은 배 매는 해변이라."(창 49:13)

단 지파가 몰락(멸문, 단절)의 길에 들어선 이유는 사사기 18장에 자세히 기록되어 있다. 이들은 분배 받은 땅을 정복하는 일에 실패(1)한 것도 모자라, 미가의 집에 가득한 우상과 "모세의 손자 게르손의 아들 요나단과 그 자손"(30)을 가짜 제사장을 세워 실로를 정면으로 배반(거역)한다. 이것은 레위의 아들 그핫에게 맡겨진 제사장의 직무를 마음대로 찬탈한 것이자(6:1-15), 하나님의 성소인 실로를 우습게 여긴 가증한 죄악이다(수 22:1-34, 왕상 12:25-33 참고).

③ 기타 베냐민의 자손들(8:1-40)

게바에 거한 베냐민과 에훗의 아들들 (1-7)	베냐민 - **벨라**/아스벨/아하라/노하/라바
	벨라 - 앗달/게라/아비훗/아비수아/나아만/아호아/게라/스부반/후람
	여디아엘 - 빌한 - 여우스/베냐민/**에훗**/그나아나/세단/다시스/아하사할
	에훗(6, 7:10)* - 나아만/아히야/게라/웃사/아히훗
모압, 오노, 롯에 거한 사하라임의 아들들(8-12)	
아얄론, 가드, 예루살렘에 거한 베냐민 사람들(13-28)	
기브온에 거한 베냐민 사람들, 사울의 족보(29-40)	넬 - 기스 - **사울** - **요나단**/말기수아/아비나답/에스바알(33)**
	요나단 - 므립바알(34)*** - 미가 - 비돈/멜렉/다레아/**아하스**
	아하스 - 여호앗다 - 알레멧/아스마웻/**시므리**
	시므리 - 모사 - 비느아 - 라바 - 엘르아사 - 아셀
	아셀 - 아스리감/보그루/이스마엘/스아랴/오바댜/하난

(참조 - *삿 3:15 / **삼하 4:7-8 / ***삼상 20:15, 삼하 9:6)

베냐민 지파에 대한 족보가 두 번 기록되어 있다(7:6-12). 앞서 유다 지파가 그
랬다(2:3-55, 4:1-23). 두 지파는 왕(王)을 배출한 명가(名家)이다(2:15, 4:33). 그리고
두 왕가(王家)의 계보가 다시 이어지고 있는 것 역시 흥미롭다(3:1-9, 9:35-44). 한
편 베냐민 지파는 다윗왕가(남왕국 유다)에 끝까지 속함으로써 유다 지파와 한 길을
걸었다. 이렇듯 역대기 기자는 그 초점을 다윗가에 맞추고서, 바로 이 창(窓)을
통해 이스라엘을 바라보고 있고 또 바라보게 한다.

❻ 예루살렘의 거주자들(9:1-44) : 出포로기

북왕국 이스라엘(5:25-26)에 이어 남왕국 유다(1)까지 멸망하고 만다. 역대기는 이렇
듯 포로기라는 앵글을 통해 이스라엘의 역사를 다시 조망하는 방식을 취한다. 찬란했
던 다윗 왕조의 역사(대상 10:13 - 대하 36:21)는 멸망으로 그 끝을 고한다. 아브라함과 다
윗으로 이어지는 역사의 종점은 참담하기 그지없다. 이들에게는 모든 것이 다 있었
다. 즉, 율법과 성전, 제사장과 선지자와 왕 등 하나님을 통해 모든 것을 다 받았다.
그럼에도 불구하고 하나님께 범죄하였고, 그 결과 나라의 문을 닫게 된다(1, 5:25-26).

영광스러운 열왕의 역사가 포로기로 끝장이 나버렸다. 북왕국 이스라엘도 그렇
고(5:25-26), 남왕국 유다도 마찬가지다(9:1-2). 그럼에도 불구하고 다윗왕국의 역사

를 이처럼 기록하고 있는 이유는 무엇일까. 또 다른 하나는, 이스라엘이 이처럼 범죄(犯罪)하여 하나님의 진노하심 아래로 떨어졌는데, 하나님은 다시 저희를 회복시키신다. 그렇다면 무엇이 이 둘(포로와 귀환)을 낳았고, 그 사이에 또 무엇이 들어있고, 이를 통해 하나님이 이스라엘에게 깨닫게 하고자 하는 메시지와 이스라엘이 놓치지 않고 붙들어야 할 메시지는 무엇일까.

바로 이 자리에서 지난 이스라엘의 역사를 회고한다. 잠시 떠오르는 듯하다가 추락한 사울왕가의 역사(9:35-10:14)는 그런 의미에서 이스라엘이 늘 기억해야 할 하나님의 경고의 나팔이었다. 하지만 결과적으로 볼 때 저들 역시 사울과 다를 바 없었다. 그럼에도 하나님은 저들로 하여금 다시 고토(故土)로 돌아오도록 은혜를 베푸신다(2). 이스라엘은 죄를 통해 역사(족보)를 단절하게 만들지만 하나님은 은혜를 통해 족보(역사)를 연속되게 하신다. 이것이 9장을 비추는 빛이다.

① 出포로기 사람들(1-34)

□ 예루살렘에 돌아온 사람들(1-2)

12지파(1-9)	
제사장(10-13)	여다야/여호야립/야긴
	아사랴/아다야/마아새
레위인(14-34)	므라리 자손 : 유사와 재판관(14-16)
	그핫 자손 : 성전 문지기(17-27, 6:22)
	성전 기구 관리(28-32) : 추가적 직무들
	찬송하는 자(33-34)

BC 586년 남왕국 유다가 범죄함을 인하여 멸망을 한다(1_"바벨론으로 사로잡혀 갔더니"). 이로써 일단 이스라엘은 문을 닫는 것처럼 보인다. 하지만 하나님은 저들을 다시 돌아오게 하신다(2_"그들의 땅 안에 있는 성읍에 처음으로 거주한 이스라엘 사람들은", 3_"예루살렘에 거주한 자는").

이때 돌아온 자들을 간략하게 기록하고 있다(9:1-2, 대하 36:22-23). 여기까지가 역대기가 말하고자 하는 연대(年代)다. 그러니까 아담에서부터 통일왕국(사울-다윗-솔로몬, 대상 1:1 - 대하 9:31)을 지나, 분열왕국으로(대하 10:1 - 36:10), 그리고 북왕국 이스라엘의 멸망(5:25-26)과 남왕국 유다의 멸망(1, 대하 36:11-21)까지가 역대기가 그리고자 한 역사다.

무엇이 한 나라의 흥망성쇠(興亡盛衰)의 이유인가를, 그럼에도 불구하고 하나님은 저들을 다시 용서하시고 나라를 회복케 하심을 역대기 독자들로 하여금 깨닫게 되기를 기대하시는 하나님을 생각하게 한다. 무엇보다 다윗과 솔로몬과 남왕국 유다의 역사, 그리고 파란만장(波瀾萬丈)했던 포로기를 살다가 귀환한 후손(대하 36:22-23 → 대상 9:1-34), 그러니까 살아있는 자들(9장의 사람들)이 이미 죽은 자들의 역사를 통해서 무엇을 배울 수 있을까. 역대기는 바로 이 지점에서 다시 과거의 역사를 회고하고자 한다(대상 9:35 - 대하 36:21).

특별히 레위인들(14-34)의 귀환은 예루살렘 성전의 회복을 의미한다는 점에서 매우 특별하다. 유사와 재판관들(14-16)을 시작으로 성전 문지기들(17-27, 6:22), 성전 기구 관리들(28-32), 찬송하는 자들(33-34)을 중심으로 이제 다시 예루살렘 성전은 이스라엘의 진정한 회복이라고 할 수 있는 영적(靈的) 회복을 주도하게 될 것이다. 이것이 역대기 기자가 말하고자 하는 메시지다.

2 사울가의 족보(9:35-44, 8:29-40)

□ 기브온, 예루살렘에 거주한 베냐민 지파(35-38)

□ 사울의 족보(39-40)

■ 여이엘 - 압돈/술/기스/바알/**넬**/나답/그돌/아히오/스가랴/미글롯

넬 - 기스 - 사울 - **요나단**/말기수아/아비나답/에스바알(삼하 4:7-8)

요나단 - 므립바알(삼상 20:15, 삼하 9:6) - 미가

사울의 일생은 사무엘상 9-15장에, 그리고 다윗의 이야기 안에 사무엘상 28장까지 등장한다. 그는 기스의 아들이요 준수한 소년이었다(삼상 9:1). 사무엘이 그를 찾아 '온 이스라엘이 사모하는 자'(삼상 9:20)라 부를 때 "나는 이스라엘 지파의 가장 작은 지파 베냐민 사람이 아니니이까 또 나의 가족은 베냐민 지파 모든 가족 중에 가장 미약하지 아니하나이까"(삼상 9:21)라고 고백한다.

이처럼 겸손한 그의 머리에 기름이 부어지지만(삼상 10:1), 불과 "이스라엘을 다스린 지 이년에"(삼상 13:1) 망령된 제사를 드리게 되고, 하나님의 눈에서 멀어지고 만다(삼상 13:13-14). 준수한 소년에서 겸손한 왕으로 시작했으나 그는 2년 만에 추락하기 시작한 것이다. 또한 아말렉의 모든 소유를 진멸하라는 명령을 받았음에도 "사울과 백성이 … 모든 좋은 것을 남기고 진멸하기를 즐겨 아니하"(삼상 15:9)

였고, 급기야 하나님으로부터 버림을 당하고 만다(삼상 15:11a).

2) 다윗 이야기(10:1-29:30)

    A 다윗 이야기(11:1-12:40)

      B 다윗과 언약궤1(13:1-14)

    A' 다윗 왕국사(14:1-17)

      B' 다윗과 언약궤2(15:1-16:40)

성전을 중심으로 한 긍정적인 관점에서 역사를 다룬다. 다윗은 준비하고 솔로몬은 시종일관(始終一貫) 성전과 관련되어 등장한다. 다윗(10-21장)과 솔로몬(대하 1-9장)이 통일왕조를 다루면서 그 사이에 연결고리(22-29장)로서 부자(父子)가 만나는 중요한 접촉점이 바로 성전이다. 여기에 제사장과 레위인을 언급하는 것 역시 자연스럽다. 다윗은 성전을 향해 달려가는 사람으로, 그리고 솔로몬으로 하여금 성전을 건축하게 하는 일에 다리를 놓는 사람으로 살았다. 이렇듯 역대상은 성전을 이스라엘 무대의 중앙에 우뚝 세운다.

❶ 다윗이 왕이 되다(10:1-12:40) : 큰 용사

    ① 사울왕가의 추락(10:1-14)

> "사울이 죽은 것은 여호와께 범죄하였기 때문이라."(13a)

사울에서 다윗으로 이스라엘의 역사는 흐른다. 그러나 이 두 사람의 사이에는 블레셋이라는 이방의 세력이 자리한다(10:1). 블레셋은 함의 손자 가슬루힘의 후손이다(창 10:14). 블레셋에는 5개의 주요 성읍(가드, 가사, 아스겔론, 아스돗, 에그론)이 있었다. 사울은 그들을 쫓아냈지만(삼상 14장), 그들은 계속해서 공격해 왔고(삼상 17-18장), 결국은 그들의 손에 죽게 된다(삼상 31장).

결국 사울과 그 일가는 블레셋에게 멸망당하고 만다. 하나님은 블레셋을 들어 사울을 치셨다. 하나님은 오늘도 택하심을 받은 믿음의 사람들이 타락하여 하나님께 범죄할 때, 그리하여 전혀 회생이 불가능할 때 그루터기만 남기시고 나무를 잘라 버리신다. 이것이 사울의 가문이 기록한 마지막 모습이다.

2 **다윗 이야기**(11:1-12:40)

- **다윗의 즉위와 예루살렘성 건축**(11:1-9) : 소년 목동이었을 때 다윗은 사무엘에게 기름부음을 받는다(삼상 16:1-11). 그러나 이스라엘의 왕이 되기까지는 많은 시간이 필요했다. 골리앗과의 싸움, 사울의 끝없는 견제와 시기(삼상 19:1-18), 결혼(삼상 25:2-4), 가드왕 아기스에게로의 망명생활(삼상 27:5-7) 등 생사(生死)를 오가는 그야말로 사선(死線)을 넘나드는 세월을 이겨내야 하는 인고의 시간을 보냈다.

  그가 30세의 나이에 왕으로 즉위하기까지(1-3), 그러니까 다윗이 사무엘에게 기름부음을 받은 후 마침내 왕이 되기까지(삼상 16:1-11 → 삼하 2:4a)의 세월에는 깊은 메시지가 있다. 중요한 것은 그가 이처럼 승리하며 살 수 있는 힘은 사무엘을 만나기 이전에 준비되었다는 점이다. 먼저 하나님은 이를 놓치지 않고 보셨으며, 다윗은 이를 사울과의 치열한 삶을 통해 증명해 보인다. 이것이 다윗의 일생이다.

- **다윗의 사람들1**(11:10-47) : 첫째 삼 인(11-19), 둘째 삼 인(20-25), 군중의 큰 용사들(26-47)이 소개된다. 다윗 곁의 용사들을 하나 같이 충성스럽고 용맹스러운 용사들이다. 자신의 생명을 돌아보지 않고 주군(主軍)인 다윗을 위해 사선(死線)을 넘는 부하들이 있다는 것은 대단한 축복이자 행운이 아닐 수 없다. 그것도 한 둘이 아니고 이름을 다 외울 수 없을 만큼 많다니 얼마나 큰 복인가.

- **다윗의 사람들2**(12:1-47) : 시글락의 용사들(1-22)과 헤브론의 용사들(23-40)은 다윗이 사울의 핍박을 피하여 블레셋의 시글락에 은신(망명)하고 있을 때에 그를 따르던 사람(지파)들이다. 그리고 다윗이 헤브론에서 비로소 왕이 될 때에 다윗에게 나아온 12지파가 각각 소개되고 있다. 비록 사울의 동족인 베냐민 지파는 소수이기는 하지만 여전히 생사고락을 다윗과 함께 하고 있음을 본다(2-3,16,29). 참으로 쉽지 않은 결단이었을 것이다. 한편 다윗은 실로 짧지 않은 모진 세월들을 지나면서 하나님과 이스라엘 앞에 참 지도자(왕)로 준비되었다.

➋ 법궤를 예루살렘으로 옮기다(13:1-16:43) : 예배자

1 다윗과 언약궤1(13:1-14) : 제1차 언약궤 이동

> "사울 때에는 우리가 궤 앞에서 묻지 아니하였느니라."(3b)

다윗처럼 살아도 위기는 찾아온다. 하지만 이것은 잘 해 보자고 하는 일을 통해서 온다. 그래서 복잡하고 혼란스럽다. 선왕(先王) 사울 때에는 하나님의 궤에 대해서 별 관심이 없었던 만큼 다윗의 이번 결정은 여러 면에서 큰 의미가 있는 일이다(3-4). 하지만 무엇 때문에 메어 오고자 하다가 수레에 싣고 오게 되었는지는 모르겠지만 이 일은 지금 뭔가 미궁으로 흐르고 있는 것은 분명하다(5-7).

마치 결혼잔치와 같은 분위기가 일순간에 장례행렬이 되어 버렸다. 왜 이리 되었는가. 동기나 목적(하나님의 언약궤를 예루살렘으로 옮기는 것)이 바르고 의로우면 그것을 이루는 수단과 방법(언약궤의 이동, 민 4:4-6,15-20) 역시 하나님의 말씀대로 준행해야만 한다. 이 일이 큰 위기에 봉착한 이유는 여기에 있다.

2 다윗왕국사(14:1-17)

번성하는 왕실(1-7)과 블레셋대첩(8-17)이 이어진다.

3 다윗과 언약궤2(15:1-24) : 제2차 언약궤 이동

언약궤 운반에 관한 말씀과 그 실행은 다윗이 이 부분에 대한 율법을 몰랐거나, 아니면 의도적이든 범한 것은 사실이다(민 4:15 → 대상 13:1-14, 삼하 6:6-7). 하지만 실패 이후의 다윗의 모습은 달랐다(15:1-16:43) : "모세가 여호와의 말씀을 따라 명한 대로 레위 자손이 채에 하나님의 궤를 꿰어 어깨에 메니라."(15:15)

다윗은 자신의 죄를 정확하게 진단한다(13). 13장에서의 실수(실패)와 비교해 볼 때 15장에서 느껴지는 분위기는 매우 섬세하다. 언약궤를 옮김에 있어서 하나님의 말씀에 충실하려는 모습과 함께, 이를 빈틈없이 준비하는 다윗의 모습을 만난다. 이와 같이 말씀은 우리의 죄를 고발한다. 이처럼 말씀과의 만남을 계속해 가는 사람은 행복하다. 사실 다윗은 언약궤를 다윗성으로 옮겨오는 것에만 몰두했지, 언약궤에 대한 하나님의 규례에 대해서는 별로 신경을 쓰지 않았다.

□ 오벧에돔의 집에서 다윗성으로(15:25-16:6)
　　■ 마침내 다윗성으로(15:25-29)
　　■ 감사의 제사(16:1-6)

　첫 번의 실패(13장)를 딛고 두 번째로 다시 옮기는 일에 성공하기까지 3개월의 시간이 지났다(13:14). 놀라운 것은 바로 이 기간을 실패를 성공으로 반전시키는 기회로 삼은 점이다. 역시 다윗스러운 대목이다. 마침내 예루살렘은 이스라엘의 중심(정치와 종교)으로 도약하고 있고, 후에 성전건축으로 절정에 이른다.

□ 다윗의 노래(16:7-36)
　　■ 제1악장(8-22)
　　■ 제2악장(23-33)
　　■ 제3악장(34-36)

④ 언약궤와 레위인(16:37-43)

❸ **승리와 실패의 이중주**(17:1-21:30)
　성전을 중심으로 한 긍정적인 관점에서 역사를 다룬다. 다윗은 준비하고 솔로몬은 시종일관(始終一貫) 성전과 관련되어 등장한다. 다윗(10-21장)과 솔로몬(대하 1-9장)이 통일왕조를 다루면서 그 사이에 연결고리(22-29장)로서 부자(父子)가 만나는 중요한 접촉점이 바로 성전이다.
　다윗언약의 영광스러움과 그 뒤를 이어가는 다윗의 족적(足跡)이 그려가는 쌍곡선([다윗언약, 17:1-27] → [승리, 18:1-20:8] vs [실패, 21:1-30] → [성전건축 준비, 22-27장]), 이것이 다윗행전을 그려가는 역대기 기자의 신학적 통찰이다.

① 다윗언약과 다윗의 감사기도(17:1-27)
　■ 다윗언약(1-15, 삼하 7장 참조)
　■ 다윗의 감사기도(16-27)
　다윗의 일생일대의 꿈은 성전을 건축하는 일이었다. 그러나 하나님은 이 꿈의 실현(성취)을 솔로몬의 몫으로 돌리시고, 놀랍게도 하나님께서는 다윗왕국을 영원히 건축하실 것을 약속하신다.

2 승리행전 : 승전과 응전(18:1-20:3)

■ 정복사(18:1-17) - '이후에'(1a)
■ 응전과 승전(19:1-20:3) - '이후에'(19:1a)
　A. 응전 : 암몬과 아람 연합군(19:1-15)
　B. 승전(19:16-20:3)
　　- 아람(19:16-19)
　　- 암몬(20:1-3)

□ 정복사(18:1-17)

□ 응전과 승전(19:1-20:3)

　A. 응전 : 암몬과 아람 연합군(19:1-15)

다윗은 비록 암몬이지만 저들을 향해 은혜를 말한다(1-2). 여기 '은혜' (Hessed)는 하나님의 자비와 사랑을 말할 때 사용하는 단어인데, 이를 다 윗이 지금 암몬에게 사용하고 있다. 하지만 암몬왕 나하스의 아들 하눈은 다윗의 은혜를 그만 배은망덕(背恩忘德) 하고 만다. 그리고 그것도 모자라 아람과 연합군을 조직하여 이스라엘을 쳐들어 온다. 암몬이 이처럼 다윗 의 선(善)을 악(惡)으로 바꾸어 버린 배후에는 방백들이 자리하고 있고, 암 몬과 아람 연합군을 무찌른 배후에는 요압과 아비새가 자리하고 있다. 전 자의 참모는 실패하고, 후자의 참모는 성공한다.

　B. 승전(19:16-20:3) : 암몬과 아람의 패망은 하나의 필연(必然)이다(19:16-20:3). 멸망할 위기를 피하기 위해 아람은 또 다른 세력을 이 전쟁에 끌어들이지 만 저들 역시 실패하게 되어 있는 전쟁에 참여한 불행한 자들이 되고 만 다. 또한 암몬 역시 찾아온 휴전(삼하 11:2 - 12:25)이라는 절호의 기회를 통 해서도 이 전쟁에 들어있는 보다 더 중요하고 본질적인 것들을 깨닫는 일 에 실패하고, 결국 이스라엘의 속국으로 전락하고 만다.

□ 블레셋(20:4-8) : 블레셋 역시 마찬가지다(20:4-8). 계속되는 전쟁은 저들의 몰
락을 부채질할 뿐이었다(11:13-19, 18:1,11). 반대로 다윗왕국은 점점 강성해져
간다. 이 쌍곡선의 비밀이 역대기의 독자들이 읽어내야 할 신학적 통찰이다.

3 **실패담** : 심판주의보(21:1-30)

■ 인구조사(1-6)

■ 하나님의 심판(7-17)

■ 사죄의 번제(18-30)

□ 다윗의 인구조사(1-17) : 다윗의 인구조사는 그의 통치 40년 중 말기에 실시된
다(삼하 24:1-17). 아마도 그는 통치를 마감해야 할 시기가 가까워지자 자신이
이루어 놓은 왕국의 위용을 어떤 식으로든 보고 싶었던 것 같다. 결과적으로
사탄의 시험에 그만 넘어지고 만 것이다(1). 죄는 이렇게 해서 다윗의 생애를
파고든다. 이 일은 약 300일 가량이나 진행되었으나 다윗은 이를 멈추지 않
았다(삼하 24:8). 하나님은 그만큼의 시간을 기다리시며 기회를 주신 셈이었음
에도 불구하고 말이다.

하나님이 구체적으로 간섭해 오시자 다윗은 회개하지만(7-8), 그러나 거기에
대한 분명한 대가를 지불해야만 했다(9-17). 죄(罪)에 따른 벌(罰)은 필연이지만
그러나 그것은 영원한 형벌이 아니다는 점에서 일단 안심이다(9-12). 하지만
죄인 한 사람의 범죄가 용서되기 위해서는 무려 7만 명이라는 희생이 치러
져야 한다는 점이 소름끼치도록 무섭다(14). 다윗의 범죄와 하나님의 심판 사
이에 들어있는 다윗의 고백(8,13,17)에서 그가 어떻게 이 문제를 인식하고 풀
어가고 있는가를 엿본다. 역시 다윗은 다윗이다.

□ 사죄의 번제(18-30) : 다윗은 약하지만 하나님은 강하시다. 21장은 인구조사
라는 죄목(罪目)에 대한 벌로 인해 7만 명의 백성이 죽어나가는 때를 배경으로
한 좀 복잡한 이야기다. 하지만 하나님의 일하심은 절묘하다. 이런 참담한
상황에서도 여부스 사람 오르난(아라우나, 삼하 24:24 참조)의 타작마당에서 뭔가
절묘한 작품을 만드신다. 이스라엘의 영적 현주소를 알 수 있는 하나의 힌트
가 28-30절에 '숨은 그림'처럼 들어있다. 하나님은 다윗의 죄악이 꽃 핀 이

스라엘이라는 무대에서 당신을 예배(제사)하고 만나는, 말씀으로 임재하시는 곳, 즉 성전에 대한 새 그림을 그려 가신다.

❹ 성전건축을 준비하다(22:1-27:34).

① 성전건축 스타트(22:1-19)

마침내 성전건축의 팡파르가 울려 퍼진다(1). 다윗은 준비하고(2-5,8), 솔로몬은 여기에 더 많은 예비(준비)를 실행한다(14). 무엇보다 다윗은 솔로몬을 준비시키는 일에 몰두한다(6-16). 성전을 건축하는 일에는 재료가 쓰이지만, 그러나 이를 건축하는 자는 사람이고, 그래서 이방 사람에서 방백(관료)들까지 사람을(2-5,17-19), 그 중에서도 이 일을 가장 앞서 이끌어야 할 사람은 다름 아닌 솔로몬이다는 점을 알고 있기에 거기에 초점을 맞춘다. 이처럼 전체를 하나의 그림으로 볼 수 있는 다윗, 참으로 멋지고 훌륭하다 아니할 수 없다.

② 레위 자손과 그 임무(23:1-32)

다윗의 준비에는 몇 가지 깊은 의미가 있다. 먼저, 다윗은 22장에서 성전건축을 위해 물적-인적 자원을 준비한다. 다윗의 치밀하고 섬세한, 그러면서 스케일 큰 모습을 본다. 많은 사람들이 실패하는 이유는 외적인 여건(조건, 환경)을 갖추는 것으로 다 했다고 생각하는데 있다. 그러나 다윗은 이것으로 결코 만족하지 않았다. 드디어 그는 23장부터 '사람'을 준비한다. 진정으로 중요한 것은 사람에 있다. 그는 보이는 성전 뿐만 아니라 효과적인 사역을 위해 보이지 않은 성전을 준비하고 조직하는 일에 집중한다. 사람이 희망이지 않는가.

③ 제사장 메뉴엘(24:1-31)

레위인과 제사장의 관계를 레위지파의 가계도를 따라 살펴보자. 야곱의 아들 레위에게는 게르손, 그핫, 므라리 세 아들이 있다(23:6). 이들은 공히 레위인으로서 성막과 성전을 위해 일하는 지파지만, 특별히 이들 중에 그핫의 아들 중 아므람의 아들인 아론과 그 후손들이 제사장의 직무를 맡았다(23:12-13). 그리고 레위의 다른 아들들(게르손, 므라리)과 그 후손들, 동시에 그핫의 아들 중 아므람의 후손일지라도 아론계가 아닌 다른 자손들은 모두가 다 제사장을 도와 성막(성전)의 모든 일을 분담하여 수종들어야 했다. 이것이 하나님께서 모세에게, 그리고 지금 다시 다윗이 레위지파 후손들에게 일러주고 있는 [성전메뉴엘]이다.

건강한 사역 분장과 위임이 눈에 들어온다. 제사장은 아론(1) → 엘르아살과 이다말 → 24 반차의 제사장으로, 그리고 성전을 섬기는 일 역시 레위 → 그핫 → 아므람 → 아론으로 이어지는 제사장 가문을 제외한 레위의 다른 아들들의 후손이 다 제비뽑기(7,31)를 따라 각자의 사명을 부여 받고 있다. 한 사람이, 혹은 한 아들의 후손이 다 할 수 없기에 모두가 다 레위인으로서의 정체성을 유지하며 함께 동역한다는 것이 여러모로 은혜가 된다.

4 레위인 메뉴엘(25:1-26:32)

☐ 찬양대(25:1-31) : 다윗은 찬양의 비밀과 능력을 아는 자였다. 그의 영감 넘치는 찬양은 이미 사울왕의 악신을 쫓아낼 만큼 능력 있었다 : "하나님께서 부리시는 악령이 사울에게 이를 때에 다윗이 수금을 들고 와서 손으로 탄즉 사울이 상쾌하여 낫고 악령이 그에게서 떠나더라."(삼상 16:23) 그리고 십 수 년이 지난 이후 여호와의 궤를 예루살렘으로 메어 옮길 때 이미 이스라엘은 상당한 찬양대의 규모를 갖추고 있었고, 백성들 역시 대단했다(15:16-24,27-28, 16:4-6,42).

그는 하나님이 찬양 받으시는 분이심을 알았고, 찬양을 통해 주님과 교제하는 법을 알았다. 아마도 그는 목동의 시절부터 지금 왕위에 있는 자신의 대부분의 시간들을 하나님을 찬양하는 일에 헌신했다고 해도 과언이 아닐 정도다. 그런 그가 자신의 악기로 여호와를 찬송하기 위하여 찬송하는 자를 성전에 세운 것은 자연스러운 일이다.

☐ 문지기, 재판 및 행정(26:1-32) : 성전을 중심으로 점차 외곽의 관리에 관한 레위인의 직무가 소개되고 있다. 성전 안(제사장과 찬양대)을 시작으로 점차 밖(문지기 → 창고 → 유사와 재판관 → 요단 서편과 동편)으로 레위지파의 직무가 확장되고 있다. 성전은 물론 사법과 행정까지 그야말로 이스라엘은 신정국가(神政國家)로서의

기초를 든든하게 준비하고 있는 중이다. 이렇듯 레위인의 직무가 성전에만 머무르지 않는 것이 흥미롭다. 이는 저들이 모든 지파들의 땅에 골고루 흩어져 지내는 것이 단순한 거주지 이상을 의미하는 것을 뜻하며, 이는 레위지파가 이스라엘에게 있어 빛과 소금인 것을 보여주는 증거인 셈이다.

5 군부, 행정, 왕실 메뉴엘(27:1-34)

□ 군부와 행정(1-24) : 이제 군부와 지방행정에 대한 조직이 이어진다. 이로써 신정국가(神政國家)로서의 면모는 물론 다윗을 이어 이스라엘을 다스리는 솔로몬 시대의 화려한 출발이 준비되는 일이 일단락된다. 다윗은 여기까지다. 그는 자신의 통치 말년을 대부분 이 일들(23:1-27:34)에 집중한 것 같다. 이렇듯 다음 세대를 준비하는 일은 지도자에게 요구되는 가장 중요한 덕목 가운데 하나임을 알게 된다.

한 나라의 정치 역시 릴레이 경주에 비유될 수 있다. 아무리 첫 주자가 잘 달려도 이어 달리는 사람이 그렇지 못하면 결과는 예상 밖으로 추락하게 된다. 사울부터 시작된 왕국은 시작하자마자 휘청거렸다. 하지만 둘째 주자인 다윗은 놀라운 역전을 거듭하며 탄탄대로(坦坦大路)의 기초를 놓았다. 이를 위해 다윗은 지금 다리를 놓는 사람으로 서 있다. 그리고 곧 바턴은 솔로몬에게 넘어갈 것이다. 이 변화의 시대에 뭘 준비해야 하고, 무엇이 중요한가? 이것이 역대상이 마무리 되는 부분에서 주목해야 할 주제다.

□ 왕실(25-34)
   ■ 다윗의 측근들(32-34)
      · 요나단 - 모사와 서기관
      · 여히엘 - 왕의 아들들의 배종(교사)
      · 아히도벨/여호야다/아비아달 - 왕의 모사
      · 후새 - 왕의 벗
      · 요압 - 왕의 군대장관

다윗의 주변에는 많은 사람들이 있었다. 그들은 한결 같이 자신의 직무에 최선을 다 했다. 마치 톱니바퀴처럼 각각의 톱니가 튼튼할 뿐 만 아니라, 또한 제 기능과 역할에 충실함으로써 전체가 유기적으로 통합된 목표를 성취해 가는 것과 같다. 그렇다. 바로 하나님의 교회가 그러하다. 무슨 일이 맡겨지던지 그 일에 최선을 다 하는 자가 '착하고 충성된 종'(마 25:21,23)이다.

❺ 죽음으로 가는 길(28:1-29:30)

① 성전건축 메뉴엘(28:1-21)

□ 이스라엘 백성에게(1-8)

□ 솔로몬에게(9-21) : 한 사람의 생애가 마무리 되는 이야기를 읽고 있다. 지금 분위기는 마치 해가 지는 저녁노을의 아름다움과 잘 어울리는 그림이다. 다윗의 생애는 이처럼 그가 하고 싶은 바를 그대로 다 이루었을 뿐만 아니라, 그런 다음 미련 없이 무대를 내려오고 있는 중이다. 참으로 멋진 인생 이력서다. 40년을 하루같이 살아온 것이 복되다. 하지만 자신 이후(post David)를 준비하는 것, 그것도 하나님의 성전을 위해 전 역량을 총동원하고 있음에서 하나님에 의해 세우심을 입은 자의 삶이 어떠해야 하는가를 생각하게 한다.

② 다윗 vs 솔로몬(29:1-30)

□ 다윗의 기도(1-19)

□ 다윗에서 솔로몬으로(20-30) : 한 사람의 행복은 어디까지일까. 10대 양치기 소년에서 부르심을 받아 30세에 왕이 되어 40년을 이스라엘 왕으로 사역을 했다(삼상 16:11-13, 삼하 5:4-5). 그가 이제 인생의 마무리를 하고 있는 중이다. 한 길을 간다는 것이 이런 것일까. 하나님은 다윗을 택하셔서 그를 마음껏 쓰셨고, 다윗은 이 하나님의 쓰심에 멋지게 응답하는 것으로 받은바 복(福)을 다시 하나님께 돌려드린다. 아름다운 만남이자 소중한 관계, 본받고 싶고, 그래서 부러운 마음을 떨쳐버릴 수가 없다.

아마도 바울의 고백은 다윗에게도 어울릴 것 같다 : "내가 선한 싸움을 싸우고 나의 달려갈 길을 마치고 믿음을 지켰으니."(딤후 4:7)

'온'(kol, 모든)이라는 단어가 눈에 띤다. 온 회중(1,10,20), 다하여, 다른(2), 이 모든 것(3), 모든(5), 다, 만유의(11), 만유의, 모든 자를(12), 모든 것이(14), 다름이 없이(15), 모든, 다(16), 모든(17), 이 모든 일을(19), 온 이스라엘(21,23,26), 모든, 여러(24), 무리, 보다(25), 온(30), 총 25회나 쓰이고 있다. 특별히 이것들 가운데 이것이 사람 편에서 하나님께로 향한 '온'을 주목한다. 지금 포로기 이후(9:1-2)의 독자들이 그 이전 사람들을 추억해야 하는 핵심은 이 부분이다.

» 포로기의 땅에도 봄은 오는가?

"그들이 그들의 조상들의 하나님께 범죄하여 ⋯ 그러므로 이스라엘 하나님이 앗수르 왕 불의 마음을 일으키시매 ⋯ 곧 ⋯ 사로잡아 ⋯ 옮긴지라 그들이 오늘까지 거기에 있느니라."(5:25-26)

"유다가 범죄함으로 말미암아 바벨론으로 사로잡혀 갔더니, 그들의 땅 안에 있는 성읍에 처음으로 거주한 이스라엘 사람들은 ⋯"(9:1b-2)

영광스러운 열왕의 역사가 포로기로 끝장이 나버렸다.

북왕국 이스라엘도 그렇고(5:25-26), 남왕국 유다도 마찬가지다(9:1-2). 그럼에도 불구하고 다윗왕국의 역사를 이처럼 기록하고 있는 이유는 무엇일까. 또 다른 하나는, 이스라엘이 이처럼 범죄(犯罪)하여 하나님의 진노하심 아래로 떨어졌는데, 하나님은 다시 저희를 회복시키신다. 그렇다면 무엇이 이 둘(포로와 귀환)을 낳았고, 그 사이에 또 무엇이 들어있고, 이를 통해 하나님이 이스라엘에게 깨닫게 하고자 하는 메시지와 이스라엘이 놓치지 않고 붙들어야 할 메시지는 무엇일까.

제사장 나라(출 19:5-6)로의 회복은 다윗과 솔로몬 시대가 그랬듯이 제사장, 레위인, 성전이 있다고 해서 자동적으로 만들어지는 것이 아니다. 포로기라는 값비싼 대가를 지불했다면 역대기의 역사를 다시 읽어가는 독자들(포로 후 세대들)은 다르게 살아야 한다. 삶은 단지 구호가 아니며, 또한 다짐하고 결심한다고 해서 그대로 만들어지는 것은 아니다.

9장 _ 역대하

■ **맥잡기1** ┈┈┈┈┈┈┈┈┈┈┈┈┈┈┈┈┈┈┈┈┈┈┈┈┈┈┈┈┈┈┈┈┈┈┈┈┈

❶ **역대상 1-29장**

　　① 이스라엘史(족보, 1:1-9:34) : 아담 – 사울

　　② 사울왕의 계보와 죽음(9:35-44) : 사울

　　③ 통일왕국1(10:1-29:30) : 다윗

❷ **역대하 1-36장**

　　① 통일왕국2(1:1-9:31) : 솔로몬

　　② 분열왕국(10:1-36:23) : 남왕국 유다의 열왕史

　　　□ 기(起) : 분열과 부흥기(10:1-20:37)

　　　□ 승(承) : 쇠퇴기(21:1-28:27)

　　　□ 전(轉) : 개혁기(29:1-35:27)

　　　□ 결(結) : 멸망기(36:1-23)

■ **맥잡기2** ┈┈┈┈┈┈┈┈┈┈┈┈┈┈┈┈┈┈┈┈┈┈┈┈┈┈┈┈┈┈┈┈┈┈┈┈┈

❶ **통일왕국2**(1:1-9:31) : **솔로몬**

　　① 솔로몬 스타트(1:1-17)

　　② 성전건축 이야기(2:1-4:22)

　　③ 성전 봉헌식 & 낙성식(5:1-7:22)

　　④ 솔로몬의 업적(8:1-18)

　　⑤ 솔로몬의 명성과 번영(9:1-31)

대하

❷ 분열왕국(10:1-36:23) : 남왕국 유다의 열왕史

① 기(起) : 분열과 부흥기(10:1-20:37)

② 승(承) : 쇠퇴기(21:1-28:27)

③ 전(轉) : 개혁기(29:1-35:27)

④ 결(結) : 멸망기(36:1-23)

》 두 왕국의 파노라마

1) 통일왕국2(1:1-9:31) : 솔로몬

[역대상에 비춰진 솔로몬]

3:5(14:4)	밧수아(밧세바)의 소생	
22:6-16	다윗의 유언(모든 방백들에게)	
	6	"여호와를 위하여 성전 건축하기를 부탁하여"
	8-10	"여호와의 말씀이 내게 임하여 이르시되 … 하셨나니"
	9	한 아들이 네게서 … 온순한 사람이라 … 솔로몬이라 하리니
	17	그의 아들 솔로몬을 도우라!
23:1	다윗이 … 솔로몬을 이스라엘 왕으로 삼고	
28:1-21	성전건축 부탁(모든 방백들에게)	
	5	여호와께서 … 솔로몬을 택하사
	6	네 아들 솔로몬 그가 내 성전을 건축하고
	11	다윗이 … 설계도를 그의 아들 솔로몬에게 주고
29:1-25	솔로몬의 즉위	
	1	솔로몬이 유일하게 택하신 바 되었으나 아직 어리고 미숙하여
	22	무리가 … 솔로몬을 다시 왕을 삼아 기름을 부어
	23	솔로몬이 … 왕위에 앉아 … 왕이 되어 형통하니

솔로몬 이야기를 다룬 9장 중 가운데 6장이 성전건축(2-7장)과 관련되어 다뤄진다. 이것은 역대기 기자가 솔로몬을 조명하는 신학적 의도를 읽을 수 있는 대목이다. 이 솔로몬을 소개하는 첫 구절은 역대상과 자연스럽게 연결된다 : "다윗의 아들 솔로몬의 왕위가 견고하여 가며 그 하나님 여호와께서 그와 함께 하사 심히 창대하게 하시니라."(1:1)

한편 역대상에는 다윗에서 솔로몬으로 왕위가 계승되는 일을 이야기할 때 하나님의 직접적 임재가 나타나지 않는다. 그런데 역대하로 넘어오면 하나님이 솔로몬으로 이어지는 다윗왕국의 역사를 그대로 인정하시면서 솔로몬에게 임재하시는 것을 볼 수 있다 (1:7a,11a, 5:13a, 7:1b,12a). 다윗에서 솔로몬으로 왕위가 넘어가는 기사를 다룬 열왕기상 1장에 보면 이 일은 초미의 일이었다. 이스라엘 안에 솔로몬으로 넘어가는 왕권에 대한 끊임없는 논쟁이 엄존했음을 볼 때 하나님의 임재(현현)는 다윗 → 솔로몬 → 남왕국 유다로 이어지는 이스라엘史를 자연스럽게 해 준다. 이것이 족보가 품고 있는 이야기이기도 하다(대상 1:1-9:34).

❶ 솔로몬 스타트(1:1-17)

    □ 지혜를 구하다(1-13)

    □ 부귀와 영화(14-17)

❷ 성전건축 이야기(2:1-4:22)

    □ 준비1(2:1-10) : 솔로몬 → 두로왕 후람

    □ 준비2(2:11-18) : 두로왕 후람 → 솔로몬

    □ 건축(3:1-17)

    □ 성전 기구들(4:1-22)

    길이 28M, 너비 9M, 높이 14M의 첫 성전을 완공하는데 무려 7년이라는 시간이 걸렸다.

❸ 성전 봉헌식(5:1-7:22)

    □ 언약궤의 안치(5:1-14) – "여호와의 전에 구름이 가득한지라."(13b)

    □ 봉헌식(6:1-42)

     A. 봉헌사(1-11)

      B. 기도(12-42)

    □ 성전 낙성식(봉헌축제, 7:1-22)

     A 하나님의 응답1(1-3) – "여호와의 영광이 그 성전에 가득하니"(7:1b)

X 성전 낙성식(4-10)

A' 하나님의 응답2(11-22) : 성전언약 – "여호와께서 솔로몬에게 나타나사"(12a)

성전이 봉헌되어지자 "여호와의 영광이 그 성전에 가득하"(7:1b)고, 이에 이스라엘 모든 자손들은 이를 보고 이르기를 "선하시도다 그의 인자하심이 영원하도다"(7:3)로 노래하며 감사와 경배를 올려드린다. 그러나 뭔가 좀 심각하다. 그 밤에 하나님이 솔로몬에게 나타나셔서 하신 말씀 때문이다(7:11-22).

이것은 소위 성전언약인데 만일 하나님을 떠나 다른 신들을 섬기면 "내가 너희에게 준 땅에서 그 뿌리를 뽑아내고 내 이름을 위하여 거룩하게 한 이 성전을 내 앞에서 버려"(7:20a) 버리실 것을 말씀하신다. 그럼에도 불구하고 은혜는 강같이 흘러갈 것이다 : "내 이름으로 일컫는 내 백성이 그들의 악한 길에서 떠나 스스로 낮추고 기도하여 내 얼굴을 찾으면 내가 하늘에서 듣고 그들의 죄를 사하고 그들의 땅을 고칠지라."(7:14)

한편 르호보암(12:12)과 히스기야(32:26)에게서 이 말씀의 실상을 보게 된다.

❹ 솔로몬의 업적(8:1-18)

□ 정치(1-10)

    A. 성읍 건축(1-6)

      B. 노예(7-10)

□ 종교(11-16)

□ 경제(17-18)

❺ 솔로몬의 명성과 번영(9:1-31)

□ 스바 여왕과의 만남(1-12)

□ 부귀영화(13-28)

□ 죽음(28-31)

솔로몬 이야기의 종결부다. 열왕기는 포로기의 원인을 솔로몬의 배교에서 찾고 있는데, 역대기는 과거를 미래에 대한 열망으로 슬쩍 넘겨버린다.

2) 분열왕국(10:1-36:23) : 남왕국 유다의 열왕史

남왕국 유다와 유다의 멸망까지, 그리고 그 이후 고레스 칙령까지의 역사를 다룬다.

❶ 기(起) : 분열과 부흥기(10:1-20:37)

A. 분열왕국(10:1-12:16) : ① 르호보암(10:1-12:16, 17年) - #스마야(11:2-4, 12:5)

B. 부흥기(13:1-20:37)

　② 아비야(13:1-22, 3年)

　③ 아사(14:1-16:14, 41年) - #아사랴(15:1-7), #하나니(16:7-9)

　④ 여호사밧(17:1-20:37, 25年) - #미가야(18:7,12-), #예후(19:2-3)

　　　　　　　　　　　#야하시엘(20:14-17, 레위인), #엘리에셀(20:37)

〈참고〉 왕 이름 앞 ○ 안의 숫자는 남왕국 유다의 왕위 순서임. #는 해당 왕 때 활동한 선지자, *은 제
사장, △는 이방 왕들, 요시야의 아들들(여호아하스, 여호야김, 시드기야)

> "내 이름으로 일컫는 내 백성이 그들의 악한 길에서 떠나 스스로 낮추고 기도하
> 여 내 얼굴을 찾으면 내가 하늘에서 듣고 그들의 죄를 사하고 그들의 땅을 고칠지
> 라."(7:14)

A. 분열왕국(10:1-12:16)

[1] 르호보암(10:1-12:16, 17年) - 두 왕국의 시작

- 분열왕국(10:1-19) : '함께 자라난 젊은 신하들'(10:8,10,14) - 분열왕국
- 전쟁 위기 : 남왕국 유다 vs 북왕국 이스라엘(11:1)
  · 스마야(11:2-4) - "그들이 여호와의 말씀을 듣고 돌아가고"
- 건축/저축/방패와 창(11:5-12)
- 제사장과 레위인/여호와를 구하는 자들/강성/3년/왕가의 번영(11:13-23)
- 범죄/5년(12:1-4) : 애굽왕 시삭의 침입
  · 스마야(12:5) - 스스로 겸비하여 … '여호와는 의로우시다!'
- 조금 구원/시삭이 예루살렘을 침/17년 치리(12:7-16)

❶ 분열왕국 스타트(10:1-11:4) - #스마야(11:2-4)

느밧의 아들 여로보암(A) vs 솔로몬의 아들 르호보암(B)

A 무리(10:3), 온 이스라엘(10:16)

X "이 일은 하나님께로 말미암아 난 것이라"(10:15, 11:4)

B 원로들의 가르침 → 젊은 신하들의 가르침(10:7,13-14)

유다 성읍에서 사는 이스라엘 자손들(유다와 베냐민 족속, 10:17, 11:1)

X' "이 일이 내게로 말미암아 난 것이라"(11:4b) - #스마야

B' 여호와의 말씀을 듣고(11:4b)

솔로몬 왕국과 남북 분열왕국

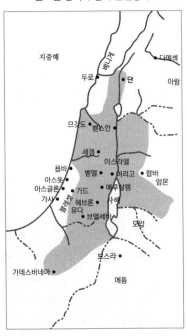

그럼에도 불구하고 르호보암은 "이스라엘과 싸워 나라를 회복하여"(11:1b)야겠다며 전쟁을 도모한다. 르호보암은 선왕(先王)인 부친 솔로몬과의 연속성이 단절될 위기를 자초하면서(10:8,13) 급기야 "백성의 말을 듣지 아니하"(10:15a,16a)더니, 마침내 하나님의 일하심마저 거역하려든다(10:15, 11:1; 왕상 11:29-39, 12:15,24 참조). 바로 여기에 하나님의 사람 스마야가 등장하는데(11:2), 이번에는 르호보암이 스마야를 통해 전달된 "여호와의 말씀을 듣고"(11:4b) 순종함으로써 일촉즉발의 위기를 넘긴다.

[출처] Stephen M. Miller, 『성경핸드북』, 155.

❷ 분열왕국의 첫 열매들(11:5-23) : 3년(17)

☐ "성읍들을 건축 … 다 유다와 베냐민 땅에 있어 견고한 성읍들이라."(5-10)

☐ "모든 성읍에 방패와 창을 두어 매우 강하게 하니라"(12a)

☐ "온 이스라엘의 제사장들과 레위 사람들이 … 예루살렘에 이르렀으니"(13-14)

☐ "이스라엘 모든 지파 중에 … 여호와를 찾는 자들이 … 예루살렘에 이르러"(16)

첫 '3년' 동안의 여러 일들은 '다윗과 솔로몬의 길'로 행했다는 면에서 일단 긍정적이다(17). 이것은 북왕국 이스라엘의 여로보암의 길과 극적인 대조를 이룬다(14-15).

❸ 흔들리는 왕국(12:1-16) – #스마야(5)

> "너희가 나를 버렸으므로 나도 너희를 버려 시삭의 손에 넘겼노라"(5b)
> "르호보암이 … 여호와를 구하는 마음을 굳게 하지 아니함이었더라."(14)

르호보암 5년에 "나라가 견고하고 세력이 강하매 여호와의 율법을 버리"(1)는 '범죄'에 빠진다(1-2a). 이로써 이미 예고된 '사람의 매와 인생의 채찍'(삼하 7:14)인 애굽의 침략을 자초한다(2b-3). 그러자 견고하고 강하던 것들이 아무런 힘을 쓰지 못한다(11:5,11,12 → 12:4,9-11). 하나님(율법)을 버리고 죄를 취한 결과 겉은 멀쩡한데 속은 병들어 무력하기 짝이 없는 초라한 남왕국(르호보암), 다 자업자득(自業自得)이다(8).

율법을 버린 것이 하나님을 버린 것과 동일시된다(1,5). 하지만 다시 하님께 겸비함을 통해 '조금 구원'으로 반전된다(7,12).

B. 부흥기(13:1-20:37)

① 아비야(13:1-22, 3年) – 두 왕국의 충돌
역대기 기자는 역사를 설교라는 시각에서 통찰한다.

❶ 아비야선언(1-12) : 하나의 신상설교다(4).

[남왕국 유다] – 르호보암		[북왕국 이스라엘] – 여로보암
"이스라엘 나라를 영원히 다윗과 그 자손에게"(5) – 소금언약		"자기의 주를 배반하고 … 르호보암을 대적 … 여호와의 나라를 대적"(6-8a)
다윗왕국 = 여호와의 나라(8)	◀▶	난봉과 비류가 모여 만든 나라(7)
하나님을 배반치 아니함(10a)		너희를 위하여 신(神)으로 만든 금송아지(8b)
바른 예배, 바른 성전신학(10b-11)		성직매매(9) / 배반(11b)

❷ 스마라임대첩(13-22)

□ 유다(14) – "여호와께 부르짖고 제사장들은 나팔을 부니라"

□ 하나님(15b) – "여로보암과 온 이스라엘을 … 치시니"

□ 여로보암(20) – "다시 강성하지 못하고 여호와의 치심을 입어 죽었고"

□ 아비야(21) – "점점 강성하며"

북왕국과의 전쟁을 하나의 성전(聖戰)으로 이해한다(14).

하나님께 저항하면 죽임을 당한다(20).

2 아사(14:1-16:14, 41年)

"그의 땅이 10년 동안 평안하니라."(14:1b)	"아사왕 36년에 … 아람왕 벤하닷에게 …"(16:1-2)
아사랴(15:1-7)	**하나니**(16:7-9)
"아사왕 15년 3월에 그들(돌아온 이스라엘 사람들)이 예루살렘에 모이고"(15:10) ◀▶ "이때부터 아사왕 35년까지 다시는 전쟁이 없으니라."(15:19)	"아사가 노하여 선견자를 옥에 가두었으니"(16:10a) "아사가 왕이 된 지 39년에 그의 발이 병들어...여호와께 구하지 아니하고"(16:12) "아사가 왕위에 있는 지 41년 후에 죽어"(16:13)

1 종교개혁1(14:1-8) – 우상 제거, 건축, 군대

2 마레사대첩(14:9-15) – 구스의 100만 대군

　□ [기도] "아사가 그의 하나님 여호와께 부르짖어 가로되 …

　　　　　　원하건대 사람이 주를 이기지 못하게 하옵소서!"(10-11)

3 종교개혁2(15:1-19) – #아사랴(15:1-7)

　A. 아사랴의 설교(1-7) – "그가 나가서 아사를 맞아 이르되 …"

　B. 아사의 종교개혁(8-19) – "이 말…을 듣고 마음을 강하게 하여 …"

　□ 왕국(8-15)

　□ 왕실(16-19)

4 아람과의 동맹과 그의 죽음(16:1-14)

　A. 아람과의 동맹(1-10) – #하나니(16:7-9)

　B. 죽음(11-14) – "여호와께 구하지 아니하고 의원들에게 구하였더라."

바아사(북왕국)가 라마를 건축한 것은 백성들이 남왕국(유다)으로 내려가는 것을 막기 위해서다(1; 11:13-16, 13:9, 15:9 참조).

"너희가 여호와와 함께 하면 여호와께서 너희와 함께 하실지라"(15:2b)는 아사랴 선지자의 설교처럼 아사는 왕위 36년에 아람과 동맹하여 망령되이 행함으로써 '이 후부터는'(9b; 14:1, 15:10,19 참조) 그는 몰락의 길을 걷게 되고(10-), 39년에 병이 들고, 41년에 병사(病死)한다.

3 **여호사밧**(17:1-20:37, 25年)
- ■ 필승(必勝, 17장) – "저가 왕위에 있는 지 3년에"(7a)
- ■ 위기(18장) : 이스라엘[아합]과의 동맹 – "2년 후에"(18:2a)
  - · **미가야**(18:7,12-) – 하나님의 진노
- ■ 구원(은혜, 18:31-32, 19:1)
  - · **예후**(19:2-3) – '그러나'
- ■ 회복(19:4-11) – 사법제도의 정비
- ■ 승리(20장) : 모압과 암몬과의 전쟁
  - · 기도(1-13)
  - · **야하시엘**(14-17, 레위인)
  - · 드고아대첩(18-30) – 승리
- ■ 오점(汚點, 31-37) – 산당(33) / 아하시야[북왕국]와의 교제(35-37)
  - · **엘리에셀**(37)

열왕기와는 달리 역대기는 여호사밧의 생애를 17-20장에 걸쳐 소개한다. 그 이유가 무엇일까.

1 승승장구(17:1-19) – "저가 왕위에 있는 지 3년에"(7a)

"여호와께서 여호사밧과 함께 하셨으니 … 그가 전심으로 여호와의 길을 걸어"(3-6)

A. 종교개혁(3-6)

B. 율법교육(7-9) – 레위 사람

C. 군사대국(1-2,10-19)

2 여호사밧과 아합(18:1-19:3) - #미가야(18:7,12-) / #예 후(19:2-3)

    A. 이스라엘[아합]과의 동맹(18:1-3) - "2년 후에"(18:2a)

    B. 선지자 400인 vs 미가야(18:4-27)

    C. 하나님의 진노(18:28-19:1)

    D. 예후(19:2-3)

3 회복 - 사법제도의 정비(19:4-11)

4 모압과 암몬과의 전쟁(20:1-30)

    A. 기도(1-13) - "오직 주만 바라보나이다!"(12b)

    B. 드고아대첩(14-30) - #야하시엘(14-17, 레위인)

    '여호와의 신'이 선지자(선견자)가 아닌 레위인에게 임한 것이 좀 특별하다(14-17; '신령한 노래'[nabbi]_대상 25:1,2, 참조). 한편 여호사밧은 왕위 5년쯤에(17:7a, 18:2a) 이스라엘[아합]과의 동맹 때문에 사선(死線)을 넘는 비싼 수업료를 지불하고서 정신을 바짝 차린다(19:4-). 이것은 모압과 암몬과의 전쟁에서 증명된다(20:1-30).

5 여호사밧 평가(20:31-37) - #엘리에셀(37)

| "여호와 보시기에 정직하게"(32) | ◀▶ '그러나' | A. 산당(33) |
| | | B. 아하시야[북왕국]와의 교제(35-37) |

❷ 승(承) : **쇠퇴기**(21:1-28:27)

  ⑤ 여호람(21:1-20, 8年) - #엘리야(12-15)

  ⑥ 아하시야(22:1-9, 1年)

    아달랴 vs 여호야다(22:10-23:21, 7年) - *여호야다

  ⑦ 요아스(24:1-27, 40年) - #무명의 선지자들(19), *제사장 스가랴(20)

  ⑧ 아마샤(25:1-28, 29年) - 어떤 하나님의 사람(7-9), #한 선지자(15-16)

  ⑨ 웃시야(26:1-23, 52年) - #스가랴(5), *아사랴(17-20)

  ⑩ 요담(27:1-9, 16年)

  ⑪ 아하스(28:1-27, 16年) - #오뎃(9-11, 북왕국의 선지자가 소개됨)

> "네 자손이 그들의 행위를 삼가서 네가 내 앞에서 행한 것 같이 내 율법대로 행하기만 하면 네게로부터 나서 이스라엘 왕위에 앉을 사람이 내 앞에서 끊어지지 아니하리라 하셨사오니 이제 다윗을 위하여 그 허락하신 말씀을 지키시옵소서."(6:16)

> "여호와께서 다윗의 집을 멸하기를 즐겨하지 아니하셨음은 이전에 다윗과 더불어 언약을 세우시고 또 다윗과 그의 자손에게 항상 등불을 주겠다고 말씀하셨음이더라."(21:7)

다윗 가문이 무참하게 살해되고(21:4, 22:1,8,10), 또한 무려 7년이나 다윗 가문의 왕위 계승이 중단되는 등 다윗왕국은 매우 심각한 위기를 맞는다. 이것은 아합(북왕국 이스라엘)의 집과 같이 여호와 보시기에 악을 행하였기 때문이다(19:1-3, 20:35-37 → 21:6, 22:3,4,7,8). 이런 의미에서 유다의 역사에서 여호사밧에서 여호람으로 이어지는 행악은 유다의 쇠퇴기의 시작으로 볼 수 있다. 그럼에도 하나님은 선지자(제사장)들을 통해서 계속해서 당신의 뜻을 밝히신다(위 #, * 참조).

① 여호람(21:1-20, 8年) - #엘리야(12-15)

선왕(先王)인 부친 여호사밧이 아합(북왕국 이스라엘)과 결혼동맹을 맺고(18:1), 그의 뒤를 이은 아들 여호람은 아합의 딸을 아내로 맞는다(6). 잘못된 결혼은 치명적이었다. 이것은 남왕국 유다가 본격적으로 북왕국 이스라엘처럼 하나님께 악을 행하는 것에 합류하는 신호탄이다. 이로써 다윗언약은 근본적으로 심각한 위기를 맞는다(7, 삼하 7:1-17). 그 결과 에돔과 립나가 유다를 배반하는데 이는 여호람이 하나님을 버린 결과다(10).

그는 선지자 엘리야의 글(12-15)처럼 블레셋과 아라비아라는 '사람의 매'(삼하 7:14)에 의해 왕궁은 짓밟히고 자신은 병들어 죽고 만다(16-20). 마침내 우려했던 대로 북왕국 아합의 죄가 남왕국 유다에 흘러들고 있다(19:1-3, 20:35-37 → 21:6).

② 아하시야(22:1-9, 1年)

어머니 아달랴(북왕국 이스라엘 아합왕의 딸)의 꼬임에 따라 아합의 길로 행하여 여호와 보시기에 악을 행한다. 아합의 꼭두각시처럼 행동하는 아달랴의 죄가 다윗 가문을 겨냥하여 움직인다(19:1-3, 20:35-37 → 22:1,8,10).

□ 아달랴 vs 여호야다(22:10-23:21, 7年) - *여호야다

선왕(先王) 아하시야가 1년 만에 실각하고 그의 모친 아달랴가 일어나 유다 집의 왕의 씨를 진멸하고 섭정을 도모한다. 이때 여호사브앗(여호람의 딸, 아하시야의 누이, 제사장 여호야다의 아내, 22:11b)이 아하시야의 아들 중 요아스를 하나님의 전에서 6년을 숨겨 키운다(22:11a,12).

점차 다윗언약이 심각한 위기에 처하게 되는 때에(6:16 → 21:7, 23:3) 제사장 여호야다와 레위인들, 그리고 백성들이 아달랴 7년에 마침내 그녀가 찬탈해 간 다윗 왕조의 역사를 다시 아하시야의 아들 요아스에게 되돌린다(23장) : "여호와의 백성이 되리라!"(23:16) 이로써 남왕국 유다를 북왕국 이스라엘化 시키려는 아달랴(북왕국 이스라엘 아합왕의 딸)의 계략은 물거품이 된다(23:17).

③ 요아스(24:1-27, 40年) - #무명의 선지자들(19)

*제사장 여호야다(2), 스가랴(20)

□ 제사장 여호야다가 죽자 요아스는 여호와의 전을 버리고 우상숭배에 빠진다(17-18). 그는 선지자들의 메시지를 받지 않았고(19), 제사장 여호야다의 아들 스가랴의 메시지까지 거부하고 그를 죽인다(20-22, 마 23:34-36 참조). 1년 후 아람이 '인생의 채찍'(삼하 7:14)이 되어 요아스를 징벌한다(23-27). 한편 그의 공과(功過, 1-16 ↔ 17-27)를 통해 알 수 있는 것은 아무리 선한 일을 했을지라도 악을 행하면 그것이 심판을 면하게 하는 것이 될 수 없다는 점이다(겔 18:24).

> "창세 이후로 흘린 모든 선지자의 피를 이 세대가 담당하되, 곧 아벨의 피로부터 제단과 성전 사이에서 죽임을 당한 사가랴의 피까지 하리라."(눅 11:50-51a).

예수님은 선지자(순교자)의 계보를 창세기 아벨부터, 역대기의 -역대기는 히브리 성경의 마지막 책이다.- 스가랴까지 순교자들을 말씀하신다. 그러고 보면 태초 에덴 밖에서부터 구약의 끝에 해당하는 스가랴까지 하나님 앞에서 바르게 살려고 한 자들은 늘 목숨을 내놓아야만 했었다.

④ **아마샤**(25:1-28, 29年) – 어떤 하나님의 사람(7-9), #한 선지자(15-16)

> "아마샤가 돌아서서 여호와를 버린 후로부터 예루살렘에서 무리가 그를 모반하였으므로 그가 라기스로 도망하였더니"(27a)

여호람 때에 배반한 에돔(21:10)을 징벌하기 위해 군사를 모으고, 특별히 은 10만 달란트로 이스라엘 10만 군사를 삯 내었는데 이를 어떤 하나님의 사람의 권고대로 막대한 손실을 감수하고 순종함으로써 에돔과의 전쟁에서 대승을 거둔다(1-13). 하지만 돌아오는 길에 "세일 자손의 신들을 가져와서 자기의 신으로 세우고 그것들 앞에 경배하며 분향"(14)함으로써 한 선지자의 메시지(15-16)를 받지만 이를 거부하고 우상을 따름으로써(15,20) 다윗언약의 저주가 성취되는 길을 걸어가고 만다(7:19-22).

⑤ **웃시야**(26:1-23, 52年) – #스가랴(5), *아사랴(17-20)

> "그가 강성하여지매 그의 마음이 교만하여 악을 행하여 그의 하나님 여호와께 범죄하되 곧 여호와의 성전에 들어가서 향단에 분향하려 한지라."(16)

하나님을 구하는 형통한 날에는 블레셋과 암몬을 지배할 뿐만 아니라(6-8), 건축과 농업(9-10)은 물론 군사강국을 이룬다(11-15). 하지만 강성해지자 교만하여 제사장의 권한을 침범함으로써 문둥병에 걸려 죽는다(16-23).

⑥ **요담**(27:1-9, 16年)

문둥병에 든 아버지 웃시야가 별궁에 거하는 동안 백성을 다스리던 요담(26:21)이 마침내 왕위에 올라 여호와 보시기에 정직하게 행한다(2a,6). 아마도 아버지로부터 큰 교훈을 받았던 것 같다.

⑦ **아하스**(28:1-27, 16年) – #오뎃(9-11, 북왕국의 선지자)

> "그 조상 다윗과 같지 아니하여 여호와 보시기에 정직하게 행하지 아니하고"(1b)

급기야 남왕국 유다는 북왕국 이스라엘처럼 되어버렸다(1-4). 그러므로 하나님은 유다를 아람과 이스라엘의 손에 붙이신다(5-15). 한편 북왕국 이스라엘의 선지자 오뎃이 유다를 포로로 잡아오는 이스라엘에게 저희를 되돌리라는 메시지를 전하는데, 이것은 남왕국 이스라엘에는 하나님의 메시지를 전할 선지자가 없었음을 간접적으로 전하고 있는 바, 유다의 영적(靈的) 현실이 얼마나 암담하였는가를 보여준다.

그러나 아하스는 에돔과 블레셋의 침입을 막기 위해 앗수르의 도움을 청한다(16-19). 하지만 파병은 하였으나 오히려 조롱을 받았고(20-21), 이에 오히려 "더욱 여호와께 범죄하여"(22) 앗수르가 섬기는 다메섹을 섬기고 성전 기구들을 파괴한다(23-25). 참으로 패역한 왕이 아닐 수 없다.

❸ 전(轉) : 개혁기(29:1-35:27)

⑫ 히스기야(29:1-32:33, 29年) - #이사야(32:20)

⑬ 므낫세(33:1-20, 55年) - 入바벨론 → 出바벨론

⑭ 아몬(33:21-25, 2年)

⑮ 요시야(34:1-35:27, 31年) - #훌다(34:22-), #예레미야(35:25)

　　　　　　　　　　　#스바냐(습1:1), △애굽왕 느고(35:21)

〈참고〉 왕 이름 앞 ○ 안의 숫자는 남왕국 유다의 왕위 순서임. #는 해당 왕 때 활동한 선지자, *은 제사장, △는 이방 왕들, 요시야의 아들들(여호아하스, 여호야김, 시드기야)

유다가 영적(靈的)으로 깊은 암흑기인 것은 오히려 이방의 왕들의 입에서 하나님의 이름(말씀)이 선포되는 점에서 그렇다(35:21, 36:13,23). 명색이 유다의 왕들이라는 자들과 대립각을 세우는 기막힌 역설이 유다의 현주소다(33:23-24, 36장). 한편 므낫세는 우상숭배에 대한 하나님의 심판 앞에 회개함으로써 出바벨론하여 다시 재기하는 것이 흥미롭다(33:1-9 → 10-11 → 12-13 → 14-20).

유다의 역사는 솔로몬이 성전에서 드린 기도(7:12-22)와 함께 같이 흘러간다. 무엇이 한 나라를 흥망성쇠(興亡盛衰)하게 하는 하나의 추(錘)인가를 유다의 열왕들을 통해서 돌아본다.

☐ 보응의 신학(에스겔 18장) - 역대하 27-32장
　■ 의로운 조부(9) : 요람 - 27장
　■ 악한 아들(10,13) : 아하스 - 28장
　■ 의로운 손자(14-17) : 히스기야 - 29-32장

| 히스기야(29:1-32:33, 29年)

분열왕국의 역사에서 열왕기는 요시야를 핵심으로(정치적), 역대기는 히스기야를 핵심으로 다룬다(종교적). 예배의 준비(29-30장)와 회복(31장), 그리고 그 결과로서의 성공과 치적임을 분명히 한다(32장). 마치 제2의 다윗으로 보는 듯하다.

□ 성전의 회복(29:1-36)

  A. 성전 청결(1-19)

  B. 제사 회복(20-36)

그는 즉위하자마자 성전을 청결케 하고 예배를 회복한다(3-).

□ 유월절의 회복(30:1-27) : '그의 진노가 너희에게서 떠나게 하라'(8b)

  A. 준비(1-12) - "이스라엘과 유다에 두루 다니며"(6a)

이스라엘 (10-11)	"조롱하며 비웃었더라."	▶ '그러나'	"몇 사람이 스스로 겸손한 마음으로 예루살렘에 이르렀고"
유 다(12)	"하나님의 손이 … 한 마음으로 준행하게 하셨더라."		

  B. 의식(13-27)

    ■ 유다 온 회중 + 이스라엘에서 온 모든 회중 + 나그네들(25)

□ 예배의 회복(31:1-21)

  A. 우상 척결(1)

  B. 시스템 정비(2-19)

  C. 하나님 중심(20-21)

□ 앗수르대첩(32:1-23)

  A. 산헤립(1-19) : "하나님이 능히 너희를 내 손에서 건지겠느냐?"(14b)

  B. 히스기야와 이사야(20) : "하늘을 향하여 부르짖어 기도하였더니"

  C. 승리(21-23)

□ 히스기야의 치적들(32:24-33)

대하

2 **므낫세**(33:1-20, 55年) - 포로기의 한 모델(model)

기(起)	우상숭배(1-9)	"악을 행한 것이 … 모든 나라보다 더욱 심하였더라."(9)
승(承)	심판(10-11)	"바벨론으로 끌고 간지라."(入바벨론)
전(轉)	회개(12-13)	"여호와 앞에 크게 겸손하여 기도하였으므로" "그가 예루살렘에 돌아와서 다시 왕위에 앉게 하시매 므낫세가 그제서야 여호와께서 하나님이신 줄을 알았더라."
결(結)	出바벨론과 개혁(14-20)	'그 후에'(14a)

므낫세, 그 역시도 솔로몬의 성전 기도의 섭리 위에 서 있다(7:14). 하지만 그의 통치 55년은 유다라 할 수 없을 만큼 이스라엘스러운 시기였다.

3 **아몬**(33:21-25, 2年)

> "그의 아버지 므낫세가 스스로 겸손함 같이 여호와 앞에서 스스로 겸손하지 아니하고 더욱 범죄하더니 그 신하가 반역하여 왕을 궁중에서 죽이매"
> (23-24)

북왕국 이스라엘처럼 죽고 죽이는 처참한 역사가 남왕국 유다에서도 반복된다.

4 **요시야**(34:1-35:27, 31年)

　□ 요시야의 초발심(34:1-7)

　　A. 8세(즉위 1年, 34:1-2) - "다윗의 길로 걸으며"

　　B. 16세(즉위 8년, 34:3a) - "다윗의 하나님을 비로소 찾고"

　　C. 20세(즉위 12年, 34:3b-7) - 종교개혁

　□ 26세(즉위 18년, 34:8-35:19)

　　A. 성전 수리(34:8-13)

　　B. 율법책 발견(34:14-33)

　　■ 율법을 들음(34:14-21) - "이 발견한 책의 말씀에 대하여 여호와께 물으라!"
　　　(21a)

　　■ 여선지 훌다의 예언(34:22-33)

a 심판(24-25)

  x "듣고 마음이 연약하여 하나님 앞…에서 겸손하여 옷을 찢고 통곡" (26-27)

a' 재앙 중 평안 약속(28)

C. 언약 갱신과 여호와께 복종(34:29-33) - "여호와 앞에서 언약을 세우되"(31a)

D. 유월절(35:1-19) - 사무엘 이후에 최고(최상)로 드려짐

☐ 무깃도대첩(35:20-27)

■ 예루살렘을 떠난 요시야(20)

■ 애굽왕 느고의 입에 있는 하나님의 말씀(21)

❹ 결(結) : 멸망기(36:1-23)

⑯ 여호아하스(1-4, 3月)

⑰ 여호야김(5-8, 11年)

⑱ 여호야긴(9-10, 3月10日)

⑲ 시드기야(11-21, 11年) - #예레미야(12), #그 선지자들(15-16)

                - △느부갓네살(13)

※고레스의 칙령(22-23) - △고레스(23) : 出바벨론

〈참고〉 왕 이름 앞 ○ 안의 숫자는 남왕국 유다의 왕위 순서임. #는 해당 왕 때 활동한 선지자, *은 제사장, △는 이방 왕들, 요시야의 아들들(여호아하스, 여호야김, 시드기야)

> "내 이름으로 일컫는 내 백성이 그들의 악한 길에서 떠나 스스로 낮추고 기도하여 내 얼굴을 찾으면 내가 하늘에서 듣고 그들의 죄를 사하고 그들의 땅을 고칠지라."(7:14)

이제 유다의 열왕들은 물론 "모든 제사장들의 우두머리들과 백성도 크게 범죄하여"(36:14a) 하나님을 떠났고, 마침내 "그의 백성이 하나님의 사신들을 비웃고 그의 말씀을 멸시하며"(36:16a) 멸망을 향해 달려간다. 이에 비해 이방의 모습이 묘한 대조를 이루면서 유다 열왕들과 유다의 죄(초라함)를 극대화한다(35:21, 36:13,22-23).

한편 므낫세의 [入바벨론 → 出바벨론](33:1-20)은 36장의 [入바벨론 → 出바벨론](36:6,10,20 → 22-23)과 쌍을 이루는 것과, 또한 그 사이에 하나님과 이스라엘이 어떤 모

습으로 포로기와 포로기 이후를 내다보고 있는지 사뭇 흥미롭다. 회개가 필수이지만 (7:14, 33:12-13), 그러나 하나님의 주권과 긍휼이 이스라엘의 반응을 뛰어넘는다는 점에서 역사의 주도권은 언제나 하나님께 있다. 이것이 역사신학(歷史神學)이 아닐까.

1 여호아하스(1-4, 3月)

> "애굽 왕이 예루살렘에서 그 왕위를 폐하고 … 애굽으로 잡아갔더라."(3-4)

2 여호야김(엘리아김, 5-8, 11年)

> "바벨론 왕 느부갓네살이 올라와서 치고 그를 치고 그를 쇠사슬로 결박하여 바벨론으로 잡아가고"(6)

3 여호야긴(여고냐, 9-10, 3月10日)

> "느부갓네살 왕이 사람을 보내어 여호야긴을 바벨론으로 잡아가고"(10a)

4 시드기야(11-21, 11年) - 入바벨론

> "또 하나님의 전을 불사르며 예루살렘 성벽을 헐며 … 바벨론으로 사로잡아 가매 … 70년을 지냈으니 여호와께서 예레미야의 입으로 하신 말씀이 이루어졌더라."(19-21)

포로된 이유는 "겸비하지 아니하였으며 … 하나님께로 돌아오지 아니하였고" (12-13), 즉 솔로몬의 성전 기도에 불충했기 때문이다(7:14). 여기에 백성들까지 가세한다(14,16). 마침내 바벨론은 예루살렘을 정복하고, 솔로몬 성전은 파괴되며, 유대인들은 바벨론 포로로 끌려간다.

5 고레스의 칙령(22-23, 스1:1-3) - 出바벨론

> "바사 왕 고레스가 이같이 말하노니 하늘의 신 여호와께서 세상 만국을 내게 주셨고 나에게 명령하여 유다 예루살렘에 성전을 건축하라 하셨나니 너희 중에 그의 백성된 자는 다 올라갈지어다 너희 하나님 여호와께서 함께 하시기를 원하노라 하였더라."(23)

□ "유다 예루살렘에 성전을 건축하라"(23b)

□ "여호와께서 함께 하시기를"(23c) → 'Immanuel'(마 1:23)

이렇게 해서 다윗 왕조와 성전이 회복되는 길이 열리게 된다.

하지만 포로기 이후 미래의 이스라엘은 다윗 왕조(정치적)가 이끄는 나라가 아니라 예루살렘 성전(종교적)을 중심으로 한 시대가 될 것이다. 이는 역사적으로 볼 때에도 다윗 왕조가 복원되지 않았다는 점에서도 확인된다.

» 바벨론 포로

유다는 BC 586년에 바벨론에 의해 멸망한다.

그렇다면 다윗언약(삼하 7:1-17)과 솔로몬에게 약속하신 성전언약(7:11-22)은 어찌되는 것인가. 과연 아브라함언약(창 15:12-21) → 시내산언약(출 19:1-6) → 다윗언약(삼하 7:1-17)으로 이어지는 하나님의 역사는 이렇게 끝나는 것인가. 아니다. 아직 희망의 빛은 남아 있다 :

> "내 이름으로 일컫는 내 백성이 그들의 악한 길에서 떠나 스스로 낮추고 기도하여 내 얼굴을 찾으면 내가 하늘에서 듣고 그들의 죄를 사하고 그들의 땅을 고칠지라."(7:14)

이어지는 구약 역사(에스라, 느헤미야, 학개, 스가랴)가 히미하게나마 하나님의 역사를 바라보게 한다(사무엘하 끝의 '다윗언약의 파노라마' 참조).

10장_에스라   Ezra

■ 맥잡기1 ···

❶ 스룹바벨(1차) – 에스더 – 에스라(2차) – 느헤미야(3차)

  ① 명 령 : 하나님의 집을 건축하라(스 1장)

  ② 하나님의 집의 재건(스 2 - 느 7장)

    A 포로 귀환자들의 명단(스 2장)

      B 하나님의 집 재건(스 3 - 느 6장)

        a. 성전재건(스 3-6장) : 스룹바벨

          ☐ 에스더(1:1-10:3)

        b. 거룩한 자손 재건(스 7-10장) : 에스라

        c. 예루살렘 성벽재건(느 1-6장) : 느헤미야

    A' 포로 귀환자들의 명단(느 7장)

  ③ 지속적 회복과 갱신(느 8-13장)

■ 맥잡기2 ···

❶ 스룹바벨 – 제1차 귀환과 성전재건(1:1-6:22) : 고레스

  ① 백성의 귀환(1:1-11)

  ② 귀환자 명단(2:1-70)

  ③ 성전재건의 시작과 중단(3:1-4:24)

  ④ 성전재건의 재개와 완성(5:1-6:22) : 다리오

    ☐ 에스더(1:1-10:3) : 아하수에로

❷ 에스라 – 제2차 귀환과 백성재건(7:1-10:44) **: 아닥사스다**

[1] 귀환과 감사(7:1-28)

[2] 귀환자 명단(8:1-36)

[3] 잡혼에 대한 회개(9:1-15)

[4] 잡혼에 대한 분리(10:1-44)

※ 에스더 : 스룹바벨의 1차 귀환과 에스라의 2차 귀환 사이에는 약 60여 년의 간격이 있는데 바로 그 사이에 에스더 이야기가 자리한다.

※ 고레스, 다리오, 아닥사스다 : 하나님은 이방 파사(페르시아)의 왕들을 통해서도 일하신다.

» 성전재건, 그리고 개혁

[연대기표]

930		솔로몬의 죽음, 분열왕국 시작
722		북왕국 이스라엘 멸망(앗수르 포로, 왕하 17장)
597		예루살렘 함락, 바벨론 포로의 시작
586		남왕국 유다 멸망(바벨론 포로, 왕하 25장)
539		바사(페르시아, 現 이란)왕 고레스 칙령(스 1:1-4)
536		제1차 포로 귀환(42,360명, 스룹바벨, 스 1:5-2:70)
→	522-486	바사왕 다리오(Darius 1) 통치
	516	성전재건(스 6:13-15, 다리오 6년)
→	486-65	바사왕 아하수에로(Xerxes) 통치 – 에스더 활동
→	464-24	바사왕 아닥사스다(Artaxerxes) 통치 – 에스라·느헤미야 활동
458		제2차 포로 귀환(약 5,000명, 에스라, 스 8:1-)
445		제3차 포로 귀한(느헤미야, 느 2:9-)

고레스는 나팔을 불고 이스라엘은 움직인다.

마침내 바벨론이 바사에 의해 멸망(BC 539)하고 고레스의 칙령에 따라 이스라엘(총 42,360명, 2:1-70)은 초대 총독 스룹바벨의 인도를 받아 고국으로 돌아오는 장도에 오른 다. 예루살렘 성전이 다시 재건된 것은 이런 역사적인 배경 하에서 이해되어진다. 참으로 특이한 구조다. 포로기의 선지자 예레미야는 이스라엘이 70년 만에 다시 고국으로 돌아올 것을 예언했고(렘 25:11-14, 29:10-14), 이보다 훨씬 더 이전(약 200년 전)에 활동한 이사야는 고레스라는 한 왕이 일어나 예루살렘과 성전이 회복될 것을 동일하게 예언하였다(사 44:28-45:7,13).

1) 제1차 포로 귀환 : 스룹바벨의 성전재건(1:1-6:22)

> "건축자가 여호와의 성전의 기초를 놓을 때에 … 여호와께 감사하여 이르되 … 모든 백성이 여호와의 성전 기초가 놓임을 보고 여호와를 찬송하며 큰 소리로 즐거이 부르며"(3:10-11)
>
> "이스라엘 자손과 제사장들과 레위 사람들과 기타 사로잡혔던 자의 자손이 즐거이 하나님의 성전 봉헌식을 행하니"(6:16)

- ☐ 귀환(1:1-2:70)
- ☐ 번제단을 쌓음(3:1-7)
- ☐ 성전재건(3:8-13)
- ☐ 방해들과 성전재건의 중단(4:1-23)
- ☐ 선지자들의 권면과 다리오왕의 조서(5:1-6:14)
- ☐ 성전재건 필역(6:15-22)

스룹바벨('바벨론에 내려감' 혹은 '바벨론의 후예'라는 뜻)은 마침내 예루살렘으로 돌아온다(마1:12). 하나님께서 이사야를 통해 예언하신 바로 그 고레스(Cyrus)가 바사 왕이 되어 하나님의 말씀을 성취하기 시작했기 때문이다. 이렇게 해서 이스라엘은 "첫 성전을 보았"(3:12a)던 여러 노인들과(분열왕국 세대), 스룹바벨처럼 포로기에 태어난 포로 세대와, 다시 고향 예루살렘에서 태어난(태어날) 새로운 세대가 함께 어우러져 율법과 성전을 중심으로 신앙생활을 회복하게 된다.

고레스의 귀환령(포로석방조서, 1:1-4)에 따라 스룹바벨의 지도 아래 고토(故土)로 돌아온 이스라엘은 마침내 하나님께 번제를 드림으로써 역사적인 성전재건 사역을 시작한다(3장). 하지만 호사다마(好事多魔, 4장)라고나 할까. '대적'(포로기 동안에 앗수르에 의해 강제 이주된 사마리아인들, 4:1)들의 끈질긴 방해는 이 일을 무려 14년여 동안이나 중단되도록 했다. 이 암울한 기간에 하나님은 선지자 학개와 스가랴를 통해 이스라엘을 격려하시면서 말씀을 통해 내적으로 저들을 준비시키시며, 동시에 하나님은 다리오 왕을 사용하사 마침내 성전을 완공(BC 516)케 하시고 저들의 아름다운 봉헌을 기쁘게 받으신다.

포로기라는 혹독한 수업료를 지불하였음에도, 그리하여 이제는 정신 차리고서 하나님이 기뻐하시는 일을 함에도 '고난'은 있다. 어찌된 일일까. 하나님의 말씀이라는 씨앗이 뿌려짐에도 그것을 방해하는 악한 세력들이 있듯이(눅 8:11-14), 산상수훈의 말씀을 "듣고 행하는 자는 그 집을 반석 위에 지은 지혜로운 사람"(마 7:24)인데도, 아니 말씀을 듣고 행하며 사는 자에게도 "비가 내리고 창수가 나고 바람이 불어 그 집에 부딪치"(마 7:25)듯이 말이다.

한편 지도자 스룹바벨과 선지자 학개와 스가랴 사이의 아름다운 동역이 상상하는 것만으로도 즐겁다(3:1-2,8, 5:1-2). 여기에 백성들의 인내와 어려움 속에서도 자중지란(自中之亂)으로 허물어지지 않는 고난 속에서의 연단이 아름답게 빛난다. 사실 박힌 돌('대적', 4:1, 포로기 때 앗수르에 의해 이주되어 살고 있던 자들)과 굴러온 돌(2:1-70, 귀환자)은 여러 면에서 게임이 되지 않았다. 어쩌면 이들은 이 기간 동안에 광야생활을 접고 가나안생활을 시작한 선조들이 써낸 여호수아서처럼 이 쓴뿌리들과의 사투(4:1-24, 5:3-17)는 하나님만을 의지하는 법을 새롭게 배우는 소중한 시기이기도 했을 것이다.

2) 제2차 포로 귀환 : 에스라의 백성재건(7:1-10:44)

> "에스라가 여호와의 율법을 연구하여 준행하며 율례와 규례를 이스라엘에게 가르치기를 결심하였더라."(7:10)
>
> "이제 너희 조상들의 하나님 앞에서 죄를 자복하고 그의 뜻대로 행하여 그 지방 사람들과 이방 여인을 끊어 버리라 하니 모든 회중이 큰 소리로 대답하여 이르되 당신의 말씀대로 우리가 마땅히 행할 것이니이다."(10:11-12)

☐ 이방인들과 잡혼(9:1-4)

☐ 에스라의 중보기도(9:5-15)

☐ 이스라엘의 회개(10:1-5)

☐ 예루살렘 총회의 결의(10:6-15)

☐ 율법대로 행함(10:16-44)

에스라는 대제사장 아론의 16대손이자 사독의 5대손으로서 성경을 전문적으로 가르치는 학사(교사)였다(7:1-6). 그는 "이스라엘의 하나님 여호와께서 주신 모세의 율법에 익숙한 학자"(7:6)일 뿐만 아니라 "하나님의 율법에 완전한"(7:12) 학자 겸 제사장이다. 이스라엘 나라가 다시 회복되었고, 동시에 성전이 다시 재건되었다. 하지만 율법이 흐르는 나라가 되는 것은 아직 요원하였다. 바로 여기가 에스라가 서는 자리다 : "에스라가 여호와의 율법을 연구하여 준행하며 율례와 규례를 이스라엘에게 가르치기를 결심하였었더라."(7:10)

한편 에스라는 귀환 후 잡혼(이방 결혼) 문제에 대해 집중한다(9-10장) : "이 모든 아내와 그들의 소생을 다 내보내기로 … 율법대로 행할 것이라."(10:3) 왜 그래야 하는가? 많은 유대인들이 아내를 버리고 이방 여자들과 결혼(재혼)을 함으로써 이 문제가 귀환 이후 이스라엘의 흥망을 좌우하는 문제로 인식했기 때문이다. 잡혼은 모세의 율법(신 7:1-5)이 금지한 죄다. 이는 사사시대부터 터진 부대처럼 이스라엘을 무너뜨리는 화근이 되더니(삿 3:5-7), 에스라(10:1-44), 느헤미야(13:23-28), 말라기(2:11)에까지 확장되고 만다.

어디 이게 이스라엘만의 문제일까. "너희는 믿지 않는 자와 멍에를 함께 메지 말라"(고후 6:14)는 말씀은 지금도 거룩과 분리의 담을 허는 여우와 같이 우리 곁에 있다는 점에서 그렇다.

» 사람이 희망이다.

"이스라엘이여 네 백성이 바다의 모래 같을지라도 남은 자만 돌아오리니 넘치는 공의로 파멸이 작정되었음이라."(사 10:22)

"너희는 바벨론에서 나와서 갈대아인을 피하고 즐거운 소리로 이를 알게 하여 들려 주며 땅 끝까지 반포하여 이르기를 여호와께서 그의 종 야곱을 구속하셨다 하라."(사 48:20)

➡

"이 모든 땅이 폐허가 되어 놀랄 일이 될 것이며 이 민족들은 칠십 년 동안 바벨론의 왕을 섬기리라. 여호와의 말씀이니라 칠십 년이 끝나면 내가 바벨론의 왕과 그의 나라와 갈대아인의 땅을 그 죄악으로 말미암아 벌하여 영원히 폐허가 되게 하되."(렘 25:11-12)

이스라엘은 포로기 이후에 다시 고국으로 돌아온다.

여기서 중요한 것은 이것이 하나님의 말씀의 성취라는데 있다(사 10:20-23, 44:28-

45:7,13, 48:20, 렘 25:11-14). 앗수르(이스라엘) → 바벨론(유다) → 바사로 이어지는 제국들의 흥망성쇠를 따라 이제 북왕국 이스라엘(10지파)과 남왕국 유다(2지파)로 나누어졌던 이스라엘 백성들은 마침내 바사왕 고레스의 칙령에 따라 예루살렘으로 귀환하게 된다(1:1-2:70). 하나님은 비록 죄 가운데 멸망하여 포로가 되었으나 저들을 향한 언약을 신실하게 지키심으로써 '유다와 베냐민'(1:5) 지파는 물론 '그의 백성된 자'(1:3) 곧 '그 남아있는 백성'(1:4)들은 마침내 다시 예루살렘으로 돌아오게 되었다.

그 첫 번째 성취가 스룹바벨의 인도를 통한 제1차 귀환이고(1-6장, BC 536), 두 번째 성취가 그로부터 약 80여년 후에 이루어진 에스라의 인도를 통한 제2차 귀환이다(7-10장, BC 458). 에스라서는 이 두 귀환을 중심으로 한 역사를 다루고 있다. 이 두 차례의 귀환과 이들의 사역 사이에는, 그러니까 스룹바벨의 성전재건을 다룬 6장과 에스라의 사역이 시작되는 7장 사이에는 약 60여 년이라는 이야기의 중단이 있다. 그리고 그 사이에 학개와 스가랴가 선지자로 활동하였고(5:1, 학 1:1, 슥 1:1), 또한 에스더 이야기가 자리한다(에 1:1).

11장_느헤미야   Nehemiah

■ 맥잡기

❶ [구조1] 스룹바벨(1차) **– 에스더 – 에스라**(2차) **– 느헤미야**(3차)

    ① 명령 : 하나님의 집을 건축하라(스 1장)

    ② 하나님의 집의 재건(스 2 - 느 7장)

        A 포로 귀환자들의 명단(스 2장)

          B 하나님의 집 재건(스 3 - 느 6장)

            a. 성전재건(스 3-6장) : 스룹바벨

            b. 거룩한 자손 재건(스 7-10장) : 에스라

            c. 예루살렘 성벽재건(느 1-6장) : 느헤미야

        A' 포로 귀환자들의 명단(느 7장)

    ③ 지속적 회복과 갱신(느 8-13장)

❷ [구조2] 느헤미야

    ① 성벽을 재건하라!(1:1-7:73)

        1 예루살렘 성벽재건(1:1-7:4)

          1. 느헤미야의 귀환(1:1-2:10)

          2. 성벽재건 시작(2:11-3:32)

          3. 방해(4:1-5:5)

          4. 성벽재건 완수(5:6-7:4)

        2 포로 귀환자들의 명단(7:5-73)

» 평신도 느헤미야, 성벽재건

[에스라-느헤미야 연대기표]

539		바사(페르시아, 現 이란)왕 고레스 칙령(스 1:1-4)
536		제1차 포로 귀환(42,360명, 스룹바벨, 스 1:5-2:70)
→	522-486	바사왕 다리오(Darius 1) 통치
→	486-65	바사왕 아하수에로(Xerxes) 통치 - 에스더 활동
→	464-24	바사왕 아닥사스다(Artaxerxes) 통치 - 에스라·느헤미야 활동
458		제2차 포로 귀환(약 5,000명, 에스라, 스 8:1-)
445		제3차 포로 귀환(느헤미야, 느 2:9-)

1) 성벽을 재건하라!(1:1-7:73)

예루살렘 성전은 재건되었지만 성벽은 황무하게 무너져 있었다. 이에 느헤미야가 귀
환하고, 52일 만에 성벽을 재건하는 일을 마무리한다. 무엇보다 그는 기도로 이를 성취
해 낸다(1:4, 4:9).

❶ 예루살렘 성벽재건(1:1-7:4)

> "자, 예루살렘 성을 건축하여 다시 수치를 당하지 말자"(2:17b)
> "백성이 마음 들여 일을 하였음이니라."(4:6b)

⑴ 느헤미야의 귀환(1:1-2:10)

느헤미야는 아닥사스다 20년을 기점으로 시작된다(1:1). 그는 에스라와 동시대에 활동한(8:1, 12:36) 평신도 사역자로서 이방의 땅 바사에서 고위 공직자(공무원)로 직무를 감당한다(1:11b).

□ 느헤미야가 있다(1:1-11) : 마침 동생 하나니(2a, 7:2)가 유다로부터 바사의 수산궁에 이르렀기에 느헤미야는 그곳의 형편을 묻는다. 그의 관심은 오직 하나, 예루살렘의 형편이다. 느헤미야는 예루살렘의 소식을 "듣고 앉아서 울고 수일 동안 슬퍼하며 하늘의 하나님 앞에 금식하며 기도하여"(4)로 반응한다.

한편, 느헤미야는 이스라엘 역사에 대한 탁월한 지식을 소유한 준비된 지도자였다. 하나님께서 출애굽한 이스라엘과 맺으신 구속의 언약에 대한 약속을 이루시기를 기도한다(7-10). 그리고 이를 위해 "종의 기도와 주의 이름을 경외하기를 기뻐하는 종들의 기도를 들으시고 오늘 종이 형통하여 이 사람들 앞에서 은혜를 입게 하옵소서"(11)라고 간구한다.

□ 기도, 그 이후가 있다(2:1-10) : 느헤미야의 기도는 기슬르月(11-12월)에 시작되었다(1:1). 그런데 그 기도가 니산月(3-4월, 1)이 되도록 별 변화의 기미가 나타나지 않는다. 기도가 시작된 지 4-6개월이 지났음에도 말이다. 예루살렘 소식(1:3)을 들은 후 무엇 하나 달라진 것 없이 6개월 가깝게 흘러만 가는 시간, 그리고 이 일을 위해서 아무 것도 할 수 없는 자신의 한계, 동족들은 고난과 고통에 있는데 자신은 왕궁에서 겨울과 봄을 나면서 편안하게 지내는 것에 대한 자책감, 아마 이런 여러 마음의 파장들이 복잡하게 섞이면서 그의 수색이 평소와 다르게 비춰졌을 것이다(2).

왕은 느헤미야의 이야기(3)를 듣고, 그가 원하는 것을 물었다. 그리고 느헤미야는 "나를 유다 땅 나의 조상들의 묘실이 있는 성읍에 보내어 그 성을 건축하게 하옵소서"(5b)라고 대답한다. 문제는 이 질문(Q, 4a)과 대답(A, 5) 사이에 기도(P, 4b)가 자리하고 있음이다. QPA 순서, 그리고 이것의 연속인 Q'A'(6,7-8) 순서는 쉽고 단순해 보이지만 실전에서 무수하게 놓치는 부분이다. 그래서 느헤미야의 영성이 빛나는 것 아닌가.

2 성벽재건 시작(2:11-3:32)

느헤미야는 수산궁에서 예루살렘으로 왔다(2:1). 꿈에도 그리던 예루살렘이었다. 이제 그가 수산에서 생각하고 기도했던 일들을 어떻게 예루살렘에서 구현하는가? 마침내 느헤미야가 꿈꾸던 일들을 이룰 수 있는 시간이 왔다.

❑ **준비된 자는 아름답다**(2:11-20) : 이방의 수산에서 기도했고(1장), 예루살렘에서 이 일을 직접 준비했다(2장). 그리고서 "유다 사람들에게나 제사장들에게나 귀족들에게나 방백들에게나 그 외에 일하는 자들에게"(16b) 이러한 계획을 발표한다. 이것은 예루살렘에 도착한 지 3일에 "내 하나님께서 예루살렘을 위해 무엇을 할 것인지 내 마음에 주신 것을 내가 아무에게도 말하지 아니하고 밤에 일어나"(12a) 예루살렘의 형편을 자세하게 살펴본 결과다.

느헤미야에게는 '하나님의 선한 손'(8b,18a)이 자신을 도우시고 있음에 대한 믿음이 있었다. 한편 영광스런 부흥이 시작되는 길목에 이 거룩한 사역을 훼방하는 산발랏과 도비야와 게셈이라는 악한 무리들이 등장한다(19). 이들은 느헤미야가 예루살렘에 온다는 소식을 들었을 때(10)부터 공동체를 허는 '작은 여우'(아 2:15)됨을 자임하는 사탄의 하수인들이다.

하지만 느헤미야는 반대자(적대자)들을 향해 담대한 신앙고백을 토해낸다 : "하늘의 하나님이 우리를 형통하게 하시리니 그의 종들인 우리가 일어나 건축하려니와 오직 너희에게는 예루살렘에서 아무 기업도 없고 권리도 없고 기억되는 바도 없다."(20)

❑ **동역은 아름답다**(3:1-32) : 예루살렘 성벽 재건의 역사에 참여한 38명의 이름과 가문, 그리고 직책 또는 직업들이 자세하게 소개된다. 예루살렘 성벽 재건은 북쪽 양문을 시작으로 성 모퉁이 누에서 다시 양문까지 시계 반대 방향으로 진행되었다. 그 순서는 다음과 같다 : 양문(1) → 어문(3) → 옛문(6) → 골짜기문(13) → 분문(14) → 샘문(15) → 수문(26) → 마문(28) → 양문(32)

한편 "그들의 지도자들은 노동을 하지 않았다."(5b, 현대인의 성경) 이들은 드고아의 귀족(지도자)들이다. 제사장(1,22,28)을 비롯하여 유력한 사람들이 이 일에 직접 참여하였는데 유독 이들만은 일하지 않은 것이다.

[3] 방해(4:1-5:5)

□ 밖으로부터의 도전(4:1-14) : 첫 번째 방해(1-6)와 두 번째 방해(7-14)로 이어지는 본문의 흐름은 하나님의 역사를 방해하는 도전이 점차 강해지고 있음을 보여준다. 산발랏(사마리아 총독)과 도비야는 분노와 비웃음으로 하나님의 일을 방해하지만(1-3), 이에 굴하지 않는 느헤미야의 저주기도(詛呪祈禱)가 이어진다(4-5). 이러한 원수들의 조롱과 멸시에도 백성들은 '마음 들여'(6b) 최선을 다해 열심히 일함으로서 성벽 공사는 순조롭게 진행되었다.

이제는 '다 함께'(8a) 연합전선을 펴며 압박해 들어온다. 물론 이번에도 크게 보면 방해 → 기도 → 승리(15)의 패턴(pattern)이지만 이번에는 첫 번째(1-6)와는 달리 파수꾼을 세우고(9b), 적들을 방어하는 전략을 세우는(13-14) 등 기도와 더불어 사람이 해야 할 최선의 일들을 함께 하고 있는 모습을 만난다. 적은 밖에만 있는 게 아니고 안에도 있다(10). 하지만 하나님의 공동체는 생기를 불어넣는 12절의 유다 사람들과, 함께 기도하는 '우리'와 '파수꾼'(9)의 헌신과 땀에 의해서 하나님의 역사를 성취해 가는 영광을 누린다.

□ 안으로부터의 응전(4:15-23) : 하나님의 역사를 무력화시키려는 산발랏과 그 무리들은 '대적'이다(15). 한편 성벽을 재건하는 일과 악의 무리들의 공격을 방어하는 일이 매우 적절하게 균형을 유지하고 있다(16-18). 참으로 감동적인 헌신이 계속된다. 모두가 다 일심으로 예루살렘 성벽 재건의 대사(大事)에 헌신한다. 먹고, 입고, 자는 것이라는 가장 기초적인 의식주(衣食住)까지 포기하고 밤낮으로 전념한다(21-23). 이것이 되는 공동체의 모습이다.

□ 총체적인 혼돈(5:1-5) : 산발랏의 무리들이라는 외부의 적이 물러가자 이번에는 내부에서 원망이 터진다. 흉년 때문에 먹을 곡식이 턱없이 부족하였다(3b). 마침내 더러는 자녀들까지 팔아 양식을 구한 모양이다(2,5a).

[4] 성벽재건 완수(5:6-7:4)

□ 느헤미야 클리닉(5:6-13) : 백성들로 하여금 불평을 하게 끔 한 사람(지도자)들의 소행이 옳지 못하다는 해석을 하게 된 배경은 모세오경이다(6-9) : ① 유대인끼리 변리를 받고 돈을 빌려 주지 말라(출 22:25). ② 이스라엘 사람을 노예

로 팔지 말라(레 25:39,42). 이렇게 해서 말씀이 회복되고(10-11), 거기에 영적 지도력이 든든히 서자 문제는 해결되었다(12a). 말씀대로 살겠다는 고백!, 참 아름답다(13b).

□ 느헤미야 일기(5:14-19) : 지도자의 청렴성을 만난다. 그는 총독으로서의 권리를 행사하지 않는다. 그 이유는 백성들의 부역이 중함을 알았고(18b), 무엇보다 하나님을 경외함으로 이같이 행치 아니하였다(15b). 자신뿐만 아니라 형제들, 그리고 자기와 함께 있는 공무원까지도 권력형 비리에 빠지지 않도록 잘 살폈다(16). 그러면서 오직 성벽 재건에 온 힘을 다 모았다. 이같은 생활은 짧지 않은 12년이나 지속되었다(14). 그는 공사(公私)에 분명한 삶을 살았고, 땅한 평 소유하지 않는 청렴한 지도자였다(16). 느헤미야의 일상생활의 질 높은 영성의 비결은 분명 그의 기도 생활에서 나온 것 같다(19).

□ 음모는 끝나지 않았다(6:1-14) : 또 다시 기도 이후에 등장하는 중상모략이라는 음모가 흥미롭다(6:1-). 무력을 통한 위협(4장)이 통하지 않자 이번에는 느헤미야를 살해하려는 암살 작전이 시작된다. 산발랏의 무리들은 네 번이나 만나자는 전갈을 보내왔으나 그때마다 하나님만을 전적으로 신뢰한 느헤미야는 흔들림 없이 대답한다(3).

산발랏의 거짓말이 극에 달한다. 그는 다섯 번째 편지를 보내어 성벽 재건은 반란을 일으키려는 것이며(6), 몇 선지자들을 앞세워 느헤미야 네가 유다 왕이 되었다는 소문이 있는데 이게 황제에게까지 들리게 되면 좋을 게 없으니 이 문제를 함께 의논하자(7)고 제안한다. 하지만 느헤미야는 산발랏 "네 마음에서 지어낸 것이라"(8b)고 응답하면서 이런 계략은 우리를 두렵게 하여 성벽 재건의 역사를 정지하고 이루지 못하게 하려는 술책임을 간파한다. 이런 급박한 와중에서 느헤미야가 행한 하나님을 향한 신뢰는 다시 기도 앞으로 나아가는 것이었다 : "하나님이여, 나를 강하게 하소서!"(9b, 현대인의 성경)

한편 스마야의 교묘한 전략(10)에 대한 느헤미야의 대답(11-13)은 정확한 통찰이었다. 느헤미야가 스마야의 말을 예언으로 받아들인 걸로 봐 아마도 선지자였던 것 같다. 그는 산발랏의 무리들에게 뇌물을 받고 거짓 예언을 해 준 타락한 삯꾼이다. 선지자의 타락은 참으로 충격이 아닐 수 없다.

□ 성벽 준공(6:15-19) : 이런 와중에서 마침내 성벽이 준공되었다. 52일만의 승리다. 이처럼 성벽 중건의 역사가 끝났고(6:15), 성의 수비대를 조직함으로써 "온 이스라엘 자손이 다 자기들의 성읍에 거주하였느니라"(7:73b)로 느헤미야의 성벽 재건 사역은 마무리된다. 그런데 그 두 사이에 산발랏과 도비야가 등장하고 있다(2:10,19, 4:4,7-8, 6:1,12,17-19, 13:4-9). 하지만 저들은 두려워하여 낙담할 수 밖에 없다. 왜 그런가? : "우리 하나님께서 이 역사를 이루신 것을 앎이니라."(16)

□ 성벽재건 마무리와 후속 조치(7:1-4) : 느헤미야는 성벽 재건을 마무리하는 것으로 자기 소임을 완수한다. 그는 아닥사스다왕 20년에 왕에게 "기한을 정하고"(2:6b) 예루살렘에 와서 유다 총독으로서 12년 동안 봉직하였다(5:14). 그리고 성벽 재건을 시작한지 52일 만에 역사를 끝내고(6:15), 예루살렘 성에 대한 미진한 일들을 마무리한다(7장).

느헤미야의 후속 조치가 참 아름답다. 그는 성의 기능이 원활하게 이루어지도록 적재적소(適材適所)에 사람과 그들의 임무를 부여한다 : "성벽이 건축되매 문짝을 달고 문지기와 노래하는 자들과 레위 사람들을 세운 후에"(1) 그리고 예루살렘을 다스릴 자로 두 사람을 세운다. 그가 하나냐를 지도자로 임명한 이유는 "충성스러운 사람이요 하나님을 경외함이 무리 중에서 뛰어난 자"(2b)였기 때문이다.

❷ 제1차 포로 귀환자들의 명단(7:5-73, 스 2:1-69 참조)

> "이와 같이 제사장들과 레위 사람들과 문지기들과 노래하는 자들과 백성 몇 명과 느디님 사람들과 온 이스라엘 자손이 다 자기들의 성읍에 거주하였느니라."(73)

□ 서론(5-7)
□ 귀환자들(8-65)
□ 통계(66-69)
□ 헌신(70-72)
□ 결론(73)

2장이 단순한 포로 귀환자들의 명단이라면 7장은 하나님의 집에 거하게 될 하나님의 백성들이라는 입장에서 다룬다. 이미 1세기 이상이 지난 명단(느헤미야 당시에 이들은 아마도 거의 죽었을 것이다)을 언급한 것은 이것 때문일 것이다.

2) 부흥을 재건하라!(8:1-13:31)

> "하나님의 율법책을 낭독하고 그 뜻을 해석하여 백성에게 그 낭독하는 것을 다 깨닫게 하니, 백성이 율법의 말씀을 듣고 다 우는지라"(8:8-9a)

❶ 회개와 새 언약(8:1-10:39) : 언약갱신

- ☐ 율법의 선포(8장)
- ☐ 고백(9장)
- ☐ 언약에의 재 헌신(10장)

다시 에스라가 전면에 등장한다. 느헤미야는 간략하게 소개될 뿐이다(8:9, 10:1).

1 말씀 부흥이 오고 있다(8:1-12).

'모든 백성'이 일제히 수문 앞 광장에 모였다(1). 6월 25일에 성벽이 완공되고 (6:15), 7월 1일에 집회를 열었다. 부흥은 이렇게 시작된다. 성벽 재건(A)에 성공한 이후, 곧바로 영적 부흥이라는 심령의 재건(B)을 위해 발빠르게 움직인다. 하나님의 말씀 앞으로 말이다. 느헤미야를 중심으로 한 백성들의 성벽 준비(A)는 제사장 겸 학사 에스라를 통한 영적 부흥(B)으로 이어진다. 이처럼 A → B로의 흐름(순서)은 정상적이다. 느헤미야와 에스라의 동역이 참 아름답다.

- ☐ 깨닫게 하다(1-8) : 백성들은 에스라에게 모세의 율법책을 가지고 오기를 청한다. 그는 새벽부터 정오까지 읽었고, 백성은 그 율법책에 귀를 기울였다(3). 에스라가 율법을 펼 때에 모든 백성이 일어서고, 에스라가 하나님 여호와를 송축하매 백성들이 '아멘'으로 화답하며 몸을 굽혀 얼굴을 땅에 대고 여호와께 경배하였다(5-6). 에스라는 율법책을 읽었고, 레위인들은 백성들에게 그 낭독한 것을 다 깨닫도록 그 뜻을 해석(통역)하였다(7-8). 그런데 역사가 이

루어지기 시작한다(9-). 이것이 '말씀'이다.

    □ 즐거워하다(9-12) : 말씀을 들은 백성들의 반응은 눈물이었다(9a). 그러나 7월 1일은 나팔절(레 23:23-25)이고, 10일은 대속죄일(레 23:26-32)이며, 15일부터 일주일간은 초막절(출 23:14- , 레 23:39- , 민 29:12-40)이다. 느헤미야와 에스라와 레위인들은 이러한 절기를 이미 알고 있었기 때문에 권면과 반응은 절묘하다(9-11 → 12).

② 초막절 부흥을 보라(8:13-18)

    말씀읽기(13-15) → 신앙하기(16-18)야말로 건강한 삶의 정석이다. 성벽만 쌓았다면 어떤 면에서 참 허무하지 않았을까?

③ 부흥(9:1-38)

    □ 부흥의 기상도(1-8)

        ■ 말씀과 회개(1-4)

        ■ 찬양과 기도(5-8)

    □ 부흥의 역사를 회상한다(9-38).

        ■ 기도문1(9-15) : 출애굽 사건은 부흥의 한 모델(model)이다.

        ■ 기도문2(16-31) : '저희'의 죄가 하나님의 부흥을 가로 막았다.

        ■ 기도문3(32-38) : 지금 기도 앞에 서 있는 '우리'를 돌아 보시사 다시 새롭게 부흥의 도구로 써 주시기를 간구하고 있다.

④ 새 언약(10:1-39)

    □ 언약의 맹세자들(1-27)

    □ 백성들의 맹세와 언약(28-39) : 느헤미야의 부흥은 위(지도자, 1-27)에서부터 아래(백성, 28-31)까지 점차 확장되고 있다. 제사장들이 23명(1-8), 레위 사람이 17명(9-13), 백성의 두목들이 44명(14-27), 이렇게 총 84명이다. 그리고 이어서 백성들이 하나님의 말씀을 따라 맹세로 화답한다. 全공동체적인 합력이다. 인상적인 것은 이 맹세가 하나님의 모든 말씀을 지키며 살겠다는 맹세이

자, 시작된 부흥에 대한 화답인 점이다(29). 이렇듯 '하나님의 율법'을 회복하겠다는 선언(28-29)과 함께 하나님의 전을 중심으로 한 맹세의 구체적인 실천(30-39)을 엄숙하게 고백한다. 하나님에 대한 약속이요, 부흥을 주신 하나님에 대한 자발적인 응답이라는 점에서 백성의 〈수문광장선언문〉은 신앙고백적인 의미를 가진다.

- 서론(28-29) : "그 남은 백성과 … 하나님의 율법을 준행하는 모든 자와 그들의 아내와 그들의 자녀들 곧 지식과 총명이 있는 자들은, 다 … 맹세하기를 우리가 하나님의 종 모세를 통하여 주신 하나님의 율법을 따라 우리 주 여호와의 모든 계명과 규례와 율례를 지켜 행하여"

- 본론(30-39a) : "우리 … 것이라."

  ① 불신결혼 금지(30)　　　　② 안식일 성수(31)
  ③ 헌금생활(32-33)　　　　　④ 번제단용 나무 헌물(34)
  ⑤ 초태생 봉헌(35-37a)　　　⑥ 십일조 생활(37b-39)

- 결론(39b) : "그리하여 우리가 우리 하나님의 전을 버려 두지 아니하리라."

❷ 새 공동체(11:1-36)

□ 모이는 교회(1-19,21-24)
□ 흩어지는 교회(20,25-36)

성벽 재건(1-7장)으로 시작된 부흥(8-10장)은 현실(1-2, /:4)의 벽을 넘지 못하는가? 느헤미야의 부흥을 일구어 낸 땅, 그것도 '거룩한 성 예루살렘'(1)이 아닌가. 그러나 지금 다수의 백성들은 예루살렘에 뿌리를 내리는 것을 외면한다. 바로 이때 이 문제가 어떻게 해결되고 있는가를 살피는 일은 흥미롭다.

[1] 모이는 교회(1-19,21-24) : 예루살렘 공동체

□ 지도자들과 제비뽑기(1-2) : 부흥을 위해 "모든 백성이 일제히 (예루살렘) 수문 앞 광장에 모여"(8:1) 7월을 온통 말씀과 기도로 하나님을 경험한 결과 이들에게는 7:4절과 같은 형편의 예루살렘이 비로소 그대로 보인 것이다. 9/10는 각기 다른 성읍으로 돌아갔다. 하지만 지도자들과 제비뽑기의 1/10, 그

리고 자원자들이 힘을 합하여 헌신함으로써 예루살렘의 영적이며 국가 행정적인 기능이 유지될 수 있게 된 것이다.

□ 자원한 공동체(3-19,21-24)

- 일반 백성들(3-9)
- 제사장들(10-14)
- 레위인들(15-18)
- 문지기들(19)
- 느디님 사람(21)
- 노래하는 자(22-24)

자원한 예루살렘 정착자들이 소개되고 있다. 유다 자손 중에서 486명(4-6), 베냐민 자손 중에서 928명(7-8), 제사장 자손 중에서 1,192명(10-14), 레위 사람 중에서 284명(15-18), 성 문지기는 172명, 그래서 총 3,062명이 예루살렘에 삶의 터전을 마련하고 정착하였다. 수 만 명의 귀환 포로 백성들 가운데 겨우 수 천 명 정도만이 '거룩한 성 예루살렘'(1)에 살게 된 셈이다. 예루살렘 성벽을 재건하고(1-7장), 말씀과 기도 가운데 하나님의 부흥을 경험했던 백성들(8-10장) 가운데 열악한 예루살렘(7:4)을 위해 끝까지 헌신한 그룹이 소수였다는 사실이 좀 우울하다.

그러나 귀환자 42,337명(7:66) 가운데 1/10인 4,233명에 자원자 3,062명을 더하고, 백성의 지도자들(1)을 합하면 7-8천여명이 예루살렘에 거주하게 되었으니 전체 가운데 약 1/5 정도가 예루살렘을 지키며 헌신했다는 점은 그렇게 어둡게만 볼 부분이 결코 아니다.

2 흩어지는 교회(20,25-36) : 유다 공동체

예루살렘에 정착하지 않은 대략 8/10의 백성들의 거주지가 소개된다. 이들은 예루살렘이 아니 '다른 성읍'(11:1b)에 거하였으며, 예루살렘에 거주한 사람들(11:1-21) 이외의 대다수 "이스라엘과 제사장들과 레위 사람들과 느디님 사람들과 솔로몬의 신하들의 자손은 유다 여러 성읍에서 각각 자기 성읍 자기 기업에 거주하였"(11:3a)는데 이들의 거주지는 주로 "농장에서 가까운 성과 그 주변 일대의 마을에서"(25, 현대인의 성경) 흩어져 살았다.

이들 약 8/10에 해당하는 대부분의 유다 지파 사람들은 "남쪽 브엘세바에서부터 북쪽 힌놈의 골짜기까지 장막을 쳤으며"(25-30), 베냐민 지파 사람들은 각각 유다 북방 지역들에 흩어져 살았다(31-35). 이렇게 해서 약 2/10의 예루살렘에서 사는 백성들과 온 유다에 흩어진 백성들이 포로 귀환 후 새로운 정착지에서 생활을 시작하였다.

❸ 새 성벽(12:1-47)

⌐1⌐ 성벽봉헌 서곡(1-30)

　□ 스룹바벨과 함께 제1차 귀환 제사장들과 레위인들(1-9)

　□ 후대의 대제사장들, 제사장과 레위인들(10-26)

　　■ 예수아를 위시한 대제사장 가문(10-11)

　　■ 예수아의 아들 요아김 때의 제사장 명부(12-21)

　　■ 당대 레위 족장과 역할(22-26)

　□ 성벽 봉헌의 준비 요소들(27-30)

⌐2⌐ 성벽봉헌식(31-47)

　□ 봉헌(31-42)

　□ 찬양(43)

　□ 헌신(44-47, 10:37 참조)

❹ 개혁(13:1-31)

백성들은 오히려 "암몬 사람과 모압 사람은 영원히 하나님의 회에 들어오지 못하리니"(1)라는 말씀을 듣고 "곧 섞인 무리를 이스라엘 가운데서 모두 분리"(3)하는 신앙하기를 결단한다. 그런데 사역자라는 사람이 악의 대명사인 도비야를 위해, 그것도 하나님의 전에 방까지 마련해 줘 가면서 그를 부양하고 있다. 엘리아십은 참 한심한 대제사장(사역자, 4-5,7,28)이다. 성전(십일조)까지 그 기능과 사명이 다시 무너져 버렸고(10-14), 그리고 대제사장이란 사람은 세속화 되어버렸으니(4-9), 또 에스라는 어디 갔나(12:36), 뭐 이런 저런 정황들이 13장의 배경이다.

》 평신도 느헤미야

다시 느헤미야를 생각한다.

느헤미야, 그는 기도의 사람이다. 그는 기도로 시작(1:4-11)해서, 오직 기도로 살다가 (2:4-8, 4:4-12, 5:19, 6:14-16, 13:14,22), 마침내 기도로 마친다(13:29-31). 대단한 평신도다. 거기에 비해 대제사장의 시작(3:1)은 좋았는데 그 끝은 꼴불견이다(28). 부끄럽다. 그러나 느헤미야는 사역의 굽이굽이를 넘어가면서 그때마다 기도하는 자리를 양보해 본 적이 없다. 그는 기도가 단순히 무릎 꿇고 앉아서 하는, 표현이 좀 그렇지만 발을 땅에 내리고 사는 생활과 분리된 그런 의미의 기도의 모델이 아니다. 그는 기도가 어떻게 삶이며, 삶이 어떤 기도를 요구하는가를 몸소 보여준 그런 사람이다.

기도는 가난한 심령을 가지고 하나님 앞으로 나아가 부요하신 하나님을 만나는 축복의 통로이다. 그는 초지일관(初志一貫) 자신이 한 일을 사람들이 기억해 주는 것이 아니라 오직 하나님이 "나를 기억하사"(13:14,22,31)로 족한 사람이기를 원한다. 철저하게 하나님 중심으로, 하나님 앞에서, 하나님을 위하여, 하나님 때문에 살았다. 이것은 기도의 열매였다. 그는 이방의 땅 바사의 수산궁에 떨어진 한 알의 밀알이었지만 그는 그곳에서도 하나님께 기도를 심었고, 마침내 예루살렘에서 하나님의 부흥을 성취하는 하나님의 물가에 심기운 나무로 자랐다(고전 3:5-9).

하나님은 언제나 기도의 사람을 주목하시며 그를 통해서 일하시기를 기뻐하신다. 그는 하나님의 일꾼이 되어 하나님의 뜻을 이루어내는 사람으로 자신의 정체를 집중하기 때문이다. 그는 결코 기도를 원인(수단)으로 해서 자신이 원하는 결과(목적)를 성취하는 것으로 기도의 거룩성을 사유화하지 않는다. 기도의 주인은 하나님이시다. 느헤미야, 그에게서 기도의 영성을 배운다.

과거(8-12장)는 화려한데 지금(13장)은 영적으로 바싹 마른 고목나무처럼 살 수 있다. 느헤미야서에 비춰진 유다의 모습이 그렇다. 과연 유다 뿐일까. 갈라디아 교회를 향한 바울의 탄식이 중첩(OL)된다 : "어리석도다 갈라디아 사람들아 예수 그리스도께서 십자가에 못 박히신 것이 너희 눈 앞에 밝히 보이거늘 누가 너희를 꾀더냐. 내가 너희에게서 다만 이것을 알려 하노니 너희가 성령을 받은 것이 율법의 행위로냐 혹은 듣고 믿음으로냐. 너희가 이같이 어리석으냐 성령으로 시작하였다가 이제는 육체로 마치겠느냐. 너희가 이같이 많은 괴로움을 헛되이 받았느냐 과연 헛되냐. 자기의 육체를 위하여 심는 자는 육체로부터 썩어질 것을 거두고 성령을 위하여 심는 자는 성령으로부터 영생을 거두리라."(갈 3:1-4, 6:8)

마른 아론의 지팡이에서도 싹이 나게 하시는 분이 하나님이시기에 오늘(13장)의 희망은 아직 남아 있다. 부흥의 후예들은 13장의 파행으로 밖에 하나님을 대접해 드리지 못했지만 하나님은 그럼에도 다시금 그 13장에서 황무지가 장미꽃같이 피는 것을 보도록 하신다. 은혜를 잃어 버린 성도들 곁에 홀로 외롭게 서서, 그 공동체의 모든 짐을 지고, 은혜의 보좌 앞에 나아가 하나님만을 바라보는 외로운 지도자 느헤미야, 그는 홀로 무릎 꿇고서 외치고 있다.

그의 무대는 여기까지다. 이제는 느헤미야 없이도 건강한 하나님의 사람으로 살 때가 되었다. 느헤미야 13장 이후는 우리의 몫으로 넘어와 있기 때문이다. 우리 시대가 하나님께 드려야 할 느헤미야下, 그 이야기 안에 우리는 어떤 사람으로 기록되어져가고 있을까?

12장_에스더 Esther

■ 맥잡기 ....

❶ 위기와 기도(1-4장)

  1 왕후가 된 에스더(1:1-2:23)

  2 하만의 음모(3:1-15)

  3 온 유다인의 금식과 기도(4:1-17)

❷ 구원과 소망(5-10장)

  1 에스더의 첫 번째 잔치와 하만의 승승장구(5:1-14)

  2 모르드개와 하만의 역전드라마(6:1-7:10)

  3 유다인의 승리(8:1-9:19)

  4 부림절의 제정(9:20-10:3)

» 죽으면 죽으리라! ━━━━━━━━━━━━━━━━━━━━━

| (1차)
스룹바벨
(에 1-6장) | - | 에스더 | - | (2차)
에스라
(에 7-10장) | - | (3차)
느헤미야 |

에스더서는 에스라 6-7장 사이에 일어난 역사다.

즉, 아직 귀환하지 못한 디아스포라 유대인들의 처절한 신앙 이야기다. 에스더서는
에스라가 예루살렘에 귀환하기 이전(에스라는 아하수에로왕의 뒤를 이은 아닥사스다왕의 7년 5월에 귀환
한다, 스7:8), 그러니까 아하수에로 통치 12년인 474년경에 아직 귀환하지 못한 바사에 거

주하던 남은 유다인들이 죽음을 선고받았으나(3:7-15) 에스더를 통해 극적으로 구원받는 역사를 생생하게 그려준다.

1) 아하수에로왕(Xerxes, BC 485-465)

□ 3년(1:3,4,5,10) - 187일의 잔치

→ 7년 10월(2:16-18) - 에스더 왕후

→ 12년 1월(3:7) - 하만의 조서(12월 13일에 온 유다인을 몰살하라!)

→ 12년 3월 23일(8:9) - 하만의 조서 취소

→ 12월 13일(9:1) - 하만 세력을 소탕하라!

왕의 연회에 어찌된 게 왕후 와스디가 참석을 거부한다. 그러자 아하수에로는 그녀를 폐위하고 새 왕비를 맞게 되는 파국(파혼)으로 몰아간다. 이 일로 에스더는 왕후로 -그녀는 유다인인 신분(국적)이 드러나지 않았다.- 즉위하고, 그녀의 삼촌이자 고위 공직자인 모르드개는 왕의 암살 음모를 적발하여 그 공로가 궁중일기에 기록되고, 그렇지만 하만은 모르드개(유다인)를 죽이려고 온갖 음모를 꾸미고, 왕은 그 사이에서 이들이 벌이는 일의 중심에 선다.

2) 하만(Haman)

□ 바사 정치무대 등장(3:1)

→ 유다인 말살정책(3장) - 아각 vs 기스 가문 사이의 영적 전쟁

→ 잔치① 참석(5장) - 착각

→ 잔치② 참석(7장) - 허상

→ 처형(7:10) - 몰락

→ 아들 10명 몰살(9:7-10)

"높이가 오십 규빗 되는 나무를 세우고 내일 왕에게 모르드개를 그 나무에 매달기를 구하고 왕과 함께 즐거이 잔치에 가소서"(5:14)

아각 사람 함므다다의 아들 하만(아말렉의 후손; 출 17:14, 삼상 15:3 참조)이 움직이는 게 전부인가. 아니다. 불면의 밤을 보내던 왕은 궁중의 역대일기를 읽는데 마침 모르드

개에 의해 적발된 암살 음모(2:19-23) 사건이었다. 우연인가, 섭리인가. 이렇게 해서 하만이 나무에 달리게 하려는 모르드개는 왕의 존귀를 얻게 되고, 하만은 자신이 준비한 나무에 달려 죽게 된다.

이렇게 해서 베냐민 지파의 사울이 사무엘상 15장에서 아말렉 스캔들에 의해 실패한 일, 그러니까 아말렉을 멸절해야 하는 사명(출 17:1-7, 신 25:17-19)을 다하지 못한 것을 그의 후손인 모르드개와 에스더(2:5-7)에 의해 성취된다. 참으로 놀라운 하나님의 섭리가 아닌가.

하만의 교만은 왕(나라)까지 자신의 필요와 목적을 위해 움직일 수 있다고 생각한 것에 있다. 하나님이 계시지 않는다면 하만이 이겼고, 그의 생각대로 일이 되었을 것이다. 사실 그에게는 하나님 없이 다 있었다. 그러나 다 있어봐야 뭐하나. 하나님이 없는데 말이다. 이게 인간 교만의 말로다.

3) 모르드개(Mordecai)

□ 무명의 포로(1:1-2:4)

→ 기스의 증손(2:5-7)

　→ 바사의 공무원(2:11,19-23)

　　→ 영적 전쟁(3:1-15) - 아각 사람 하만 vs 기스의 증손

　　　→ 금식과 기도(4장)

　　　　→ 명예의 회복(6:1-7:10) - 역전!

　　　　　→ 영광(8:1-10:3)

왕을 암살하려는 음모가 모르드개에 의해 드러나는 일이 일어난다(2:19-23). 이어 아각 사람 함므다다의 아들 하만은 자신에게 존경치 않는 모르드개와 그가 속한 유대인들을 멸절할 칙령을 왕으로부터 허락을 받는다. 마침내 음모는 온 유대인을 향해 움직이기 시작한다.

기스의 후손에서 -이스라엘 초대 왕 사울은 베냐민 지파, 기스의 아들이다.- 모르드개와 에스더 같은 신실한 사람들이 나왔다는 것은 여러 생각을 하게 한다. 그는 포로기를 살면서, 포로의 땅에 끌려왔으나 고위 공직자에 오르는 영예를 맛본다. 하지만 이들은 보이는 훈장이 아니라 보이지 않는 영적 자존심을 지키고 회복하는 게 더

큰 숙명이었던 것 같다. 모르드개는 세상의 신분만 높은 게 아니라 이스라엘의 역사를 이해하고 통찰하는 실력에서도 범상치 않았다. 하만은 단지 개인적인 라이벌 관계가 아닌 이스라엘이 해결하고 극복해야 할 아말렉 멸절이라는 사명(출 17:1-7, 신 25:17-19)의 중심에 선 자였기 때문이다. 하나님의 법이 세워지는 것을 위해 목숨까지 내놓을 수 있는 사람, 그가 모르드개였다. 무릇 하나님을 위해 산다는 자는 이래야 한다.

4) 에스더(Esther)

□ 무명의 포로(1:1-2:7)
→ 왕후(2:8-18, 왕위 7년 10월) – 영광!
→ 금식과 기도(4장) – 죽으면 죽으리이다!
→ 잔치①(5:1-8) : 착각 vs 비밀
→ 잔치②(7:1-) : 허상 vs 역전
→ 부림절(두번째 편지, 9:29-32) – 영광!

"에스더는 … 그의 부모가 죽은 후에 모르드개가 자기 딸 같이 양육하더라."(2:7)

"유다인은 다른 데로 말미암아 놓임과 구원을 얻으려니와 … 네가 왕후의 자리를 얻는 것이 이 때를 위함이 아닌지 누가 알겠느냐"(4:14)

"나도 … 금식한 후에 규례를 어기고 왕에게 나아가리니 죽으면 죽으리이다"(4:16b)

에스더는 부모 없이 자랐으나 하나님의 사람으로 건강하게 자랐다. 그녀는 스룹바벨과 에스라 사이에서, '이 때를 위함'(4:14)이라는 섭리의 시간표에 서서히 합력하여 선을 이루는 퍼즐링(조각 맞추기)을 진행해 간다. 자신은 왕후로 세워지고(2:8-18), 삼촌 모르드개는 바사의 궁중일기에 기록되는(2:21-23) 이 모든 것은 전혀 다른 이야기임에도 한 폭의 그림 안에 만나게 된다.

하만은 권력과 보이는 자기 힘으로 움직이지만 에스더는 기도와 보이지 않는 하나님의 힘을 의지하여 음모 앞에 당당하게 선다 : "죽으면 죽으리이다!"(4:16b) 포로의 땅에 살아있는 것, 삼촌이 바사의 고위 공직자인 것, 자신이 왕후가 되어 있는 것, 이런저런 훈장들을 지키고 유지하는 것이 더 중요한 사항이 아니었다. 에스더가

빛나는 것은 이 모든 것보다 하나님 앞에서 사는 것을 선택하고 따를 수 있는 사람
이었다는 점에 있다.

》 섭리행전

영광이 고난으로 바뀌어도(2:12-23 → 3:1-15) 끄덕하지 않기로 하자.

오히려 고난을 하나님을 찾고 구하는 것으로 이어간다(3:1-15 → 4:1-17). 그리고 기도
이후에 일한다(5:1-8). 그러니 하만이 아무리 잔머리를 굴려도 하나님이 직접 섭리하시
니 그의 몰락은 불을 보듯 뻔한 일 아닌가(5:9-14 → 6:1-7:10). 이제 기적 이후에 부스러기
를 거두는 일만 남은 셈이다(8:1-).

오늘도 이렇듯 4장의 하나님을 중심에 놓는 일에 실패한 인생들의 행로가 하만처럼
되는 것에는 반드시 이유가 있다. 저들에게는 4장이 없기 때문이다. 나 역시 혹 영광에
서 미끄러지는 일이 벌어진다 해도 기도를 도약판으로 삼을 줄 아는 사람으로 살고 싶
다(2:12-23 → 3:1-15 → 4:1-17). 8-10장의 영광과 행복이 누구로부터, 무엇을 기초로, 어
떻게 주어졌는가를 잊지 말자. 하만처럼 영광을 3장으로 바꿔버리지는 말자.

잔치는 "이미 시작한 대로 … 계속하여"(9:23) 진행 중이다. 잔치는 아직 끝나지 않았
으며, 결코 중단되지 않을 것이다. 에스더 기자는 영원한 승리의 잔치에 바사에 흩어진
디아스포라 유다인들처럼 초대받을 수 있는 길이 무엇인가를 제시한다. 이미 승리한 섭
리라는 영광스러움은 누가 주도하는가? 에스더인가, 아니면 모르드개인가? 하지만 저
들은 아니다. 모두가 다 섭리를 성취하는 도구들일 뿐이다. 에스더서에는 '하나님'이라
는 단어는 등장하지 않지만 그분은 이 그림의 밑그림으로, 보이지 않는 주인으로 당당
히 섭리의 역사를 펼쳐 가신다.

에스더와 모르드개를 바사라는 무대 앞에 등장시키심으로써 세상 속에 피워낸 하나
님의 영광, 그렇다면 동일하게 나 역시 하나님의 섭리를 이루는 무대를 살아간다면 나
를 통해서도 하나님의 영광이 이루어지지 않을까. 그 섭리를 따라 오늘을 살아보자. 무
엇이 하나님의 섭리로 하여금 실상(實狀)이 되게 하는가를 약 10년에 걸친 처절한 영적
전쟁을 함께 따라가면서 배운다(1:3, 3:7). 에스더서는 분명 [섭리행전]이다.

| 3부 |

시가서

1장_욥기 Job

■ 맥잡기 --

❶ 영적 법칙(1-2장) **: 서론**

　　1 하나님 법칙(A) : 욥이라 이름하는 사람의 정체(1:1 → 1:8, 2:3,10)

　　2 사탄 법칙(B) : 욥이 받은 축복의 실상에 대한 질문(1:2-4 → 1:9-11, 2:4-5)

　　3 욥 신앙법칙(C) : 축복에 대한 응답(1:5,20-22, 2:10, 42:1-17)

❷ 두 법칙(A & B)**의 싸움**(3-37장) **: 논쟁들**

　　1 욥의 탄식(3장)

　　2 세 주기의 대화(4-31장) : 고난의 원인

　　　　1 첫 번째 논쟁(4-14장)

　　　　2 두 번째 논쟁(15-21장)

　　　　3 세 번째 논쟁(22-31장)

　　3 엘리후와 욥(32-37장) : 고난의 목적

❸ 하나님의 말씀(38-41장) **: 회개**

❹ 결론(42장) **: 하나님**

A 하나님 법칙(1-2장)

　→ B 사탄 법칙(3-37장)

　　→ C 욥 신앙법칙(38-42장)

　A → B → C의 순서(경사도)를 주목한다(1-2장 → 3-37장 → 38-42장). 이 법칙은 욥기라는 무대에서 끊임없이 교차한다. 이것이 인간 실존이다. 욥은 드디어 A와 B 사이에서 몸부림친다. 처절하기까지 한 3라운드(4-31장)가 이어진다. 과연 '하나님 법칙(A)'이 승리할 것인가, 아니면 욥은 사탄의 예상대로 '사탄 법칙(B)'의 손을 들어 줄 것인가? 지루할 정도의 반복이 마치 풀릴 듯 풀리지 않고, 보일 듯 보이지 않게 욥의 삶이라는 무대에서 펼쳐진다. 끝이 없어 보이는 문제 앞에 노출될 때마다 이 싸움(영적 전투)이 언제 끝날 것인가에 집착하는 것이 우리다. 그러나 하나님은 '언제'보다는 '어떻게'의 모습으로 마지막 심판대 앞에 설 것인가를 생각하게 하신다.

　바울도 이 긴 싸움을 앞서 이렇게 고백한 적이 있다 : "내가 원하는 바 선은 행하지 아니하고 도리어 원하지 아니하는 바 악을 행하는도다. 만일 내가 원하지 아니하는 그것을 하면 이를 행하는 자는 내가 아니요 내 속에 거하는 죄니라. 그러므로 내가 한 법을 깨달았노니 곧 선을 행하기 원하는 나에게 악이 함께 있는 것이로다. 내 속사람으로는 하나님의 법을 즐거워하되, 내 지체 속에서 한 다른 법이 내 마음의 법과 싸워 내 지체 속에 있는 죄의 법으로 나를 사로잡는 것을 보는도다. 오호라 나는 곤고한 사람이로다 이 사망의 몸에서 누가 나를 건져내랴. 우리 주 예수 그리스도로 말미암아 하나님께 감사하리로다 그런즉 내 자신이 마음으로는 하나님의 법을 육신으로는 죄의 법을 섬기노라."(롬 7:19-25)

　이것이 '하나님 법칙(A)'을 따라 살아가는 성도의 진정한 정체(identity)다. 욥이나 바울처럼 살아가는 실존의 삶의 호흡(4-31장)을 숨가쁘게 몰아쉬며 살아가고 있는 것이 오늘 아닌가. 결국은 A마저도 내 힘과 능력으로 되지 않았고, 지금도 그렇다는 것을 깨닫는 것, 그래서 더욱 하나님의 A를 붙들 수 밖에 없는 것이 인생임을 철저하게 훈련(연단) 받는 것이 C 법칙을 무대 삼아 살아가는 우리의 실존임을 고백하게 된다.

» 예배자 욥이 보인다.

    1 욥이라 이름하는 사람(1:1)

    2 욥이 받은 축복(1:2-4)

    3 축복에 대한 응답(1:5)

> "까닭 없이 그를 치게 하였어도 …"(2:3)

욥 1:1-5절에는 욥기 전체의 구조가 보인다.

우선 1 → 2 → 3로 흐르는 순서가 눈에 들어온다. 성경은 일차로 욥이 어떤 사람인가라는 그의 정체(identity)에 주목한다. 그리고 그가 받은 축복을 언급함으로써 1과 2가 무관하거나 분리되어 있지 않음을 말한다. 한 걸음 더 나아가 욥의 2 이후를 말함으로써 그의 삶 전체가 하나의 그림으로 밝히 드러나도록 하는 방식을 취한다. 욥은 1 하나만으로, 2 하나만으로, 3 하나만으로 설명되지 않는다.

족장 시대를 살았던 욥(겔 14:14,20, 약 5:11 참조)을 생각할 때 가장 먼저 기억되는 성경 구절이 있다 : "사랑하는 자여 네 영혼이 잘 됨같이 네가 범사에 잘 되고 강건하기를 내가 간구하노라."(요삼 1:2) 욥에게는 이 세 그림(123)이 합력하여 선을 이루고 있음을 발견한다. 이 구조는 42장까지 연속적으로 영향을 미치게 된다. 그럼으로써 욥기의 독자들로 하여금 '나는 무엇으로 사는가?', 그리고 그것을 가능케 하는 '하나님은 누구신가?'를 끊임없이 붙들도록 한다.

1) 하나님의 말씀 & 욥의 응답

    □ A : 하나님 법칙

    □ B : 사탄 법칙

    □ C : 욥 신앙 법칙

    A가 건강할 때 B와 C가 다 건강하다.

    B로 끝이 아니라 C와 불가분의 관계에 있다.

    B가 무너질 때 A와 C는 어떻게 될 것인가?

    A와 B 때문에 C가 있다.

    C는 A와 B에 어떤 영향력을 미치는가?

셋 중 어느 하나가 위기 국면을 맞이할 때 나머지 둘과 어떤 관계에 놓이는가?

셋 중 어느 것이 결국은 전체를 다시 건강하게 만드는가?

A와 B와 C는 분리(구분)되어 있지 않다.

이런 질문들을 가지고 이제 욥기 묵상과 통독 여행을 시작한다. 욥에 대해서 말하기는 쉽다. 그러나 욥처럼 사는 것은 만만치 않다. 욥의 친구가 되는 것은 쉽다. 그러나 욥 같은 친구를 만나는 것은 어렵다. 욥의 실존의 몸부림을 느끼는 것은 가능하다. 하지만 욥처럼 자신의 인생 시간표를 통과해 가는 것은 말처럼 간단하지 않다. 그래서 욥에게 일단 주목해 보는 것이다. 이것은 욥을 흉내내기 위함도 아니다. B와 대비되는 C의 3라운드로 나의 실존이 곤두박질되었을 때 C의 욥만큼이라도 살 수 있는 사람이라면 그는 대단한 사람이다. C처럼 사는 것도 버겁고 부끄러운데 나를 욥처럼 용납해 주시는 하나님이심에 안심이다.

우리 역시 A처럼 부르심을 받아 성화를 향해 나아가는 하나님의 자녀임을 감사한다. B 역시 자녀가 구하면 좋은 것으로 주시겠다고 이미 약속하신 분이 우리가 섬기는 주님이시다. 문제는 C다. B 이후가 가난한 우리를 오늘 본문 앞에 서 계신 주님께 고발한다.

한 사람의 영적 건강도는 그의 영적 민감성에 있다. 그 사람은 아주 작은 것도 하나님 앞에서 크게 볼 줄 안다. 아무도 그것을 하나님과 연결시키지 못해도 그는 겨자씨 같은 것에서 새가 깃들어 사는 나무를 본다. 나는 겨자씨를 붙들고 C 앞에 서지만 하나님은 물가에 심기운 C라는 나무를 가지고 내 앞에 서신다. 욥에 비하면 너무나 왜소한 나 자신을 부인할 수 없지만 나의 나됨을 내 모습 이대로 받아주시는 주님이심을 믿고 알기에 '욥의 후예'로 부르신 주님을 최소한 실망시키지는 않아야겠다. 욥과 함께 말씀 묵상과 통독이라는 이륙(離陸)을 시작한다.

2) 욥 vs 네 사람들과의 싸움(3-37장) : 논쟁들

- □ 첫 번째 논쟁(4-14장)
- □ 두 번째 논쟁(15-21장)
- □ 세 번째 논쟁(22-37장)
- □ 엘리후와 욥(32-37장)

'고난은 인과응보다'라는 제안, 즉 '죄가 고난을 낳고 고난은 죄의 결과다'는 생각이 욥과 그의 세 친구 엘리바스(4:7-11, 5:2-7)와 빌닷(8:3-4,11-21, 18:5-21)과 소발(11:2-6,11, 20:5-29), 그리고 엘리후(32-37장)의 생각이었다. 따라서 인과응보의 해결책은 '회개만이 답이다'(5:8-16,23-27, 8:5-7, 11:13-20, 22:22-30)고 보았다.

하지만 하나님이 시작한 일을 인간이 답하는 것으로 마쳐지는 것인가. 욥의 고난이 왜, 누구로부터 왔는지 알지 못하면서 -인간은 그 원인을 알지 못하고 있다.- 어떻게 그것의 해결을 가져오는 답을 말할 수 있는가. 이게 욥기가 보여주고자 하는 인간 지혜의 한계, 인간 지혜의 무지 아닌가. 인간 지혜의 3겹줄 아니 4겹줄이 만나도 이것은 해결되지 않는다. 때문에 이 지혜 담론에서 인간은 그 누구도 승리하지 못한다.

그 사이에 욥은 조금씩 성숙해 간다. 그리고 마침내 하나님만이 지혜의 근원이요 참 주인인 것을 고백한다. 그리고 그 지혜의 근본이신 하나님께 무릎을 꿇고 항복한다. 이 것이 여호와를 경외하는 것이다. 이게 지혜. 이렇듯, 마침내 28장에서야 욥은 인간의 논쟁을 넘어선 해답, 즉 하나님의 '지혜'에 대해 노래하기 시작한다 :

"그러나 지혜는 어디서 얻으며 명철이 있는 곳은 어디인고. 그 길을 사람이 알지 못하나니 사람 사는 땅에서는 찾을 수 없구나. 그런즉 지혜는 어디서 오며 명철 이 머무는 곳은 어디인고. 하나님이 그 길을 아시며 있는 곳을 아시나니"(28:12-13,20,23)

이렇게 욥과 세 친구의 대화(논쟁)는 끝이 난다. 지혜는 사람에게서 난 것이 아니기 때 문이다. 이 지혜, 다시 말하면 "주를 경외함이 지혜요 악을 떠남이 명철이니라"(28:28)는 고백으로 사실상 논쟁은 그 끝이 난다. 그런 후 욥의 독백이 그 뒤를 잇는다(29-31장).

그런데 갑자기 또 한 명의 친구인 엘리후가 등장한다(32-37장). 엘리후는 앞의 세 친구 들과 달리 -세 친구들은 고난의 원인에 집중하였다- 고난의 목적에 대해 말한다 : "하 나님은 곤고한 자를 그 곤고에서 구원하시며 학대 당할 즈음에 그의 귀를 여시나니, 그 러므로 하나님이 그대를 환난에서 이끌어 내사 좁지 않고 넉넉한 곳으로 옮기려 하셨은 즉 무릇 그대의 상에는 기름진 것이 놓이리라."(36:15-16)

하지만 욥은 여기에 대해 이렇다 할 대응(대답)을 하지 않는다. 이미 28장에서 논쟁은 더 이상 무의미한 것이라는 것으로 사실상의 매듭을 지었기 때문이다. 따라서 엘리후 다음에 욥이 아니라 하나님이 등장(38:1-)하시는 것은 매우 자연스러울 뿐만 아니라 욥기가 마침내 그 정점(climax)에 이르렀음을 알려준다.

3) 욥의 성숙곡선

    1:1,21-22, 2:10
      → 3:1
      6:8-9
      6:10
        9:33-35
        16:19, 17:3
          19:25, 23:10, 27:3
           → 40:3-5, 42:1-6
          42:10

    욥은 자신과 고발자(사탄) 사이에서, 자신과 논쟁자(세 친구, 엘리후) 사이에서, 자신과 하나님 사이에서 고난을 승부해 간다. 그 기나긴 싸움에서 자신을 신뢰하는 버팀목(자존심)을 버리고 하나님을 향해 회개하며 무릎을 꿇는다. 욥은 자신의 처지 때문에 하나님에 대한 그릇된 지식에 의해 말하고 있었다는 점을 깨닫고 회개한다(40:3-5, 42:1-6).

    하지만 어떤, 무슨 회개인가? 욥은 자신의 고난이 자신의 죄에서 비롯되었다는 것을 회개하고 있지 않다. 그는 자신의 고난에 대해 하나님이 옳지 않다고 한 것에 대해 회개('결정을 철회하다') 한다.

» 고난의 신학 ————————————————————————

> "내가 땅의 기초를 놓을 때에 네가 어디 있었느냐 네가 깨달아 알았거든 말할지니라."(38:4)
> "네가 내 공의를 부인하려느냐 네 의를 세우려고 나를 악하다 하겠느냐"(40:8)

고난은 죄로부터 오는 것인가?

욥기는 이 거대담론 앞에 욥을 세워 이야기를 시작한다. 그리고 그가 죄가 있어 고난을 받은 게 아님을 분명히 한다. 그럼 욥의 문제는 무엇인가. 그것은 고난이 아니라 고난 때문에 하나님에 대한 왜곡된 지식과 그것으로부터 흘러나온 바르지 않은 신앙고백이다. 인간의 상황이 하나님에 대한 생각과 고백의 방향을 일그러지게 할 수 있다는 교훈은 지금 우리에게도 여전히 유효하다.

인간의 일은 인과응보라는 공식으로 다 풀어지는 게 아니다. 이 생각에 지배를 받지 않으려면 그 역시 욥과 방불한 거룩한 삶을 살아야 한다. 그래야만 고난에 대한 바른 해석이 가능하고, 그 속에서도 영적 균형과 자유함을 유지하며 살아갈 수 있기 때문이다.

사실 일상생활이라는 삶의 장에서 일어나는 모든 것은 -인생사 불공정성까지 포괄적으로- 다 하나님의 섭리 안에서 진행되어지는 것이지만 그러나 그것이 일어나는 것은 인과응보로 다 설명할 수 없다. 욥은 자신의 현재를 설명해 줄 과거를 찾지 못한다. 아니 그 과거가 이 오늘을 만들었다고 생각하지 않았다. 하지만 친구들과 엘리후는 오늘의 원인으로서의 어제를 끊임없이 건드렸고, 그걸 찾아내려고 온갖 종류의 담론을 가지고 왔다.

하지만 욥의 오늘과 어제에 대한 대답은 하나님께로부터 왔다. 인간의 모든 고통과 눈물은 인과응보의 박스에 다 담아낼 수 없다. 이것이 어제와 다른 모습으로 우리 앞에 서 있는 오늘에게 포기치 말아야 할 이유이다. 우리네 역시 고통의 끝이 욥의 결말처럼 되기를 기대하고 믿는다면 말이다. 비록 그 오늘이 욥처럼 고난스러워도! 다시 말하지만 욥의 고난은 죄로부터 온 것이 아니었다. 이 지혜는 경험으로부터, 사람들의 지식과 통찰로부터 온 답이 아니다. 그럼 어디에서, 누구로부터 왔는가. 하나님이다.

이제 보이는 고난을 보이지 않는 죄의 그릇에 담는 일은 멈춰줘야 한다. 모든 고난이 죄와 연동되지는 않는다. 이것이 욥기가 인간의 고난도(苦難圖)에서 보여주는 하나님의 지혜도(智慧圖)다. 다시 얘기하지만 인간의 모든 고난은 인과응보로만 봐서는 안 된다. 하나님이 지금 그렇게 보면 안 된다고 하신다는 점을 잊지 않아야 한다.

» [특주] 지혜란 무엇인가? ━━━━━━━━━

> "그 안에는 지혜와 지식의 모든 보화가 감추어져 있느니라."(골 2:3)
> "그런즉 지혜는 어디서 오며 명철이 머무는 곳은 어디인고. 하나님이 그 길을 아시
> 며 있는 곳을 아시나니"(28:20,23)

마침내 욥기의 거대담론, 즉 '지혜의 근원은 무엇인가', '지혜의 근원은 누구인가'에 대한 답이 왔다. 욥도 아니다. 그의 세 친구도 아니다. 그렇다고 엘리후도 아니다. 그럼 누구인가. 오직 하나님이시다. 오직 하나님만이 참 지혜의 유일한 근원이시다.

지혜가 아니기에 죄에 대해 오해하고, 죄에 대해 오해하기에 죄와 죄의 해결책에 대해 오해한다. 이게 욥기에 등장하는 사람들의 딜레마다. 입술에 하나님이 있고, 하나님의 언어가 넘쳐난다 하더라도 그의 지혜는 하나님의 지혜와 같지 않고 다르다.

이 점에 대해서 욥도 다르지 않았다. 비록 죄로 말미암아 고난(고통)이 오지 않았을지라도, 고난 속에서 그것이 갖는 의미와 목적을 읽어내고 찾는 일에는 여전히 이르지 못한다. 진정한 지혜는 땅에서 만들어지지 않고 하늘에서 주어지기 때문이다. 아마도 그러기 때문에 하나님은 욥을 향해 그가 왜 고난을 당하는가에 대해 말씀하지 않으시고 당신의 지혜에 대해서만 선언적으로 말씀하신 것인지도 모른다.

2장_시편 Psalms

■ 맥잡기

❶ 하나님께 드리는 찬양들(찬양의 책)

⬚1 1권(총 41편) - 다윗의 시편(1-41편)_41:13

⬚2 2권(총 31편) - 다윗과 고라 자손의 시편(42-72편)_72:18-19

⬚3 3권(총 17편) - 아삽의 시편(73-89편)_89:52

⬚4 4권(총 17편) - 작가 미상(90-106편)_106:48

⬚5 5권(총 44편) - 다윗의 시편(107-150편)_150:6

　　1-3권의 끝 부분이 공히 "아멘 아멘"(송영)으로, 4-5권은 "할렐루야"로 마무리된다. 물론 전체적으로도 150편에서 송영으로 문을 열고 닫는다(150:1,6). 한편 시편은 뜯는 현악기와 함께 하나님을 예배할 때 부르는 노래들의 모음집이다. 이것은 시편 전체가 하나의 '찬양들'이라는 점을 보여준다. 그러나 각 노래(시편)에는 주제가 있을 뿐 전체 150편이 줄거리가 있거나 연결되어 있는 것은 아니다. 각각의 시편(노래)은 독립되어 있는 찬양이라는 뜻이다.

❷ 분류 : 저자 및 기록 연대

⬚1 모세의 시(BC 1440) : 90

⬚2 다윗의 시(BC 1000) : 3-41(33 제외), 51-70(66,67 제외)

⬚3 솔로몬의 시(BC 950) : 72, 127

⬚4 아삽의 시 : 73-83 [대상 15:17-19]

⬚5 고라 자손의 시 : 42-49(43 제외), 84-88(86 제외)

⬚6 성전에 올라가는 시 : 120-134

⬚7 포로기에 쓴 시(BC 550) : 126, 137

8 작가 미상의 시 : 총 50편 정도

　이를 통해 시편의 기록 시기는 모세(시 90편) 때부터 포로귀환기(시 126편)까지, 약 1,000년 동안이나 기록되고 편집되어 오늘 우리 손에 들려졌다고 할 수 있다. 이처럼 저자도 많고, 기록된 시기도 무려 1,000년이라는 시간이 걸렸음에도 내용의 통일성과 일치성이 마치 한 사람이 기록한 것과 같은 찬양이라는 점이다. 이것이야말로 시편은 물론 '모든 성경이 하나님의 감동'으로 기록된 그분의 말씀이라는 증거가 아니고 무엇이랴(딤후 3:16a).

» 인간 영혼의 해부도

　시편은 150층으로 된 하나의 건물에 비유될 수 있다.

　1층은 이 건물을 출입하는 라운지 역할을 하고 있는데, 재미난 것은 이 건물의 이름이 [복 있는 사람]이라는 점이다. 그러니까 누가 150층에 이르는 하나님의 이야기를 누릴 수 있는 자로 부르심을 받았는가라고 할 때 그 사람이 바로 복 있는 사람이다는 얘기다. 그렇다면 복(福) 있는 사람, 오직 그 사람만이 시편을 들어가고 나가며 꼴을 얻을 수 있다는 뜻 아닌가. 하나님은 우리를 복 있는 사람으로 부르시고, 그에게 이 모든 것을 허락하시겠다 하신다.

　한편 이 150층의 시편이라는 건물은 약 1,000년에 가까운 세월 동안 건축되었다. 모세의 시편(90편)에서부터 바벨론 포로기(126, 137편)까지를 포괄하고 있음에서 그렇다. 이 천년의 세월 동안 오직 하나님을 향해 마음의 눈을 들고, 그를 향해 사랑과 은혜의 근원이심을 고백하고 찬송하는 하나님의 사람들의 노래가 눈물겹도록 감동적이다.

　각 시편은 원래 시편이 의도하고자 한 목적에 따라 읽겨져야 한다. 이점은 시편 이해와 해석에서 놓치지 않아야 할 핵심이다. 이제 각각의 시편을 그 특성에 따라 다음과 같이 분류해 보는 것은 시편을 바르게 읽고 이해하고 해석하는데 도움이 될 것이다.

1) 탄식시(Laments)

시편 가운데 가장 많은 유형으로 개인(3, 31, 57, 69 등)과 공동체(12, 80, 137 등)의 탄식이 주류를 이룬다. 아마도 우리네 인생사가 근심과 고통에 따른 고뇌에 찬 아픔이 늘 함께 하기 때문일 것이다.

❶ "여호와여 내가 고통 중에 있사오니 내게 은혜를 베푸소서 내가 근심 때문에 눈과 영혼과 몸이 쇠하였나이다. 내 일생을 슬픔으로 보내며 나의 연수를 탄식으로 보냄이여 내 기력이 나의 죄악 때문에 약하여지며 나의 뼈가 쇠하도소이다."(31:9-10)

❷ "우리가 바벨론의 여러 강변 거기에 앉아서 시온을 기억하며 울었도다."(137:1)

2) 감사시(Thanksgiving Psalms)

감사의 이유와 목적, 그리고 그것이 어디로부터 오는가를 아는 것은 중요하다(8, 18, 30, 66, 103-106, 146-148, 150).

❶ "여호와여 이러므로 내가 이방 나라들 중에서 주께 감사하며 주의 이름을 찬송 하리이다."(18:49)

❷ "호흡이 있는 자마다 여호와를 찬양할지어다 할렐루야."(150:6)

3) 찬양시(Hymns of Praise)

하나님은 행하시고 인간은 그 하나님의 행하심을 찬양으로 응답한다. 하나님은 창조주이시기에(8, 104, 148), 보호자이시기에(66, 100, 114), 역사의 주제이시기에(33, 113, 117) 찬양 받기에 합당하신 분이시다. 따라서 이 노래의 분위기는 즐겁고 기쁘다.

❶ "너희 의인들아 여호와를 즐거워하라 찬송은 정직한 자들이 마땅히 할 바로다. 수금으로 여호와께 감사하고 열 줄 비파로 찬송할지어다."(33:1-2)

❷ "온 땅이여 하나님께 즐거운 소리를 낼지어다. 그의 이름의 영광을 찬양하고 영화롭게 찬송할지어다."(66:1-2)

❸ "내 영혼아 여호와를 송축하라 여호와 나의 하나님이여 주는 심히 위대하시며 존귀

와 권위로 옷 입으셨나이다."(104:1)

4) 제왕시(a royal psalms)

주로 이스라엘 왕의 대관식에서 노래되어진 시편이다. 하지만 핵심은 하나님의 주권과 통치를 노래하는 시편이다. 대표적으로 2, 24, 29, 47, 72, 89, 93, 95-99, 101, 110편이 여기에 속한다.

❶ "문들아 너희 머리를 들지어다 영원한 문들아 들릴지어다 영광의 왕이 들어가시리로다. 영광의 왕이 누구시냐 강하고 능한 여호와시요 전쟁에 능한 여호와시로다."
(24:7-8)

❷ "주의 오른쪽에 계신 주께서 그의 노하시는 날에 왕들을 쳐서 깨뜨리실 것이라."
(110:5)

5) 저주시(Imprecatory Psalms)

때로 인간의 분노와 원한과 증오와 같은 것들의 출구가 -"분을 내어도 죄를 짓지 말며"(엡 4:26)- 사람이 아닌 하나님께로 향하거나, 혹은 하나님을 통해 메아리치게 하는 독특한 장르가 시편의 저주시다(7, 12, 22-28, 35, 40, 58-59, 69-70, 83, 109, 139, 140, 144). 악행을 저지른 대적들에게 하나님의 저주(진노)와 심판이 임하기를 간구하는 것을 진솔하게 표현하고 있다는 것은 놀라운 부분이 아닐 수 없다.

❶ "악인들이 내 살을 먹으려고 내게로 왔으나 나의 대적들, 나의 원수들인 그들은 실족하여 넘어졌도다."(27:2)

❷ "여호와여 악인의 소원을 허락하지 마시며 그의 악한 꾀를 이루지 못하게 하소서 그들이 스스로 높일까 하나이다."(시140:8)

❸ "번개를 번쩍이사 원수들을 흩으시며 주의 화살을 쏘아 그들을 무찌르소서."(144:6)

6) 순례시(Hymns of Ascent)

유대인들은 3대 절기(유대/한국교회 → ①유월절/부활절, ②칠칠절.오순절/성령강림절, ③초막절/추수감사절)에 해마다 예루살렘에 올라가곤 했다. 이처럼 시편 120-134편에 위치한 열다섯 편의 노래들을 일컬어 순례자들을 위한 노래들, 즉 '성전에 올라가는 노래'(Songs of ascent)라 부른다.

❶ "내가 산을 향하여 눈을 들리라 나의 도움이 어디서 올까. 나의 도움이 천지를 지으신 여호와에게서로다."(121:1-2)

❷ "여호와를 의지하는 자는 시온산이 흔들리지 아니하고 영원히 있음 같도다."(125:1)

❸ "보라 밤에 여호와의 성전에 서 있는 여호와의 모든 종들아 여호와를 송축하라."(134:1)

7) 시편에 심긴 복음

> "또 이르시되 내가 너희와 함께 있을 때에 너희에게 말한 바 곧 모세의 율법과 선지자의 글과 시편에 나를 가리켜 기록한 모든 것이 이루어져야 하리라 한 말이 이것이라 하시고"(눅 24:44)

시편에 흩뿌려진 복음은 거의 예수 그리스도를 바라보며 예언되었고 찬송으로 고백되어졌다. 놀라운 것은 시편이 정말 메시야를 알아보고(내다보고) 미리 그런 노래를 불렀을까 싶을 정도다.

사실상 시편은 예수께서 복음서에서 말씀을 하시는 계시의 보여짐 안에서, 그리고 부활하신 이후에 하나님의 나라를 가르치시면서 시편에 예수님 자신을 "가리켜 기록한 모든 것이 이루어져야 하리라 한 말이 이것이라"(눅 24:44) 하시며 가르쳐주시는 계시 사건을 통해 제자들에게 새롭게 구약이 읽혀지게 되었다. 따라서 신학에서 제안하는 구약의 기독론, 혹은 구약의 복음찾기는 예수 그리스도의 복음의 빛 아래서 주어진 선물이다.

[시편의 기독론]

시 2:1-2	➡	행 4:25-26
시 2:7	➡	막 1:11, 9:7, 행 13:33, 히 1:5b, 5:5b
시 4:4	➡	엡 4:26
시 5:9	➡	롬 3:13a
시 8:2	➡	마 21:16
시 8:4-	➡	히 2:6-8
시 8:6	➡	고전 15:27
시 10:7	➡	롬 3:14
시 14:1 - (시 53:1-)	➡	롬 3:10-1
시 16:8	➡	행 2:25-28
시 16:10	➡	행 13:35
시 18:49	➡	롬 15:9
시 19:4	➡	롬 10:18
시 22:1	➡	마 27:46
시 32:1-	➡	롬 4:7-8
시 34:12	➡	벧전 3:10-12
시 34:20	➡	요 19:36
시 35:19 (69.4)	➡	요 15:25
시 36:1	➡	롬 3:18
시 40:6	➡	히 10:5-7
시 41:9	➡	요 13:18
시 44:22	➡	롬 8:36
시 45:6-	➡	히 1:8-9
시 51:4	➡	롬 3:4
시 53:1 - (시 14:1-)	➡	롬 3:10-12
시 68:18	➡	엡 4:8
시 69:22-	➡	롬 11:9-10

시 69:25	➡	행 1:20a
시 72	➡	마 22:44, 막 12:36, 행 2:34-35, 고전 15:25, 히 1:13, 10:12-13
시 78:2	➡	마 13:35
시 78:24 (105:40)	➡	요 6:31
시 82:6	➡	요 10:34
시 89:20	➡	행 13:22
시 91:11-12	➡	마 4:6, 눅 4:10-11
시 94:11	➡	고전 3:20
시 95:7-	➡	히 3:7-11,15, 4:7
시 95:11	➡	히 4:3
시 97:7	➡	히 1:6
시 104:4	➡	히 1:7
시 102:25-	➡	히 1:10-12
시 109:8	➡	행 1:20b
시 110:1	➡	마 22:44, 막 12:36, 눅 20:42-43, 행 2:34-35, 히 1:13
시 110:4	➡	히 5:6, 7:17,21b
시 112:9	➡	고후 9:9
시 116:10	➡	고후 4:13
시 117:1	➡	롬 15:11
시 118:22	➡	마 21:42, 막 12:10-11, 눅 20:17, 롬 4:11, 벧전 2:7
시 118:6	➡	히 13:6
시 140:3	➡	롬 3:13b

시

» 하나님의 종합선물세트

시편이 독특한 것 가운데 하나는 시편 1-150편 전체가 기록된 시간에 있다.

저자가 여럿이고, 기록 기간이 1천년이나 된다는 것은 뭘 말하는 것일까. 이는 누군가가 시편 150편을 수집하고, 선택하고, 배열하는 방식으로 정리했다는 것을 전제한다. 성경 전체 66권 가운데 시편처럼 기록된 성경은 없다는 점에서 시편은 편집되었다는 논쟁을 불가피하게 하는 측면도 있다는 점을 간과할 수 없다.

또한 시편은 하나님께 올려드리는 기도와 찬송이자 동시에 하나님께서 우리에게 주시는 말씀이기도 하다. 시인들의 상황과 형편은 '사망의 음침한 골짜기'와 방불할 때가 훨씬 많았다. 그렇다고 그러한 때에 절망과 탄식으로 자포자기하지 않고, 그럼에도 불구하고 하나님을 향해 시에 담은 고백과 간구와 심정을 토해내곤 했다. 시편에 저자로 등장하는 시인들의 인생 면면을 좀 더 들어가 읽어보면 그들은 시편의 노래를 주께 올려드리는, 동시에 성경에 이름을 올리는 영광스러운 자로 우리 앞에 서 있지만 그렇다고 그들의 삶 전체가 늘 언제나 행복하고 즐겁지만은 않았다.

결국 시편은 어찌보면 우리네 인생사의 축소판인지도 모른다. 생로병사의 변화무쌍한 삶터가 바로 시편의 언덕이기 때문이다. 그 과정에서 이러저리 넘어지고, 때문에 그 결과가 비록 수치스럽고 고통스러워도 다시 하나님께로 얼굴을 들고, 또한 반대로 승리하고 영광스럽게 되어도 여전히 하나님께로 감사의 무릎을 꿇는 것, 이것이 시편의 뜨락이다. 가히 하나님 안에서 모든 것이 합력하여 선을 이루는 것, 이것이 시편의 묘약이다. 그러기에 시편은 하나님의 역사하심이 살아 숨쉬는 섭리의 종합선물세트라 아니 할 수 없다.

■ **맥잡기** ....

❶ **솔로몬의 잠언1**(1:1-22:16)

　　1 제목과 저작 목적(1:1-7) : 지혜

　　2 지혜에 대한 아들에게 주는 아버지의 16개 강화(1:8-9:18) : '내 아들아'

　　　1 경고와 책망(1:8-33)

　　　2 악인들에 대한 방어(2:1-22)

　　　3 지혜의 가치(3:1-35)

　　　4 지혜의 탁월성(4:1-27)

　　　5 간음, 어리석음, 악에 대한 경고(5:1-6:35)

　　　6 음탕한 여인과 지혜의 초대(7:1-8:36)

　　　7 결어 : 지혜와 어리석음의 경쟁적 연회(9:1-18)

　　3 솔로몬의 잠언(10:1-22:16) : 375개의 금언

❷ **지혜자의 잠언1**(22:17-24:34)

　　1 모음집1(22:17-24:22) : 30개의 격언들

　　2 모음집2(24:23-34) : 6개의 추가적인 잠언

❸ **솔로몬의 잠언2**(25:1-29:27) : **히스기야 신하들에 의해 편집**

　　1 1부(25:1-27:27)

　　2 2부(28:1-29:27)

❹ 지혜자의 잠언2(30:1-31:31)

　　[1] 아굴의 잠언(30:1-33)

　　[2] 르무엘 왕/어머니의 잠언(31:1-9)

　　[3] 현숙한 여인에 관한 작자 미상의 시(31:10-31)

》 잠언들

"솔로몬의 지혜가 동쪽 모든 사람의 지혜와 애굽의 모든 지혜보다 뛰어난지라. 그는 모든 사람보다 지혜로워서 … 그의 이름이 사방 모든 나라에 들렸더라. 그가 잠언 3천 가지를 말하였고"(왕상 4:30-32a)

"이것도 솔로몬의 잠언이요 유다왕 히스기야의 신하들이 편집한 것이니라."(잠 25:1)

■ 잠언의 저자에 대해서

　　[1] 솔로몬(1:1-22:16, 25:1-29:27) – BC 970-30

　　[2] 지혜 있는 자의 말씀(22:17-24:34)

　　[3] [솔로몬의 잠언이나 히스기야 신하들이 편집한 것(25:1-29:27)] – BC 700

　　[4] 아굴의 잠언(30:1-33)

　　[5] 르무엘 왕이 말씀한 잠언(31:1-9)

　　[6] 미상(31:10-31)

　　□ 모음집

　　　모음집①(1:1-9:18) : "다윗의 아들, 이스라엘 왕, 솔로몬의 잠언이라"_1:1

　　　모음집②(10:1-22:16) : "솔로몬의 잠언이라"_10:1

　　　모음집③(22:17-24:22) : "지혜 있는 자의 말씀을 들으며"_22:17

　　　모음집④(24:23-34) : "이것도 지혜로운 자들의 말씀이라"_24:23

　　　모음집⑤(25:1-29:27) : "이것도 솔로몬의 잠언이요"_25:1

　　　모음집⑥(30:1-33) : "이 말씀은 야게의 아들 아굴의 잠언이니"_30:1

모음집⑦(31:1-9) : "르무엘 왕이 말씀한 바"(31:1)

모음집⑧(31:10-31) : 작자 미상의 시

삶이라는 실전에서 지혜자로 자라가라.

어쩌면 이것이 잠언의 지혜들이 말하고자 하는 종교적이지 않아 보이는 분위기 (색깔, 방향)에 담아낸 교훈들(메시지)이지 싶다. 이는 문자적인 이해의 틀을 뛰어넘을 때 더 풍성해질 수 있다. 이게 지혜의 속성이기 때문이다. 문자적 틀에 제한된다면 그 게 명령이지 지혜이겠는가.

1) 솔로몬의 잠언1(1:1-22:16)

❶ 제목과 저작 목적(1:1-7)

☐ 표제(1)

> "다윗의 아들 이스라엘 왕 솔로몬의 잠언이라."

☐ 목적(2-6)

- □ 지혜와 훈계를 알게 하기 위하여(2a)
- □ 명철의 말씀을 깨닫게 하며(2b)
- □ 훈계를 받게 하기 위하여(3)
- □ 슬기와 지식과 근면함을 주기 위하여(4)

    잠언 기자(솔로몬)는 그러니까 이것(잠언)을 들어 견문을 더하게 되면 잠언(지혜 있 는 자의 말)과 비유(오묘한 말, 수수께끼)를 이해하게 될 것이라 말한다(5-6).

☐ 플롯(7) : 지혜 vs 어리석음

    이어지는 지혜와 어리석음을 대조하는 단락(1:8-9:18)의 도입부, 혹은 주제(표 제) 역할을 한다.

❷ 지혜에 대한 아들에게 주는 아버지의 16개 강화(1:8-9:18)

두 부류의 사람들, 즉 나쁜 친구들과 낯선 여인을 삼가라는 아버지의 충고 모음집이다. 특별히 음녀를 피하라는 가르침을 강조한다.

1 경고와 책망(1:8-33)

□ 교훈(8-9) - 부모의 교훈을 들어라.

아들(8)은 부자 관계이자, 사제(5:7,13) 사이다.

□ 경고(10-19) - 나쁜 친구들을 조심하라.

악한 자의 유혹의 소리들(10-14)

→ 그들과 함께 길에 다니지 말라!(15)

→ 자기의 생명을 잃게 되느니라!(19)

□ 지혜담화(20-33) - 어리석은 자/교만한 자

- '나'는 지혜인데, 특별히 23, 28절은 신적 존재로서의 지혜다.

지혜가 의인화(20-21) 되는 것은 4:8절을 거쳐 뒤에서 [지혜 기독론]으로 발전한다(8:22-31).

2 악인들에 대한 방어(2:1-22)

만일 … 지혜를 찾으면?(1-4, 조건절)

그 결과들(5-22, 귀결절)

□ 지혜살이(1-4)

'지혜'(나의 말, 나의 계명, 명철, 지식)를 따라 살아간다면(1-4) 하나님 경외하기를 깨닫고, 하나님을 아는 지식(Knowing God)을 얻게 될 것이다(5). 왜냐하면 지혜를 주시는 분은 하나님이시기 때문이다(6-7). 이렇게 해서 "악한 자의 길과 패역을 말하는 자"(12)로부터 보호를 받게 된다(10-12).

□ 주의하기(13-19)

잠언 기자는 지혜의 보호를 받는 자들이 주의해야 할 '패역을 말하는 자'(12)를 집중 조명한다(13-15). 뿐만 아니라 혼인을 파함으로써 '하나님의 언약을 잊어버린 자'(17, 말 2:14b; 엡 5:23-32 참조)인 '음녀'(말로 호리는 이방 계집, 기혼녀)를 주의할 것을 단호하게 명한다. 한편 음녀(16-19)에 대한 주제는 5:1-20 → 6:20-35에서 점차 구체화되면서 확장된다.

□ 의인살이(20-22)

지혜살이라는 의인들의 행로를 따라 살아가라고 가르친다. 왜냐하면 지혜를 따라 의인으로 살면 악인들(궤휼한 자, 배신자들)이 잘려나가고 뽑혀나갈 것이기 때문이다(22).

③ **지혜의 가치**(3:1-35)

□ 신약(神約) 행하기(1-12) – 하나님 경외

□ 지혜찬양시(13-26)

"지혜를 얻은 자와 명철을 얻은 자는 복이 있나니"(13)
"지혜는 그 얻은 자에게 생명나무라 지혜를 가진 자는 복되도다."(18)

□ 인약(人約) 행하기(27-35) – 이웃 사랑

④ **지혜의 탁월성**(4:1-27)

□ 지혜얻기(1-9)

다윗(4-9) → 솔로몬(3) → 아들들(1-2)
유익들 – 생명(4), 보호(6), 시작(7), 영화(8), 면류관(9)
지혜가 의인화되고 있다(8). 이것은 뒤에서 [지혜 기독론]으로 발전한다 (8:22-31).

□ 악행로(惡行路) 멀리하기(10-19) – 들으라!

□ 의행로(義行路) 가까이하기(20-27) – 주의하라!

⑤ **간음, 어리석음, 악에 대한 경고**(5:1-6:35)

"네 이웃의 집을 탐내지 말라 네 이웃의 아내나 … 네 이웃의 소유를 탐내지 말라."(출 20:17)

□ 간음에 대한 경고(5:1-20; 2:16-19 확장)

음녀를 가리켜 음부의 길(스올, 사망, 2:16-19), 깊은 함정(22:14)이라 말한다. 이 주제는 6:20-35절에서 다시 더 구체적으로 확장된다.

□ 악인에 대한 경고(5:21-23)

'혼미하게'(길을 잃게, 23b)는 앞에서 '연모하다'(흠뻑 취하다, 19,20)와 같은 동사다.
그렇다면 악인에 대한 경고는 간음과 불가불 연결되는 말씀이고, '사지'와
'음부'(5)로 내려가고 있음에도 불구하고 "훈계(경고, 예고)를 받지 아니함으로
말미암아" 결국 죽게 된다(23).

□ 두 가지 어리석음에 대한 경고(6:1-11)

■ 보증서기(1-5, 11:15, 20:16, 22:26)

보증에 대해서는 별 다른 규정이 없다(창 43:9, 44:32, 시 119:122 참조).
동족에게는 이자는 받을 수 없고, 저당을 받을 수는 있다(출 22:25-26, 신
24:6,10-11).

■ 게으름(6-11; 26:13-16 참조) → 빈궁(빈핍, 가난함)

잠언은 실천적이고 실제적인 지혜를 말 해 준다.

□ 악인에 대한 경고(6:12-19)

■ 하나님이 싫어하시는 7가지 죄(16-19, 3:32, 11:1,20, 12:22, 15:26) : 하나님의
7대 역겨움은 공동체의 평화를 깨는, 反사회적인 행위들이다.

① 교만한 눈(높은 눈: 시 18:27, 131:1; 잠 30:13; 사 3:16)

② 거짓된 혀(17), 거짓을 말하는 망령된 증인(19)

③ 무죄한 자의 피를 흘리는 손

④ 악한 계교를 꾀하는 마음

⑤ 빨리 악으로 달려가는 발

⑥ 거짓을 말하는 망령된 증인

⑦ 형제 사이를 이간하는 자

□ 간음에 대한 경고(6:20-35, 출 20:17 참고)

6 음탕한 여인과 지혜의 초대(7:1-8:36)

A 음녀가 길거리에서 부름(7:1-27) : 죽음으로 인도

B 지혜가 길거리에서 부름(8:1-36) : 생명으로 인도

B' 지혜가 집에서 부름(9:1-12)

A' **음녀**가 집에서 부름(9:13-18)

□ 음녀가 길거리에서 부름(7:1-27) : 죽음으로 인도

■ 음녀망가(淫女亡歌, 6-23)

■ 아버지의 충고(24-27) : "그 길에 미혹지 말지어다."(25)

□ 지혜가 길거리에서 부름(8:1-36) : 생명으로 인도

■ [지혜예찬](智慧禮讚)

1. 지혜에로의 초대(1-11)

1.1. 서론(1-5)

1.2. 지혜의 덕목들(6-11)

2. 지혜의 자기소개(12-21)

2.1. 자기소개서(12-16)

2.2. 유익목록표(17-21)

3. 지혜기독론(22-31) : 지혜와 창조 - "내가 그 곁에 있어서 창조자가 되어"

3.1. 지혜의 선재성 : 지혜는 창조 이전에도 존재했다(22-26).

3.2. 여호와와 함께하는 지혜 : 지혜는 하나님의 창조 사역에 함께했다(27-31).

4. 결론(32-36) : 지혜와 축복들

7 **결어** : 지혜와 어리석음의 경쟁적 연회(9:1-18)

B' 지혜가 집에서 부름(1-6)

X 거만한 자(7-12)

A' 음녀가 집에서 부름(13-18)

❸ **솔로몬의 잠언**(10:1-22:16)

도덕적 삶에 대한 매우 종교적인 376개의 잠언 모음집이다.

□ 10장 1-32절

    □ 하나님이 의인을 축복하실 뿐(3,22,27,29), 사람의 노력을 덧붙일 필요가 없다(22).

    □ 악인은 불안과 공포 속에서 살다가 갑자기 죽음으로써(21,24,27,28-30) 잊혀진다(7,25).

② 11장 1-31절

    □ 3-8절 : 고난에서 인도하고 보호하는 의(義)의 가치

    □ 9-15절 : 공동체 관계

       - 착한 행실과 악한 행실이 사회생활에 미치는 영향(10-11)

       - 말(言, 11,12,13)

    □ 16-31절 : 의롭고 인자한 삶의 복

       - 악한 삶과 의로운 삶의 결과를 대비(17-21)

       - 관대하기(24-26)

③ 12장 1-28절

    □ 말(言) 주제(13-23)

       - 언행(言行)은 자기에게로 돌아온다(13-14).

       - 선한 말 vs 악한 말(17-19)

    □ 상(賞)

       A. 입술을 지키는 자(6,13-25

       B. 부지런한 사람(9,11,25,26)

④ 13장 1-25절

    □ 말(言, 1-3) - 유익한 말과 파멸적인 말

    □ 부와 가난(7,8)

    □ 궁핍과 융성(21-23) - 보응

    □ 가정(24-25, 14:1-4)

5 14장 1-35절

□ 대조 - 악인 vs 정직한 사람(11), 불충실한 사람 vs 착한 사람(14), 어리석음
vs 지혜로움(15-18), 나쁜 사람 vs 착한 사람(19), 의인 vs 악인(19,32), 의로움
vs 죄(34)

6 15장 1-33절 : '들으라!'

□ 말(言) 주제(1-2,4,7,14,18,23,26,28)

- 온량한 혀(고치는 혀)

■ 하나님은 악인의 제사, 길, 생각을 싫어하시고(8-9,26), 그들을 멀리하고
기도를 듣지 않으신다(29).

■ 지혜자에 속하는 조건(31-33)

7 16장 1-33절

□ 하나님의 주권(1-9) : 하나님은 결정하실 뿐만 아니라 모든 사람을 주관하신다.

■ 1,3,9절 - 사람이 그 마음에 계획을 할지라도 하나님이 마음으로부터 말
로 나오는 것을 인도하신다.

8 17장 1-28절

■ 다툼(1,14,19)

■ 말하기 이전에 생각하라!(27-28)

9 18장 1-24절

■ 말(4,6-8,20-21)

■ 다툼을 해결하는 법(5,17-19)

10 19장 1-29절

■ 가난과 재물(1,4,6,7,14,17)

■ 거짓 우정(4-7) : 정작 필요할 때는 도망치는 친구들

■ 가정(가족, 13-14) : 미련한 아들, 아비, 다투는 아내, 슬기로운 아내

■ 남을 괴롭히고 핍박함(25-29)

11 20장 1-30절

- 지혜와 모략(1,5,15,18)
- 여러 가지 행위들(7-11)
- 사람들의 행동에 하나님이 관계하신다(22-24).

12 21장 1-31절

> "지혜로도 못하고, 명철로도 못하고, 모략으로도 여호와를 당치 못하느니라."(30)

- 지혜로운 자와 어리석은 자(11,20,22) : 지혜(문)는 군사(무)보다 강하다.

13 22장 1-16절

- 부자와 가난한 자(1-2,4,7,9,16)
- 자녀교육(6,15) : 마땅히 행할 길을 아이에게 가르치라!
- 인과응보(8)

2) 지혜자의 잠언1(22:17-24:34)

> "너는 귀를 기울여 지혜 있는 자의 말씀을 들으며 …"(22:17a)
> "이것도 지혜로운 자들의 말씀이라"(24:23a)

지혜자들의 잠언들을 묶어놓은 두 모음집이다.

❶ 모음집1(22:17-24:22) : 30개의 격언들

1 22장 17-29절

- □ 목적(19a)

2 23장 1-35절

- 식사(1-8)
- 술의 위험성(20-21,30-35)

③ 24장 1-22절

- ❑ 악인(1-2,19-20)
- ❑ 의인(15-16)
- ❑ 왕(21-22)

❷ 모음집2(24:23-34) **: 6개의 추가적인 잠언**

Ⅰ 24장 23-34절

- ❑ 재판(23-25,28-29)
- ❑ 게으른 자(30-34) : 게으름뱅이의 초상화

3) 솔로몬의 잠언2(25:1-29:27) : 히스기야 신하들에 의해 편집

127개의 잠언으로 묶어진 솔로몬의 잠언집이다. 특이한 것은 이를 유다 히스기야왕의 신하들이 편집(수집, 필사)한 것이다는 점이다(25:1).

❶ 1부(25:1-27:27)

Ⅰ 25장 1-28절

- ■ 편집(1) - '옮겨 쓴 것'
- ■ 이웃과의 다툼(8-10,17-18)
- ■ 현명한 충고(11-12)
- ■ 원수(21-22, 롬 12:20)

② 26장 1-28절

- ❑ 미련한 자(1-12)
- ❑ 게으른 자(13-16, 6:6-11 참조)
- ❑ 입술(말, 22-28)

③ 27장 1-27절

- 분노(3-4)
- 다투기를 좋아하는 여자(15-16)

❷ **2부**(28:1-29:27)

① 28장 1-28절

- 악인 vs 의인(1,4,5,12,28) – 반의적 평행법
- 가난한 자(3,6,8,11,15,27)

② 29장 1-27절

- 의인과 악인(2,6,9,16,27)
- 지혜 vs 어리석음(3,8,9,11)
- 자식에 대한 채찍과 꾸지람(15-18) : 지혜와 예언과 율법
  - 묵시(비전, 18) : 비전('예언자의 책망')이 없으면 백성이 방자히 행한다. 이사야 1장 1절 '계시'(vision)가 같은 단어다.

4) 지혜자의 잠언2(30:1-31:31)

❶ **아굴의 잠언**(30:1-33)

- 창조의 지혜(2-4)
  - 아굴의 기도문(7-9) : "나를 가난하게도 마옵시고 부하게도 마옵시고"
- 숫자잠언(15-33) : 수(數)의 점진적 나열

❷ **르무엘 왕/어머니의 잠언**(31:1-9)

- 왕의 3대 임무 : 여자(3), 독주(4-7), 공의의 재판(8-9)

❸ 현숙한 여인에 관한 작자 미상의 시(31:10-31)

　□ 히브리 알파벳 22개를 따른 시 - 과장법으로 강조하다.

　　■ 남편의 신뢰, 악을 행하지 않음(11-12)

　　■ 경제적 능력(13-)

　　■ 남편(23,28), 아들들(28)

　　■ 신앙(30)

　　■ 사회적 평판(31)

» 여호와를 경외하는 것이 지혜의 근본이다. ━━━━━━

잠언의 메시지는 문자적(보편적)으로가 아닌 비유적(암시적)이다.

문자적으로 이해하고 해석하는 것은 가장 위험하다.

논리(신학)가 아닌 생활의 지혜를 교훈적으로 제안한다.

1) 문자적 해석의 함정, 그 한 가지 예

　□ A - "미련한 자의 어리석은 것을 따라 대답하지 말라"(26:4)

　□ B - "미련한 자에게는 그의 어리석음을 따라 대답하라"(26:5)

　왜냐하면 A처럼 해야 하는 이유는 자신도 미련한 자의 어리석음 같을까 해서다. 동시에 B처럼 해야 하는 이유는 미련한 자가 지혜로운 자라고 생각할까 해서다. 따라서 각각의 상황에서 이 두 잠언은 다 옳다.

　따라서 문맥이나 전체 흐름이라는 맥락을 따르지 않고 각자 자신의 입장이나 생각의 틀에서 잠언을 받아들이면 진리의 바다에서 그만 표류할 수도 있다.

2) 인과응보를 넘어서는 하나님의 주권을 말하는 잠언들

　① "사람의 행위가 자기 보기에는 모두 깨끗하여도 여호와는 심령을 감찰하시느니

라."(16:2)

② "사람이 마음으로 자기의 길을 계획할지라도 그의 걸음을 인도하시는 이는 여호와시니라."(16:9)

③ "사람의 마음에는 많은 계획이 있어도 오직 여호와의 뜻만이 완전히 서리라. (19:21)

④ "사람의 걸음은 여호와로 말미암나니 사람이 어찌 자기의 길을 알 수 있으랴." (20:24)

⑤ "사람의 행위가 자기 보기에는 모두 정직하여도 여호와는 마음을 감찰하시느니라."(21:2)

⑥ "지혜로도 못하고, 명철로도 못하고, 모략으로도 여호와를 당하지 못하느니라. 싸울 날을 위하여 마병을 예비하거니와 이김은 여호와께 있느니라."(21:30-31)

※ W. 브루그만 외 공저, 『구약신학과의 만남 : 신학으로 본 구약입문』, 601-602.

잠언은 일반 상식이 아닌 오직 하나님의 지혜를 말한다. 다시 말하면, 세상을 살아가는데 필요한 처세술의 모음이거나 이를 가르치는 게 결코 아니라는 뜻이다. 지혜의 근본인 하나님을 깨닫고 알아야 하는, 동시에 그분을 믿어야 하는 이유가 잠언에 있다. 진정한 지혜는 하나님께로부터 오기 때문이다. 그러므로 지혜자는 하나님으로부터 온 지혜를 따라 살아간다. 지혜란 하나님을 경외하는 삶이기 때문이다. 이 길을 따라 잠언을 통독(묵상)해 보자.

Ecclesiastes   4장_전도서

■ **맥잡기** ---

❶ **표제**(1:1)

❷ **주제 명제**(1:2-11) – **"모든 것이 헛되도다."**

❸ **헛됨의 실재들**(1:12-6:12)

　　① 지혜(1:12-18)

　　② 쾌락과 부(2:1-11)

　　③ 탁월과 수고(2:12-3:22)

　　④ 삶(4:1-16)

　　⑤ 인간의 허무(5:1-6:12)

❹ **솔로몬 고백록**(7:1-12:8) – **하나님을 경외하라!**

　　① 지혜를 따라 사는 자가 아름답다(7:1-29)

　　② 유한은 무한을 파악할 수 없다(8:1-17)

　　③ 사랑하는 자와 즐겁게 살아라(9:1-18)

　　④ 세상은 요지경이다(10:1-11:8)

　　⑤ 청년이여 인생을 즐겁게 살아라(11:9-12:8)

❺ **결론**(12:9-14) – **"여호와를 경외하고 그의 명령들을 지킬지어다"**

전

» 두 지평에 눈을 뜬다.

전도서는 다윗의 아들 솔로몬이 쓴 책이다(1:1).

열왕기상 3장에 보면, 그는 1천 번제를 드린 후 "내가 네게 무엇을 줄꼬 너는 구하라"(5)는 하나님의 말씀에 이렇게 응답한다 : "듣는 마음을 종에게 주사 주의 백성을 재판하여 선악을 분별하게 하옵소서!"(9) 이것이 하나님의 마음에 맞았고(10), 그래서 지혜롭고 총명한 마음 뿐 아니라 그가 구하지 않았던 부(富)와 수(壽)와 영광을 비롯한 전무후무(前無後無)한 복을 받게 되었다(11-13). 그는 자타가 인정하는 지혜의 대명사다.

그런데 그런 그가 책을 열자마자 1장 2절에서부터 흔들린다. 과연 전도서는 무엇을 말하려고 하는가? 세상에 대해 비관적이고, 인생의 허무를 이야기하는 것이 성경이라면 이 책을 읽어야만 하는가라는 근본적인 질문 앞에 서게 되기 때문이다. 그러나 이것 역시 66권 성경 가운데 하나라면 하나님은 전도자의 고백을 통해서 뭔가 말씀하시고자 하는 메시지가 있을 것이라는 점을 더 주목하게 된다. 단지 헛되다는 말만 되풀이하고 있을 수는 없지 않은가. 그렇다면 성경 전체의 주제(메시지)와 불일치하는 것처럼 보이는 전도자의 고백을 어떻게 이해하고 묵상해야 할까? 이것이 전도서를 읽고 묵상하는데 있어서 먼저 해결해야 할 중요한 맥(脈)잡기이다.

먼저 이 문제를 전도서의 구조에서 풀어보자. 그는 표제(1:1)에 이어 주제 명제(1:2-11)를 풀어쓴 본론(1:12-12:8)과 마지막 결론(12:9-14)의 순서로 전도서를 기록하였다. 그러니까 전체 구조면에서 볼 때 결론에서 이야기하고자 하는 것을 본론에서 먼저 말하는 방식을 취한 것이다. 그는 결론에서 이야기하고자 하는 진리(B)를 더 분명하게 부각시키고, 확고히 하기 위해서 본론에서 그것의 대립적인 개념(A)을 사용한다. 즉 전도서의 분명한 진리를 명백하게 설교하기 위해서 함축적인 의미를 전달하는 지혜문학적인 접근과, 그것을 시구(詩句)에 포장하는 기법을 취한다.

A. 사람의 소리 - 해 아래는 헛되다!
B. 하나님의 소리 - 해 위를 따라 살라!

A의 주제는 하나님 없는 인생들의 고백록이라는 점을 주목할 필요가 있다. 그 사이사이에 보석처럼 박혀 있는 '하나님'으로 시작되는 B를 주목한다. 그러니까 A는 B를 보다 더 분명하게 밝혀주기 위한 도구라는 점이다. 결코 전도자는 인생의 허무, 비관, 절망, 슬픔, 무익함, 패배, 그런 의미의 헛됨을 예찬(禮讚)하는 자로 실패한 인생의 주인공이 아

니다. 12장으로 되어 있는 짧은 지혜시(智慧詩)를 읽어가면서 A와 B를 -특별히 B에 밑줄을 그어가면서- 비교하면서 읽고 묵상하다 보면, 보다 분명한 그림으로 전도자의 설교를 마음으로 음미하게 된다.

1) 사람의 소리(A)_ 해 아래는 헛되다!

> "전도자가 이르되 헛되고 헛되며 헛되고 헛되니 모든 것이 헛되도다. 해 아래에서 수고하는 모든 수고가 사람에게 무엇이 유익한가. 그러므로 내가 사는 것을 미워하노니 이는 해 아래에서 하는 일이 내게 괴로움이요 모두 다 헛되어 바람을 잡으려는 것이기 때문이로다."(1:2-3, 2:17)
> "전도자가 이르되 헛되고 헛되도다 모든 것이 헛되도다."(12:8)

성경 안에 이런 고백들이 -'지혜에 대한 냉소주의적 독백'- 들어있다는 게 일단은 충격이다. 무엇이 그 솔로몬(왕상 3:4-15)을 이 솔로몬(전 1:2-12:8)으로 바뀌어 버리도록 했을까. 왜 이처럼 어둡고, 비관적이고, 염세적일까? 전도자는 이를 통해 뭘 말하려고 하는 것일까.

- □ 모든 것이 헛되다(1:2, 2:11,17, 3:19, 12:8).
- □ 이 또한 헛되다(2:15,19,21,23,26, 4:4,8,16, 6:9, 7:6, 8:10).
- □ 바람을 좇는 것이로다(1:14,17, 2:11,17,26, 4:4,6,16, 6:9).
- □ 죽음으로 끝이다(2:14,16,18, 3:2,19-20, 4:2, 5:15, 6:6,12, 7:1, 8:8, 9:2-5,10, 11:7).
- □ 부는 위험하고 헛되다(5:10-20).
- □ 삶은 헛될 뿐이다(6:12, 7:15, 9:9, 11:10).
- □ 불의가 판을 친다(4:1,6,8,15-16, 6:2, 7:15, 9:2,11, 10:6-9).
- □ 인생은 불가사의로 가득하다(3:11,22, 6:12, 7:14-24, 8:7,17, 9:1,12, 10:14, 11:2,5-6).

전도서를 읽어 가는데 있어 가장 혼돈스러운 부분이 위의 '헛되다 목록들'이다. 다름 아닌 자신이 하는 일이(2:18-23, 4:4-6), 쾌락(2:1-11), 지혜(2:12-17), 불의(3:16-22, 8:10-15), 권력(4:13-16), 부와 재산(5:10-6.9), 죽음(12:1-7) 등 이런 것들에서 의미를 찾을 수 없었고 따라서 헛되다고 선언한다.

이런 표현들과 고백들을 과연 어떻게 받아들이고, 소화해야 할까. 인생사의 전개와 결론이 결국 무의미하고 헛되다면 결국 인간이 할 수 있는 일은 무엇이란 말인가? 동시에 이런 언어들을 거침없이 토해 내면서, 같은 심성으로부터 복음의 소리가 나오는 것, 이렇듯 공존할 수 없는 두 지평을 어떻게 받아들여야 하며, 또 그렇게 언행(言行)하는 전도자 솔로몬, 과연 어디까지가 진실인가, 뭐 이런저런 질문들이 묵상의 문을 굳게 걸어 잠그고 있다.

전도자는 이렇듯 인간에게는 '희망 없음'을 보았다. 하나님 없는 인생의 무의미성을 절망의 언어로 표현한다. 인간은 피조물이며(11:5, 12:1) 죽을 수 밖에 없는(2:14, 3:18-20, 6:6, 7:2,17, 8:13, 9:5)죄인이다(7:20, 8:10,12-13, 9:2-3). 그 이후에는 심판이 기다린다(3:13, 11:9, 12:14). 그런 의미에서 인간은 헛되다 말한다. 그 이유는 지혜자의 대표라 할 수 있는 자신마저도 인생 안에 들어있는 섭리의 영역을 다 알 수 없다는 점에서 이처럼 증폭된다. 이것이 '해 아래서' 하나님 없이 살아가는 인생의 실존이다.

2) 하나님의 소리(B)_ 해 위를 따라 살라!

> "일의 결국을 다 들었으니 하나님을 경외하고 그의 명령들을 지킬지어다. 이것이 모든 사람의 본분이니라. 하나님은 모든 행위와 모든 은밀한 일을 선악간에 심판하시리라."(12:13-14)

전혀 다른 그림이 소개된다. 동일한 성경이 성경 전체로부터 지지를 받고, 또 성경이 말하는 진리를 그대로 전해준다. 인간의 해답은 인간이 아니며 하나님이다. 전도서는 희망의 좌표를 잃어버린 인생의 어두움을 절망의 언어로 예증하면서, 동시에 이를 더 분명히 빛나게 하기 위해 하나님께로 안착한다.

- ☐ 인생은 하나님께 받은 바 선물이다(2:24, 3:13, 5:19, 8:15, 9:7,9).
- ☐ 인생은 살 만 한 가치가 있다(2:24-25, 3:12-13,22, 5:18-20, 8:15, 11:8-9).
- ☐ 인생은 하나님을 기쁘시게 해야 한다(2:26, 7:26).
- ☐ 불의는 반드시 실패한다(3:17, 8:12-13, 11:8-9).
- ☐ 하나님께서 다스리신다(3:14, 5:2, 7:14, 9:1).
- ☐ 인생은 하나님을 두려워해야 한다(3:14, 5:7, 7:18, 8:12-13, 12:13).

전도자는 이렇듯 하나님께만 '희망있음'을 고백한다. 하나님만이 인생의 해답이며, 전부라 말한다. 솔로몬의 지혜는 이 대목에서 빛난다. 그는 자신의 지혜를 의지하지 않고 그 지혜의 주인이신 하나님을 바라본다. 하나님의 시각에서 인생을 보는 지혜의 기본기를 놓치지 않는다. 그러니까 자신 안에 있는 지혜를 통해 세상과 사람과 하나님을 보려고 하지 않았다는 말이다. A의 헛된 절망을 B의 진리됨의 희망으로 바꾸는 것, 이것이 하나님의 지혜를 따라 살아가야 할 인생의 본분이다.

» 주바라기

이 상반된 소리는 지금 우리 시대에도 동일하게 공존한다.

'해 아래서'의 소리가 나는 인생은 헛될 뿐이다. 즉, 하나님이 인생의 중심이 아니면 그 인생은 헛것이라는 뜻이다(12:8). 이것이 1:1-12:8(A)절까지의 주제어다. 그리고 곧바로 결론(B. 12:9-14)으로 넘어간다. 12:8절에 더 이상 머뭇거리지 않는다. 헛되지 않는 인생의 그림이 하나님 안에서 그려진다. 하나님만이 헛되지 않는 진정한 희망이라는 뜻이다 : "일의 결국을 다 들었으니 하나님을 경외하고 그의 명령들을 지킬지어다 이것이 모든 사람의 본분이니라."(13) 전도자는 이 두 사이에 서서 하나님의 말씀을 설교한다.

이제 두 소리가 함께 공존하는 전도서를 묵상(통독)해 보자. 독자인 우리 역시 A와 B 그 사이에 끼어있다. 동일한 무대의 객석에 앉아 있지만 오늘 우리의 인생을 A에 비춰볼 수도 있고, B에 비추어 볼 수도 있다. A에 자꾸 시선을 빼앗기면서 거기에 자신을 물들이려고 한다면 그만큼 B 없이 살아가는 자임을, 그것만큼 현재의 삶에 대해서 A라고 긍정하는 것일 게다.

하나님을 믿고, 의지하고, 섬기면서도 그럴 수 있다는 게 더 무섭다. 전도자는 결코 A를 이처럼 소개하고 있지 않다. 하나님의 소리인 B를 놓치지 않기 위해 더욱 성령님의 은혜를 바라보는 것, 이것이 전도서의 지혜를 따라 하나님께로 가까이 나아가는 길이라 생각된다. 지금은 하나님의 지혜를 따라 살았던 솔로몬의 지혜를 우리의 마음밭에 심을 때다. 믿음과 지혜의 뜨락에 이 씨앗이 아름답게 뿌려지기를 주님께 간구하면서 말이다.

한편 전도서는 솔로몬이 타락한 후(왕상 11:1-)에 기록한 책은 아닌 것 같다. 전도서가 전하고자 한 메시지를 깨닫게 될 때 더 그렇다. 솔로몬은 하나님을 경외함 없는 자의 언행이 무엇인지를 보게 한다. 또한 자신을 '전도자'(1:1)라 부르고 있다. 그런데 이 말은 '소집하는 사람'이라는 뜻으로, 루터는 이를 '설교자'로 번역하기도 하였다. 그렇다면 이런 인생론을 설교할 수 있는 사람이 타락한 상태였을까?

Song of Solomon   5장_아가

■ **맥잡기** ┈┈

❶ **제목**(1:1)

❷ **起 : 구애[구혼]**(1:2-3:5)

  ① 애정 - 사모하다(1:2-2:7)

  ② 구혼 - 사랑하다(2:8-3:5)

❸ **承 : 결혼**(3:6-5:1)

❹ **轉 : 결혼의 성숙**(5:2-8:4)

  ① 위기 - 사모하다(5:2-6:9)

  ② 회복 - 사랑하다(6:10-8:4)

❺ **結 : 사랑의 언약**(8:5-14)

아

» **사랑의 노래**(Song of Solomon) ━━━━━━━━━━━━━━━━━━━━━━━━━━━

 유대인들은 전통적으로 아가서('노래들 중의 노래')를 하나님과 이스라엘 사이의 사랑의 노래(발라드/민요)로 이해했다. 아가는 누구를 사랑할 것인가, 동시에 어떻게 사랑할 것인가를 솔로몬과 술람미 여인 사이에 오가는 사랑의 노래를 통해 우리의 마음과 손에 들려준다. 이처럼 아가는 당연히 하나님이 당신의 백성을 어떻게 사랑하는가를 보여준다.

 한편 아가의 솔로몬이 사랑과 결혼과 부부생활에 대한 모범이 될 수 없다는 점이 아가서의 해석을 고민하게 한다. 따라서 전통적 이해가 해답의 실마리가 되지 않을까 : 구약은 이스라엘을 하나님의 신부(사 54:5-6, 렘 2:2, 겔 16:8, 호 2:16-2)로, 신약은 교회를 그리

스도의 신부(고후 11:2, 엡 5:21-33)로 각각 묘사한다. 이로 보건데 아가서가 노래하고자 하는 메시지는 하나님과 교회의 사랑가(愛歌), 즉 사랑의 노래일 것이다.

뿐만 아니라 창조, 그러니까 사랑과 성(性)이라는 하나님의 선물은 사람을 창조하시고 "생육하고 번성하여 땅에 충만하라"(창 1:28)는 창조 명령 안에 포함되었음을 기억할 필요가 있다. 인간이 단지 흙이라는 육체만이 아닌 성적으로 사랑하며 살아야 하는 존재라는 점에서 그렇다. 그럼에도 유대인들은 남자 나이 30세가 되기 전에는 아가를 읽는 것을 금했다.

1) 起 : 구애[구혼](1:2-3:5)

□ 애정 – 사모하다(1:2-2:7)

□ 구혼 – 사랑하다(2:8-3:5)

❶ 애정 – 사모하다(1:2-2:7)

신부가 신랑을 사모한다. 급기야 그들이 만난 후 서로를 찬양한다.

❷ 구혼 – 사랑하다(2:8-3:5)

그들의 사랑이 커져간다. 처녀가 자신의 사랑하는 자를 찬양한다.

① 사랑을 음미하는 신부가(2:8-17)

"내 사랑하는 자는 내게 속하였고 나는 그에게 속하였도다"(16a) 이렇듯 사랑은 분리될 수 있는 게 아니다.

② 사랑을 찾는 밤의 노래(3:1-5)

> "사랑하는 자를 찾았노라"(1)

■ 사랑하다(1-4).

1절의 '밤'은 히브리어 복수형으로, 이는 '매일 밤, 밤마다, 밤새도록'이다. 지금 신부는 밤새도록 신랑을 찾기 위해 온 성을 배회한다(2). 아마도 파수꾼들도 신랑을 보지 못한 듯하다(3). 그러한 절대절명의 순간에 신랑을 만나고, 어머니의 침실로 그를 안내한다(4).

2 간청하다(5)

신부는 예루살렘 여자에게 '노루와 들사슴'을 증인 삼아 간곡하게 부탁한다.

2) 承 : 결혼(3:6-5:1)

결혼하는 날이 아름답게 그려진다(3:6-11).

결혼(4:8)과 아름다운 신부를 향한 신랑의 찬가가 이어진다.

3) 轉 : 결혼의 성숙(5:2-8:4)

□ 위기 – 사모하다(5:2-6:9)

□ 회복 – 사랑하다(6:10-8:4)

❶ 위기 – 사모하다(5:2-6:9)

신랑이 신부를 떠나 있는 동안 신부는 사랑하는 이를 사모하고 그의 칭찬을 노래한다.

❷ 회복 – 사랑하다(6:10-8:4)

아름다운 신부가 그려진다.

4) 結 : 사랑의 언약(8:5-14)

□ 사랑의 힘(5-7)

□ 어떻게 사랑이 시작하는가?(8-14)

사랑은 아름답다.

❶ 사랑의 힘(5-7) : **"사랑은 죽음같이 강하고"**

　　□ 그리스도의 강렬한 사랑(6-7)

❷ **어떻게 사랑이 시작하는가?**(8-14)

　　□ 기도에 응답하시는 그리스도의 기쁨(13)

　　□ 그리스도의 임재에 대한 소망(14)

» 하나님은 사랑이시라.

> "사람이 그의 온 가산을 다 주고 사랑과 바꾸려 할지라도 오히려 멸시를 받으리라."
> (8:7b)

　사랑은 결혼은 물론 결혼 이후를 변함없이 끌고 간다.

　그래야 한다. 사랑은 일시적인 것이 아니며, 쾌락적인 것도 아니며, 어떤 방법이나 기술(기교)적인 것도 아니다. 그런 의미에서 로맨스는 동사다. 사랑은 사랑하는 사람에 대한 정직한 반응이며 상대의 필요를 채워주는 것에서 꽃을 피운다. 이기적이고, 욕망적인 욕구의 분출이 아니다. 아가는 사랑하는 사람에 대한 또한 사랑하는 사람이 보여주는 배려와 존중이 보이지 않게 밑그림으로 자리하고 있다. 아가서의 사랑은 상대를 존중하고 사랑하는 것이 곧 자신이 사랑 받게 되는 것임을 보여준다.

| 4부 |

선지서

1장_이사야   Isaiah

■ **맥잡기**

❶ **심판하시는 하나님**(1-39장) **: 죄와 심판에 대한 복음**

　　1 **유다와 예루살렘에 대한 심판**(1-12장) : 불신앙의 아하스(왕하 16:10-20 참조)

　　2 **이방에 대한 심판**(13-35장)

　　3 **역사 이야기**(36-39장, 왕하 18-20) : 믿음의 히스기야

❷ **소망이신 하나님**(40-66장) **: 포로기 이스라엘의 희망과 구원에 대한 복음**

　　1 **여호와와 우상**(40-48장) : 바벨론 포로

　　2 **오실 메시야**(49-57장) : 고난 받는 종

　　3 **최후 회복과 약속된 영광**(58-66장) : 포로 귀환

» 이사야 – 제5복음서

이사야가 있어도 유다는 정죄와 심판의 메시지를 들어야 할 처지에 있다(1-39장). 어찌 보면 이것이 사역자의 고민이자 고통이다. 예루살렘에서부터 시작된 죄에 대한 하나님의 심판은 이방(열방)으로까지 확장된다(1-12장 → 13-35

이사야	유다왕(1:1)
1-6장	웃시야(6:1, 대하 26:1-23_52년) : 善
	*16년_요담(7:1, 대하 27:1) : 善
7-14장	아하스(14:28, 대하 28:1-27_16년) : 惡
15-39장	히스기야(36:1, 39:8, 대하 29:1- _29년) : 善
	# 바벨론 포로(유다 멸망)
40장-	회복(出바벨론 이야기)

장). 그리고 바벨론 포로생활(BC 586-)의 예고 앞에 서게 된다 : "보라 날이 이르리니 네 집에 있는 모든 소유와 네 조상들이 오늘까지 쌓아 둔 것이 모두 바벨론으로 옮긴 바 되

고 남을 것이 없으리라 여호와의 말이니라."(39:6)

그럼에도 불구하고 위로와 소망은 빛난다(40-66장). 창조 → 타락 → 구속의 섭리의 역사가 총체적인 타락에 직면한 유다와 온 인류를 향해 펼쳐지는 것은 순리인지도 모른다. 죄의 혼합물로 가득한 선지자 이사야의 현장은 눈물겹다. 지도자는 타락했고('앞을 못보는 파수꾼들, 56:9-57.2), 예배는 형식화되었으며(58:1-14), 우상숭배가 판을 치고 있다(57:3-13)는 점에서 그렇다. 그러나 그 타락한 땅에도 메시야의 오심에 대한 소망의 메시지가 울려 퍼진다(7:14, 9:6-7, 11:1-10, 53:1-12, 61:1-3).

이렇게 해서 천년왕국과 새 하늘과 새 땅이 '회복'(1:26)될 저 찬란한 미래를 밝히고 있다(66:7-21). 죄로 타락한 인류는 메시야의 구속 사역을 통해 소망의 미래, 저 신천신지(新天新地)로 갈 것이다. 이렇듯 하나님의 나라는 '이미'(already) 시작되었으나 '아직'(not yet) 완성되지 않는 긴장 속에 미래로(未來路)를 따라 변함없이 가고 있다. 그래서 말인데 이사야는 제5복음서로 불릴지라도 별 무리가 없어 보인다.

■ **이사야**(Isaiah)

> "유다왕 웃시야와 요담과 아하스와 히스기야 시대에 아모스의 아들 이사야가 유다와 예루살렘에 대하여 본 계시라."(1:1)

예루살렘에 살던 왕족 출신(아마샤의 형제)의 선지자로서 그 이름의 뜻은 '여호와는 구원이시다'이다. 그는 웃시야가 죽던(사 6:1) BC 739년경에 예언하기를 시작하여 BC 701년경 앗수르의 산헤립이 예루살렘을 향하여 진군해 올 때까지 등장한다. 유대인의 탈무드 전승에 따르면 그는 므낫세의 치세 기간에 톱으로 켜서 죽임을 당한다(히 11:37 참조). 이사야에 대한 이력을 엿볼 수 있는 구절들(7:3, 8:3)에 의하면 그는 왕과 고위층과 허물없이 어울릴 수 있는 위치에 서 있다. 그의 '아내'(8:3)는 히브리 원문에 의하면 여선지자이며, 두 아들이 있었다(사 7:3, 8:3).

한편 미가와 동시대 사람으로(사 1:1, 미 1:1), 둘 다 유다에서 일했으며, 북왕국 이스라엘에 전력을 다했던 아모스와 호세아보다는 앞선 사람이다. 아모스의 아들 선지자 이사야는 4대 왕에 걸쳐서 약 40년간을 설교한다(왕하 15-21장, 대하 26-32장 참조). 그는 앗수르 왕국이 팽창해 가고, 그 결과 이스라엘이 멸망해 가는 과정에서, 이스라엘과 열방에 대한 하나님의 심판과 구속을 예언한다.

그렇다면 이사야가 살던 시대는 어떤 시대였는가? 먼저 말년에 하나님으로부터 점차 멀어지던 웃시야(Uzziah, 대하 26:1-23) 왕이 죽자 유다도 쇠퇴기에 들어섰고, 이와 더불어 앗수르가 침략하고 유다는 사회적-종교적으로 순수성을 잃게 된다. 그러나 그의 아들 요담(Jotham, 대하 27:1-9)은 하나님을 경외하는 자였다.

아하스(Ahaz, 왕하 16:1-18, 대하 28:1-27, 사 7:1-)는 이스라엘과 수리아가 유다를 침공했을 때 이사야의 권면을 따르지 않고 앗수르 제국에 도움을 요청했는데(사 7:1- , 왕하 16:7-), 이로 인해 그는 앗수르 제국의 지배를 받게 되었다. 그는 "그의 조상 다윗과 같지 아니하여 그의 하나님 여호와께서 보시기에 정직히 행하지 아니하고"(왕하 16:2b), 우상숭배를 권장했고, 제단이 놓인 자리에 이방인의 단을 쌓았고 성전의 문을 폐쇄했으며, 자기 아들을 제물로 불태웠다.

이에 반해 히스기야(Hezekiah, 왕하 18:1-20:21, 대하 29:1-32:33)는 탁월한 신앙의 사람이었다. 그는 종교개혁(대하 29:3-)을 통해 복구된 성전에서 진정한 예배를 드리도록 재확립시켰으며, 유월절 의식을 웅대한 규모로 재개하였고, 이방의 산당을 제거하였다.

한편 이사야 6장이 왜 1장에 있지 않는지 여러모로 생각해 볼 주제다. 6장이 1장 앞으로 와야 할 것 같다는 얘기다. 어떻든 그는 1-5장의 사역을 맡아 일하던 중에 '웃시야 왕이 죽던 해'인 6장에서 비로소 예언자(Prophet)로 부르심을 받는다. 그렇다면 그의 어린 시절은 웃시야의 통치 시기였다는 뜻인데 문제는 그 시기가 1-3장에서 밝혀진 것처럼 영적인 면에서 볼 때 극도로 혼란스러운 때였음에 틀림없다.

정리하면 웃시야(아사랴)는 시작은 좋았으나 그가 말년에 가서는 교만하여져서 하나님으로부터 멀어졌으며 결국 문둥병에 걸려 죽고 만다(대하 26:1-15 → 16-23). 그의 뒤를 이는 요담은 하나님 앞에 정직했으나(대하 27:2), 문제는 아하스 때다(대하 28:1-). 그는 사마리아와 다메섹의 틈바구니에서 생존을 위하여 앗수르와 동맹을 맺음으로써 히스기야에게 무거운 짐을 지워준 꼴이 되었다. 한편 이사야는 히스기야 때까지 선지자로서 40여 년간 활동한다(1:1, 6:1, 7:1, 36:1).

북왕국 이스라엘은 앗수르의 포로가 되고 나라를 잃고, 유다 역시 내적으로 곪아터지고 있는 때에 이사야는 하나님의 메시지를 선포하기 위해 하나님께로부터 보내심을 입은 자로서 유다의 무대에 등장한다. 이처럼 암울한 시대에 메시야를 예언하는 일에 꾸준히 헌신하는 것은 예사롭지 않은 대목이다.

1) 심판하시는 하나님(1-39장) : 죄와 심판에 대한 복음

□ 심판선언서

바벨론 포로 이전의 유다(예루살렘)를 배경으로 한다. 1장은 이사야서의 서론(prologue)이자 요약이다. 하나님 보시기에 예루살렘의 상태는 '겨우'와 '조금'이다(1:8,9). 그럼에도 마당만 밟을 뿐인 '헛된 제물'은 넘쳐나고 있다(1:12). 하나님은 그 유다를 향해 순종 → 회복이냐(1:18-19 → 26-27), 아니면 배반 → 멸망이냐(1:20 → 28-31)라는 최후통첩을 발하신다. 이것이 "아모스의 아들 이사야가 받은 바 유다와 예루살렘에 관한 말씀"(2:1)이다.

❶ 유다와 예루살렘에 대한 심판(1-12장) : 불신앙의 아하스(왕하 16:10-20 참조)

① 유다의 죄악과 이사야의 소명(1:1-6:13)

"성회와 아울러 악을 행하는"(1:13) 유다와 예루살렘을 향해 하나님은 예배와 삶의 일치를 요구하신다(1:16-17). 비록 '화 있을진저!'(5:8,11,18,20,21,22)라 선언하시지만 죄악 공화국인 유다를 포기치 않으시고 종 이사야를 바로 그곳으로 '가라'(6:9) 보내신다. 하지만 그 땅과 백성들은 눈과 귀와 마음 모두가 다 병들어 있으나, 그럼에도 불구하고 사명의 불은 꺼지지 않는다(6:9-13).

② 장차 오실 메시야(7:1-12:6)

북왕국 이스라엘은 망하나 유다(남은 자)는 승리할 것이다. 유다가 잘나서가 아니라 메시야 때문이다.

□ 주의 징조(7:14) : 임마누엘 - 하나님이 우리와 함께 계심이니라.

□ 징조와 예표(8:18) : 자녀들

■ 스알야숩(7:3) - 남은 자가 돌아오리라.

■ 마헬살랄하스바스(8:3) - 노략이 속히 올 것이다.

□ 백성들('어떤 사람', 8:19) : 신접한 자와 마술사에게 물으라.

□ 메시야 탄생(9:1-7)

→ 여호와(9:8-10:4) : '그럴지라도'(9:12,17,21, 10:4) - 북왕국

A 앗수르(10:5-19) : 진노의 막대기 & 몽둥이

X 남은 자(10:10-23) : 백성

A' 앗수르(10:24-34) : 막대기 & 몽둥이

X' 메시야(11:1-12:6) : 통치자

❷ **이방에 대한 심판**(13-35장)

하나님의 심판은 열방이다.

☐ **이방 민족들에 대한 심판**(13:1-23:18)

ㅁ 바벨론(13:1-14:32)

ㅁ 모압(15:1-16:14)

ㅁ 다메섹(17:1-14)

ㅁ 구스(18:1-7)

ㅁ 애굽(19:1-17)

→ **여호와의 날**(19:18-25)

ㅁ 애굽과 구스(20:1-6)

ㅁ 바벨론(21:1-10)

ㅁ 에돔(21:11-12)

ㅁ 아라비아(21:13-17)

→ **예루살렘**(22:1-25)

ㅁ 두로(23:1-18)

② **이사야의 계시록**(24:1-27:13) : 심판

③ **이스라엘에 대한 심판**(28:1-30:17)

ㅁ 이스라엘(28:1-29)

ㅁ 유다(29:1-30:17)

④ **의의 왕의 통치**(30:18-35:10)

이스라엘은 온통 절망의 냄새뿐이지만 하나님은 장차 올 왕(메시야)을 통해 희

망과 평화의 씨앗을 심으신다. 그럼에도 불구하고 심판은 불가피하다. 하지만 이처럼 '고통의 전주곡'(30-35장)일지라도 소망과 위로의 멜로디(40-66장)는 그 속에서 자기의 때를 준비한다.

❸ 역사 이야기(36-39장, 왕하 18-20) : 믿음의 히스기야

하나님만을 의지하라! 역사의 추가 앗수르에서 바벨론으로 서서히 움직이는 때다. 앗수르를 믿음과 기도로 이겼다면 그는 계속해서 바벨론 역시 그럴 수 있어야 한다. 하지만 유다는 바벨론에 의해 멸망하게 된다. 따라서 히스기야는 그 이후로 하여금 어떤 자세와 태도로 살아야 할 것인가를 교훈한다. 히스기야 이후를 이러한 통찰로 읽어가는 것이 맞다.

1. 산헤립의 유다 침략(36:1-22) : 앗수르
2. 히스기야의 기도와 응답(37:1-38)
3. 히스기야의 질병과 치유(38:1-22)
4. 히스기야의 범죄(39:1-8) : 바벨론

2) 소망이신 하나님(40-66장) : 포로기 이스라엘의 희망과 구원에 대한 복음

> "너희는 위로하라 내 백성을 위로하라."(40:1)

☐ 소망선언서
☐ 종의 노래
　① 42:1-4
　② 49:1-6
　③ 50:4-9
　④ 52:13-53:12

❶ 여호와와 우상(40-48장) : 바벨론 포로

이스라엘의 회복은 여호와의 종이 이룰 것이다.

❷ **오실 메시야**(49-53장) **: 고난 받는 종**

여호와의 종은 고난 받는 종으로 임하실 것이다.

❸ **최후 회복과 약속된 영광**(54-66장) **: 포로 귀환**

마침내 열방(뭇 나라와 민족), 곧 다시스(스페인)와 '불과 활을 당기는 룻'(아프리카)과 '두발'(터키)과 '야완'(그리스)과 '먼 섬'(땅 끝. 열방)에서 하나님께 예물(제사, 예배)을 드리게 될 것이다(66:18-20). 이것이 이사야가 구약의 복음서라 할 수 있는 이사야서를 통해 보여주는 하나님의 나라다.

3) 메시야(Messiah)(Isaiah)

- ☐ 탄생 | 7:14, 8:8, 9:6-7
  - ■ 임마누엘(7:14-16) : 그 백성과 함께 고난
  - ■ 아기(9:1-7) : 그 백성을 구속

- ☐ 사역 | 11:1-10, 35:5-6, 61:1-3
  - ■ 싹(11:1-16) : 그 백성을 통치
  - ■ 종(42:1-9, 48:5-6, 50:4-9, 52:13-53:12) : 그 백성을 위한 고난

- ☐ 심판주 | 63:1-6, 66:15-19
  - ■ 내 종(52:13-53:12)
    - ① 높아지심(52:13-15) : 높이 들림
    - ② 하나님의 징계(53:1-9)
      - · 멸시를 당하다(1-3).
      - · 남을 위해 고난을 당하다(4-6).
      - · 속죄의 제물로 죽임을 당하다(7-9).
    - ③ 결과(53:10-12) : 분깃을 얻음

이사야 53장은 예수님이 성육신(Incarnation)하시기 약 700년 전에 기록되었다고 보기에는 너무도 놀랍다. 그만큼 이사야가 사역하던 시대에는 메시야의 오심이 절박했었다는 의미로 받아들여진다. 예수 그리스도만이 이 세상의 유일한 희망이기

때문이다. 이사야는 희미하게나마 이를 깨닫고 있고 자신 역시 목마르게 메시야의 오심을 앙망하고 있다. 이처럼 53장은 신약 같은 구약이다.

"우리가 전한 것을 누가 믿었느냐 여호와의 팔이 누구에게 나타났느냐"(1)	롬 15:21
"마른 땅에서 나온 뿌리"(2)	롬 15:12
"멸시를 받아서 사람들에게 버림 받았으며"(3)	마 27:30-31
"그는 실로 우리의 질고를 지고 우리의 슬픔을 당하였거늘 우리는 생각하기를 그는 징벌을 받아 하나님께 맞으며 고난을 당한다 하였노라"(4)	마 8:17
"그가 상함은 우리의 죄악 때문이라"(5)	벧전 2:24
"여호와께서는 우리 모두의 죄악을 그에게 담당시키셨도다"(6)	마 8:17
"곤욕을 당하여 괴로울 때에도 그의 입을 열지 아니하였음이여"(7)	행 8:32-33
"그는 곤욕과 심문을 당하고"(8)	행 4:27-28
"그는 강포를 행하지 아니하였고"(9)	벧전 2:22
"나의 의로운 종이 자기 지식으로 많은 사람을 의롭게 하며"(11)	롬 5:15
"그가 자기 영혼을 버려 사망에 이르게 하며"(12)	롬 3:25
"범죄자 중 하나로 헤아림을 받았음이니라"(12)	마 27:38
"그가 많은 사람의 죄를 담당하며"(12)	벧전 2:24
"범죄자를 위하여 기도하였느니라"(12)	눅 23:37, 막 15:28

사

» 심판 & 소망, 하나님의 섭리방정식 ────

이사야서는 종종 저작권에 대한 시비에 자유롭지 못한 게 사실이다.

하지만 이 문제는 다음 몇 가지 증거들에 의해 해결된다. 예수님께서 "회당에 들어가사 성경을 읽으려고 서시매 선지자 이사야의 글을 드리거늘"(눅 4:16b-17a) 이를 받으사 이사야 61:1-2절을 읽으셨다. 또한 마태와 요한도 "선지자 이사야를 통하여 하신 말씀을 이루려 하심이라"(마 4:14, 8:17, 요 12:38)고 말하면서 사 42:7, 53:1,4절을 각각 인용하고 있고, 더욱이 이디오피아 사람이 "선지자 이사야의 글 읽는 것을"(행 8:30) 빌립이 들었는데 그가 읽고 있는 부분도 이사야 53장이었다(행 8:32-33). 사도 바울도 역시 로마서 10장에서 각각 "이사야가 이르되, 이사야가 매우 담대하여"(10:16,20)를 시작으로 이사야 53:1, 65:1-2절을 인용하고 있다.

이렇듯 이사야서에는 예수 그리스도의 초림에서부터 시작하여 그의 고난과 죽음, 그리고 재림에 이르기까지 온전한 복음이 다 들어있음이 놀랍기 그지없다. 죄악으로 말미암아 호흡이 끊어질 만큼 '겨우'(조금, 1:8-9) 남은 자리에서 저 영광스런 새 하늘과 새 땅(66:7-21)을 보는 이 놀라운 은총은 철저하게 하나님의 은혜에서 비롯되고 있다.

심판 받아 마땅한 자리에 처해 있어도(1-39장) 그것을 소망으로 역전시키시는 하나님(40-66장)께 영광을 돌린다. 마치 타락한 아담의 이야기를 구속의 이야기로 다시 소생케 하셨듯이 말이다. 죄 가운데 있는 인간은 하나님과 분리되었지만 하나님은 그 가운데로 친히 찾아오시사 죄의 문제를 해결하신다. 이것이 소돔과 방불한 죄악의 잠을 자고 있는 유다의 언덕에 뿌려 놓으신 십자가의 흔적들이다(사 7:14-15, 8:8, 9:1-2,7, 11:1-2, 35:5-6).

하나님은 죄로 죽어 가는 유다의 가슴에 한 알의 밀알 같은 메시야의 씨앗들을 뿌리셨다. 이 씨앗은 약 700년이 지나서야 싹이 나고 자라 마침내 십자가에서 구원의 열매를 맺는다. 하나님의 이 넓고도 깊은 기다림이라는 사랑의 모습 앞에 고개를 숙일 수밖에 없다. 가슴이 타 숯덩이가 되었어도 수 백 번이었을 그 인고의 시간들을 하나님은 오래 참으셨다.

그래서 "사랑은 오래 참고"(고전 13:4a)다. 물론 이사야의 사역 기간 동안에 북왕국 이스라엘은 앗수르에 의해 멸망하고(BC 722), 이사야가 죽은 지 얼마 되지 않아 유다 역시 그의 예언(39:6)처럼 바벨론의 포로(BC 586)가 되지만 하나님은 이렇듯 "허물과 죄로 죽었던"(엡 2:1) 이스라엘을 예수 그리스도로 말미암아 구원하신다.

인간의 타락은 죽음(심판)을 낳지만 하나님은 죽은 나사로를 달리시듯 이미 시체와 방불한 유다를, 아니 세상을 이처럼 사랑하사 독생자 예수 그리스도를 통해서 다시 살리신다. 할렐루야! 이렇듯 이사야가 오고 있다. 그의 두 손에는 심판과 소망을 알리는 율법과 복음이 각각 들려있다. 그는 이 두 날개로 유다를 이끌고 하나님께로 나아가기 위해 비상한다. 자칫 이 둘의 균형이 기우뚱거리기라도 하지 않을까 가슴이 뛴다.

이사야가 있어도 이처럼 유다는 전혀 안정감이 없어 보인다. 이사야가 유다의 무대에 등장해서 설교를 시작해도 유다는 별로 달라질 기미를 보이지 않는다. 북왕국은 일찌감치 앗수르에 의해 몰락하였고 유다 역시 살얼음판을 걸어가는 형국이다. 이사야가 목회를 해도 유다는 이렇다 할 변화와 성숙이, 그리하여 온 유다가 회개하고 하나님의 부흥을 경험했다는 기록이 없음을 씁쓸하게 되씹어 본다.

어쩌면 역설적이게도 그러기에 선지자가 필요하고, 외롭고 쓸쓸할 정도로 사역하는 길을 따라 죄로 가득한 유다의 언덕을 걸어가야 하는 것인지도 모른다. 죄가 더 많을수록 선지자는 필요하다. 피하거나 떠나는 것, 그래서 또 다른 대안을 찾아 기웃거리는 것, 이런 방식으로 살지 않았던 이사야가 높아 보이고, 그렇다면 이것이 우리 역시 걸어가야 할 '신앙행전'의 길이라는 생각, 이사야의 문이 열리는 문틈을 따라 이런저런 생각, 해보게 된다.

2장_예레미야 Jeremiah

■ 맥잡기

서론 : 예레미야의 소명(1:1-19) - 예언자

A 유다 심판(2:1-25:14)

   B 이방 심판(25:15-38)

A' 유다 구원(26:1-45:5)

   B' 이방 심판(46:1-51:64)

A'' 유다 멸망(52:1-34)

» 심판과 구원

"아몬의 아들 유다 왕 요시야가 다스린 지 13년에 여호와의 말씀이 예레미야에게 임하였고, 요시야의 아들 유다의 왕 여호야김 시대부터 요시야의 아들 유다의 왕 시드기야의 11년 말까지 곧 오월에 예루살렘이 사로잡혀 가기까지 임하니라."(1:2-3) "예레미야의 말이 이에 끝나니라."(51:64b)

[주요 연대기]

요시야 13년	627년	1:1-3	예레미야의 소명
여호야김 4년	605년	45:1-5	하나님이 바룩을 남기심
시드기야 11년	586년	39:1-40:7	예루살렘 멸망
총독 그다랴	586년	40:8-41:16	임명되고 살해됨
요하난	585년	42:1-22	본토에 남으라고 충고
남은 자들의 지도자	585년 585년	43:1-13 44:1-30	애굽으로 도망감 애굽의 포로들을 향한 연설

□ 왕들의 통치

- ■ 요시야　　　2:1-12:17
- ■ 여호야김　　13:1-20:18, 25:1-27:11
- ■ 시드기야　　21:1-24:10, 27:12-39:18

■ 예레미야(Jeremiah)

이사야 사후 반세기가 지난 후에 하나님은 눈물의 선지자 예레미야('여호와께서 급하게 보내시다')를 부르신다. 그는 아나돗에 사는 제사장 힐기야의 아들이다. 물론 그 역시 제사장이었다.

한편 유다는 이스라엘처럼 멸망이 점차 현실이 되어가고 있는 때였다(왕하 22-25장 참조). 회개를 촉구하는 메시지는 과녁을 벗어난 화살처럼 허공을 갈랐고, 그러자 그는 유다가 멸망하고, 예루살렘 성전이 무너지고, 하나님의 백성들은 포로가 되고, 하나님은 당신의 나라와 백성들을 버리시게 될 것이라는 참담한 역사를 내다보면서 심판 메시지를 외치며 온 몸으로 통곡했다. 그와 동시대에 활동한 선지자들로서는 나훔, 스바냐, 하박국, 다니엘, 에스겔이다.

유다는 이사야의 설교를 40년이나 들었음에도 불구하고 회개하고 하나님께로 돌아오는 일에 실패했다. 요시야의 부친 므낫세(히스기야의 아들)가 통치하던 때에 선지자가 없었다는 하나님의 침묵을 어찌 이해해야 할까. 그만큼 시대는 영적으로 캄캄했던 셈이다. 동시에 그만큼 므낫세가 행한 우상숭배와 패역은 하나님의 진노에 기름을 붓는 것과 같았다. 마침내 성전 뜰에 바알의 조각상이 세워지기에 이르렀던 것이다.

과연 다윗언약(삼하 7:1-17)은 어찌 될 것인가. 다윗언약의 위기를 므낫세의 아들 요시야가 멈추게 할 수는 없었을까. 바로 이러한 때에 하나님의 사람 예레미야가 선지자로 보내심을 받는다. 당시 세계를 지배하던 앗수르는 BC 612년에 바벨론에게 패하고, 애굽 역시 BC 605년에 바벨론에게 패함으로서 세상 권력의 추는 바벨론으로 넘어갔다. 그랬다. 이제 유다는 서서히 바벨론에 의해 멸망할 것이라는 이사야의 예언이 성취될 때를 맞고 있었다(사 39:6).

예레미야의 사역은 순탄치 않았다. 이웃과 친족들마저 그를 죽이려고 음모를 꾸밀 정도였고(11:18-23, 12:6), 예루살렘 거리에서 메시지를 전하고 있을 때에 사람들은 "혀로 그를 치고 그의 어떤 말에도 주의하지 말자"(18:18)라고 도모하였으며, 성전 뜰에서 가르치고 있을 때에 제사장들과 거짓 선지자들이 예레미야를 체포하려고 했고(26:1-5), 급기야 옥에 갇혀 고난을 받기에 이른다(32:1-3, 38:6-13,28).

마침내 유다는 BC 605년부터 여호야김과 백성의 지도자들을 시작으로 바벨론에게 포로로 잡혀가기 시작한다. 그리고 다시 8년 후 수천의 백성들이 포로로 끌려가고(왕하 24:10-17, 렘 52:28-30 참조), 다시 10여년 후에 느브갓네살은 18개월이나 예루살렘을 둘러싼 후 함락하여 왕의 두 눈을 뽑고 성을 초토화시키기에 이른다(대하 36:17-21).

예루살렘에 남게 된 예레미야는 남은 이스라엘 백성들에게 변함없이 회개를 촉구하지만 저들은 총독 그달랴를 살해하고 애굽으로 도망한다.

1) 서론 : 예레미야의 소명(1:1-19)

    □ 표제(1-3) : 요시야 13년부터 시드기야 11년까지

    □ 열방의 선지자(4-19)

      - 파송장(4-10) : "너는 가며 … 너는 말할지니라"

      - 메시지(11-16) : "네가 무엇을 보느냐?"

        ① 환상1_ 살구나무 가지

        ② 환상2_ 끓는 가마

      - 보호(17-19) : "그들 때문에 두려워하지 말라"

예레미야는 열방의 선지자로 하나님으로부터 소명을 받는다(4-10) : ① 하나님의 부르심(5) → ② 선지자의 거절(6) → ③ 하나님의 설득(7) → ④ 하나님의 동행 약속(8)

❶ 환상1_ 살구나무 가지

    □ 내가 shkaed(깨어 있다: 살구나무) 가지를 보나이다.

    □ 내가 내 말을 shoqed(지켜보다, 지켜) 그대로 이루려 함이니라.

❷ 환상2_ 끓는 가마

하나님은 장차 이루실 것을 예레미야를 통해 말씀하시기 시작하신다. 먼저 앗수르가 아닌 바벨론을 통해 유다와 예루살렘을 심판하실 것을 말씀하신다.

2) 유다 심판(2:1-25:14)

❶ 유다의 죄(2:1-6:30)

'요시야 왕 때에'(3:6a)

    A 요시야와 그 이전의 유다(1:1-3:5)

        X 요시야의 종교개혁(3:6-4:4, 1:2-3 참조)

    B 요시야와 그 이후의 유다(3:6-) : 멸망

① 유다의 현실(2:1-3:5) : 고발장

소년의 때에서 결혼 때까지 이스라엘(유다)과 하나님 사이의 첫사랑(과거)과 대비되는 나중(현재)의 형편을 두고 하나님이 겪으시는 고통스러움이 시리도록 아프게 전해진다(2:2-3). 왜 하나님-이스라엘이 이처럼 되어버리고 말았는가. 그것은 이스라엘이 출애굽의 하나님께 묻지도 않고 제 멋대로 살면서 가나안(내 기업)을 더럽혔을 뿐만 아니라(2:6-7), 하나님을 아는 일에 실패한 지도자들(제사장들, 법잡은 자들, 관리들, 선지자들)이 설상가상(雪上加霜)으로 하나님을 떠나 바알을 의지하고 따랐기 때문이다(2:8,26). 그 결과 이스라엘은 처참하리만큼 악의 열매들을 거두고 있고, 또 거두게 될 것이다(2:14-19).

이는 다 하나님을 버리고 바알을 숭배한 행음이 몰고 온 자업자득(自業自得)이다(2:20). 이렇게 해서 이스라엘은 점차 '순전한 참 종자'(귀한 포도나무)에서 '이방 포도나무'(낯선 들포도나무)로 변질되어져 갔다(2:21). 그러면서도 입만 열면 "나는 더럽혀지지 아니하였다. 바알들의 뒤를 따르지 아니하였다"(2:23a)라고 말하지만 몸은 이미 "내가 이방 신들을 사랑하였은즉 그를 따라가겠노라"(2:25b)며 하나님의 경고를 무시하고 또 이를 비웃기라도 하듯 악행의 길로 달려갔다. 이때 수치스러운 나락으로 추락한 저희의 이중성(2:26-27)과 이에 대한 하나님의 비웃음(2:28)이 절묘하게 오버랩(OL)된다.

이것이 저희의 범과, 곧 반역이다(2:29). 이쯤 되면 "우리는 놓였으니 다시 주께로 가지 아니하겠다"(2:31b)며 하나님을 잊는 것은 물론이고(2:32), '죄 없는 가난한 자를 죽인 피'(2:34)가 묻어있는 채로 말하기를 "나는 무죄하니 그의 진노가 참으로 내게서 떠났다. 나는 죄를 범하지 아니하였다"(2:35)라고 언행하며 하나님께 정면으로 반기를 드는 것이 자연스러워 보일 정도다. 하지만 이런 오늘의 죄행은 결과적으로 내일의 포로기를 낳게 될 것이다(2:36-37). 수치를 당하는 것도 부족하여 형통치 못할 날이 임박하고 있는 이스라엘의 몰골이 슬프기만 하다.

이렇듯 유다(이스라엘)는 여전히 행음중인 창녀다(3:1-3). 그러면서도 그 꼴 그대로 하나님께 돌아오겠단다. 더 소름끼치는 것은 하나님을 향해 "나의 아버지여 아버지는 나의 청년 시절의 보호자"(3:4)라 지껄이면서, 한 술 더 떠 "노여움을 한없이 계속하시겠으며 끝까지 품으시겠나이까"(3:5a)라는 식으로 말하면서 할 수 있는 악행은 다 저질러왔다. 젖과 꿀이 흐르는 가나안은 단비(늦은 비)도 내리지 않아 점차 황무해지고 있음에도 말이다(3:3). 이것이 요시야가 종교개혁을 하기 직전에 유다에서 자행되고 있는 죄악들에 대한 하나님의 고발장이다.

2 하나님의 대답(3:6-4:4) : 회개하라!

하나님은 이스라엘을 "내쫓고 그에게 이혼서까지 주었으되 그의 반역한 자매 유다가 두려워하지 아니하고 자기도 가서 행음"(3:8)하면서도 그러지 않은 척 거짓으로 돌아온 체 하였다고 말씀하신다(3:10). 이렇듯 유다(남왕국)는 이스라엘(북왕국)의 멸망을 목도하고서도, 즉 하나님과 이혼하고 쫓겨남을 보고서도, 그리고 계속해서 예레미야를 통해 메시지를 듣고 있었음에도 불구하고 행음하기를 중단치 않고 있다.

이런 암울한 시계(視界) 중에도 하나님은 당신을 "배반하고 네 길로 달려 이방인들에게로 나아가 모든 푸른나무 아래로 가서 내 목소리를 듣지 아니"(3:13)한 백성들을 향해 "배역한 이스라엘아 돌아오라!"(3:12,14,22)는 회개에로의 초대를 역시 중단치 않으신다. 이스라엘에게 이미 이혼증서를 주었으나 하나님은 아직 '남편'이시라 하시며, 다시 시온으로 데려오리라는 점을 분명히 하신다(3:14). 그리고 "내 마음에 합한 목자들을 너희에게 주리니 그들이 지식과 명철로 너희를 양육하리라"(3:15) 말씀하신다.

놀라운 것은 하나님 편에서 이스라엘(유다)에 대한 희망을 결코 접지 않으신다는 점이다(3:16-19). 특히나 상속자(相續子)로 삼아 그들로부터 '나의 아버지'로 불리움을 받고 싶으셨으나 오히려 당신을 배신하고 이혼한 저들의 애곡 소리를 지켜보며 하나님이 지불해야만 했던 고통이 얼마나 컸을까 싶다(3:19-21). 그럼에도 하나님은 배역한 자식들을 포기치 않으신다 : "배역한 자식들아 돌아오라 내가 너희의 배역함을 고치리라!"(3:22a) 한편 예레미야는 자신의 메시지를 듣는 사람들이 돌아오지 않았음에도 언젠가 다시 돌아올 그날을 예고(예언, 3:22b-25)함으로써 자신 역시 이스라엘의 미래를 포기하지 않았음을 보여준다.

거듭되는 회개에로의 초대는 '만일 … 한다면'(4:1-2)이라는 형식에 의해 이미 멸망한 이스라엘까지를 포함한다. 하나님은 참된 회개에 기초한 용서의 문을 이처럼 열어 놓고 계신다. 물론 회개는 묵은 땅을 갈고, '마음의 할례'(신 10:16, 30:6)를 받아 돌이키는 것을 의미한다. 하지만 이를 거부할 때는 심판을 받아 소멸되는 것 밖에는 다른 길이 없다(4:3-4). 이로써 예레미야의 메시지는 심판 쪽으로 이동해 간다(4:5-).

③ **유다의 대적들**(4:5-6:30) : 유다 vs 하나님

　□ **북방 민족이라는 채찍**(4:5-31) : 심판 예고

심판은 '북방에서 재앙과 큰 멸망으로 이르게 할' 사자, 곧 열방을 멸하는 자에 의해 집행될 것이고(6-7), 저희는 애곡할 것이다(8). 물론 지도자들의 몰골은 이미 예상된 일이지만(9, 2:8,26 참조), 그래도 예레미야의 탄식에 가까운 외로운 솔로만으로는 이미 선언된 심판을 돌이키기에는 역부족임에 틀림없다(10) : "이제 내가 그들에게 심판을 행할 것이라."(12)

마침내 '북방에서 재앙과 큰 멸망'이 온 땅을 쓸어버리지만(6 → 23-26,28-29), 그러나 분명한 희망은 희미하긴 하나 "내가 진멸하지는 아니할 것"이라는 말씀이다(27). 하지만 이런 재앙에도 불구하고 '내 백성'(11,22)이라는 자들은 단장(화장)하고 꾸미기에 여념이 없다(30). 그러니 '화 있도다!'(31)일 수 밖에.

　□ **유다의 죄**(5:1-31) : 빛바랜 회고록

심문에 이어 '의인은 하나도 없다'(1, 롬 3:9,10 참조)는 판결이 내려진다(1-6). 하

나님의 이름을 빙자한 거짓 맹세(2), 영적 무지(3-4), 하나님의 말씀에 대한 의도적인 거부(3,5), 행음(7-8) 등 그야말로 이방인과 다를 바 없는 삶을 살았다. 그러니 '그러므로'로 이어지는 최종 판결문을 선고 받고야 마는 것 아닌가(6). 그 결과로 받게 되는 심판의 실상을 보라(10-19). 그야말로 사필귀정(事必歸正)이다(14-18). 한편 선지자도 무용지물(無用之物)이다(13, 2:8,26, 4:9,13 참조).

드디어 심판이 선포(公布)된다(20-31). 이럴 수 밖에 없는 이유는 분명하다. 먼저 하나님을 배반(패역)하며 그를 경외치 않았기 때문이고(22-25), 이웃을 사랑하지 못하였기 때문이다(26-28). 즉, 율법을 정면으로 거부한 것이다(마 22:34-40). 이처럼 죄를 즐기는 일에는 너나 할 것 없이 서로 묵인(방조, 타협)한 셈이다(31). 백성에서부터 제사장과 선지자에 이르기까지 온 나라가 병들었으니 이를 어찌하랴!

□ 북방 민족이라는 막대기(6:1-15) : 심판 집행
'피난하라!'(1)는 예고가 끝나기가 무섭게 '벌 받을 성' 예루살렘을 멸절(파멸)하기 위한 공격이 불을 품는다(1-8). 이런 와중에서도 유다의 죄악은 점점 더 깊어져만 간다(9-15). 유다는 하나님의 심판 메시지를 듣지 않고 있으며(10), 포로생활이 생생하게 예고됨에도 불구하고 백성들은 물론 선지자로부터 제사장까지 다 거짓을 행하면서(11-12 → 13), 평강(평화)의 가면을 쓰고서 '가증한 일'(우상숭배)을 자행하면서도 이를 조금도 부끄러워하지 않는다(14-15). 이것이 심판 앞에 서 있는 예루살렘의 실상이다.

4 두 지평(6:16-30) : 결단하라!

말씀을 듣지 않음(16-19)
   → 가증한 생활(20)
      → 포로(20-30)

❷ 유다, 심판주의보(7:1-16:21)

□ 성전설교(7:1-8:3)
□ 유다의 운명(8:4-17)

- □ 예레미야의 애가(8:18-9:26)
- □ 이스라엘의 우상숭배(10:1-16)
- □ 하나님의 징계(10:17-18)
- □ 예레미야의 기도(10:19-25)
- □ 언약에 기초한 하나님의 징계(11:1-17) : 회개만이 희망이다.
- □ 예레미야의 고백록1(11:18-12:6)
- □ 이스라엘을 징계하시는 하나님의 고통(12:7-13)
- □ 다른 나라들에 대한 경고(12:14-17)
- □ 하나님의 경고(13:1-27)
- □ 예레미야의 애가(14:1-16:13) : 고백록2(15:10,15-21)
- □ 그럼에도 불구하고(16:14-21)

Ⅰ 탄식(8:18-9:1)
    A 예레미야(8:18)
      B 백성(8:19a)
        X 하나님(8:19b) : '어찌하여'
      B' 백성(8:20)
    A' 예레미야(8:21-9:1)

❸ **유다, 그리고 예레미야**(17:1-20:18)
- □ 심판은 있다(17:1-11).
- □ 예레미야의 고백록3(17:12-18)
- □ 제4계명(17:19-27)
- □ 토기장이의 비유(18:1-12)
- □ 심판은 있다(18:13-23) : 고백록4(18-23)
- □ 깨어진 오지병의 비유(19:1-15)
- □ 예레미야와 바스훌(20:1-6)
- □ 예레미야의 고백록5(20:7-18)

1 토기장이 이야기(18:1-23)

① 하나님(1-11)_ 오래 참으시다.

② 이스라엘(12-17)_ 죄가 가증하다.

③ 예레미야(18-23)_ 저주 기도를 하다.

2 예레미야의 고백록

☐ 고백록1(11:18-12:6)

☐ 고백록2(15:10,15-21)

☐ 고백록3(17:12-18)

☐ 고백록4(18-23)

☐ 고백록5(20:7-18)

예레미야는 하나님 앞에서 자신의 심령을 솔직하게 토로한다.

❹ 유다의 죄, 그리고 멸망(21:1-25:14)

1 유다에 대한 심판(21:1-22:30)

☐ 시드기야(21:1-7, 마지막/요시야왕 막내아들_BC 597-86)

■ 유다 백성(21:8-10)

■ 다윗왕가(21:11-22:9)

☐ 살룸(여호아하스, 22:10-12, 17대/요시야왕 넷째아들_BC 609)

■ 유다의 귀족(22:13-17)

☐ 여호야김(22:18-19, 18대/요시야왕 둘째아들_BC 608-597)

■ 예루살렘(22:20-23)

☐ 고니야(여호야긴, 22:24-30, 19대/여호야김 아들_BC 597)

이 심판 예고는 얼마 후 여로야김의 아들의 대(代)에서 성취되기 시작한다 (24:1). 한편 실로 놀라지 않을 수 없다. 다윗언약(삼하 7:1-17)이 파기될 것이라는 언약적 선언은 매우 흥미롭다. 후에 학개는 하나님이 스룹바벨을 통해 "그날에 내가 너를 세우고 너를 '인장'으로 삼으리니 이는 내가 너를 택하였음이니라"

(학 2:23b)고 말씀하심으로써 앞서 파기된 다윗언약을 다시 새롭게 갱신하실 것을 바라본다. 하지만 스룹바벨은 그러지 못했다(슥 4:8 참조). 그러나 예수 그리스도를 통해 성취된다(마 1:13, 눅 3:27, 요 1:14 참조). 이것이 예레미야 24장에 바로 이어지는 메시야 예언을 주목하는 이유다.

2 **메시야에 의한 회복**(23:1-8)

바로 그처럼 패역한 상태에 있는 유다를 향해 메시야에 의한 회복이 예고된다. 하나님은 친히 그 흩어진 양떼를 모아서 기르실 것이며(1-4), 다윗의 참 자손인 '한 의로운 가지'(5)가 되는 메시야를 일으킬 것이다(5-6). 다윗의 가지에서 새 싹(메시야)이 날 것이라는 희망의 메시지가 꺼져가는 유다와 다윗왕가를 향한다.

3 **거짓 선지자**(23:9-40)

심판(21:1-22:30)이 바로 문 앞까지 임박하고 있음에도 불구하고 "너희가 평안하리라 여호와의 말씀이니라"(17)며 거짓된 평안을 외치는 선지자들, 바로 이들로 말미암아 예루살렘이 병들고 말았다 : "사악이 예루살렘 선지자들로부터 나와서 온 땅에 퍼짐이라"(15b) 그 결과 "내가 … 이 성읍을 … 내버려 … 영원한/영구한 수치를 당하게 하리라"(39-40)는 돌이킬 수 없는 심판이 다시 예고되고 있다.

4 **여호와의 성전 앞에 놓인 무화과 두 광주리 비유**(24:1-10)

☐ A(4-7) - 좋은 무화과

☐ B(8-10) - 나쁜 무화과

A(4-7)는 아직 유다가 완전히 멸망하기 이전에 이미 바벨론에 포로가 되어 끌려간 자들을 "다시 이 땅으로 인도하"(6)여, "내가 여호와인 줄 아는 마음을 그들에게 주어서 그들이 전심으로 내게 돌아오게"(7) 할 것을 말하는 비유이다. 이에 반해 B(8-10)는 유다가 완전히 멸망하기 이전에 아직 "예루살렘의 남은 자로서 이 땅에 남아 있는 자와 애굽 땅에 사는 자들"인데 하나님은 이들을 B같이 "버리되 세상 모든 나라 가운데 흩어서"(9a) 환난과 치욕과 조롱과 저주를 받아 멸절하게 할 것을 예고한 비유이다.

5 두 얼굴의 바벨론(25:1-14)

예레미야는 요시야 13년부터 여호야김 4년 오늘까지 무려 23년 동안이나 하나님의 말씀을 외쳤지만 그러나 저희는 이를 거절했다(1-7). '그러므로'(8a) "70년 동안 바벨론의 왕을 섬기리라"(11b; 29:10 참조) 하신다. 문제는 이렇게 70년이라는 기한이 다 차면 하나님은 바벨론을 멸하실 것이라는 점이다(12-14; 27:6). 이게 다 우상숭배를 중심한 저들의 교만한 죄악 때문이다(50:29-32, 51:11). 레위기의 예고가 불현 듯 생각난다(레 26:33-39).

3) 이방 심판(25:15-38)

열국 심판(46-51장)의 예고편으로써 이스라엘만이 아닌 열방, 즉 북방 원근의 모든 나라들(21-26)을 또한 공의로운 심판으로 다스리시는 분이시다.

4) 유다 구원(26:1-45:5)

❶ 유다와 예레미야의 삶(26:1-29:32)

1 핍박받는 두 선지자(26:1-24) : 여호야김(BC 608-597) 즉위 초

예레미야의 성전설교(1-7,12-15)에 대해 제사장들과 선지자들(8-9,11), 방백들과 모든 백성(10,16), 그 땅 장로 중 몇 사람들(17-19)의 반응이 이어진다. 이때 예레미야 곁에서 그를 돕는 사반家(24, 29:3, 36:11-13, 39:14, 40:6; 왕하 22:8-14)의 아름다운 헌신과 섬김이 빛난다.

2 바벨론의 멍에를 메라!(27:1-22) : 여호야김

"모든 나라가 그와 그의 아들과 손자를 … 섬기리라."(7a, 25:11, 29:10 참조).
"내가 그것을 돌아보는 날까지 거기에 있을 것이니라"(22a)
→ '그 후에'
"내가 그것을 올려 와 이곳에 그것들을 되돌려 두리라"(22b)

③ 예레미야 vs 하나냐(28:1-17)

바벨론 포로가 되고 "2년 안에 다시" 예루살렘에 돌아올 것이라는 하나냐의 거짓 예언(1-4)에 대해 예레미야가 '아멘'(6)으로 응답한 것은 그의 예언의 진실성에 대한 반응이 아니라 자신 역시 그처럼 되기를 소망한다는 뜻이다. '그러나'(7) 예레미야는 하나냐의 거짓에 현혹되지 않고 율법의 규정(8-9; 신 18:20-22 참조)을 들어 저의 거짓을 밝히지만 하나냐 역시 거짓 상징 행위와 예언(10-11)으로 응수한다. 이때 하나님은 예레미야에게 임하여 말씀하심으로써 하나냐의 예언이 거짓됨을 밝히시며(12-16), 신명기의 말씀을 친히 집행하신다(17).

④ 바벨론 포로들에게 고함(29:1-32)

바벨론 포로기에 대한 신학적 대답이 예레미야가 보낸 편지의 내용이다. 첫째, "2년 안에" 다시 고토로 돌아올 것이라는 거짓 선지자 하나냐의 가짜 예언(28:3,11)이 일파만파(一波萬波)로 이스라엘을 흔들자 예레미야는 짧지 않은 "70년이 차면 … 이곳으로 돌아오게 하리라!"(10,14; 25:11-12 참조) 하면서 그곳에서 정착생활을 할 것을 권면한다(5-6). 둘째, 때문에 포로의 땅이지만 동시에 생활의 거처인 바벨론(선교지)의 평안을 위해 기도하며 살아야 한다(7). 셋째, 포로들은 자신들의 죄에 대해 심판을 받은 것으로 받아들이는 것도 문제지만, 더 큰 문제는 아직 예루살렘에 남은 자들이 어떤 생각을 하고 있어야 하는가 역시 중요한 질문이고 또 예레미야의 대답이다. 넷째, 이런 때 일수록 스마야 같은 가짜들을 조심해야 한다(21-32). 예레미야의 목자 같은 마음이 물씬 풍기는 편지다.

❷ 유다의 회복(30:1-45:5)

① 위로의 책(30:1-33:26) : 시드기야 때

先 죄 심판, 後 남은 자 회복이 있을 것이다.

- □ 이스라엘과 유다의 회복(30:1-11)
  - ■ 서문(1-3)
  - ■ 위협과 약속(4-11) : 先 죄/심판, 後 의/구원

하나님은 예레미야에게 '내 백성'(이스라엘과 유다)을 포로에서 다시 고토로 돌아

오게 할 것을(3,10), 즉 "내가 네 목에서 그 멍에를 꺾어 버리며 네 포박을 끊"(8)을 것이며, 다윗왕가의 회복 안에서 하나님을 섬길 것을 말씀하신다(9). 하지만 이 회복은 저희의 무죄 때문이 아님을 분명히 하신다(11b).

□ 회복(30:12-24) : 징계 그 이후

죄에 대한 하나님의 징계는 필연이다(12-15). 그러나 징계의 도구인 이방인(8)은 하나님의 심판을 피할 수 없다(16-17a,20b). 한편 징계 이후, 즉 "상처로부터 새 살이 돋아나게 너를"(17b) 고친 이후는 긍휼과 건축(18), 감사와 번성과 영화(19), 백성과 왕가의 부흥(20a,21) 등 새로운 관계의 현실적인 회복이 예고된다 : "너희는 내 백성이 되겠고 나는 너희들의 하나님이 되리라."(22)

A. 이스라엘의 회복(31:1-22)

B. 유다의 회복(31:23-26) : 남은 자

C. 이스라엘과 유다의 회복(31:27-40) : 새 언약

□ 예레미야 이야기(32:1-44, 시드기야 10년)

□ 유다와 이스라엘의 회복(33:1-13)

"예레미야가 아직 시위대 뜰에 갇혀 있을 때에"(1a)는 앞 32장과 같은 때다(32:2). 하나님은 포로기 이전, 즉 "처음과 같이"(7,10-11) 되게 할 것을 거듭 말씀하신다.

□ 메시야(33:14-26)

이제 이 일은 '다윗에게서 한 공의로운 가지'(15)인 메시야를 통해 성취할 것이다.

❸ 유다 최후의 날(34:1-35:19) : 절망

[1] 바벨론이 예루살렘을 칠 때(34:1-22)

□ 시드기야에 대한 예언(1-7)

□ 유다 백성에 대한 예언(8-22)

유다의 범죄에 대한 심판이 문 앞에 와 있고(1,7), 시드기야는 바벨론으로 끌

려갈 것이다. 한편 동족 유다인으로 노예를 삼지 못하게 한 언약 곧 율법(13-17a: 출 21:2-6, 신 15:12-18)을 범한 것에서 유다의 멸망이 다시금 예고되고 있다.

2 레갑 족속을 보라!(35:1-19) : 여호야김 때

  A 레갑 족속의 순종(1-10)

    X 유다의 불순종(11-17)

  A' 레갑 족속의 복(18-19)

하나님은 유다에게 레갑 족속(겐 족속, 왕하 10:15-17, 대상 2:55 참조)의 후예들은 "우리 선조 요나답이 우리에게 명령하여 이르기를 너희와 너희 자손은 영원히 포도주를 마시지 말며"(6)라 명한 모든 말을 순종하였다(8-10)는 말씀을 들어 저들이 받은 복을 예증하신다(18-19). 이에 반해 유다(예루살렘)의 불순종은 결국 심판을 자초하게 만든다(12-17).

❹ **예루살렘 멸망 전후사**(36:1-45:5)

1 예레미야의 고난(36:1-38:28)

  ☐ 예레미야의 두루마리(36:1-32) : 여호야김 4년

두루마리에 기록된 유다의 죄에 대한 하나님의 경고의 말씀을 "듣고도 두려워하거나 자기들의 옷을 찢지 아니하였고"(24), 오히려 그 말씀을 화로에 태워버리고(23-25) 또 선지자를 잡으려 하는 여호야김에게서 연민을 느낀다(26). 하지만 하나님은 이를 다시 기록케 하시며 유다왕을 심판하신다 : "그에게 다윗의 왕위에 앉을 자가 없게 될 것이요"(30a)

  ☐ 시드기야왕에 대한 예언들(37:1-38:28)

시드기야(BC 597-87, 12년, 왕하 24:17-25:7)는 바벨론으로 끌려간 고니야(BC 598-97, 여고니아, 여호야긴, 22:24-30, 37:1, 52:31-34; 왕하 24:6-7 참조)의 뒤를 이어 유다를 다스렸는데 때때로 예레미야에게 자문을 구하고, 또 그를 보호하기도 했지만(21:1-10, 37:38) 예레미야의 예언을 귀 기울여 듣지는 않았다.

이런 시드기야가 예레미야에게 기도를 요청하지만(37:3) 선지자는 오히려 바벨론의 침공을 예언하는 흐름을 굽히지 않는다(4:6, 5:15, 6:1-6,22-24, 25:1-11

참조). 그 결과 선지자는 계속되는 핍박에 노출된다(37:11-16; 20:1-2, 26:1-24, 32:1-2, 33:1). 한편 시드기야는 어떻게든 회개 없이 그저 유다의 장래를 아는 일에 대해서만 집착하지만 예레미야는 하나님의 말씀을 타협 없이 전한다(37:17-21). 다시 선지자는 갇히고(38:1-13), 시드기야 역시 비밀리에 선지자를 찾아와 하나님의 이름을 들먹이지만(38:16), 그러나 거듭되는 하나님의 말씀을 끝내 거역한다(38:17-23).

2 예루살렘 멸망, 그 이후(39:1-40:16)

□ 예루살렘 멸망과 예레미야(39:1-40:6)

- 예루살렘 멸망(39:1-10) : 시드기야 9년 10월 - 11년 4월 9일
- 예레미야의 간힘과 구출(39:11-18) : 에벳멜렉
- 예레미야의 해방(40:1-6)

마침내 예루살렘이 무너지게 될 얘기가 터져 나온다. 시드기야 9년 10월에 시작된 바벨론의 침공은 시드기야 11년 4월 9일에 예루살렘이 함락됨으로써 유다는 멸망하고 만다(39:1-2). 시드기야는 선지자의 예언 그대로 바벨론 포로로 끌려가고(39:7), 유다는 '겨우' 흔적만 남게 된다(39:8-10). 이렇게 해서 예레미야는 자유의 몸이 된다(39:11-40:6).

□ 유다 총독 그다랴(40:7-16)

예레미야를 보호해 주었던 아히감의 아들(26:24) 그다랴가 바벨론 왕에 의해 유다의 총독이 되어, 이미 예루살렘은 폐허가 되었으므로 미스바를 중심으로 유다를 다스린다. 바벨론에 항복하여 섬기면 살게 되리라는 예언은 성취되었으나(21:8-9, 27:6-15), 이스마엘과 요하난과 요나단은 유다 안에 진행 중인 일들을 어떻게든 훼방하기 위해 그다랴를 제거하려는 음모를 도모하기 시작한다.

3 예루살렘 기상도(40:1-41:18)

- □ 이스마엘의 반란(41:1-10)
- □ 총독 그다랴 살해(1-3)
- □ 예루살렘에 올라온 80명 중 70명 살해(4-10)

□ 요하난과 남은 자들의 애굽행(41:11-18)

4 **애굽변주곡**(42:1-44:30) : 남은 자들 vs 예레미야

　A 남은 자들의 질문(42:1-6) : 우리에게 이르시는 모든 말씀대로 행하리이다!

　　B 예레미야의 대답(42:7-22) : 너희는 애굽으로 가지 말라!

　A' 남은 자들의 응답1(43:1-7) : 애굽 땅에 들어가

　　B' 예레미야의 응답1(43:8-44:14) : 유다 땅에 돌아올 자가 없을 것이라!

　A'' 남은 자들의 응답2(44:15-19) : 하늘의 여왕에게 분향하고 … 전제를 드리리라!

　　B'' 예레미야의 응답2(44:20-30) : 애굽 땅에 있는 유다 모든 사람이 … 멸절되
　　리라!

5 **바룩에게 내려진 소망**(45:1-5)

　　45장은 여호야김 4년(BC 605)이고, 40:8-44:30절은 예루살렘이 멸망하고 바
벨론에서 세운 그다랴가 총독으로 있을 때를 전후한 때(BC 586-65)이므로 시차가
무려 20년이나 된다. 바룩은 이미 앞 36장에서(역시 이때도 여호야김 4년이다, 36:1) 예
레미야서에 소개되었는데 그는 이 긴 시간이 시작되는 때부터 풀리지 않는 신
학적 질문을 품고 있었다(1-3). 이에 비해 모든 예언이 한 치의 오차 없이 다 성
취되었음에도 불구하고 아직도 이를 정치적 문답으로 밖에 읽어낼 힘이 없는
요하난의 무리들(43:3), 이 두 멜로디가 흔들 수 없는 증거가 되어 분문을 수 놓
고 있다.

　　애굽 편에 서지 않고 20년을 하루같이 바벨론 메시지에 충실한 삶을 사는 바
룩, 이렇듯 요하난의 종말(41-44장)과 바룩의 현재와 미래(4-5)가 또 다시 이중주
(二重奏)가 되어 포로기 백성들을 향해 울려 퍼진다. 바룩을 전면에 내세우면서
"하나님이 누구를 지키시는가?"라는 메시지, 이 보다 더 확실한 증거가 또 있을
까. 모두가 다 예레미야의 메시지를 거부한 시대에 오직 바룩 그 만이 하나님의
편에, 예레미야의 곁에 머물러 있다. 예레미야 기자는 이방 심판(46:1-51:64)에
대한 메시지를 시작하기 전, 그리고 유다 구원(26:1-45:5)의 메시지를 마치는 곳
에서 살아있는 바룩을 통해 생생하게 예증하고 있다. 구원(예레미야와 바룩, 그리고 유
다)과 심판(유다 요하난의 무리들, 그리고 열방)의 교차로가 선명하기만 하다.

5) 이방 심판(46:1-51:64)

- □ 열국 심판에 대한 서론(46:1)
- □ 애굽에 대한 심판(46:2-28)
- □ 블레셋에 대한 심판(47:1-7)
- □ 모압에 대한 심판(48:1-47)
- □ 암몬 자손에 대한 심판(49:1-6)
- □ 에돔에 대한 심판(49:7-22; 옵 1:1-9 참조)
- □ 다메섹에 대한 심판(49:23-27)
- □ 게달과 하솔 나라들에 대한 심판(49:28-33)
- □ 엘람에 대한 심판(49:34-39)
- □ 바벨론에 대한 심판(50:1-51:64)

심판은 이스라엘에서 시작되어 열방(이방)에까지 확장된다. 예레미야가 '열방의 선지자'(1:5)로 지명된 이유를 조금은 알 것 같다. 한편 심판'만' 선언된 나라들(블레셋, 에돔, 다메섹, 게달과 하솔)과 심판 후 회복을 약속하는 나라들로 나누인다. 후자는 애굽(46:26b), 모압(48:47), 암몬(49:6), 엘람(49:39)이다. 하나님의 주권을 생각하게 하는 대목이다.

6) 유다 멸망(52:1-34)

- □ 예루살렘 함락(1-27)
  - ■ 시드기야의 사로잡힘(1-11) - 시드기야 9-11년
  - ■ 성전파괴와 포로로 잡혀감(12-16)
  - ■ 성전기물들이 탈취당함(17-23)
  - ■ 남은 자들의 죽음(24-27)
- □ 포로기(28-34)
  - ■ 포로들(28-30)
  - ■ 석방된 여호야긴왕(31-34)

열왕기하 24:18-25:30과 거의 일치하는데(39장과도 비슷하다), 중요한 것은 이제껏 예레

미야의 예언이 어떻게 성취를 향하여 움직이고 있는가를 보여준다는 점이다(1-27). 한편 '이미' 예루살렘은 멸망하고 말았지만 바벨론에는 포로(이스라엘 백성)들이 '아직' 남아 있다(28-30). 이처럼 아직 '남은 자'가 예레미야의 예언 안에서 어떻게 될 것인가를 바라보게 한다. 석방된 여호야긴왕 역시 같은 맥락이다(31-34).

» 눈물의 선지자

고난과 눈물의 선지자 예레미야는 다윗언약(삼하 7:1-17)의 영원성과 하나님의 심판이라는 두 그림 사이에서 눈물(14:17)을 흘리며 메시지를 선포한 선지자였다. 하지만 그는 끝내 예루살렘을 떠나지 않고 다시 이루어질 하나님의 영광을 바라보았다. 시드기야에 의해 수 없이 옥고를 치르는 일이 일어나도 그는 하나님 앞에서 끝내 선지자로 사는 걸 포기하지 않는다. 참 선지자다.

그는 결혼과 자녀를 두는 것까지 금지당한 선지자다(16:1-2). 바룩이 끝까지 동행해 주었으니 망정이지 참으로 험악한 인생을 산 것이라 아니할 수 없다.

렘

3장_예레미야애가   Lamentations

■ 맥잡기 ┄┄┄┄┄┄┄┄┄┄┄┄┄┄┄┄┄┄┄┄┄┄┄┄┄┄┄┄┄┄┄┄┄┄┄┄┄┄

□ 예루살렘 환상곡

　A 1장_애가1 : 멸망한 성의 참상

　　B 2장_애가2 : 하나님의 진노와 백성들의 분노

　　　X 3장_애가3 : 예레미야의 고뇌와 하나님의 긍휼

　　B' 4장_애가4 : 하나님의 심판

　A' 5장_애가5 : 회복을 위한 백성들의 기도

》 예루살렘 환상곡 ━━━━━━━━━━━━━━━━━━━━━━━━━━━━

> "여호와여 우리를 주께로 돌이키소서 그리하시면 우리가 주께로 돌아가겠사오니 우리의 날들을 다시 새롭게 하사 옛적 같게 하옵소서."(5:21)

열방을 섬기는(섬겨야 할) 예루살렘이 바벨론을 섬기는 자로 몰락했다 : "아, 어찌하여!" 결국 바벨론 포로라는 하나님의 진노 앞에 서서 고뇌하는 예레미야가 보인다(BXB'). 다름 아닌 예루살렘의 멸망 때문이다(AA'). 하지만 이 절망에 찬 애가(哀歌)에는 회복의 날을 소망하는 선지자의 간절한 희망이 기도의 눈물이 되어 함께 흐르고 있다. 그럼에도 불구하고 이 절망에서 하나님을 바라보고 있음이 놀랍다(1:1-2 → 5:19-22).

1) 1장_애가1 : 멸망한 성의 참상

❶ 예레미야의 애가(1-11) : 아, 어찌하여!

예루살렘의 '본래'(멸망 이전)와 '이제'(멸망 이후) 사이에 선 예레미야는 밤새도록 눈물을 흘리며 애곡한다(1-2). 평강을 빼앗긴 적막한 예루살렘과는 반대로 원수는 형통하다(3-4 ↔ 5). 죄(罪)의 더러움 때문에 대적(핍박하는 자, 원수, 바벨론)에게 사로잡혀 하나님의 영광이 떠난 시온의 참담함이 애처롭기만 하다 : "주께서 이미 이방인들을 막아 주의 공회에 들어오지 못하도록 명령하신 그 성소에 그들이 들어간 것을 예루살렘이 보았나이다."(10)

❷ 예루살렘의 기도(12-22)

눈물의 기도가 이어진다(16). 멸망은 하나님이 행하신 진노의 날인데(12), 그래서 비록 '원수들'(당할 수 없는 자의 손, 14)이 이겼고, 또 그들이 "주께서 이렇게 행하신 것을 기뻐하"(21b)지만 그럼에도 불구하고 "내가 그의 명령을 거역하였도다!"(18a)는 고백과 함께 "여호와여 보시옵소서!"(20a)를 구하는 기도를 토해 낸다.

왜냐하면 '주께서 반포하신 날'을 이루게 하심을 통해 우리(예루살렘)와 저희(원수)가 역전될 것을 믿어 의심치 않기 때문이다(21). 이것이 무너진 예루살렘을 바라보며 하나님을 향해 이처럼 기도하는 자의 내면에 자리한 신학이다 : "그들의 모든 악을 주 앞에 가지고 오게 하시고 나의 모든 죄악들로 말미암아 내게 행하신 것같이 그들에게 행하옵소서."(22a)

2) 2장_애가2 : 하나님의 진노와 백성들의 분노

A 진노하신 날(1)
  B 하나님의 진노(1-10)
  B' 예레미야의 탄식과 기도(11-22)
A' 진노하신 날(22)

❶ 하나님의 진노(1-10)

　　예루살렘의 멸망은 하나님이 '진노의 날'(1)에 '맹렬한 진노의 불'(3) 화살을 당김
으로써 "시온의 장막에 그의 노를 불처럼 쏟으셨"(4)던 날이다. 이로써 야곱의 모든
거처들과 처녀 유다(2), 이스라엘 모든 뿔(3), 아름다운 모든 사람(4), 모든 궁궐들과
견고한 성들(5), 초막과 절기는 물론 안식일과 왕과 제사장(6), 제단과 성소(7), 성벽
과 성곽(8), 성문과 빗장과 왕과 지도자들(9) 모두가 다 하나님의 진노 아래 놓이게
되었다. 기억마저도 끔찍한 충격이다(1-2).

❷ 예레미야의 탄식(11-17) **: 조롱하는 원수들**

> "온전한 영광이라, 모든 세상 사람들의 기쁨이라 일컫던 성이 이 성이냐"(15b)
> "우리가 그를 삼켰도다 우리가 바라던 날이 과연 이 날이라 우리가 얻기도 하고
> 보기도 하였다."(16)

　　'이미 정하신 일'(옛적에 명하신 말씀, 17; 레 26:14-39, 신 28:15-68 참조)이 이렇게 이루어질
것임에도 불구하고 '내 백성'(예루살렘)의 선지자들은 "헛되고 어리석은 묵시를 보았
으므로 네 죄악을 드러내어서 네 사로잡힌 것을 돌이키지 못하였"(14a)으니 이는 "그
들이 거짓 경고와 미혹하게 할 것만 보았"(14b)기 때문이다. 이러니 예레미야의 탄식
이 뼈 속까지 깊어질 수 밖에!

❸ 예루살렘의 기도(18-22) **: 주를 향하여 부르짖기**

　　예레미야는 먼저 처녀 시온의 백성들에게 하나님을 향해 부르짖기를 7번에 걸쳐
명령한다(18-19).

　　① 너는 밤낮으로 눈물을 강처럼 흘릴지어다.
　　② 스스로 쉬지 말고
　　③ 네 눈동자로 쉬게 하지 말지어다.
　　④ 일어나
　　⑤ 부르짖을지어다.
　　⑥ 네 마음을 주의 얼굴 앞에 물 쏟듯 할지어다.
　　⑦ 주를 향하여 손을 들지어다.

더 놀라운 것은 이런 총체적 희망 없음의 때에도 예레미야의 시선은 바로 그 예루살렘을 품고 하나님을 향하여 기도의 무릎을 꿇는다(20-22). 그는 기도하기만을 명하지 않고 기도하기 시작한다(18-19 → 20-22).

3) 3장_애가3 : 예레미야의 고뇌와 하나님의 긍휼

❶ 고뇌(1-18) : 나

> "내가 부르짖어 도움을 구하나 내 기도를 물리치시며"(8)
> "나의 힘과 여호와께 대한 내 소망이 끊어졌다"(18)

의인화된 예루살렘인 '나'(예레미야)의 시계(視界)는 흑암에 비유되고 있다(2,6). 이렇듯 사방이 막혀있고(7), 기도는 허공을 치고 있고(8), 마침내 조롱거리(노랫거리, 14)로 전락했다. 그 결과 평강은 떠났고 복(福) 또한 잊어버렸다(17). 그리하여 하나님과의 실존적 단절이라는 두려움에 이처럼 몸서리친다 : "나의 힘과 여호와께 대한 내 소망이 끊어졌다."(18) 예루살렘을 온 몸으로 품고 뒹구는 예레미야, 그에게서 예루살렘을 사랑하는 자의 한 정형을 본다(시 122:6).

❷ 희망(19-39)

'나'(1-20)의 고뇌가 '우리'의 소망으로 바뀌는 것은 "여호와의 인자와 긍휼이 무궁하시므로 우리가 진멸되지 아니함"(22) 때문이다. 나의 절망이 하나님의 희망이 되는 이 기막힌 역설의 은혜(21), 이것이 우리의 삶에 하나님의 회복을 기다리게 한다 :

> "사람이 여호와의 구원을 바라고 잠잠히 기다림이 좋도다."(26)
> "이는 주께서 영원하도록 버리지 아니하실 것임이며, 그가 비록 근심하게 하시나 그의 풍부한 인자하심에 따라 긍휼히 여기실 것임이라. 주께서 인생으로 고생하게 하시며 근심하게 하심은 본심이 아니시로다."(31-33)

하나님의 '공의'(1:18)에 따른 '나'의 절망은 다시 하나님의 '사랑'(22)에 의해 '우리'의 소망으로 이어진다. 하나님은 공의로운 심판으로만이 아닌 사랑으로 구원하시는 분이시다. 이것이 예루살렘의 희망이다.

❸ 기도(40-66) : 우리

마침내 '나'(1-20)의 절망을 끊고 '우리'(공동체)의 희망이 기도가 된다 : "우리가 스스로 우리의 행위들을 조사하고 여호와께로 돌아가자. 우리의 마음과 손을 아울러 하늘에 계신 하나님께 들자."(40-41) 하지만, 그럼에도 불구하고 '저희'(대적이 된 자, 52-53)로 말미암아 우리와 나의 흔들림은 여전하다(42-54). 다시금 절망의 독백이 그('나')를 감싼다 : "이제는 멸절되었다!"(54)

바로 그때, 즉 '심히 깊은 구덩이'에서 마침내 '나'는 하나님을 바라보고, 그분의 이름을 부르기 시작한다(55). 참으로 놀라운 반전이 바로 거기에서 시작되는데, 그것은 나의 '탄식'(부르짖음, 56)을 '주께 아뢴 날'(57a), 그러니까 탄식 중에 기도한 바로 그날에 예레미야의 기도는 응답되었다 : "두려워 말라!"(57b)

> "주여 주께서 내 심령의 원통을 풀어 주셨고 내 생명을 속량하셨나이다."(58)

하나님은 '저희'(나를 치는 자)로부터 억울함(조롱, 모해)의 노랫거리가 된 '나'의 기도를 통해 예루살렘의 형편을 보고, 듣고, 아셨다(59-63). 그러나 기도는 여기서 멈추지 않는다. 나와 너희의 완벽한 역전을 구하는 기도가 하늘을 향한다 : "여호와여 주께서 그들의 손이 행한 대로 그들에게 보응하사, 그들에게 거만한 마음을 주시고 그들에게 저주를 내리소서. 주께서 진노로 그들을 뒤쫓으사 여호와의 하늘 아래에서 멸하소서."(64-66)

4) 4장_애가4 : 하나님의 심판

먼저 멸망(포로) 전후사의 예루살렘의 실상을 적나라하게 비교(대비)한 후 예레미아애가 기자는 '슬프다'(아, 어찌하여)의 원인을 밝히는 리듬을 따라 애가를 써 내려간다(1-10 → 11-20). 그리고 난 후에 다시 죄에 따른 심판 그 너머에 있는 구원을 하나님의 공의에 담아 호소한다(21-22).

❶ 멸망의 참상(1-10) : 죄(罪)의 결과

	포로 전(前)		포로 후(後)
	과거 : '전에는'		현재 : '이제는'
	시온의 아들(2)		소돔(6)
1-2	금, 보배로운 순금 성소의 돌	← 내 백성 →	빛을 잃고 버려짐, 질항아리 각 거리 머리에 쏟아짐
3[비유]	양육(들개)		무관심(광야의 타조)
4-5	맛있는 음식을 먹던 자 붉은 옷을 입고 자라난 자		결식(2:11-12), 외로움 쇠약(기아, 배고픔, 1:11,19, 2:11-12)
10	자비로운 부녀		자녀를 삶아 식물을 삼음(2:20)

포로기를 전후(前後)한 시온의 아들(1-2), 즉 '내 백성'(3-10)의 -애가(哀歌)의 대상이어도 여전히 '내 백성'이다.- 실상이 비유(상징)적 언어에 담겨 그 모습이 드러난다. 이로써 예루살렘성의 비참(1:1-11, 2:11-19)을 넘어 언약 백성의 참담함(무가치함)이 울려 퍼진다.

❷ 멸망의 원인(11-20) : 죄(罪)

☐ 선지자들과 제사장들(11-16)

☐ 우리(왕, 17-20)

그렇다면 예루살렘의 이 비극적 종말(참담함), 곧 하나님의 진노의 대상이 된 것은 무엇 때문인가. 그것은 지도자들의 타락(11-16)과 하나님이 아닌 대용품(구원치 못할 나라)을 의지했기 때문이다(17-20). '구원치 못할 나라'(17)는 바벨론에 의해 멸망할 무렵까지 유다가 의지했던 애굽을 가리킨다(5:6). 예레미야 27장에 의하면 시드기야(3)는 "선지자나 복술가나 꿈꾸는 자나 술사나 요술자가 이르기를 너희가 바벨론의 왕을 섬기게 되지 아니하리라"(9, 애 2:14 참조)는 선지자들의 '거짓 예언'(10)을 믿고 親애굽(反바벨론) 정책을 취하여 느브갓네살에 대한 대항을 기도한다.

하지만 애굽은 바벨론에게 패하고(렘 37:1-10), 그래서 상상하지도 못한 일, 곧 "대적과 원수가 예루살렘 성문으로 들어"(12a)감이라는 '거짓 예언'(렘 27:9-10)이 성취되고 말았으니 예레미야가 이처럼 탄식할 수 밖에! : "그의 선지자들의 죄와 제사장들의 죄악들 때문이니 그들이 성읍 안에서 의인들의 피를 흘렸도다."(13)

한편 "우리의 '콧김'(코의 숨) 곧 여호와께서 기름 부으신 자"(20a)는 바벨론의 침입을 피해 예루살렘을 버리고 도망하다가 붙잡힌 유다왕 시드기야를 가리킨다(왕하 25:1-7, 렘 39:4-5, 52:3b-11). 하지만 시드기야는 예레미야의 거듭되는 예언(렘 1:1-3, 39:1-40:6, 52:1-27)에도 불구하고 하나님이 아닌 "우리가 저(민족들)의 그늘 아래서 열국 중에 살겠다"(20b)는 헛된 희망(평안, 형통)만을 신뢰하는 어처구니없는 위인이었다. 이렇게 해서 우리(백성)와 왕은 마지막(끝), 곧 멸망에 이르는 병이 찾아오고야 말았던 것이다(18).

❸ 공의에로의 희망(21-22)

> A 에돔(21)
>
> > X 시온(22a)
>
> A' 에돔(22b)

> "너는 에돔 사람을 미워하지 말라 그는 네 형제임이니라"(신 23:7a)
> "여호와여 예루살렘이 멸망하던 날을 기억하시고 에돔 자손을 치소서 그들의 말이 헐어 버리라 헐어 버리라 그 기초까지 헐어 버리라 하였나이다."(시 137:7)

과거와 현재(1-10)를 대비시키면서 그 이유를 과거(11-20)에서 찾았던 예레미야애가 기자는, 시온과 에돔의 현재와 미래를 대조(대칭)시키면서 미래에로의 희망으로 애가를 투사한다(21-22). 그것은 시온의 고통은 지금(현재)으로 충분하다는 인식에 기초한다. 그런데 왜 하필 에돔일까? 아마도 에돔은 예루살렘이 바벨론에 멸망하도록 조장하는 적극적인 역할을 했다(시 137:7; 렘 49:7-22; 겔 25:12-14, 35장 참조)는 이유에 의해 심판의 대상으로 지목되었던 것 같다. 하지만 에돔은 예루살렘을 이용하여 이익을 취했던 모든 나라들의 죄를 대표한다.

한편 유다가 멸망할 때 기뻐하던 에돔(옵 1:10-14)을 향해, 마침내 그 운명이 역전되어 하나님의 진노의 '잔'(21, 렘 25:15) 앞에 선 것을 "즐거워하며 기뻐하라"라고 역설적으로 냉소하면서, 동시에 그것이 "주께서 네 죄악을 벌하시며 네 허물을 드러내시"(22b)는 것임을 분명히 한다. 동시에 그날은 시온에게는 형벌(심판)이 끝났다는 것을 의미하는 희망이기도 하다(22a).

5) 5장_애가5 : 회복을 위한 백성들의 기도

- ☐ 기억하소서!(1-18)
- ☐ 사죄의 고백(6-7,16)
- ☐ 회복하소서!(19-22)

이제 희망이 있다면 그것은 오직 하나님께 매달리는 것 뿐이다. 멸망하여 포로의 자리로 추락한 하나님의 '기업'(2)인 이스라엘(아비 없는 외로운 자식, 3)의 처량한 처지를 기억해 주시기를 -이렇게 된 것은 죄(罪) 때문이다(6-7,16)- 기도한 후 곧바로 하나님으로부터 오는 회복을 간구한다(1-18 → 19-22). 이렇듯 자신을 본 사람이 하나님을 향하여 눈을 드는 것은 자연스럽다.

❶ 기억하소서!(1-18)

> "여호와여 우리가 당한 것을 기억하시고 우리가 받은 치욕을 살펴보옵소서!"(1)
> "우리 머리에서는 면류관이 떨어졌사오니 오호라 우리의 범죄 때문이니이다."(16)

포로란 하나님의 기업(집들, 2)인 가나안을 잃어버림 '당한 것'(수욕, 1)은 물론, 고아와 과부처럼(3) 최소한의 생존을 위한 권리마저도 주장하지 못하는, 그래서 생사(生死)를 넘나드는 처지로 전락한 자들이다(4-5,9-10). 온 이스라엘은 '종들'(대적, 8,11)의 농락거리가 되었고, 지위고하(地位高下)와 남녀노소(男女老少)를 불문하고 모두가 다 희락을 잃어버리고 애통과 피곤함에 짓눌려서 탄식을 토해내고 있다(11-18).

예레미아애가 기자는 이와 같은 포로들의 눈물어린 실상을 있는 그대로 하나님께 올려드리면서 좀 더 중요한 신학적 통찰(comment)을 기도에 담아낸다. 그것은 무엇이 시온산(이스라엘)을 이처럼 '황무'(18)하게 만들었는가에 대한 정확한 인식인데, 그것은 한 마디로 하나님을 버리고 피조물에 불과한 것을 의지한 죄(罪) 때문이다(6-7,16).

❷ 회복하소서!(19-22)

다시금 "우리가 주께로 돌아가겠사오니"(21a)라는 회개의 멜로디가 기도의 향이 되어 하나님께 드려진다(3:40-41). 이것이 절망의 애가(哀歌) 안에 들어있는 소망의 애가(愛歌)다. 예루살렘은 '이미'(already) 절망이지만 하나님은 변함없이 '아직'(not yet)

희망이기 때문이다 : "여호와여 주는 영원히 계시오며"(19a, 3:31-33 참조) 포로(멸망)라는 참담한 비극에서도 하나님의 영원한 실존(통치)을 잊지 않고 있다는 점, 이것이 '회복'의 노래가 시작되는 지점이다.

그렇기 때문에 역설적이게도 바로 그 '우리'(1-18)는 "오히려 소망이 있"다(3:21). 그것은 "여호와의 인자와 긍휼이 무궁하시므로 우리가 진멸되지 아니함"(3:22)이라는 신뢰 때문이다. 이것이 애가(哀歌)의 바닥을 치고 회복(희망)을 향해 비상할 수 있는 이유다. 희망은 오직 하나님께로 말미암는다. 바로 이 비밀을 아는 자가 예레미야애가 한 복판에 무릎 꿇고 엎드려 회복의 기도를 드리는 기도자다. 포로기(바벨론)의 밤이 깊어갈수록 회복기(예루살렘)의 아침은 밝아오고 있다.

» 사랑의 묘약

> "내 고초와 재난 곧 쑥과 담즙을 기억하소서. 내 마음이 그것을 기억하고 내가 낙심이 되오나, 이것을 내가 내 마음에 담아 두었더니 그것이 오히려 나의 소망이 되었사옴은, 여호와의 인자와 긍휼이 무궁하시므로 우리가 진멸되지 아니함이니이다. 이것들이 아침마다 새로우니 주의 성실하심이 크시도소이다."(3:19-23)

'슬프다'(1:1-2)는 절망적 탄식으로 시작한 애가(哀歌)는 하나님께로 돌아가는 희망의 노래(기도)로 끝나고 있다(5:19-22). 예레미야애가는 죄(罪)가 가져다 준 인간의 애가(哀歌)를 외치고 선포하지만, 그럼에도 불구하고 사랑으로 이 문제를 해결하시려는 하나님의 애가(愛歌)를 포로의 땅과 백성들 안에 심는 일을 결코 포기하지 않는다. 그러므로 모든 것이 다 끝났다고 생각되는 바로 그 자리에서 예레미야애가를 부를 수 있는 자는 복되다. 그는 죄로 물든 땅 갈보리, 바로 그곳에 세워진 십자가를 보는 자이기 때문이다.

하나님은 전혀 이질적인 이 두 이야기를 당신 안에서 하나로 만드신다. 우리가 만든 애가(哀歌)를 끝내고 하나님이 주신 애가(愛歌)로 이를 씻어내는 일, 날마다 예레미야애가를 연주하며 살아가는 우리에게 주어진 소명이다. 그래야만 이 둘의 하모니를 아는 자로, 느끼는 자로, 듣는 자로, 무엇보다 그 속에 들어있는 하나님 아버지를 보고 아는 자로 다시 새롭게 설 수 있지 않을까. 자꾸만 깊어가는 우리의 애가(哀歌)에도 불구하고 슬쩍슬쩍 끼워 넣어주시는 하나님의 애가(愛歌)를 보며 예레미야애가를 통해 하나님 아버지를 만난다. 시리도록 아프지만 그러나 늘 따뜻하다.

Ezekiel

4장_에스겔

■ 맥잡기 ···

❶ 에스겔의 소명(1:1-3:27) *⇒ 5년(1:2)

　　1 서언(1:1-3)

　　2 보좌 환상(1:4-28)

　　3 에스겔의 소명(2:1-3:15) – 예언자(A)

　　4 에스겔의 역할(3:16-27) – 파수꾼(B)

❷ 심판 리포트(4:1-32:32) – 예언자(A') : 회개와 심판

　　1 예루살렘 심판(4:1-24:27)

　　　□ 임박한 심판(4:1-7:27)

　　　□ 성전 심판(8:1-11:25) *⇒ 6년(8:1)

　　　　■ "성전 문지방에 이르니"(9:3, 10:4) → "여호와의 영광이 성전 문지방을 떠
　　　　　나서"(10:18) → "동문에 머물고"(10:19) → "예루살렘 성읍 동편 감람산에
　　　　　다시 머무르고"(11:22-23)

　　　□ 심판 비유(12:1-24:27) *⇒ 7년(20:1), 9년(24:1)

　　　　→ 예루살렘 포위가 시작되다(24:2).

　　2 이방 나라의 심판(25:1-32:32)

　　　□ 암몬, 모압, 에돔, 블레셋(25:1-17)

　　　□ 두로(26:1-28:19) *⇒ 11년(26:1)

　　　□ 시돈(28:20-26)

　　　□ 애굽(29:1-32:32) *⇒ 10년(29:1), 27년(29:17), 11년(31:1), 12년(32:1)

③ 구원 리포트(33:1-48:35) : 회복

    ❏ 회복에 대한 예언(33:1-39:29)

        ■ 파수꾼의 소명(33:1-33) – 파수꾼(B')

           → 586년_ 예루살렘이 함락되었다(33:21).

        ■ 선한 목자(34:1-31)

        ■ 승전가(35:1-39:29)

④ 새예루살렘에 관한 환상(40:1-48:35) *⟹ 25년(40:1)

    ❏ 청사진(40:1-42:20, 43:13-17, 46:19-24) :

        ■ "하나님의 영광이 동쪽에서부터 오는데"(43:2)

        ■ "여호와의 영광이 동문을 통하여 성전으로 들어가고(43:4)

        ■ "여호와의 영광이 성전에 가득하더라"(43:5, 44:4)

    ❏ 여호와 삼마_"여호와께서 거기 계시다"(48:35)

    [참고] "유다 왕 여호야긴이 사로잡혀 간 지 37년 … 옥에서 내놓아"(왕하 25:27, 렘 52:31)

》 심판과 구원

    ❏ 에스겔의 시간표

    ■ "여호야긴 왕의 사로잡힌 지 5년 그달(4월) 5일이라."(1:2)

    ■ "제6년 6월 5일에 …"(8:1)

    ■ "제7년 5월 10일에 …"(20:1)

    ■ "제9년 10월 10일에 …"(24:1)

    ■ "제11년 어느 달 1일에 …"(26:1)

        #애굽에 대한 심판 예언(29:1-32:32)

        "제10년 10월 12일에 …"(29:1)

        "제27년 1월 1일에 …"(29:17) : 22년 동안 예언하고 있다.

        "제11년 3월 1일에 …"(31:1)

        "제12년 12월 1일에 …"(32:1)

- "우리가 사로잡힌 지 12년 10월 5일에 … 그 성이 함락되었다"(33:21)
- "우리가 사로잡힌 지 25년, 성이 함락된 후 14년 1월 10일…"(40:1)

에스겔('하나님께서 강하게 하시다')은 제사장이면서 예언자다(1:2).

그는 여호야긴이 사로잡혀 바벨론으로 끌려갈 때(BC 598.12 - 597. 3) 함께 갔는데 그때 그의 나이 30세였다(1:1,2). 그러는 사이에 유다의 마지막 왕 시드기야(맛다니야, 597-86, 왕하 24:18 - 25:21)가 예루살렘이 멸망하기까지 11년을 다스린다. 요시야의 셋째 아들이고 여호야긴의 삼촌인 맛다니야(시드기야)가 바벨론에 의해 왕위에 오른 것이다. 하지만 그는 親애굽파(여호야긴을 적법한 왕으로 간주하는)와 親바벨론파(예레미야) 사이에서 나약하기 그지없는 왕으로 11년을 통치한다. 바로 그 어간에 하나님의 심판 메시지가 에스겔에게 임한다 (위 [에스겔의 시간표] 참조).

한편 에스겔은 바벨론 "그발 강 가 사로잡힌 자 중에 있을 때에 하늘이 열리며 하나님의 모습"(1:1)을 보게 된다. '하늘이 열리며'(1:1a) 하나님의 계시가 임하는 순간 '여호와'와 '나'(인자)가 엄격하게 구분된다.

1) 에스겔의 소명(1:1-3:27) *⇒ 5년(1:2)

> "이는 여호와의 영광의 형상의 모양이라 내가 보고 엎드려 말씀하시는 이의 음성을 들으니라."(1:28b)

　① 환상(1:4-28) : 보좌
　　② 소명(2:1-7) : 예언자
　　　③ 파송과 위임(2:8-3:27) : 파수꾼

❶ 서언(1:1-3)

에스겔은 25세까지 예루살렘에 있으면서 예레미야의 설교를 들었다(1:1). 그렇다면 그는 요시야의 개혁기(대하 34:1-), 특별히 성전을 수리하면서 율법책을 발견할 즈음에 태어나 요시야의 종개개혁기 절정에 10대를 보냈다고 보는 게 맞다(대하 34:8, 왕하 22:1-23:30). 그리고 요시야의 둘째 아들 여호아하스(3개월, 왕하 23:31-34), 장남 여호야김(엘리아김, 608-598, 왕하 23:35-24:7)이 11년을 다스리고 바벨론에 포로로 끌려갈 때

에스겔도 그의 나이 30세 때 함께 포로로 끌려간 것으로 보인다(1:1,2).

❷ 보좌 환상(1:4-28)

이어지는 환상들은 하나의 그림이다. 바퀴(15)가 있다는 것은 하나님이 예루살렘에만 고정되어 있는 분이 아님을 의미한다. 그는 하나님의 이상을 보았고, 그 앞에 엎드렸다(26-28). 에스겔은 이방의 땅 바벨론에까지 찾아오신 하나님(11:16 참조)으로부터 소명을 받는다. 이때는 아직 예루살렘 성전이 파괴되기 이전, 즉 유다가 멸망하기 이전이다.

❸ 에스겔의 소명(2:1-3:15) - 예언자(A)

[1] 소명(2:1-7) : "내가 너를 이스라엘 자손…에게 보내노라"(3)

[2] 두루마리 환상(2:8-3:3) : "애가와 애곡과 재앙의 말이 기록되었더라."(2:10b)
에스겔은 심판을 예언하는 자로 하나님의 부르심을 받는다.

[3] 파송장(3:4-11)
    □ 이스라엘 전체에게(3:4-9)
    □ 유배자들에게(3:10-11)

[4] 준비기(3:12-15)

❹ 에스겔의 역할(3:16-27) - 파수꾼(B)

□ 파수꾼(16-21) - 18, 33장에서 다시 다룬다.
□ 벙어리(22-27)
□ "일어나 … 나아가라"(22)

예언자와는 다른 책임이 주어진다(33장에서 다시 파수꾼으로!). 마침내 심판 예언이 끝났기에 다시 파수꾼으로 세워진다. 그렇다면 지금 파수꾼으로서의 부르심(소명)은 그의 후기 사역에 주어질 일을 미리 보여주신 것이다(33장 이후).

2) 심판 리포트(4-32장) : 심판하시는 하나님

> "여호와의 영광이 성전 문지방을 떠나서"(10:18)
> "여호와의 영광이 … 성읍 동편 산에 머무르고"(11:23)

❶ 예루살렘 심판(4:1-24:27) : "여호와의 영광이 성전 문지방을 떠나서"(10:18)

□ 임박한 심판(4:1-7:27)

　□ 에스겔의 모노드라마(monodrama, 4:1-5:17)

　　■ 제1막 : 예루살렘 멸망의 상징(4:1-12)

　　　1장 : 상징1_멸망도(滅亡圖, 1-3)

　　　2장 : 상징2_430일 누워있기(4-8)

　　　3장 : 상징3_누워서 부정한 떡먹기(9-12)

　　■ 제2막 : 하나님의 심판(4:13-17)

　　■ 제3막 : 상징4_머리털과 수염(5:1-4)

　　■ 제4막 : 설교_"이것이 곧 예루살렘이라!"(5:5-17)

　　예루살렘의 멸망 예고가 에스겔의 [모노드라마](4:1-5:4)로 막을 올린다. 하나님은 에스겔에게 예루살렘 멸망도(滅亡圖)를 그리게 하시고(#상징1, 4:1-3), 에스겔에게 점령군 역할을 맡기심으로써 이스라엘에게 하나의 징조가 되게 하신다. 이를 위해 에스겔은 무려 430일이나 참담한 모습으로 실연(實演)을 해야 한다(4:5,6). 이것은 이스라엘과 유다가 "범죄한 햇수대로"(4:5)로써 좌편(이스라엘, 390일)과 우편(유다, 40일)에 묶인 채로 누워 있어야 한다(#상징2, 4:4-8).

　　동시에 그 상황 속에서 에스겔(#상징3, 4:9-12)과 이스라엘(4:13-15)은 불결한 식생활을 해야 한다. 설상가상으로 하나님은 그것마저 끊으심으로써 이스라엘은 마침내 그 죄악 중에 쇠패하게 될 것이다(4:13,16-17). 에스겔은 예고편을 일인극(monodrama)으로 단지 보여주는 것이기는 하지만 그러나 이스라엘은 예고편 그대로 실연(實演)함으로써 멸망하게 될 것이다. 이렇듯 이스라엘의 멸망이 파노라마처럼 펼쳐지고 있는 중이다.

　　마침내 멸망이 시작되는 상징이 펼쳐진다(5:1-4). 에스겔은 상징을 시연(試演)하고 하나님은 "그 뒤를 따라 칼을 빼"(5:2b)심으로써 실연(實演)하신다. 그 성취가 좀 더 자세하게 [에스겔의 설교](5:5-17)를 통해 예고되고, 그것의 실상이 그려진다. '상징'(4:1-5:4)이라는 사실이 '설교'(5:5-17)라는 옷을 입고 이스라엘에게 외쳐진다. 참으로 무서운 상징이고 설교다. 이것이 죄는 심어 심판을 거두는 이스라엘의 참담한 모습이다.

□ 예루살렘 멸망의 의미(6:1-14)
□ 임박한 종말, 그 결과(7:1-27)
　■ 임박한 종말(1-13)
　■ 심판의 결과(14-27)
　　- 심판(14-24)
　　- 영적 공항상태(25-27)

2 **성전 심판**(8:1-11:25) **⇒ 6년**(8:1)

□ "성전 문지방에 이르니"(9:3, 10:4)
　→ "여호와의 영광이 성전 문지방을 떠나서"(10:18)
　　→ "동문에 머물고"(10:19)
　　　→ "예루살렘 성읍 동쪽 산에 다시 머무르고"(11:22-23)

바벨론에서 예루살렘으로 이끌려간 에스겔은 유다의 4대 우상숭배를 목격한다(8:3a → ①3b, ②8-10, ③14, ④16). 하나님의 진노가 예루살렘을 심판하시는 것으로 이어지는 것은 당연하다(8:18, 9:7). 그리고 마침내 하나님은 그 성을 떠나신다(10:18). 43장에서 다시 돌아오시기까지다.

3 **심판 비유**(12:1-24:27) **⇒ 7년**(20:1), **9년**(24:1)

심판은 부전자전(父傳子傳)이 아니라 각각 자신의 죄 때문이다(18:2 → 3-4). 특별히 22장에서는 유다의 지도자들, 그러니까 '선지자들'(25; 왕족들/사자), '제사장들'(26), '고관들'(27; 이리), '선지자들'(28), '이 땅 백성'(29, 지방 관리들)에게 하나님의 심판이 각각 선고되고 있음이 눈에 띈다 : "내가 내 분노를 그들 위에 쏟으며 내 진노의 불로 멸하여 그들 행위대로 그들 머리에 보응하였느니라 주 여호와의 말씀이니라."(31)

❷ 이방나라의 심판(25:1-32:32)

　　이방에 대한 심판 예언은 선지서 곳곳에 심겨진 씨앗이다(사 13-23장, 렘 46-51장, 암 1-2장, 오바댜, 나훔 등). 보통 예루살렘 멸망을 기뻐하는 주변 국가들이다.

　　[1] 암몬, 모압, 에돔, 블레셋(25:1-17)

　　[2] 두로(26:1-28:19) *⇒ 11년(26:1)

　　[3] 시돈(28:20-26)

　　[4] 애굽(29:1-32:32) *⇒ 10년(29:1), 27년(29:17), 11년(31:1), 12년(32:1)

3) 구원 리포트(33-48장) : 회복하시는 하나님

> "이스라엘 하나님의 영광이 동쪽에서부터 오는데"(43:2)
> "여호와의 영광이 동문을 통하여 성전으로 들어가고"(43:4)

　　앞서 성전을 떠났던 하나님의 영광(10:18)이다. 그런데 다시 돌아오시는 하나님의 영광(43:4)이라니, 놀라운 압권이다.

❶ 회복에 대한 예언(33:1-39:29)

　　[1] 파수꾼의 소명(33:1-33) - 파수꾼(B')

　　　　마침내 586년에 예루살렘이 함락되었다는 소식이 전달되기에 이르렀다(33:21). 결국 심판의 날이 온 것이다. 이를 기점으로 에스겔의 메시지는 심판(멸망)에서 회복(위로)으로 전환되기 시작한다. 이를 위해 에스겔은 파수꾼으로 새롭게 재임명을 받게 된다.

　　[2] 선한 목자(34:1-31)

　　　　회복은 이스라엘에 의해서가 아니라 목자가 행하신다(23). 하지만 여전히 위기다. 왜냐하면 악한 목자들이 양무리를 흩어버릴 것이기 때문이다.

　　[3] 승전가(35:1-39:29)

　　　　마른 뼈와 같은 아무런 가능성(희망)이 없는 이스라엘을 오직 하나님이 당신의 능력으로 그들을 불러 모아 생명이 되게 하신다. 이제 올 새 시대에 대한 소망은 여전히 남아있다. 이스라엘은 외적으로(36:1-15), 내적으로(36:16-38) 회복을 맛보게 될 것이다.

다윗언약(삼하 7:1-17)의 회복을 바라보게 된다.

❷ 새예루살렘에 관한 환상(40:1-48:35) *⇒ **25년**(40:1)

　☐ "이스라엘 하나님의 영광이 동쪽에서부터 오는데"(43:2)

　　→ "여호와의 영광이 동문을 통하여 성전으로 들어가고(43:4)

　　　→ "여호와의 영광이 성전에 가득하더라"(43:5, 44:4)

　　　　→ "내가 이스라엘 족속 가운데 영원히 있을 곳이라"(43:7)

　　　　　→ 여호와 삼마_"여호와께서 거기 계시다"(48:35)

　☐ 새 성전(40:1-43:37)

　☐ 새 예배(44:1-46:24)

　☐ 새 땅(47:1-48:35)

　마지막 환상은 성전으로 다시 돌아오시는 -앞서 여호와의 영광이 떠나셨으나(10:18)- 회복된 성전에 대한 희망이자 약속을 바라보고 있다. 이를 통해 마침내 성전에 생수의 강이 충만하게 차고 넘치게 될 것이다(47:1-12).

» 나 여호와의 말이니라.

　에스겔'만'의 후렴구들이 있다.

　하나는 "나 여호와의 말이니라"(결미)인데, 이는 주어진 예언의 신적(神的) 확실성, 그리고 예언자의 전달에 대해 하나님이 다시 한 번 자신의 말로 확증하는 권위를 갖는다. 다른 하나는 "내가 여호와인줄 알리라"인데 심판의 대상자

[종말론적 시나리오]

	에스겔	신 약
20장	새 출애굽	예수 그리스도
24장	새 언약	부활
37장	새 이스라엘	교회(사도행전)
39장	종말론적인 전쟁	요한계시록
40-48장	새 성전	새 예루살렘

들이 알아야 할 것은 이를 집행하는 분, 바로 그분이 여호와임을 알아야 한다. 이는 하나님의 권위(authority)를 스스로 선언하는 하나님 자신의 행위이다.

　문제는 이때가 지금 포로기라는 점이다. 여호와가 바벨론(마르둑)에게 패배한 것으로 이해하는 때에 이런 선포를 한다는 것, 뭘 의미할까. 마치 패배한 듯한 하나님처럼 보이는 그분을 바라보면서 이분이 불변하신 하나님이시며, 여전히 이스라엘의 주인이신 분이라는 고백이다. 동시에 하나님 자신이 그러하신 분이시지만, 더 중요한 것은 이스라엘 역시 하나님을 이처럼 인식해야 한다는 점이다.

5장_ 다니엘　　　　　　　　　　　　　Daniel

■ **맥잡기** ···

❶ **구조1**

⬜ 다니엘의 신앙(1:1-6:28) : **하나님의 복**

⬛ 느부갓네살 아래에서의 생활(1:1-4:37)

　■ 하나님의 사람들(1:1-21) : 다니엘의 헌신

　■ 나라들을 낮추시는 하나님(2:1-49) : 느부갓네살의 꿈

　■ 불 시험(3:1-30) : 다니엘의 친구들의 구출

　■ 느부갓네살을 낮추시는 하나님(4:1-37)

⬛ 벨사살 아래에서의 생활(5:1-30) : 벨사살을 꺾으시는 하나님

⬛ 다리오 아래에서의 생활(5:31-6:28) : 사자굴 시험

⬜ 다니엘의 환상(7:1-12:13) : **하나님의 보호**

⬛ 짐승 환상① : 네 짐승(7:1-28)

⬛ 짐승 환상② : 숫양과 숫염소(8:1-27)

⬛ 칠십 이래 환상③ : 칠십 이레(9:1-27)

⬛ 왕들의 전쟁 환상④ : 세마포를 입으신 이(10:1-12:13)

　■ 히브리어(1:1-2:4a, 8:1-12:13) - 유대인에 초점

❷ **[구조2] 아람어**(시리아어, 2:4b-7:28)

A 나라들을 낮추시는 하나님(2:5-49)

　B 불 시험(3:1-30)

　　C1 느부갓네살을 낮추시는 하나님(4:1-37)

　　C2 벨사살을 꺾으시는 하나님(5:1-30)

　B' 사자굴 시험(6:1-28)

A' 네 짐승 환상(7:1-28) : 네 제국의 흥망성쇠

※ 아람어 - 이방 나라들에 초점

» 하나님의 통치

[다니엘 시간표]

바벨론 (1:1-5:30)	바벨론 포로	느부갓네살(BC 605-562)_ 대하 35:30, 렘 46:2, 단 1:1 단 1:1-4:37(느부갓네살)
	여호야긴 석방	에윌므로닥(BC 562-60)_ 왕하 25:27-30
	예레미야 석방	네르갈사레셀(BC 560-56)_ 렘 39:3
	벨사살	나보니두스(BC 556-39) : 아들 벨사살과 함께 통치_ 단 5:1-30 단 7:1(벨사살 원년) 단 8:1(벨사살 3년)
바 사 (5:31-12:13)	出바벨론	고레스(BC 558-29) 유대 포로 석방_ 대하 36:22-23, 스 1:1-8 -[바벨론을 정복하고 메대-바사를 세움 : BC 539] 단 5:31-6:27(다리오=고레스 원년, 6:28 참조) : 1차 포로귀환 단 9:1(다리오 원년) 단 11:1,2(다리오 원년) 단 10:1(고레스 3년)

다니엘('하나님은 재판관이시다')은 제1차 바벨론 침입 때 끌려간 왕족이다(1:1-3).

그곳에서 다니엘은 벨드사살('벨의 왕자', 1:7)이라는 이름으로 불리며 개인적인 성공(2:48-49, 4:8, 5:11-12)과 그에 따른 순교적 위기들로부터 승리(1-6장, 다니엘이 사람들의 꿈을 해석)할 뿐만 아니라 하나님의 계시의 수납자로 쓰임을 받게 된다(7-12장, 천사가 다니엘의 꿈을 해석). 가히 '크게 은총을 입은' 자(9:23, 10:11,19)라 불리기에 어려움이 없다.

세상 권력은 유한하지만 하나님은 당신의 백성을 영원히 세우시는 분이심을 다니엘의 생애를 통해 드러내신다. 물론 이 일은 생명을 걸어야 했다. 한편 벨사살 때에 바벨론이 함락(BC 539)되고 다리오가 등장하는 것으로 봐 다니엘서는 6세기 -아람어는 6C 고대 근동의 공용어였다(2:4-7:28이 아람어다).- 후반의 기록된 구약의 묵시문학으로 이해하는 것이 자연스럽다.

1) 다니엘의 신앙(1:1-6:28) : 하나님의 복

다니엘은 어릴 때부터 모든 면에서 달랐다(1장)는 것을 시작으로 다니엘의 신앙이 전기적(轉記的)으로 그려지고 있다. 특별히 세 친구와 함께 풀무불 속에서의 승리(3장)와 사자굴 사건(6장)은 압권이다. 따라서 다니엘을 중심으로 진행되는 일련의 사건들은 포로기의 백성들에게 모든 것이 끝난 것 같은 포로기의 고난을 이겨내고 승리하는 것에 대해(1:19, 2:48, 3:30, 5:29), 동시에 이를 통해 하나님이 이스라엘에게 기대하시는 것이 무엇인가를 생생하게 깨닫게 한다.

이 점이 다니엘서를 단순한 영웅담과 구별하게 만든다. 그렇다. 하나님은 고난과 고통 속에서도 당신의 사람들을 지키시며 보호하시며 형통케 하신다.

❶ 느부갓네살 아래에서의 생활(1:1-4:37)

□ 하나님의 사람들(1:1-21) : 다니엘의 헌신

- □ 포로(1-2) : 여호야김이 다스린 지 3년에(BC 605)
- □ 선택(3-7) : 이스라엘 자손 중에서
- □ 시험(8-16) : 하나님이 … 얻게 하신지라.
- □ 승리(17-20) : 하나님이 … 주시고
- □ 섬김(21) : 고레스왕 원년까지(BC 536)

비록 바벨론에 끌려왔으나 느부갓네살의 '바벨론하다'에 넘어가지 않고 세상과 분리된, 거룩한 삶을 향한 고결한 의지가 다니엘과 세 친구에게는 충만하기 그지없다. 거기에 지혜와 지식(학문) 뿐만 아니라 사람과 관계를 잇는 부드러움까지 겸비하였으며, 또한 영적인 면에서(17), 모세의 율법에 정통한 면에서(9:11-13), 목숨을 구걸하지 않았으며, 또한 기도의 사람이었다. 느부갓네살(환관장)은 저들의 이름을 바꿀 수 있었을 뿐이다(6-7).

- □ 다니엘('하나님은 재판관') ➡ 벨드사살('벨의 왕자')
- □ 하나냐('여호와의 자비') ➡ 사드락('아쿠의 명령')
- □ 미사엘('하나님과 같은 분이 누군가') ➡ 메삭('아쿠와 같은 분이 누군가')
- □ 아사랴('여호와께서 도우신다') ➡ 아벳느고('느고의 종')

2 **나라들을 낮추시는 하나님**(2:1-49) : 느부갓네살의 꿈

　　다니엘이 본 7장의 꿈(환상)과 비슷하다. 다니엘은 느부갓네살의 꿈을 기도를 통해 해석하는데 네 제국의 첫 번째를 바벨론으로 보았고, 이를 시작으로 바사(페르시아), 헬라, 로마가 있을 것이라 보았다. 다니엘이 이처럼 꿈을 해석하자 이에 느부갓네살은 꿈의 해석의 주인이신 하나님께 무릎을 꿇었어야 함에도 단지 다니엘의 하나님을 높이는 것으로 반응한다(47).

3 **불 시험**(3:1-30) : 다니엘의 친구들의 구출

　　느부갓네살은 우상숭배에 빠져 있다(1-7). 하나님은 우상숭배를 강요받는 순교적 위기를 불굴의 신앙으로 넘어서는 자들을 구원하신다. 그리고서야 느부갓네살은 하나님을 고백한다(26-29).

4 **느부갓네살을 낮추시는 하나님**(4:1-37)

　　하나님은 세상을 다스리시며 통치하시는 분이시다.

❷ **벨사살 아래에서의 생활**(5:1-30) **: 벨사살을 꺾으시는 심판자이신 하나님**

　□ 벨사살의 신성모독죄와 하나님의 경고(1-9)

　□ 다니엘의 해석과 바벨론의 멸망(10-31)

마침내 박해자의 죽음(최후)이 예고되기 시작한다(22-30).

❸ **다리오 아래에서의 생활**(6:1-28) **: 사자굴 시험**

　□ 다니엘에 대한 음모(1-9)

　□ 다니엘의 신앙과 승리(10-23)

　□ 전화위복(24-28)

　　다니엘과 세 친구는 정치적 위상과 지위에서도 두각을 나타내었다(2:48-49, 3:30, 5:29, 6:1-3). 하지만 이들을 정치적 음모로 넘어지게 하는 것이 불가능하자 적대자들은 종교적인 음모로 다니엘을 제거할 비책을 찾아낸다.

　　이방의 왕이 신격화되고 그를 섬겨야 하는 생사(生死)의 위기를 맞지만 당당하게

단

사자의 밥이 되기로 결정한다(10). 하지만 정치적으로는 넘어뜨릴 수 있었을지 몰라도 종교적으로는 불가능하다는 것을 저들은 몰랐다. 하나님은 위기 앞에 기도로 나아오는 자들을 구원하신다.

2) 다니엘의 환상(7:1-12:13) : 하나님의 보호

□ 심판의 전조와 예고
  ■ 거대한 상의 붕괴(2:44-45)
  ■ 벨사살의 죽음(5:24-30)
  ■ 짐승의 죽음(7:11,23-27)
  ■ 숫염소의 파멸(8:5-12,20-25)
  ■ 황폐케 하는 박해자의 종말(9:27)

자기 백성을 사랑하시는 하나님에 의해 이루어지는 왕국에 대한 예언이 묵시문학적으로 그려진다. 하지만 단지 상징과 환상에 기초한 예언으로 끝나지 않고 모든 예언은 정확하게 성취된다. 특별히 박해자의 죽음에 관한 예언이 압권이다(7:11-12,23-27, 8:25, 9:26-27, 11:45: 5:22-30 참조). 여기에 천사(7:16, 9:19,23, 10:13)와, 특별히 그리스도('인자와 같은 이')가 다니엘의 예언과 환상에 개입한다(7:9-14, 10:5,9- , 12:5-7).

❶ 짐승 환상① : 네 짐승(7:1-28)

□ 네 짐승 환상(1-8)
□ 옛적부터 계신 이(9-14)
□ 해석(15-28)

2장에서 느부갓네살에게 계시된 4 제국(짐승)의 흥망성쇠와 쌍을 이룬다. 그러니까 혼돈의 바다에서 네 짐승이 차례로 나온다. 즉, 사자(4; 바벨론, 2:38), 곰(5; 메대-바사, 5:28), 표범(6; 헬라, 8:20-21), 철 이빨을 가진 열 뿔이 있는 무서운 짐승(7; 로마)이 전능하신 하나님의 심판에 의해 멸망하고(1-8), 구름을 타고 '옛적부터 항상 계신 이'(인자와 같은 이)가 하나님께로 나아와 영원한 나라와 권세를 받는다(13-14; 마 26:64, 막 14:62 참조). 하나님은 강력한 짐승(네 번째)으로부터 성도들을 지키시고(21,22), 영원한 나라를 세우신다(27). 결국에는 하나님의 승리가 아닌가.

❷ 짐승 환상② : 숫양과 숫염소(8:1-27)

□ 숫양(1-4) : 메대와 바사의 종말

□ 숫염소(5-14) : 헬라제국의 종말

□ 해석(15-27)

하나님의 백성을 핍박하겠지만 마지막은 깨어지게 될 것이다(25).

❸ 칠십 이레 환상③ : 칠십 이레(9:1-27)

□ 다니엘의 첫 번째 금식기도(1-19)

□ 70 이레 환상(20-27)

　포로기가 70년으로 끝난다는 예언(약속, 1-2; 렘 29:4-14)을 깨닫는다. 그리고 곧바로 금식하며 포로기 백성들의 허물과 죄를 품고 하나님께 용서와 회복을 구하는 제사장적인 중보기도를 드린다(1-19).

❹ 왕들의 전쟁 환상④ : 세마포를 입으신 이(10:1-12:13)

다니엘의 예언과 환상의 최종적인 권위는 자신이 아니라 그리스도다.

[1] 다니엘의 두 번째 금식기도(10:1-21)

　이때가 고레스 3년인데(1, BC 536), 그렇다면 이미 제1차 포로귀환(BC 538)이 있은 이후다. 아마도 고토로 돌아간 자들이 소수에 불과한 것 때문에 3주간(세 이레, 2)을 슬픔 가운데 기도하지 않았나 싶다.

[2] 제국들의 흥망성쇠(11:1-45)

□ 바사의 네 왕(1-2)

① 캄비세스(BC 529-22)

② 스메르디스(BC 522-21)

③ 다리오 히스타스피스(BC 521-486)

④ 크세르크세스(아하스에로, BC 486-65)_ 에 1:1,3, 3:7

3 의인들의 미래(12:1-13)

환난은 있으나 '책에 기록된 모든 자'는 구원을 받는다(1). 한편 하나님께로부터 환상들을 들었음에도 다니엘은 이를 다 깨닫지 못한다(8). 이렇듯 환상의 주와 이를 수납하는 자의 간격은 분명하다.

» 지금은 다니엘 때처럼

"그러므로 너희가 선지자 다니엘이 말한 바 멸망의 가증한 것이 거룩한 곳에 선 것을 보거든(읽는 자는 깨달을진저)"(마 24:15)
"그들은 믿음으로 … 사자들의 입을 막기도 하며"(히 11:33)

이방에 하나님이 증거됨이 흥미롭다(2:46-47, 3:28-29, 4:34-37, 6:26-27).

이것이 포로기라는 고난의 때에 하나님이 다니엘을 통해 말씀하시는 메시지다. 하나님은 지금도 고난 당하는 자들에게 이렇게 말씀하시며 동일하게 당신의 영광이 선포되기를 기대하신다. 이것이 어떻게 우리 시대에도 가능할까. 내가 다니엘처럼 살면 가능하다. 죄는 고난(포로기)을 만들었으나 믿음의 사람은 고난(포로기의 박해)을 통해 단련(11:35, 12:10)되면서 마침내 그것을 정면으로 승부한다.

마침내 이렇듯 승리한 자, 곧 '책에 기록된 모든 자'(남은 자, 12:1)들만이 미래가 있다. 불가마도, 사자굴도 이를 막을 수 없다(3:28, 6:22). 영원한 미래는 이렇게 열리기 시작한다(12:2-3). 하나님은 친히, 천사들을 통해, 그리고 그의 믿음 안에서 역사하신다. 이것이 다니엘의 신앙(1-6장)과 다니엘의 환상(7-12장)이 절묘하게 만나는 대목이다.

6장_호세아

■ **맥잡기**

❶ **호세아다움**(1:1-3:5) : **가정의 음행**

   1️⃣ 결혼(1:1-2:1) : 혼인

   2️⃣ 음행(2:2-13) : 분리

   3️⃣ 회복(2:14-3:5) : 재결합

❷ **이스라엘다움**(4:1-13:16) : **나라의 음행**

   1️⃣ 범죄(4:1-8:14)

   2️⃣ 심판(9:1-10:15)

   3️⃣ 회복(11:1-13:16)

❸ **하나님다움**(14:1-9) : **희망의 문**

   1️⃣ 회개(14:1-3)

   2️⃣ 회복(14:4-9)

호

» **북왕국 이스라엘의 선지자, 호세아**

> "나는 인애(Hesed)를 원하고 제사를 원하지 아니하며 번제보다 하나님을 아는 것을 원하노라."(6:6)

무대는 북왕국 이스라엘의 제13대 왕 여로보암 2세(787-47, 1:1) 때다.

그렇다면 호세아의 활동 연대는 이스라엘이 앗수르(앗시리아, 현 이라크 지역을 배경으로 하는 제국)에 의해 멸망하기 전인 BC 755-24년 사이가 아닌가 싶다(요나, 아모스와 같은 시대에 활동).

당시 여로보암 2세는 41년 동안 북왕국 이스라엘을 물질적인 면에서는 가장 부강했던 시기로 만들었는지는 모른다. 하지만 가장 중요한 하나님을 믿는 신앙적인 면에서는 심판과 진노만을 쌓아 버리고 말았다. 그는 믿음의 사람이 아니었다(왕하 14:24). 이것이 열왕기 기자가 그의 치세를 단지 7절로 끝내는 이유다(왕하 14:23-29). 이러한 때에 호세아를 통해 이스라엘'다움'을 촉구하시는 하나님의 마음을 읽을 수 있다. 하지만 불과 한 세대가 가기 전에 북왕국은 문을 닫는다(BC 722).

■ **호세아**(HOSEA)

호세아는 머리와 가슴으로 언행(言行)하며 사역하였다. 뿐만 아니라 온 몸과 삶으로 자기에게 주어진 소명에 응답한다(1:1-9). 하나님의 명령에 의해 매춘부인 고멜과 결혼한 호세아는 이스라엘의 불신앙을 가정이라는 생생한 그림을 통해 실연으로 보여준다. 그만큼 그의 삶은 처절했다.

여로보암 2세(BC 786-46)가 북왕국 이스라엘을 통치하던 때는 정치·경제·종교적으로 소위 번영과 형통이라는 인본주의 신학이 무소불위(無所不爲, 4:2, 5:1-14, 7:3-7)의 힘을 구가하던 시대였다. 하지만 그가 죽고 난 이후 피비린내가 진동하는 유혈의 시대가 4대에 걸쳐 거의 20년이나 계속되었다(7:3-7). 이게 다 그 중심에 하나님이 없었기 때문이다.

어느 시대나 권력은 늘 부(富)를 탐하기 때문에 빈자(貧者)들의 수난시대는 공식과도 같이 들러리를 선다(암 2:10, 5:7-9). 또한 바알을 섬기는 종교적 혼합주의가 제사장들의 부패를 더욱 부채질하였다(2:13,17, 4:6-10, 9:10, 11:2, 13:1). 이렇듯 호세아 시대는 삶의 전(全)영역이 죄로 가득차 있었다. 바로 이런 때에 하나님은 호세아를 선지자로 세우셔서 꺼져가는 등불에 당신의 사랑의 불씨를 다시금 지피신다.

하지만 여호보암 2세 이후에 30여 년도 되지 않는 기간에 4명의 왕이 정변을 통해 물러가고, BC 722년에 결국 북왕국 이스라엘은 문을 닫는다. 이런 혼란과 혼돈의 때에 호세아가 선지자로 부르심을 받아, 북왕국 이스라엘 출신 선지자로서 하나님의 말씀을 선포하는 무대에 등장한다.

□ [심판 → 회복]
　① 1:2-9 → 1:10-2:1
　② 2:2-13 → 2:14-23

③ 3:3-4 → 3:5

④ 4:1-5:14 → 5:16-6:11

» 하나님의 사랑은 끝이 없고!

1) 호세아다움(1:1-3:5) : 가정의 음행

☐ 결혼(1:1-2:1) : 이스라엘의 간음, 호세아의 결혼

☐ 음행(2:2-13) : 분리

☐ 회복(2:14-3:5) : 또 가서 … 사랑하라.

■ 브에리의 아들 호세아(1:1)

■ 디블라임의 딸 고멜(1:3)

· 장남 이스르엘(1:4) - 하나님은 파종하신다.

· 딸 로루하마(1:6) - 긍휼히 여김을 받지 못하는 자

· 차남 로암미(1:9) - 내 백성이 아니다.

북왕국은 하나님과 바알을 둘 다 섬기는 영적 간음 상태다(1:2). 당시 시대상을 반영한 하나님과 이스라엘의 결혼 관계로 설정된 비유는 둘의 사이가 심각하게 엇나갔음을 보여준다. 그럼에도 호세아는 노예 상태에 빠진 그런 음란한 아내를 집으로 데려올 뿐만 아니라 다시 사랑하라는 명령을 받아야만 한다. 이는 하나님의 끊을 수 없는 희망, 곧 하나님의 사랑(Hesed) 때문이다(3:5). 이처럼 이스라엘이 앗수르의 포로로 전락했을지라도 하나님은 자기 백성을 변함없이 사랑하시는 분이시다.

2) 이스라엘다움(4:1-13:16) : 나라의 음행

☐ 범죄(4:1-8:14) : 인과응보

☐ 심판(9:1-10:15) : 보응의 날

☐ 회복(11:1-13:16)

■ 십계명 파기(4:2) : 이스라엘의 죄악상

· 3계명 : '저주' - 여호와의 이름을 망령되이 일컫지 말라(출 20:7).

· 9계명 : '속임' - 거짓 증거하지 말라(출 20:16).

· 6계명 : '살인' - 살인하지 말라(출 20:13).

· 8계명 : '도둑질' - 도덕질하지 말라(출 20:15).

· 7계명 : '간음' - 간음하지 말라(출 20:14).

이스라엘은 십계명, 즉 율법을 파기하였다(4:1-6:11). 심판 받아 마땅한 형국이다. 심판은 끝이 아닌 회복의 시작이다. 때문에 하나님의 여러 이미지가 그려지는데 치료하고 싸매시는 의사(6:1-2), 비(6:3), 사랑으로 안아주는 부모(11:3-4), 사자처럼 보호해 주는 분(11:10-11)으로 소개된다. 하지만 이에 반해 이스라엘은 여전히 아침 구름이나 쉬 없어지는 이슬(6:4), 달궈진 화덕(7:4-7), 어리석은 비둘기(7:11), 속이는 활(7:16)의 이미지다. 과연 소망이 있는가. 그럼에도 하나님은 이스라엘을 품으시는가.

3) 하나님다움(14:1-9) : 희망의 문

☐ 회개(14:1-3)

☐ 회복(14:4-9)

회개는 패역한 자들이 회복의 은혜 앞에 나아가도록 하는 기회의 문이다. 이 부분에서도 하나님은 이슬(5)과 잣나무(8)로 그려진다. 희망의 문은 하나님으로부터 준비되고 또한 열린다. 공의의 하나님은 동시에 자비의 하나님이시다.

» 여호와께로 돌아가자!

"내가 그에게 더하여 준 것이어늘 그가 알지 못하도다."(2:8)

"이 땅에는 … 하나님을 아는 지식도 없고."(4:1b)

"내 백성이 지식이 없으므로 망하는도다 네가 지식을 버렸으니 나도 너를 버려 내 제사장이 되지 못하게 할 것이요 네가 네 하나님의 율법을 잊었으니 나도 네 자식들

을 잊어버리리라."(4:6)

"내가 알고 … 내게 숨기지 못하나니"(5:3a)

"이는 음란한 마음이 그 속에 있어 여호와를 알지 못하는 까닭이라."(5:4b)

⬇

"그러므로 우리가 여호와를 알자 힘써 여호와를 알자!"(6:3a)

"나는 인애를 원하고 제사를 원하지 아니하며 번제보다 하나님을 아는 것을 원하노라."(6:6)

하나님은 인애(Hesed)를 원하시는 분이시다. 예배(제사, 번제)보다 하나님을 아는 것을 원하신다. 이는 예배 무용론이 아니라 의식(예전) 안에만 신앙이 머물러서는 안 된다는 의미를 포함한다. 그럼에도 불구하고 온 나라는 여전히 하나님을 알지 못하는 영적 무지 상태다(7:9).

» 하나님을 아는 지식

"이스라엘아 네 하나님 여호와께로 돌아오라"(14:1a)

하나님은 끝까지 이스라엘에게 사랑의 메시지를 전하신다.

여로보암 2세가 북왕국 이스라엘(에브라임)을 다스리던 때는 경제적으로는 풍요와 번영을 구가했을지는 몰라도 그 이면에는 심판받기에 합당한 모습으로 점차 추락하던 때였다. 그야말로 '고멜풍'의 멜로디가 익숙하게 들리는 분위기였던 것이다. 불과 수 십 년 후에 결국 나라가 멸망하게 될 것임에도 불구하고, 이렇듯 호세아의 눈물어린 메시지에도 불구하고 국운은 점점 돌이킬 수 없는 파국으로 치닫고 있었다.

그렇다면 희망은 없는 것인가. 아니다. 호세아가 목놓아 외치는 "나는 인애(Hesed)를 원하고 제사를 원하지 아니하며 번제보다 하나님을 아는 것을 원하노라"(6:6)는 말씀을 기억할 필요가 있다 무엇인가. 제사, 즉 그냥 드려지는 예배가 희망의 씨앗이 아니다. 제사 뿐만 아니라 제사 이외의 시간들, 그러니까 하나님을 사랑한다라고 한다면 이스라엘은 저들의 일상생활을 통해 그분을 알아가야만 한다. 이렇게 될 때 하나님은 제사를 통해서도 당신의 사랑인 인애를 자기 백성들에게 알리실 것이다. 예배와 생활의 일치, 이것이 호세아가 외친 메시지의 핵심이다.

Joel

7장_요엘

■ **맥잡기** ···

❶ 서언(1:1)

❷ 선지자의 탄식(1:2-2:11) **– 애곡하라!**

　　① 메뚜기 재앙(1:2-20) : 현재

　　② 여호와의 날(2:1-11) : 아직

❸ 이스라엘의 가능성(2:12-17) **– 회개하라!**

❹ 하나님의 응답(2:18-3:21) **– 회복하리라!**

　　① 응답1 : 용서와 회복(2:18-27)

　　② 응답2 : 성령과 구원(2:28-32)

　　③ 열방에 대한 심판과 경고(3:1-15)

　　④ 이스라엘의 회복(3:16-21) : 최후

》 여호와의 날 ━━━━━━━━━━━━━━━━━━━━━━━━━━━

　□ 포로(3:2-3)

　□ 두로와 시돈과 블레셋이 이스라엘을 노예로 매매(3:4-8)

　□ 예루살렘은 이방인의 발 아래(3:17)

다가올 심판을 바라보는 요엘의 통찰이 눈부시다.

이를 위해 메뚜기 예화가 마치 이미 경험된 것처럼 생생하게 등장한다(1장). 이렇듯 미래는 하나님의 임박한 진노 아래 놓여있다(2장). 하지만, 그럼에도 불구하고 심판 너머에

요

있는 회복은 늘 열려있다(3장). 이스라엘은 선지자의 탄식에 어떻게 반응할까. 동시에 여기에 대한 하나님의 응답은 또 무엇일까 : 이스라엘은 회개할 것인가. 하나님은 저들을 용서하실 것인가.

1) 선지자의 탄식(1:1-2:11) : 애곡하라!

- ❏ 서언(1:1)
- ❏ 메뚜기 재앙(1:2-20) : 현재
- ❏ 여호와의 날(2:1-11) : 아직

땅의 모든 파란 것을 삼켜 버리는 메뚜기 재앙(1:2-7)과 죽어 버린 자연재앙(1:10-20)은 역사적 사실이면서 이것이 단순한 자연재앙을 넘어 하나님을 예배하는 것을 불가능하게 하는, 즉 하나님과의 단절이라는 심판의 예고이기도 하다(1:9-10,12-16). 이것은 '여호와의 날'(1:15), 즉 하나님의 심판을 알리는 하나의 전조요 시작된 하나님의 재앙의 서곡이다. '여호와의 날'(2:1-11)은 심판인데, 놀라운 것은 이스라엘도 예외일 수 없다는 점이다.

2) 이스라엘의 가능성(2:12-17) : 회개하라!

- ❏ 여호와의 날(1-11)
  - ■ 이스라엘의 가능성(12-17)
- ❏ 여호와의 응답(18-32)

마침내 하나님의 심판이 오고 있다. 하나님의 군대가 예루살렘을 멸망시키기 위해 전쟁의 나팔을 분다(1-11). 하지만 이 심판은 이미 결정된 것이 아니라 예고이기에 이를 돌이킬 수 있는 가능성을 내다본다. 이것이 회개를 촉구하는 선지자의 마음이다(12-17). 심판은 결정되어 곧 실행될 것이다. 이는 결코 취소될 수 없다.

그러나 이 심판 중에도 구원의 가능성은 금식과 참회라는 기도의 문을 통해 열려있다(12,17). 하지만 이것은 이스라엘이 하나님께 돌아간다고 해서, 즉 마음을 찢는 진정한 회개를 한다고 해서 구원은 자동적으로 주어지는 것이 아니라 전적으로 하나님의 은혜의 영역일 수 밖에 없다 : "주께서 혹시 마음과 뜻을 돌이키시고"('주께서 뜻을 돌이키시고 가엾게 여기셔서', 14a).

하나님은 심판하시는 하나님이시며, 동시에 후회하실 수 있으신 하나님이시다(14). 이러한 기대는 소아와 젖먹는 자는 물론 결혼한 신혼부부까지 온 이스라엘이 회개의 자리에 나아오도록 도전한다(15-17). 오직 이것이 하나님의 긍휼과 자비를 맞이하게 하는 은혜의 부스러기다. 진노 중에라도 희망은 있다! 마음을 찢는 애통만이 '여호와의 날' 앞에 심판이 아닌 구원으로 설 수 있는 최종적인 희망이다. 이 희망을 향해 요엘은 움직인다.

3) 하나님의 응답(2:18-3:21) : 회복하리라!

- □ 응답1 : 용서와 회복(2:18-27)
- □ 응답2 : 성령과 구원(2:28-32)
- □ 열방에 대한 심판과 경고(3:1-15)
- □ 이스라엘의 회복(3:16-21)

하나님의 용서는 사람은 물론 땅과 짐승까지 회복하는 것으로 나타난다(2:18,21-24). 무엇보다 당신의 영을 만민에게 부어 주시고, 여호와의 이름을 부르는 자들은 누구든지 구원하실 것이다(2:28-32; 행 2:16-21 참조).

그런데 이스라엘의 구원과 이방의 멸망은 같이 간다. 고레스 칙령에 의해 이방의 땅 바벨론 포로에서 돌아온 이스라엘은 이제 새로운 시대에 대한 소망을 갖는다. 하지만 성전을 건축하는 것으로 모든 희망이 꽃필 줄 알았으나 이것마저 여의치 않게 되고, 이스라엘은 실의에 빠진다(3:1-3).

바로 이때 요엘 선지자의 메시지가 선포된다. 그것은 이방의 심판을 외치는 것인데 ("여호와의 크고 두려운 날", 2:31a), 이는 이스라엘에게는 구원을 선포하는 것이 되고("누구든지 여호와의 이름을 부르는 자는 구원을 얻으리니", 2:32a) 다시 일어설 수 있는 희망을 붙들게 되는 기회가 된다. 유다가 생존 자체를 포기하지 않으려 한다면 하나님의 구원(이스라엘, 3:16-21)과 하나님의 심판(이방, 3:4-15)을 동시에 인정하여야만 한다. 이것이 그가 외치는 '여호와의 날'(1:15, 2:11,31, 3:14) 의 두 얼굴이다.

한편 베드로의 설교에서 요엘의 메시지가 다시 선포됨으로서 마침내 사도행전에서 성취된다(2:28-32; 행 2:16-21,39-40). 하나님은 역시 심판이 궁극적인 목표가 아닌 분이시다. 그러나 여기서 열방(이방)은 여전히 심판의 대상에서 자유롭지 못하다는 점이다.

　지금도 이 두 지평(이스라엘 vs 이방)은 여전히 유효하다. 그럼에도 불구하고 하나님은 성령을 "만민에게 부어 주리"(2:28-29)라 하시면서, "누구든지 여호와의 이름을 부르는 자는 구원을 얻으리"(2:32a)라 선언하신다. 결국 모든 인간은 자기 죄 때문에 멸망하고, 하나님의 은혜로 말미암아 구원을 얻는다.

» 은혜, 가능성의 문을 두드리다!

　요엘이 외치는 이스라엘의 죄(罪)는 무엇인가.

　그는 죄의 구체적인 항목들을 들추어내는 방식을 취하지 않는다. 그는 메뚜기 재앙으로 곧바로 나아감으로써 이미 심판이 그만큼 더 임박하고 긴급하다는 것을 말하는 것을 우선한다. 마치 권총강도가 들어 아수라장이 되었다면 곧바로 병원으로 후송하는 일이 더 급한 일인 경우와 같다. 그렇지 않고 한가하게 총은 38구경이고, 머리를 직접 겨냥했다는 식으로 조사를 하는 것이 더 중요하고 긴급한 일은 아닌 것과 마찬가지다.

» [특주] 요엘의 연대를 읽어낼 수 있는 흔적들

　□ 금식일을 정하고 성회를 소집하여 … 여호와의 성전으로 모으고(1:14)
　□ 성을 기어 오르며 … 성중에 뛰어 들어가며 성 위에 달리며(2:7,9)
　□ 사로잡힌 자를 돌아오게 할 그 때에(3:1)
　□ 그들이 이스라엘을 나라들 가운데에 흩어 버리고 … 내 백성을 끌어 가서(3:2-3)
　□ 두로와 시돈과 블레셋 사방아(3:4-8),
　　 a. 은과 금을 빼앗고 … 너희 신전으로 가져갔으며(5)
　　 b. 유다 … 자손들을 헬라 족속에게 팔아서 … 멀리 떠나게(6)
　　 c. 내가 그들을 너희가 팔아 이르게 한 곳에서 일으켜 나오게 하고(7)
　□ 다시는 이방 사람이 그 가운데로 통행하지 못하리로다(3:17)
　□ 여호와의 성전에서 샘이 흘러 나와서(3:18)

8장_아모스

■ **맥잡기** ··

❶ **서론**(1:1-2) : **"이스라엘에 대하여 이상으로 받은 말씀이라."**

❷ **본론**(1:3-9:10)

 : **"오직 정의를 물 같이, 공의를 마르지 않는 강 같이 흐르게 할지어다."**

 ☐ 열방을 향한 하나님의 심판(1:3-2:16)

  ☐ 열방의 죄악들(1:3-2:3) : "여호와께서 이와 같이 말씀하시되 …"

  ☐ 이스라엘 민족의 죄(2:4-16)

 ☑ 아모스의 심판 설교(3:1-6:14) : "이 말씀을 들으라!"

  ☐ 제1설교(3장)

  ☐ 제2설교(4장)

  ☐ 제3설교(5-6장)

 ☒ 아모스가 본 다섯 개의 심판 묵시(7:1-9:10) : "내게 보이신 것이 …"

  ☐ 제1환상 - 황충의 재난(7:1-3)

  ☐ 제2환상 - 불(7:4-6)

  ☐ 제3환상 - 다림줄(7:7-9)

  ☐ 제4환상 - 여름 실과 한 광주리(8:1-14)

  ☐ 제5환상 - 부서지는 성전 문지방(9:1-10)

❸ **결론**(9:11-15) : **"그날에 … 그들이 내가 준 땅에서 다시 뽑히지 아니하리라"**

 ☐ 이스라엘과 유다(11-15)

 ☑ 이방(만국, 12)

암

» 아모스의 말씀들(the words of Amos)

"유다 왕 웃시야의 시대 곧 이스라엘 왕 요아스의 아들 여로보암의 시대 지진 전 이 년에 드고아 목자 중 아모스가 이스라엘에 대하여 이상으로 받은 말씀이라."(1:1)

심판은 이방 나라들만으로 제한되지 않는다.

그 칼 끝이 유다와 이스라엘을 포함하고 있음이 예사롭지 않다. 무엇이 아모스로 하여금 심판 메시지를 전할 수 밖에 없도록 만들었는가. 여로보암 2세 때의 이스라엘은 겉보기에는 번영에 따른 부요를 누리고 있었다. 하지만 실상은 우상숭배와 불의와 부정에 찌들려가고 있었다. 이것이 선지자가 심판을 외치지 않을 수 없는 이유였다.

1) 심판(1:3-9:10)

□ 열방을 향한 하나님의 심판(1.3-2.16)

　■ 열방의 죄악들(1:3-2:3) : "여호와께서 이와 같이 말씀하시되 …"

　　· 아람(수리아, 1:3-5) / 블레셋(가사, 1:6-8) / 두로(베니게, 1:9-10)

　　· 에돔(1:11-12) / 암몬(1:13-15) / 모압(2:1-3)

　■ 이스라엘 민족의 죄(2:4-16)

　　· 유다(4-5)

　　· 이스라엘(6-16)

□ 심판 설교(3:1-6:14) : "이스라엘아, 이 말씀을 들으라!"

□ 다섯 개의 심판 묵시(7:1-9:10) : "내가 보니 …."

| 예언의 구조

A "여호와께서 이와 같이 말씀하시되 …의 서너 가지 죄로 말미암아 내가 그 벌을 돌이키지 아니하리니"(1:3a,6a,9a,11a,13a, 2:1a,4a,6a)

B "이는 그들이 … 하였음이니라."(1:3b,6b,9b,11b,13b, 2:1b,4b,6b)

C "내가 … 하리니"(1:4f,7f,12f,15, 2:2f,5f,13)

D "이는 여호와의 말씀이니라."(1:5,8,15, 2:3,16)

아모스('짐을 지는 자')가 등장하던 때는 발전(경제적인 부)의 후유증이 심했다.

무엇보다 부익부(3:12,15, 4:1, 6:4-6, 8:4-6), 빈익빈(3:6,7, 5:10-12, 6:6)으로 갈리는 사회적 양극화가 심각한 시대였다. 불과 수 십 년 후에 북왕국이 멸망(BC 722)하는 것을 볼 때 물질적인 풍요가 오히려 얼마나 큰 재앙인가를 미루어 짐작할 수 있게 한다. 경제적 번영은 어느 시대나 하나님께 무관심하게 만든다(2:6-7, 4:1).

아모스는 남왕국 유다의 웃시야(BC 792-40)와 북왕국 이스라엘의 여로보암 2세(BC 793-53)가 통치하던 시대의 사람으로, 출신은 베들레헴에서 동남쪽으로 19㎞ 정도 떨어진 유다 드고아 사람이면서 활동은 북왕국 이스라엘이던 양치기 출신이자 뽕나무를 배양하는 농부 선지자다(1:1, 7:14-15). 그는 양을 치고 있을 때 선지자로 부르심을 받는다(7:15).

당시 북왕국은 통일왕국 솔로몬의 시대의 영광(왕상 8:65)에 버금가는 영토를 회복(왕하 14:25)함으로써 번영의 시대를 구가하고 있던 때였다(요나, 호세아가 동 시대에 활동). 언제나 바로 그때가 위기의 때인데, 이스라엘 역시 예외가 아니었다(6:6). 이스라엘은 총체적으로 타락의 길을 걷는다.

더욱 심각한 것은 무엇보다 종교적으로 거짓 예배가 만연한 시대였다는데 있다. 표면적으로는 벧엘과 길갈(4:4-5), 브엘세바(5:5), 사마리아와 단(8:14)에 있는 성소에서 그야말로 화려하고 풍성한 제사를 드렸다(5:22-23, 6:5). 외적인 종교적인 열심은 매우 특심했다. 하지만 내적으로 볼 때 이것은 바리새적인 열심에 불과했다.

한편 아모스와 동시대에 활동했던 호세아 선지자 역시 여로보암 2세가 이스라엘을 통치할 때 이미 바알 종교가 이스라엘 안에 깊숙이 뿌리내리고 있었음을 알게 된다(호 2:8,13,17, 4:11,14, 11:2). 무엇보다 '불의한 이'(췌, 출 18:21, 벧전 5:2)가 종교의 옷을 입음으로써 타락은 극에 달하였다. 아모스의 고발을 들어보자(2:6-8) :

> "이는 그들이 은을 받고 의인을 팔며 신 한 켤레를 받고 가난한 자를 팔며, 모든 제단 옆에서 전당 잡은 옷 위에 누우며 그들의 신전에서 벌금으로 얻은 포도주를 마심이니라."(6b,8)

이런 배경 하에서 아모스는 하나님의 말씀을 선포한다(3-6장). 하나님은 타락한 이스라엘을 돌이키기 위해 여러 모양으로 징계(4:6-11, 기근, 가뭄, 해충, 메뚜기떼, 전염병, 재난)를 계속하셨지만 이스라엘은 끝내 회개하지 않았다 : "너희가 내게로 돌아오지 아니하였느니라."(4:11b) 아모스의 설교는 점차 고조되었고, 마침내 날카로운 그의 책망에 분노한 우상숭배자인 벧엘의 대제사장 아마샤는 그를 '선동죄'로 고발하는 일까지 일어난다(7:10-17).

하지만 그는 이러한 조직적인 반대에도 불구하고 "여호와께서 나를 데려다가 내게 이르시기를 가서 내 백성 이스라엘에게 예언하라"(7:15) 하신 명령을 충실히, 그리고 끝까지 수행한다. 그는 하나님의 마음을 가지고 외치는 자의 사명을 떠나지 않는다. 그게 아모스서의 본론이다(3:1-9:10). 여기에 채색되어 있는 하나님의 마음을 희미하게 간추려 본다.

- □ "내가 … 너희만 알았나니 …."(3:2)
- □ "너희가 내게로 돌아오지 아니하였느니라."(4:11b)
- □ "이스라엘아 네 하나님 만나기를 준비하라."(4:12b)
- □ "너희는 나를 찾으라 그리하면 살리라."(5:4,6)
- □ "… 여호와께서 혹시 요셉의 남은 자를 불쌍히 여기시리라."(5:15)
- □ "오직 정의를 물 같이, 공의를 마르지 않는 강 같이 흐르게 할지어다."(5:24)
- □ "내가 너희를 다메섹 밖으로 사로잡혀 가게 하리라"(5:27a)
- □ "내 백성 이스라엘의 끝이 이르렀은즉 내가 다시는 그를 용서치 아니하리니"(8:2b)
- □ "내가 그들에게 주목하여 화를 내리고 복을 내리지 아니하리라"(9:4b)

정리하면, '제사(예배)를 드리기만 한다면 번영과 복은 자동적으로 따라 온다'(5:22)라는 가짜 신학을 아모스는 단호하게 거부한다. 출애굽 후 광야 40년 동안에 광야에서 제사가 드려지지 않았다는 점을 강력한 예로 제시함으로써 제사 만능주의를 내려놓게 만들면서다(5:25). 마침내 핵심이 선포되는 지점에 왔다 : "오직 공법(mishpath)을 물같이, 정의(chedekah)를 하수같이 흘릴지로다."(5:24) 여기서 '공법'은 공정한 재판과 관련하여, 그리고 '정의'는 우리('나와 너') 사이에 행해지는 건강한 관계와 관련된다. 결국 이것이 멈추지 않고 계속해서 흐르는 것이 아모스가 외치는 희망이다.

2) 회복(9:11-15)

> "그러나 야곱의 집은 온전히 멸하지는 아니하리라"(9:8b)

심판으로 끝인가. 아니다. "야곱의 집은 온전히 멸하지는 아니하리라"(9:8b) 하신 하나님은 비록 '다윗의 무너진 장막'(11a)이지만 다시금 "일으켜서 옛적과 같이 세우고"(11b)라는 '그날'을 남겨 놓으신다. 11절은 메시야의 예언이다. 하나님은 타락한 심판의 땅에서 미래의 구원의 날을 품으신다. 이것이 아모스의 압권이다. 다시금 다윗언약(삼하 7:1-17)을 생각하게 한다.

한편 아모스가 이 예언을 하고 불과 반 세기도 되기 이전인 BC 722년에 이스라엘은 멸망하고 만다(9:8-10). 따라서 회복할 것이라는 예언 메시지(11-15)는 성취되지 않은 셈이다. 이렇듯 구약은 메시야를 통해 이루어질 진정한 종말론적 회복을 멀리서 소망으로 바라보고 있다(11).

- □ "그 날에 … 일으키고 … 세우고 … 얻게 하리라"(11-12)
- □ "보라 날이 이를지라 그 때에 … 으리라."(13)
- □ "내가 내 백성 이스라엘이 사로잡힌 것을 돌이키리니 건축하여 거주하며 … 가꾸고 … 마시며 … 만들고 … 먹으리라."(14)
- □ "내가 그들을 그들의 땅에 심으리니 그들이 내가 준 땅에서 다시 뽑히지 아니하리라."(15)

» 공법을 물같이, 정의를 하수같이

> "이스라엘아 네 하나님 만나기를 준비하라."(4:12b)

하나님의 길고 긴 희망은 남아 있다.

아직 최종적인 결론은 이르다. '이미'(already) 아모스의 결론은 선포되었지만 '아직'(not yet) 그 여백(餘白)은 남아있다. 최후심판 역시 아직이니까. 하나님은 이스라엘을 버리지 않으신다. 비록 죄악에 대한 심판을 행하시지만 그들을 심판 속에서까지 따뜻한 가슴에 품으신다. 비록 이스라엘은 하나님의 애정 어린 충고를 버림으로써 다시금 심판으로 추락하지만 지금 아모스서를 읽는 독자들(우리, 나)에게는 하나님의 호흡을 들을 수 있는 시간이 주어져있다. 그것만큼이 희망이다. 바로 이 부분이 아모스서를 묵상하는 사람들에게 남겨진 기회의 시간표다. 아모스를 따라가면 우리 시대의 문제에 대한 해답이 보이기 때문이다.

아모스의 설교 이후, 그러니까 한 세대가 -보통 30년을 말한다- 지나서 이스라엘은 앗수르에 의해 멸망(BC 722)한다. 이스라엘은 끝내 돌아오지 않은 것이다. 인간의 타락은 선택이지만 하나님의 징계는 필수다. 하지만 아모스의 설교가 성취되었다는 것이 본서가 증거하려는 메시지의 핵심은 아니다. 임박한 심판이 앞에 와 있지만 찰나적이고 현세적인 풍요 때문에 영육(靈肉) 모두의 눈이 다 멀어버린 이스라엘의 통전적 부패(죄악)를 보는 게 중요한 통찰이다. 그리고 '그때'를 통해서 '이때'를 보는 것, '그들'을 통해 '우리'(나)를 보는 것이 더 중요하다. 하나님은 지금도 아모스서를 통해 말씀하시고 계시기 때문이다.

예나 지금이나 영적 어두움이 몰려오고 있음을 하나님의 사람으로부터 듣는 자는 극히 소수에 불과하다. 노아가 방주를 완성해가고 있음에도 사람들은 이를 받아들이지 않았고, 혼인잔치의 등불을 받은 자로 서 있지만 기름은 준비할 줄은 몰랐다. 마지막 심판 앞에서도 이러한 경우의 수는 충분히 예측 가능하다. 문제는 과연 누가 이 임박한 심판을 피할 것인가? 아모스는 오늘을 사는 우리에게 무엇을 교훈하고 있는가? 이러한 질문들은 아모스의 시대와 우리 시대의 유사성 때문이다.

이제 '그' 시대와 '이' 시대의 정치적, 경제적, 사회적, 도덕적, 종교적으로 죄악이 관영한 공통분모를 아모스와 더불어 찾아보며 통독(묵상)해 보자. 그러나 그것으로 끝일 수 없다. 문제는 어떻게 하는 것이 아모스의 화살을 맞은 이스라엘처럼 되지 않는 길인가를 찾는 것 아닐까. 시간도 있고, 길도 있다. 하지만 하나님의 시간은 무한이 아니다. 이미 마지막 때는 임박하고 있다. 그때까지가 9:15절 이후의 여백이다. 그걸 찾고, 구하고, 두드리고, 만나고, 깨닫고, 얻는 아모스 '통독노트'이기를 다시금 소망한다.

Obadiah

9장_오바댜

■ **맥잡기** ··

❶ **멸망의 예언**(1-9) **: 에돔**

❷ **멸망의 원인**(10-14) **: 형제 야곱에게 행한 포악**

❸ **여호와의 날**(15-21) **: 만국**(에돔)**과 유다**

 1 **만국의 심판**(15-16) – '삼켜서'

 2 **이스라엘의 구원**(17-21) – '구원 받은 자들'

» 들으라, 에돔!

어느 시대에 선포된 메시지인지가 분명치 않다.

그러나 '성문에 들어가서 예루살렘을 얻기 위하여'(1:11), '유다 자손이 패망하는 날'(1:12)이라는 언급에서 예루살렘(유다)이 멸망하던 무렵(BC 586)을 배경으로 하고 있는 것 같다. 또한 오바댜('여호와의 종')는 누구인가. 성경에 나오는 12명의 오바댜는 모두 동명이 인(同名異人)이다. 그러므로 이를 해결하려면 본문 내용에서 그 답을 찾아야 한다.

사실 거슬러 올라가면 에돔의 조상은 야곱의 형 에서다(10; 창 25:19-34, 36:1-9). 그리고 출애굽 때 모세는 이스라엘이 에돔을 통과해 갈 수 있기를 원했으나 에돔은 이를 거부 하였다(민 20:14-21). 에돔과의 악연은 계속(삼상 14:47, 삼하 8:14, 대상 18:12-13, 대하 28:17 참조) 되고 있는데 결국 이번에도 에돔은 유다를 침입해 예루살렘을 공격해 오는 바벨론을 돕 는 일에 연합하고 만다. 이에 하나님은 형제의 보호자로 쓰이는 일을 거부한 에돔에 대 해 심판을 예고하신다.

옵

1) 멸망의 예언(1-9) : 에돔

> "누가 능히 나를 땅에 끌어내리겠느냐!"(3b)
> "내가 거기에서 너를 끌어내리리라!"(4)

에돔은 암반 위에 세워진 성읍인 염곡(페트라, 왕하 14:7)의 지정학적인 위치만을 믿고 교만을 떨었다(3). 이에 하나님이 완전히 멸하실 것이다(4). 그 방법은 외적으로는 긍정적인 관계에 있는 동맹국들에게 버림을 받는 것으로 말미암는다(7). 동시에 내적으로는 하나님이 직접 개입하실 것이다(8-9).

한편 동일한 예언이 예레미야 선지자(렘 49:7-22)에게도 주어지고 있다는 것은 그만큼 에돔이 하나님의 심판을 피할 수 없다는 것 아니겠는가.

2) 멸망의 원인(10-14) : 형제 야곱에게 행한 포악

> "네가 네 형제 야곱에게 행한 포학으로 말미암아 부끄러움을 당하고 영원히 멸절되리라."(10)
> "여호와여 예루살렘이 멸망하던 날을 기억하시고 에돔 자손을 치소서 그들의 말이 헐어 버리라 헐어 버리라 그 기초까지 헐어 버리라 하였나이다."(시 137:7)

에돔의 죄목(罪目)은 유다를 이롭게 하지 않고 오히려 해롭게 했기 때문이다(10). 친족(형제, 10,12)인 유다(예루살렘)가 이방 나라에 의해 초토화 되고 있음에도 불구하고 에돔은 이를 소 닭 보듯 하며 오히려 기뻐했다(11-14). 이때가 아마도 유다가 멸망(BC 586)하던 무렵이 아닌가 싶다(시 137:7, 애 4:21-22 참조).

3) 여호와의 날(15-21) : 만국(에돔)과 유다

□ 만국의 심판(15-16) - '삼켜서'
□ 이스라엘의 구원(17-21) - '구원 받은 자들'

에돔은 심은대로 거두는 방식으로 무너질 것이나 이스라엘은 회복될 것이다 : "네가 행한 대로 너도 받을 것인즉"(15) 이스라엘은 언젠가 고토로 돌아올 것이다. 이렇듯 에돔은 심판이지만 유다는 회복이다(18).

> "너를 축복하는 자에게는 내가 복을 내리고 너를 저주하는 자에게는 내가 저주하리
> 니 땅의 모든 족속이 너로 말미암아 복을 얻을 것이라 하신지라."(창 12:3)

주님의 계명이 생각난다.

다름 아닌 이웃 사랑이다. 에돔의 죄는 결국 형제(이웃) 사랑에 실패한 것이기 때문에
이를 생각하는 것은 중요하다(1:10). 사실 에돔은 성경 곳곳에서 심판의 표적이 되곤 했
다(사 34:5-15, 렘 49:7-22, 겔 25:12-14, 35:1-15, 암 1:11-12, 말 1:2-5). 이로 보건데 '어떻게 사느
냐'가 '어떻게 되느냐'와 마치 동전의 양면처럼 긴밀하다는 점을 잊지 않아야 한다.

10장_요나

■ **맥잡기**

❶ **1장_오해 : 사람이 거부하면 하나님도 어쩔 수 없으신가?**

    1 하나님의 사명(1-2) : 일어나 가서 외치라!

    2 인간의 불순종(3) : 그러나

    3 죄의 프리즘(4-17) : 그 삯과 값

❷ **2장_기도 : 기도만으로도 다시 사명의 기회는 회복될 수 있는가?**

    1 인간의 회개(1-9) : 기도

    2 하나님의 용서(10) : 구원

❸ **3장_전도 : 오직 복음이 유일한 해답인가?**

    1 하나님의 사명(1-2) : 일어나 가서 선포하라!

    2 인간의 순종(3-9) : 말씀대로

    3 하나님의 용서(10) : 뜻을 돌이키사

❹ **4장_용서 : 인간의 회개는 하나님의 심판을 삼켜버릴 만큼 위대한가?**

    1 인간의 분노(1-5) : 싫어하고

    2 하나님의 섭리('준비', 6-11) : 어찌 아끼지 아니하겠느냐

» 요나행전

> "하나님이 그들이 행한 것 곧 그 악한 길에서 돌이켜 떠난 것을 보시고 하나님이 뜻을 돌이키사 그들에게 내리리라고 말씀하신 재앙을 내리지 아니하시니라."(3:10)

□ 일어서다(qum)

　A 일어나 … 니느웨로 가서(1:2)

　　B 일어나 다시스로 도망하려 하여(1:3)

　　　C 일어나서 네 하나님께 구하라(1:6)

　　B' 일어나 … 니느웨로 가서(3:2)

　A' 일어나서 니느웨로 가니라(3:3)

하나님과 요나('진리의 아들')의 숨바꼭질, 이게 '요나 이야기'다.

세 번의 '그러나'(1:3a,5b,13a)에서, 그리고 말씀-불순종-심판(1장)이 기도-회개-용서(2장)의 패턴을 낳는 점에서, 그러나 말씀-순종-용서(3장)가 다시 분노를 통해서 기도-말씀-섭리(4장)로 반전되는 흐름에서 럭비공처럼 무질서하게 좌충우돌(左衝右突)하는 요나를 보면서 든 생각이다. 그럼에도 하나님은 요나를 끝까지 품으신다. 오래 참으신다. 이렇듯 요나의 배후에는 사랑의 하나님이 계신다. 하나님의 끈질긴 사랑이야기는 '요 나!'에게까지 전달된다. 하나님은 언제나 변함이 없으신데 '요 나!'는 어찌 그리 변덕스럽고 좁쌀스러운지 모르겠다.

1) 1-2장 | 요나 vs 하나님

□ 사람이 거부하면 하나님도 어쩔 수 없으신가?

□ 기도만으로도 다시 사명의 기회는 있는가?

문제는 하나님이 내셨고(1:1-2), '그러나' 요나는 자기 마음대로 공식을 대입한다(1:3). 그래서 나온 답이 대풍(大風, 1:5a)이다. 원래 하나님이 원하셨던 답은 문제 안에 있다. 요나는 순종과 헌신이라는 법칙만을 사용하면 되는 어렵지 않는 문제였다. 하지만 요나는 엉뚱한 공식을 너무도 당연하다는 듯이 꺼내 들었다. 결과는 요나가 대입하여 푼 공식과 그에 따른 답은 정답이 아니었다. 그런데 요나는 그 답이 틀린지도 모르고 깊은 잠을 자고 있다(1:5b). 하나님을 피하는데 성공했다고 생각한 것일까. 선지자가 말이다. 이게 요나의 실존이다.

반대로 '무리'라는 이름으로 등장하는 사공과 선장은 문제도, 공식도, 해답도 모르는 까마득한 자리에서 시작한다. 문제 앞에 "각각 자기의 신을 부르고"(1:5a)라는 공식을 사용하는 죄인들이다. 하나님이 낸 문제를 '자기 신'이라는 법칙으로 응수하는 하나님 밖에 있는 자들이다. 때문에 대풍만을 두려워한다. 그런 자들이 불과 몇 시간도 되지 않는, 그것도 타락한 선지자의 입술에서 나온 몇 마디의 자기 고백을 듣고서 이번에는 하나님을 지식적으로 약간 아는 것과 함께 역시 '두려워하여' 한다(1:10).

그래서 하나님이 하신 일임에도 '그러나'(1:13) 공식을 사용하여 요나처럼 문제를 풀겠다고 아우성친다. 하지만 소용없는 일이다. 이들은 이걸 너무도 빨리 눈치챘다. 선지자는 아직도 오리무중(五里霧中)인데 말이다. 그리고 하나님께 부르짖어 기도하며, 하나님을 '두려워하여' 하는 신앙의 자리 앞으로 나아간다. 초신자들인데 하나님이 낸 문제에 공식을 무엇으로 대입시키느냐 하면 '기도'다(1:14). 놀라운 일이다. 더 놀라운 것은 이 대풍 때문에 하나님을 예배하는 자들로, 회개하고, 그리하여 하나님을 경외하는 자로 바뀐다.

'그러나'(1:3,5) 선지자 요나는 어찌된 것이 여전히 요지부동(搖之不動)이다. 선지자가 '그러나'로 살아가는 시대다. 선지자가 '대풍'을 맞는 시대다. 선지자가 잠자는 시대다. 요나만이 아니라 "요 나!"의 이야기가 아닌가. 사명은 있으나 사명자는 없고, 하나님의 임재는 있으나 인간의 순종은 없다. 다들 각기 자기 소견에 옳은 대로 언행하며 살아가는 사람들로 가득하다. '여호와의 말씀'(1:1)과 '여호와께서 가라사대'(4:10-11) 사이에서 살아가는 자로 부르심을 받았음에도 말이다.

그래서 말인데, '요 나!'(내)가 정신 차리지 못하면 바다가 고생을 한다. 불순종은 내가 했는데 고생은 가족이 하고, 내가 공식을 잘못 사용했는데 나만 손해를 보고 고난의 소용돌이 속에 휘말려 가는 것이 아니라 엉뚱한 사람들이 갖은 수모와 고통을 만난다. 나 하나 바로 서지 못하니까, 내 하나 정신 차리지 못하니까, 나 하나 순종하며 살지 않는 것 때문에 여러 사람이 다친다. 때문에 문제는 '요 나!'라는 사실을 알아야 한다. 하지만 요나는 대풍으로, 제비뽑기로, 선장의 입을 통해 하나님께서 일하시고 계시다는 것을 알지 못한다.

유감스럽게도 정작 요나만 변화가 없다. 무리들도 변하고(뱃사공, 니느웨 백성들), 환경도 변하고(폭풍, 물고기, 동풍, 박넝쿨, 벌레), 사용해야 할 영적인 법칙과 공식도 달라졌는데 요나의 영혼만은 끄덕도 하지 않는다. 가장 먼저 변하여 새사람으로 헌신하고 충성해야 할 전도자 요나만 그대로다. 모두가 다 순종하고 있는데 말이다.

초신자는 벌써 은혜를 받고 하나님을 예배하고, 기도하고, 헌신하고, 주 여호와 앞으로 나아오는 종이 되었는데 이미 하나님을 알고, 주의 임재와 사명을 맡았고, 하나님이 사용하시는 놀라운 은혜를 받았음에도 요나는 영적으로 깊은 잠에 빠져있다.

그럼에도 그는 죽음을 선택할지언정 뱃머리를 돌려 니느웨로 가는 길, 회개와 순종의 법칙을 사용하기를 거부한다. 얼마나 완악하고 고집스러운 성도인가 말이다. 요나만 변화되면 상황 끝인데, 요나는 모든 것이 끝나는 거짓되고 헛되고 잘못된 공식을 끝까지 고집한다. 그런데 이상하다. 하나님이 말이다. "그 악독이 내 앞에 상달하였음이니라"(1:2b)는 니느웨는 심판하시겠다고 하시는 분이 정작 동일한 불순종으로 끝까지 하나님과 점점 멀어지는 탕자와 같은 요나를 1:17절로 대접하신다는 점이다.

요나의 기도(2장)는 결코 위대하지 않다. 1장을 만났으면서도 2장으로 급히, 빨리 항복하기를 거부하고, 하나님이 1:17절로 그래도 변함없이 자비를 주시자 마지못해 기도하는 자리로 나아온 요나 아닌가. 아, 그래도 하나님은 요나의 자존심을 살려 주신다. 그가 기도하는 자가 되게 하시사 다시 하나님의 법칙과 공식 앞에 서도록 만드시다니 말이다. 때문에 기도할 수 있다는 것 그 하나만으로도 우리는 이미 많은 은혜를 받고 있음을 조금은 알 것 같다.

삼일삼야(三日三夜, 1:17)라는 [물고기뱃속신앙훈련학교]에 하나님은 강제로 요나를 집어 넣으신다. 이것마저도 은혜다. 내가 하는 것이란 하나님을 "피하려고 … 도망하려"(1:3) 하는 것일 뿐이다. 그런데 하나님은 막다른 골목 끝인 물고기 뱃속에서 나를 기다리신다. 그리고 내 결단과 회개와 기도의 모양새를 갖추어 주시면서까지 '요 나!'를 다시 선지자 요나로 받으신다. '대풍'(1:5,11)이 아니라 나의 심장을 치시고, 내 영혼을 치시고, 내 몸을 치셔도 아무 변명 할 수 없는 아버지 하나님을 멀리 떠난 탕자와 같은 나임에도 그분은 변함 없이 나의 주 나의 하나님 아버지시다. 이렇게 해서 다시 사명 앞에 세우신다(2:10). 살아있는 것까지가 은혜 아니면 설명되지 않는 삶이 아닌가.

2) 3장 | 하나님 vs 니느웨

□ 오직 복음이 유일한 해답인가?

과연 하나님은 어떤 모습으로, 무엇을 가지고 '두 번째'(1)로 다시 요나를 찾아오실까. 하나님은 과거를 물고기 뱃속에 담아 바다에 버리시고 이제 미래로 가신다. 물론 요나에게도 물고기 뱃속에서 꺼내신 목적이 2장의 체험을 원금 삼아 이자나 따먹고 살라고 하신 게 아니다. 2장은 하나님이 쓰시기 위한 사람으로 그를 회복시키는 연단과 훈련의 장(field)이었다. 그래서 1장처럼 살아도 2장을 주시고, 거기에 3장처럼 쓰신다는 것을 자기 공로로 사용하는 것은 금물이다. "지금까지 지내 온 것 주의 크신 은혜라"는 것을 놓치기 시작하면 요나는 정말 치유 불가능한, 즉 기도와 회개만 하면 모든 것을 다시 시작할 수 있다는, 그래서 또 기회만 있으면 1장으로 도피할 수 있기 때문이다. 그러다가 수 틀리면 다시 2장으로 가면 되니까.

하지만 요나는 이제 하나님보다 앞서지 않고 주께서 주신 말씀에 따라 살아가는 자로 자신을 하나님 앞에 세운다. 그리고 그 말씀대로 순종한다. 역시 하나님이 주도권을 잡고 요나를 찾아오셔서 말씀하심으로부터다. 니느웨는 하나님의 말씀을 요나를 통해서 듣고 믿음 → 회개 → 변화로 응답하고, 하나님은 이것이 진심이며 바른 것임을 10절로 확증하신다. 참으로 놀라운 부흥의 역사가 이방의 땅 니느웨에서 성취된다.

□ 하나님(1-2) → 요나(3-4) → 니느웨 백성(5-9) → 하나님(10)

□ 보내심 → 전파(①) → 들음(롬 10:14-15) → ②③④ → ⑤

① 복음 : "40일이 지나면 니느웨가 무너지리라."(4)

② 믿음 : "하나님을 믿고"(5)

③ 회개 : "각기 악한 길과 손으로 행한 강포에서 떠날 것이라."(8)

④ 변화 : "그들이 행한 것 곧 그 악한 길에서 돌이켜 떠난 것을"(10a)

⑤ 자비 : "뜻을 돌이키사 … 재앙을 내리지 아니하시니라."(10b)

복음만이 인생의 유일한 해답이다. 나는 이것을 믿는다. 요나에게서 나온 것도 아니고, 요나가 할 수 있는 일도 아니고, 오직 하나님께서 하신 일이다. 여기에 요나가 하나의 통로로 쓰임 받고 있는 것이다. 이렇듯 하나님은 당신의 놀라운 섭리를 사람을 통해서 성취하시기를 기뻐하신다. 복음의 사이클(cycle)은 지금껏 유효한 하나님의 방법이다.

주님은 지금도 복음을 전파하는 자들을 세우시고 저들의 생명을 건 사역을 통해서 지옥으로 가는 인생들을 천국으로 부르시는 일을 계속하신다. 하나님의 자비는 심판보다 강하다. 이것을 10절에서 조금이나마 눈치 챌 수 있어서 다행이다.

3) 4장 | 니느웨 vs 요나

□ 인간의 회개는 하나님의 심판을 삼켜버릴 만큼 위대한가?

심판의 메시지(3장)를 전파한 요나가 어찌된 일인지 불평하는 요나로 급변하는 것은 여러모로 불편하다. 구약의 대부분의 선지자와 달리 그의 사역이 성공적이었다는 점에서 더 그렇다. 하나님은 니느웨를 아끼시지만 요나는 그렇지 않았기 때문이다. 그랬기에 처음부터 그는 소명을 버리고 반대로 언행했던 것 아닌가(1장).

하지만 하나님은 요나의 후예들에게 말씀하신다. 비로소 세상을 향한 눈, 비록 심판을 받아 마땅하지만 하나님의 용서와 긍휼 앞에 세상이 다시금 새롭게 설 수 있다는 하나님의 자비의 눈을 가질 때 우리는 요나를 넘어 하나님의 시선으로 세상을 바라볼 수 있다는 것을! 결국 요나에게는 하나님의 사랑의 보편성에 대한 이해와 지식이 없었던 것이다(11; 창 12:3, 요 3:16, 롬 10:12-13 참조).

» 사랑과 용서의 하나님 ────────────

"예수께서 대답하여 이르시되 악하고 음란한 세대가 표적을 구하나 선지자 요나의 표적 밖에는 보일 표적이 없느니라. 요나가 밤낮 사흘 동안 큰 물고기 뱃속에 있었던 것 같이 인자도 밤낮 사흘 동안 땅 속에 있으리라."(마 12:39-40)

하나님(1:1)과 하나님(4:11), 그 사이에 인간 요나가 서 있다.

요나는 수도 없이 옷을 갈아 입었지만 하나님은 오로지 초지일관(初志一貫) 하신다. 하나님은 대풍, 바다, 물고기 뱃속, 박넝쿨을 씹게 한 벌레를 통해서 얼마든지 불순종의 값을 지불하게 하셨을 수도 있다. 하지만 하나님은 그렇게 하시지 않으셨다. 선지자이면서도, 그것도 동일한 메시지를 하나님께 두 번이나 들었음에도 그것과 반대로 언행(言行)할 수 있다는 점이, 그런데 하나님은 그것을 그대로 용납하시며 상대해 주신 다는 점이 놀랍도록 특이하다. 하나님이 누구신가를 더 없이 생각하고 주목하게 되는 부분이다.

요나처럼 사는 '요 나!'에게도 희망이 있는 것은 순전히 하나님 때문이다. 사람들은 자기 잘나고, 열심히 살았고, 믿음과 헌신이라는 공식을 사용하여 하나님이 자기 인생이라는 달란트에 넣어주신 문제를 멋지게 풀었다고 생각한다. 하지만 조금만 하나님 앞에 진실한 믿음과 영혼의 호흡을 따라 그분의 임재 앞에 서 보면 나의 실체가 그대로 드러나 버린다. 하나님의 은혜가 아니면 설명할 수 없는 존재, 그게 바로 '요 나!'다. 끝내 1장의 병이 4장에서 다시 도졌다. 재발된 것이다. 이런 악순환이 또한 우리의 이야기가 아닐까.

그래서 하나님은 또 요나를 설득하시듯이 '요 나!'에게 말씀으로 찾아오셔서 내가 걸어가야 할 인생의 좌표를 다시 가르쳐 주신다. 1장처럼 살았어도 언제나 변함없이 나를 2-3장처럼 회복되는 기회와 복을 예비하시고, 하나님의 섭리와 법칙을 따라 살아가는 은총을 나누어주시기를 기뻐하시는 하나님, 나는 그 하나님께 그만 항복을 한다. 그토록 못나고 악한 나임을 아시면서도 "예비하사 … 예비하사 … 예비하셨고"(4:6-8)로 또 다시 설득하시고, 기회를 주시고, 깨닫게 하시기를 무던히도 원하시는 하나님, 그러기에 사랑하지 않고는 살 수 없는 분, 이 몸 드려 헌신하지 않고는 이 다음에 무슨 면목으로 영광의 보좌 앞에 설 수 있으랴.

Micah

11장_미가

■ **맥잡기**

❶ 소 명(1:1) **: 표제어**

  A 심판1(1:2-3:12) : 거짓 예배

    B 구원1(4:1-5:15) : 평화

  A' 심판2(6:1-7:7)

    □ 하나님의 변론(6:1-8) : 책망(하나님) → 질문(백성) → 대답(미가)

    □ 이스라엘의 불의(6:9-16) : 하나님의 기소

    □ 선지자의 애곡(7:1-6) : 미가의 탄식

    B' 구원2(7:7-20) : 희망

      □ 미가의 기도(7-14)

      □ 하나님의 응답(15-17)

❷ 결론(7:18-20) **: 찬송**

» 심판 vs 구원

"유다의 왕 히스기야 시대에 모레셋 사람 미가가 유다의 모든 백성에게 예언하여 이르되 만군의 여호와께서 이와 같이 말씀하셨느니라 시온은 밭 같이 경작지가 될 것이며 예루살렘은 돌 무더기가 되며 이 성전의 산은 산당의 숲과 같이 되리라 하였으나"(렘 26:18)

미가('주와 같은 분이 누구냐?')는 조그만 시골 가드모레셋(1:1,14) 출신으로 요담과 아하스와

미

히스기야가 유다를 다스리던 때(BC 742-687), 이사야와 호세아와 같은 시대에 활동한 선지자다. 이미 북왕국은 멸망하였고(1:6-7), 남왕국 유다마저 풍전등화와 같은 형편이던 때다(1:8-9, 3:9-12; 렘 26:18-19 참조).

미가는 유다의 죄악을 심판하시겠다는 -예루살렘 멸망이 예고되고 있다(3:12)- 하나님과 동시에 저들을 구원하시겠다고 말씀하시는 하나님 사이에서 통곡한다(7:1-7). 하나님이 원하시는 것으로부터 점점 더 멀어지는 현실을 보고 있기에 말이다 : "오직 정의를 행하며 인자를 사랑하며 겸손하게 네 하나님과 함께 행하는 것이 아니냐."(6:8)

1) 심판하시는 하나님(A, A')

- □ 미가는 예루살렘 주위 성읍들의 몰락을 슬퍼한다(1:8-16).
- □ 거짓 예배에 대하여 심판하신다.
- □ 예언자들은 돈 때문에 예언한다(2:6-11, 3:5-7).
- □ 제사장(3:11)
- □ 백성의 지도자들 역시 불의하다(3:1-3,9-10).
- □ 하나님은 이스라엘과 변론(쟁론, 소송 제기)하신다(6:2).
- □ 이스라엘의 불의(6:9-16)

> "이러므로 너희로 말미암아 시온은 갈아엎은 밭이 되고 예루살렘은 무더기가 되고 성전의 산은 수풀의 높은 곳이 되리라."(3:12)

하나님은 거짓 예배에 대해 심판하러 오신다. 통치자들은 가난한 자들을 못살게 굴며, 재판관들은 뇌물로 정의를 일그러지게 하고, 제사장과 선지자들은 돈(삯) 때문에 예언하는 등 유다는 죄로 가득차 있다(2:6-11, 3:1-3,5-7,9-11). 이것이 미가와 이사야가 같은 시기에 바라본 형식화되고 껍데기만 남은 성전의 실상이다(3:10, 사 1:21).

이에 이어지는 변론을 통해 하나님은 이스라엘에게 구하시는 것이 다음 세 가지라 말씀하신다(6:8; 암 5:24, 호 6:6, 사 7:9; 마 23:23 참조) : "오직 정의를 행하며 인자를 사랑하며 겸손하게 네 하나님과 함께 행하는 것이 아니냐." 하나님은 제사(예배)에 앞서 이 세 가지가 선행되어지는 일상 생활이기를 기대하신다. 하지만 이스라엘은 변화되지 않았고, 여전히 '두 개의 저울추'(부정한 저울, 거짓 저울추)를 사용하여 불의한 이득을 취했다(6:9-16), 이에 미가는 깊은 탄식을 토해낸다(7:1-6).

2) 구원하시는 하나님(B, B')

> "베들레헴 에브라다야 너는 유다 족속 중에 작을지라도 이스라엘을 다스릴 자가 네게서 내게로 나올 것이라 그의 근본은 상고에, 영원에 있느니라."(5:2)
> "우리의 모든 죄를 깊은 바다에 던지시리이다."(7:19b)

비록 예루살렘의 멸망이 예고(4:9-10a, 5:1) 되고, 바벨론에 포로가 될 것 역시 예언(4:10a) 되어지고 있지만 포로기가 끝이 아닌 구원(4:12-13) 역시 희망의 메시지에 담겨져 있다. 이는 메시야(예수 그리스도) 예언과 절묘하게 연결되어 있다(5:2-3; 마 2:5-6, 요 7:42 참조).

그렇다. 마침내 구원자(통치자)가 베들레헴에서 태어날 것이다. 그리고 이 예언은 700여 년 후에 예수 그리스도의 탄생으로 성취된다. 하나님은 범죄한 백성들을 버리지 않으시고 메시야를 보내사 죄의 문제를 해결하신다.

》 희망의 노래

> "사람아 주께서 선한 것이 무엇임을 네게 보이셨나니 여호와께서 네게 구하시는 것은 오직 정의를 행하며 인자를 사랑하며 겸손하게 네 하나님과 함께 행하는 것이 아니냐."(6:8)

하나님이 진정으로 원하시는 것이 무엇인가?

이스라엘은 정녕 그것을 몰랐을까. 그러지 않았을 것이다. 알았음에도 그것을 행할 의지도, 힘도, 마음도 없었다. 하나님은 예배의 성공자를 찾으시는 게 아니라 생활의 승리자를 찾고 계신다. 이것이 일상생활의 영성이다. 신앙은 제사(예배)로 시작되어서 생활로 완성된다. 이것이 제사만으로 신앙생활을 다하는 게 아닌 이유다. 따라서 신앙을 성전 안에서만 사용하는 건 하나님을 모독하는 것이다.

12장_나훔

■ **맥잡기** ....

❶ **서론**(1:1)

❷ **하나님의 진노**(1:2-8) **: 심판주 찬양**

❸ **니느웨의 멸망**(1:9-3:19)

> ① 멸망의 선언(1:9-2:2) : 니느웨 vs 유다
>
> ② 참담한 패배(2:3-13) : 멸망송
>
> ③ 멸망의 원인(3:1-10) : 죄악의 비가
>
> ④ 명백한 멸망(3:11-19) : 장송곡

» 니느웨 심판선언서 ━━━━━━━━━━

오직 앗수르(니느웨)의 멸망에 대해서'만' 예언이 집중된다.

그렇다면 나훔('위로자')은 바벨론과 메대의 공격으로 앗수르(니느웨)가 멸망한 612년 이전에(3:7), 그리고 애굽의 수도 노아몬(테베)의 멸망을 과거(3:8-11)로 말하고 있는 것으로 볼 때 663년을 넘지 않는 때에 기록된 것으로 보인다.

남왕국 므낫세와 요시야 때에 유다의 선지자 나훔은 북왕국 이스라엘의 선지자 요나가 니느웨에 심판의 복음을 전파한지 100여 년이 흐른 후 쯤에 마침내 앗수르의 최후를 예언하기에 이른다. 당시 니느웨는 전성기였다(2:5-6, 3:16-17). 하지만 요나 이후, 불과 100년 만에 다시 찾아온 심판 선언, 과연 이번엔 어찌될까. 이처럼 니느웨는 점점 더 죄악을 굵게 하고 있었다. 동시에 심판 역시 점차 임박하고 있었다. 그 사이에 나훔이 서 있는 것이다.

1) 요나2서, 나훔(B, B')

> "니느웨에 대한 경고 곧 엘고스 사람 나훔의 묵시의 글이라."(1:1)

심판을 선언했으나 집행하지 않으셨다는 점에서 이것은 심판에 앞선 엘로카드였다. 따라서 나훔이 전한 메시지는 미래에 이루어질 니느웨(앗시리아, 앗수르)의 심판을 선언하고 있지만 이후에 그대로 집행되었다는 점에서 곧 올 심판에 대한 레드카드라고 할 수 있다. 요나 선지자를 통해 이미 경고하신 하나님은 아직 집행하지는 않았으나 나훔 선지자를 통해 심판을 선고하신다. 우리는 역사를 통해 그 결과를 알고 있지 않은가.

2) 니느웨 패망론

> "그들이 비록 강하고 많을지라도 반드시 멸절을 당하리니 그가 없어지리라"
> (1:12a)
> "파괴하는 자가 너를 치러 올라왔나니"(2:1a)
> "너도 … 숨으리라"(3:11a)

> "여호와께서 야곱의 영광을 회복하시되 이스라엘의 영광 같게 하시나니"(2:2a)

☐ 멸망의 선언(1:9-2:2) : 니느웨 멸망가 vs 유다 희망가

니느웨 (1:9-12a)	유다 (1:12b-13)	니느웨 (1:14)	유다 (1:15)	니느웨 (2:1)	유다 (2:2)

나훔서 역시 하나님께서 죄에 대해 취하시는 방식이 어떤 것인가를 생생하게 보여준다. 이미 요나를 통해 1세기 전쯤 예고와 경고를 하셨다는 점을, 동시에 죄악을 간과하시는 분이 결단코 아니심을 주목할 필요가 있다 : "여호와는 노하기를 더디하시며 권능이 크시며 벌 받을 자를 결코 내버려두지 아니하시느니라."(1:3a)

마침내 BC 612년 앗수르(니느웨)는 바벨론에 의해 무너진다. 그후 지금껏 니느웨의 흔적은 발견되지 않고 있다(3:11 참조).

"여호와는 질투하시며 보복하시는 하나님이시니라 여호와는 보복하시며 진노하시
되 자기를 거스르는 자에게 여호와는 보복하시며 자기를 대적하는 자에게 진노를
품으시며"(1:2)

하나님은 심판주이시다.

요나의 전도를 듣고 회개했을 때 심판이 회개로 대치되었다. 하지만 시간이 지나고
회개는 과거형이 되었고, 현재형 니느웨는 다시 하나님의 심판대 앞에 서게 된다(3:5-6).

■ 맥잡기

❶ 서론(1:1)

❷ 하박국의 회의(1:2-2:20) **: 하박국의 질문 vs 하나님의 대답**

　A 질문1 : 어찌하여 악인이 득세합니까?(1:2-4)

　　B 대답1 : 임박한 악인의 멸망(1:5-11)

　A' 질문2 : 왜 악한 자를 사용하십니까?(1:12-2:1)

　　B' 대답2 : 악인은 망하고, 의인은 믿음으로 살고(2:2-4)

　　　□ 심판 받을 갈대아를 향한 외침(바벨론, 2:2-20)

　　　　① 화 있을찐저 : 다른 민족들을 약탈하는 자들에게(5-8)

　　　　② 화 있을찐저 : 이웃을 멸하며 자신의 안전만을 추구하는 자들에게(9-11)

　　　　③ 화 있을찐저 : 피와 불의로 성읍을 건축하는 자들에게(12-14)

　　　　④ 화 있을찐저 : 군사력에 의존하여 이웃을 탄압하는 자들에게(15-17)

　　　　⑤ 화 있을찐저 : 우상숭배하는 자들에게(18-20)

❸ 하박국의 기도(3:1-19) **: 찬양과 간증**

　A 하박국 : 기도(1-2)

　　X 하나님 : 심판(3-15)

　A' 하박국 : 반응(16-19)

합

≫ 두 지평, 선과 악

　하박국('포용하는 자')은 예레미야와 같은 시대에 활동했는데 그는 유다 요시아의 종교개혁(BC 622) 무렵에서부터 여호야김이 등장(BC 609) 하는 때에 활동한 마지막 선지자이기도 하다. 최소한 포로기 이전인 것이 분명한 것은 하박국의 기도 가운데 "주께서 … '기름 부음 받은 자'를 구원하시려고"(3:13)라는 표현 때문이다.

남왕국 유다와 예루살렘은 점차 멸망을 향해 돌이킬 수 없는 길을 가고 있는 중이다. 한편 언제까지나 세계를 지배할 것으로 보이던 앗수르가 바벨론에 의해 멸망(BC 612)하고, 그 바벨론이 호시탐탐 예루살렘을 향해 포위망을 좁혀 오는 그런 때였으니 하박국의 마음 또한 분주하고 복잡했을 것이다.

1) 하박국의 회의(1:1-2:20) : 인간의 질문 vs 하나님의 대답

    A 질문1 : 어찌하여 악인이 득세합니까?(1:2-4)

      B 대답1 : 임박한 악인의 멸망(1:5-11)

    A' 질문2 : 왜 악한 자를 사용하십니까?(1:12-2:1)

      B' 대답2 : 심판 받을 갈대아(바벨론, 2:2-20)

        → A "의인은 그의 믿음으로 말미암아 살리라."(2:4b)

선지자는 불평을 토로하며 무대에 등장한다. 그는 인간의 불의(죄악), 이것과 동시에 이에 대한 하나님의 침묵(방관)에 대해 절망하며 탄식한다 : '왜 불의한 세상을 심판하지 않으십니까?' 그는 거침이 없다. 이래도 되나 싶다. 분명 예사롭지 않다. 과연 하나님은 하박국의 질문에 어떤 식으로 반응하실까 : '내가 심판할 것이다.' 흥미로운 대목이다. 다시 이어지는 그의 질문 요지는 이렇다 : '왜 유다보다 더 죄악이 많은 나라를 사용해 유다를 벌하십니까?'

하박국은 불평스럽게 질문하고 -선지자 맞나?- 하나님은 친절하지만 단호하게 대답하신다. 선지자가 묻는 '어찌하여 악인이 득세합니까?'(1:2-4)에 대한 답으로 하나님은 바벨론을 통해 심판하시겠다고 하신다(1:5-11). 바벨론은 결코 하나님의 심판을 피하지 못할 것이다(2:2-20). 그렇다면 이스라엘을 향한 하나님의 메시지는 무엇인가? 이게 구약에 심긴 복음(福音) 중의 복음인 2장 4절이다 : "의인은 그의 믿음으로 말미암아 살리라."

2) 하박국의 기도(3:1-19) : 찬양과 간증

마침내 승리의 노래가 이어진다(3장). 신실하신 하나님에 대한 지식과 신뢰, 이를 기반으로 한 믿음이 하박국을 새롭게 했다. 인간은 하나님을 설득하는 자가 아니라 하나님으로부터 설득 당하는 존재이다.

» 인간의 질문, 하나님의 대답

> "의인은 그의 믿음으로 말미암아 살리라."(2:4b)

하나님 왜 그러십니까?

하박국은 거침 없다. 감히 하나님께 정면으로 질문을 던진다. 사실 선지자는 하나님이 전하라 하신 메시지를 선포하는 자다. 여기에 대해 하나님은 오직 당신의 방식에 따라, 즉 불의한 바벨론을 하나님의 정의에 따라 심판을 집행하실 것을 분명히 하신다. 하박국의 질문에 대답하심으로서 말이다.

중요한 것은 선지자의 태도가 아니다. 하나님의 응답이자 해답이다. 바벨론이 문제가 아니다. 더 중요한 것은 이스라엘이다. 이스라엘에게 요구되는 것은 믿음으로 사는 것이다(2:4; 롬 1:17, 갈 3:11, 히 10:38 참조). 즉 하나님에 대한 전적 신뢰를 잃지 않는 것이 요구된다. 그렇다. 지금은 자신을 봐야 할 때다. 흔들리는 세상 속에서도 하나님을 향한 믿음의 견고함을 잃지 않고 살아가야 할 이유가 여기에 있다.

마침내 이 신뢰와 그에 따른 반응이 3장의 기도(노래)다. 선지자로 사역하는 중에 하나님의 설교를 듣고 변하여 새사람이 된 형국이다. 놀랍다.

14장_스바냐   Zephaniah

■ 맥잡기

❶ 표제(서론, 1:1)

❷ 심판(1:2-3:8) : **'여호와의 날'**

⬚1 우주적 심판(1:2-3)

⬚2 유다와 예루살렘에 대한 심판(1:4-2:3) : 유다

   A. 우상숭배자에 대한 멸망(1:4-6)

   B. 하나님이 준비한 희생제사(1:7-13)

   C. 여호와의 날(1:14-2:3)

     ① 심판의 날이 가까이 왔다(1:14-18).

     ② 심판의 날에도 회개하는 자를 찾으신다(2:1-3).

⬚3 이방 민족들에 대한 심판(2:4-15) : 열방

   A. 블레셋(4-7)

   B. 모압과 암몬(8-10)

   → "이방의 모든 해변 사람들이 각기 자기 처소에서 여호와께 경배하리라."(11)

   C. 구스(12)

   D. 앗수르(13-15)

⬚4 유다와 예루살렘에 대한 심판(3:1-8)

❸ 구원(3:9-20) : **'남은 자'**

⬚1 열방과 이스라엘의 구원(9-13)

⬚2 예루살렘의 회복(14-20)

» 여호와의 날 ————————————————————————

□ 스바냐 연대기

유다왕 : 요시야(1:1; 왕하 22:1-23:30, 대하 34:1-35:27, 31年)

동시대 활동 선지자 : 훌다(왕하 22:14, 대하 34:22-), 예레미야(대하 35:25)

유다왕 요시야의 시대에 심판이 예고되고 있음이 특별하다.

요시야는 8세에 왕이 되어(대하 34:1-2), 16세에 "다윗의 하나님을 비로소 찾고"(대하 34:3a), 20세에 종교개혁을 단행한다(대하 34:3b-7). 뿐만 아니라 성전을 수리하는 중 율법책을 발견한 후 언약을 갱신하고 유월절을 지키는 등 평생을 하나님 앞에 머물러 있었던 선왕(善王)이었다(대하 34:8-35:19). 하지만 므낫세(왕하 21:1-18, 대하 33:1-20) 55년과 아몬(왕하 21:19-26, 대하 33:21-25) 2년으로 이어진 선왕(先王)들의 패역함, 즉 요시야의 할아버지와 아버지의 죄악을 되돌리기에는 역부족이었던 것 같다. 이는 요시야 이후가 곧바로 멸망기(여호아하스, 여호야김, 여호야긴, 시드기야, 대하 36:1-23)로 접어들면서 요시야 이후 23년에 유다가 멸망하는 것을 볼 때도 그렇다. 이렇듯 스바냐는 바벨론 포로기를 앞둔 유다의 마지막 선지자다.

아마도 유다는 아직 종교개혁 이전이었을 것이지만(1:4-5), 그러나 종교개혁이 이루어졌다 할지라도 동시대의 사람 예레미야가 거듭 외치듯 저들의 습관적인 죄가 완전히 해결되지는 않았다는 점에서 스바냐('여호와에 의해 보호된 자')의 등장과 그가 외친 메시지는 전혀 이질적이지 않다(렘 2:8, 19:5,13 참조). 하나님은 유다가 므낫세의 크고도 깊은 죄의 늪에서 허우적거리고 있을 때 유다를 대표하는 경건한 왕의 후예였던 스바냐를 보내사 유다를 향한 심판 메시지를 선포하신다. 그렇다면 스바냐와 그가 외친 메시지는 요시야 시대, 아니 유다의 미래를 읽어낼 수 있는 나침반인 셈이다.

1) 심판(1:2-3:8) : '여호와의 날'

"내가 땅 위에서 모든 것을 진멸하리라."(1:2)

"너희는 여호와를 찾으며 공의와 겸손을 구하라 너희가 혹시 여호와의 분노의 날에 숨김을 얻으리라."(2:3)

심판은 종말에 이루어질 궁극적인 심판인 '여호와의 날'(큰 날, 그날, 여호와의 분노의 날;

1:7,8,14,18, 2:2,3)로 이끈다. 유다는 물론 열방 역시 이것으로부터 자유롭지 않다.

❶ 우주적 심판(1:2-3)

- 모든 것을 진멸(1:2)
- 세상의 모든 겸손한 자들(2:3)

먼저 땅의 모든 생명체의 종말이라는 우주적 심판이 예고되고 있음이 흥미롭다(1:2-3). 마치 창세기의 노아홍수 심판을 생각하게 한다.

❷ 유다와 예루살렘에 대한 심판(1:4-2:3)

① 우상숭배자에 대한 멸망(1:4-6)

'남아 있는 바알'(4) 숭배자들에 대한 심판은 하나님과 하늘의 일월성신(日月星辰)을 함께 섬긴, 즉 혼합주의자들을 겨냥한다(5). 또한 우상숭배자는 아닐지라도 하나님을 찾지 아니하는 자들에게도 심판은 유효하다(6).

② 하나님이 준비한 희생 제사(1:7-13)

하나님이 직접 희생 제사를 준비하신다는 게 뭘 의미할까(7). 누군가를 초대하여 제사에 참여하게 하기 위함이 아닌가. 그렇다면 청함을 받은 자는 자신을 구별하여야 하는데 이 경우에는 하나님이 친히 구별하신다. 그리고 그들을 심판하시는데, 그들은 누구인가? "방백들과 왕자들과 이방인의 옷을 입은 자들"(8)이다. 그럼 왜 부유한 지배계층이 심판을 당하는가? "포악과 거짓을 자기 주인의 집에 채운 자들"(9)이기 때문이다.

또한 장사하는 자들도 예외는 아니다(10-11). 앞에서는 권력이 '그날에'의 심판으로부터 보호해 주지 못한 것처럼 이번에도 그들이 가지고 있는 제물이 그렇다고 선언한다. 하나님이 찾아내시기 때문이다(12a). "여호와께서는 복도 내리지 아니하시며 화도 내리지 아니하시리라"(12b)고 비아냥거리는 무신론자들을 말이다.

하나님은 중립지대에 밀어내 놓고 철저하게 자기의 권력과 상술을 통해 자기 몫을 이루었다고 생각하는 사람들이 심판의 중심부에 서 있다.

3 **여호와의 날**(1:14-2:3)

  □ 심판의 날이 가까웠다(1:14-18).

  하나님을 떠난 유다를 향한 심판('여호와의 큰 날')이 선포된다.

  □ 심판의 날에도 회개하는 자를 찾으신다(2:1-3).

  놀라운 것은 바로 그 여호와의 날이 이르기 전에 구원 받을 수 있는 가능성
  이 열려있다는 점이다. '여호와의 날'이 이르기 전에 죄에서 돌이켜 여호와
  를 찾으며 공의와 겸손을 구하라는 선지자의 메시지가 섬광처럼 빛난다(3a).
  왜 그런가? : "너희가 혹시 여호와의 분노의 날에 숨김을 얻으리라."(3b) 심판
  은 이미 결정 되었지만 그러나 하나님은 '혹시'의 가능성을 열어 놓는다(2:3,
  3:7 참조). 이것은 인간 편에서의 어떤 가능성을 만들 수 있다는 것이 아니라
  하나님 편에서 혹시 그럴 수 있지 않겠느냐는 하나님의 긍휼과 자비하심을
  바라보는 실낱같은 희망이다. 이렇듯 심판의 날에도 하나님의 변치 않는 자
  비를 맛볼 수 있는 사람, 그는 하나님 앞에서 '겸손한 자'(2:3a)다.

❸ **이방 민족들에 대한 심판**(2:4-15)

  A. 블레셋(4-7) - 서쪽

  B. 모압과 암몬(8-10) - 동쪽

   → "이방의 모든 해변 사람들이 각각 자기 처소에서 여호와께 경배하리라."(11)

  C. 구스(12) - 남쪽

  D. 앗수르(13-15) - 북쪽

  스바냐는 하나님의 심판이 유다에게만 국한되지 않음을 분명히 한다. 이스라엘
  을 중심으로 사방(四方) 민족들에게 심판이 예고된다. 그리고 다시 예루살렘이 이 심
  판 메시지를 잇는다(3:1-).

❹ **유다와 예루살렘에 대한 심판**(3:1-8)

  예루살렘(1-2), 그리고 그곳을 심판의 대상으로 만들어 버린 방백들과 재판장들
  (3), 선지자들과 제사장들(4)에게 다시 심판이 예고된다. 하나님께서 열방의 심판 예
  (case, 2:4-15)를 보고서 유다와 예루살렘은 교훈을 받기를 기대하셨으나 물거품이 되

습

고 말았다(6.7 → 8).

2) 구원(3:9-20) : '남은 자'

> "내가 곤고하고 가난한 백성을 네 가운데서 남겨 두리니 그들이 여호와의 이름을
> 의탁하여 보호를 받을지라."(3:12)

'여호와의 날'의 심판이 유다를 향해 예고됨과 동시에 '남은 자'(13; 2:7,9 참조)의 구원
에 대한 희망의 메시지가 선포된다. 희망은 교만을 버리고 겸손해지는 것 안에 있다
(11,12).

❶ 열방과 이스라엘의 구원(9-13)

마침내 살아 '남은 자'의 새 시대가 올 것이다. 바로 심판(진노) 이후다(3:1-8). 이들
은 누구인가?(13) : "악을 행하지 아니하며 거짓을 말하지 아니하며 입에 거짓된 혀
가 없으며 먹고 누울지라도 그들을 두렵게 할 자가 없으리라."

❷ 예루살렘의 회복(14-20)

메시지의 끝은 심판이 아니라 회복이다. 하나님은 심판 너머에서 회복으로 임하
실 것이다. 마침내 하나님께서 친히 노래하신다 :

> "너의 하나님 여호와가 너의 가운데에 계시니 그는 구원을 베푸실 전능자이시
> 라 그가 너로 말미암아 기쁨을 이기지 못하시며 너를 잠잠히 사랑하시며 너로
> 말미암아 즐거이 부르며 기뻐하시리라 하리라."(17)

» 심판은 구원의 씨앗이다.

□ 히스기야 – 아마랴 – 그다랴 – 구시– 스바냐(1:1)

스바냐는 4대를 올라가면 히스기야다.

그럼 그는 왕족에 속한 자로서 요시야 때에 활동한 선지자다. 히스기야왕의 혈통을 잇는 왕족으로서 기울어져가는 나라를 품고 아파하고 괴로워하는 스바냐의 모습이 보이는 듯하다.

선지자는 죄로 가득한 온 세상을 심판할 '주의 날'을 선포할 수 밖에 없었다. 이제 유다는 심판으로 끝이 나는 것인가. 아니다. 절묘한 부분은 이것이다. 동시에 그는 멸망의 심판 이후에 회복된 예루살렘으로 돌아와 하나님을 예배할 '남은 자'들에 대해서도 말한다. 先 심판, 後 구원이다. 심판이 끝이 아니다는 얘기다. 밤(심판)이 깊을수록 새벽(구원)이 가까운 것처럼 스바냐 3장은 서서히 구원의 노래로 밝아온다.

결국 구원(회복)의 은혜 앞에서 노래하시는 하나님(3:17)의 마음은 이처럼 이지 않을까. 지금도 이 하나님의 법칙은 진행형이다.

> 히브리서 12:8-13
> "징계는 다 받는 것이거늘 너희에게 없으면 사생자요 친아들이 아니니라. 또 우리 육신의 아버지가 우리를 징계하여도 공경하였거든 하물며 모든 영의 아버지께 더욱 복종하며 살려 하지 않겠느냐. 그들은 잠시 자기의 뜻대로 우리를 징계하였거니와 오직 하나님은 우리의 유익을 위하여 그의 거룩하심에 참여하게 하시느니라. 무릇 징계가 당시에는 즐거워 보이지 않고 슬퍼 보이나 후에 그로 말미암아 연단 받은 자들은 의와 평강의 열매를 맺느니라. 그러므로 피곤한 손과 연약한 무릎을 일으켜 세우고, 너희 발을 위하여 곧은 길을 만들어 저는 다리로 하여금 어그러지지 않고 고침을 받게 하라."

15장_학개

Haggai

■ 맥잡기

❶ 서론(1:1) **: 다리오 2년 6월 1일**

❷ 성전건축(1:2-15) **: 다리오 2년 6월 24일**

　　① 설교1 - 건축하라!(2-11)

　　② 건축 시작 - 재건하리라!(12-15)

❸ 성전신학(2:1-23)

　　① 설교2 - 새 성전의 영광(1-9) : 다리오 2년 7월 21일

　　② 설교3 - 성전신학(10-19) : 다리오 2년 9월 24일

　　③ 설교4 - 스룹바벨에 대한 하나님의 약속(20-23) : 다리오 2년 9월 24일

» 여호와의 날

[학개/스가랴 연대기]

722	북왕국 이스라엘 멸망	
586	남왕국 유다 멸망	
→	539	바사(페르시아, 現 이란)왕 고레스 칙령(스 1:1-4)
536	제1차 포로 귀환(42,360명, 스룹바벨, 스 1:5-2:70)	
	성전재건 시작(학 1:14-15; 스 3:8) → 중단(534)	
→	522-486	바사왕 다리오(Darius 1) 통치
520	**학개/스가랴 활동**(학 1:1, 슥 1:1; 스 4:24-6:15 참조)	
	건축을 다시 시작하라는 명령이 주어지다.	

516	성전재건(스 6:13-15, 다리오 6년)
→ 486-65	바사왕 아하수에로(Xerxes) 통치 - 에스더 활동
→ 464-24	바사왕 아닥사스다(Artaxerxes) 통치 - 에스라/느헤미야 활동
458	제2차 포로 귀환(약 5,000명, 에스라, 스 8:1-)
445	제3차 포로 귀환(느헤미야, 느 2:9-)

학개('잔치')는 다리오 2년이 배경이다(1:1).

그렇다면 1차 포로 귀환 이후이고, 성전건축이 진행 중인 때이다. 하지만 바벨론으로부터 돌아왔음에도 불구하고 크게 달라진 게 없다. 그렇게도 앙망하던 응답(예루살렘 귀환)이었음에도 말이다. 무엇보다 성전건축마저 14년이나 중단된 상태다(스 4:24 참조).

과연 다시 시작된 가나안에서의 생활에 -이들에게는 아직 여호와의 성전이 없다.- 희망은 있는 것인가. 있다면 그것은 무엇이며, 그렇게 말할 수 있는 이유는 무엇인가. 하나님은 이를 다시 선지자 학개를 통해 분명한 메시지로 드러내신다. 이것이 학개에 의해 계시된 성전신학(聖殿神學)이다 : "너희의 행위를 살필지니라."(1:5,7)

1) 성전건축(1:2-15)

> "이 성전이 황폐하였거늘 … 성전을 건축하라 그리하면 내가 그것으로 말미암아 기뻐하고 또 영광을 얻으리라!"(4a,8)

"성전건축은 때가 아니다"(2)라고 말하는 백성들은 정작 '판벽한 집'(4)에 살고 있다. 어찌된 일인가. '판벽(板壁)한'이란 '지붕을 덮어 얹은'이란 뜻인데 이는 아직 폐허로 남아있는 성전에 비교되는 이미 완성된 저들의 집을 의미한다(9b). 이는 한 마디로 씁쓸함을 너머 충격적이기까지 하다. 이것이 귀환한 백성들의 현주소다. 마음과 시간과 우선순위가 성전재건에서 자기 집짓기로 옮겨가 버린 것이다.

이 문제에 대해 하나님은 이렇게 말씀하신다 : "자기의 소위를 살펴볼지니라."(5,7; 2:15,18 참조) 그리고 선지자 학개를 통해 백성들의 잘못을 지적하신다(5-9). 동시에 죄에 따른 결과를 말씀하신다(10-11). 이는 겉으로는 그냥 자연재해지만 분명한 것은 하나님의 심판이다. 놀라운 것은 이에 대한 백성들의 순종적 반응(12)과 거기에 걸맞은 행동이다(13-15). 학개는 설교하고, 백성들은 그의 설교에 따라 건축을 위해 다시 일하기 시작한 것이다.

실로 3주 만에 이처럼 변화된 백성들(1,15), 이를 가능케 한 사역자들(유다 총독 스룹바벨, 대제사장 여호수아, 선지자 학개), 그리고 무엇보다 그럼에도 불구하고 진노 중에라도 긍휼을 잊지 않으시는 하나님, 참으로 합력하여 선(善)을 이루는 아름다운 하모니다(12).

2) 성전신학(2:1-23)

> "이 성전의 나중 영광이 이전 영광보다 크리라!"(9a)

- □ 백성 : 성전건축에 대한 회의(3) - 성전이 보잘 것 없어 보인다.
- □ 하나님 : 시내산 언약을 통한 격려(4-8) - 굳세게!, 더 큰 영광(평강, 9)
  - ■ 2개월의 시차(1,10)
- □ 백성 : 부정한 상태(11-14)
- □ 하나님 : 잘못 지적/돌아오라! ➡ 축복의 약속(15-19)/오늘부터는
  - ■ 같은 날(20)
- □ 하나님 : 천지를 진동시킴(21-22)
  다시 스룹바벨에게 말씀하심으로 성전건축의 완성을 격려(23)

성전 텍스트에 언약적 용어가 들어있음이 인상적이다(5,23). 이와 관련하여 하나님은 앞서 예레미야를 통해 "나의 삶으로 맹세하노니 유다 왕 여호야김의 아들 고니야[여호야긴]가 나의 오른손의 '인장 반지'라 할지라도 내가 빼어, 네 생명을 찾는 자의 손과 네가 두려워하는 자의 손 곧 바벨론의 왕 느부갓네살의 손과 갈대아인의 손에 줄 것이라. … 다윗의 왕위에 앉아 유다를 다스릴 사람이 다시는 없을 것임이라"(렘 22:24-25,30)고 말씀하심으로서 놀랍게도 다윗언약을 파기할 것을 말씀하셨다.

그런데 이제 스룹바벨을 통해 하나님은 "그날에 내가 너를 세우고 너를 '인장'으로 삼으리니 이는 내가 너를 택하였음이니라"(23b)고 말씀하심으로써 앞서 파기된 다윗언약을 다시 새롭게 갱신하실 것을 말씀하신다. 하지만 스룹바벨이 이를 성취하는가? 결과적으로 그러지 못했다(슥 4:8 참조). 그러나 예수 그리스도를 통해 성취된다(마 1:13, 눅 3:27, 요 1:14 참조). 이것이 학개가 전하는 성전신학(聖殿神學)이다.

» 스룹바벨 성전

"이에 예루살렘에서 하나님의 성전 공사가 바사 왕 다리오 제이년까지 중단되니라. 선지자들 곧 선지자 학개와 잇도의 손자 스가랴가 이스라엘의 하나님의 이름으로 유다와 예루살렘에 거주하는 유다 사람들에게 예언하였더니. 유다 사람의 장로들이 선지자 학개와 잇도의 손자 스가랴의 권면을 따랐으므로 성전 건축하는 일이 형통한지라 … 성전을 건축하며 일을 끝내되"(스 4:24-5:1, 6:14)

포로 귀환을 통한 새 시대는 성전건축으로 시작된다.

하나님은 선지자를 통해 -"만군의 여호와의 말이니라."- 말씀하시고(2:4,6-9,23), 백성들은 그말씀을 듣고 순종으로 반응한다. 하지만 이를 성취해 가는 백성들의 언행(言行)은 결과적으로 그리 만족스럽지 못했다. 성전재건에서 자기 집짓기로 유턴해 버린 포로기 이후 백성들의 모습이 그렇다는 얘기다.

한편 그 사이에 학개 선지자가 서 있었으니 그의 고통과 고독이 어떠했을까. 짧은 선지서 안에 느껴지는 선지자(하나님)의 신음소리가 들리는 듯하다. 그러나 이 산고(産苦)와 같은 고통은 성전이 재건됨으로써 아름다운 추억으로 역전된다. 마침내 고토(故土)는 희망으로 다시 깨어난다.

사실 얼마나 어렵고 힘든 고생살이의 여정이었으면 성전건축을 중단하기에 이르렀을까. 하지만 하나님의 집짓기는 중단되었으나 자신들이 살 집짓기는 중단되지 않았다는 점이다. 바로 이 부분이 학개의 메시지 안에 잡혔다. 다행스럽게도 학개의 메시지는 백성들에게 전달되었다. 잠시 땅을 바라본 백성들이었다. 그 고통의 무게를 모를 리 없는 선지자다. 하지만 그는 인정에 휘둘리지 않고 하늘을 바라보았다. 그리고 진정한 답을 찾았고 외쳤다. 그게 모두가 다 같이 사는 길이니까. 선지자의 정면승부가 빛나는 대목이다.

학

16장_스가랴 Zechariah

■ 맥잡기

❶ 말씀의 선포(1:1-6) **: 회개**

❷ 밤의 이상들(1:7-6:15) **: 8가지 환상**

A① 기사들과 말들(1:7-17) : 땅위를 살피는 다양한 색깔의 말들

  B1② 네 뿔과 네 공장(1:18-21) : 이방민족들에 대한 심판

  B2③ 척량줄을 손에 들고 있는 사람(2:1-13) : 바벨론에 대한 심판

    C④ 하늘 법정 앞에서의 대제사장 여호수아(3:1-10) : 메시야(여호수아)

    C'⑤ 등대와 두 감람나무(4:1-14) : 메시야(스룹바벨)

  B'1⑥ 날아가는 두루마리(5:1-4) : 죄인에 대한 심판

  B'2⑦ 에바 안의 여자(5:5-11) : 죄의 땅에 대한 심판(시날/바벨론)

A'⑧ 네 병거와 말들(6:1-8) : 땅위를 살피는 다양한 색깔의 말들

결론 : 관을 쓰는 여호수아(6:9-15)

❸ 말씀의 선포(7:1-8:23) **: 회 복**

  1 참된 금식(7:1-14)

  2 이스라엘의 회복과 영광(8:1-23)

❸ 메시야 예언(9:1-14:21) **: 종말**

  1 열방 심판과 메시야의 도래(9:1-11:17) : 왕과 목자

  2 메시야의 통치(12:1-14:21) : 위로자

[학개/스가랴 연대기]

722	북왕국 이스라엘 멸망	
586	남왕국 유다 멸망	
→ 539		바사(페르시아, 現 이란)왕 고레스 칙령(스 1:1-4)
566-486		석가모니(인도)
551-479		공자(중국)
536	제1차 포로 귀환(42,360명, 스룹바벨, 스 1:5-2:70)	
	성전재건 시작(학 1:14-15; 스 3:8) → 중단(534)	
→ 522-486		바사왕 다리오(Darius 1) 통치
520	학개/스가랴 활동(학 1:1, 슥 1:1; 스 4:24-6:15 참조)	
	건축을 다시 시작하라는 명령이 주어지다.	
516	성전재건(스 6:13-15, 다리오 6년)	
→ 486-65		바사왕 아하수에로(Xerxes) 통치 – 에스더 활동
→ 464-24		바사왕 아닥사스다(Artaxerxes) 통치 – 에스라/느헤미야 활동
458	제2차 포로 귀환(약 5,000명, 에스라, 스 8:1-)	
445	제3차 포로 귀한(느헤미야, 느 2:9-)	

성전이 재건된 것은 다리오왕 6년이다(스 6:13-15).

스룹바벨과 함께 바벨론에서 제1차로 귀환한 백성들은 거의 20년 만에 성전을 재건한다. 기나긴 중단을 끊어낸 열정이었다는 점이 흥미롭다(스 4:23-24). 이때 활동한 선지자들이 바로 학개와 스가랴('여호와께서 기억하시다')다. 학개는 보이는 성전을 재건하는 일에, 스가랴는 보이지 않는 성전을 재건하는 일에 선지자로서의 소명을 감당한다. 이렇듯 '잇도의 손자 베레갸의 아들' 스가랴는 포로 귀환자들 가운데 제사장들의 이름에 올라 있는 것으로 볼 때(느 12:16), 그는 유력한 제사장 가문의 후손이었을 것이다.

1) 말씀의 선포(1:1-6) : 회개

☐ 하나님의 진노(2)

☐ 회개하라!(3-4)

☐ 말씀은 영원하다(5-6)

> "너희는 내게로 돌아오라 … 그리하면 내가 너희에게로 돌아가리라"(3)

2) 밤의 이상들(1:7-6:15) : 구약의 계시록

> "내가 불쌍히 여기므로 예루살렘에 돌아왔은즉"(1:16a)

스룹바벨을 중심으로 약 4만 2천여 명의 포로들이 고토 예루살렘에 돌아오지만 스가라는 한 걸음 더 나아가 하나님이 예루살렘에 귀환하시는 것을 놓치지 않고 선포한다. 첫 번째 환상(①)은 하나님이 부재중일 때(1:12-15)와 임재하신 때(1:16-17)를 극명하게 대조함으로써 그분의 귀환을 극적으로 묘사한다.

한편 그분이 다시 예루살렘에 복귀하셨다면 죄악이 더 이상 그곳에 머물 이유가 없다. 그래서 죄악을 에바에 담아 시날 땅으로 보냄으로써 거룩한 분리를 시도하신다(5:5-11).

3) 말씀의 선포(7:1-8:23) : 회복

> "내가 시온에 돌아와 예루살렘 가운데에 거하리니"(8:3a)

마침내 예루살렘에 돌아오신 하나님은 그 이전 '옛날'(이날 전, 8:10-11,13a,14)과 다른 삶의 자리를 이스라엘에게 요구하신다. 이것이 '이제는'(이날에, 8:9b,11-12,13b,15)에 담아내어야 하는 진정한 회복, 즉 이전과 다르게 이스라엘이 '행할 일'들이다(9:16-17).

4) 메시야 예언(9:1-14:21)

□ 메시야 텍스트

- 통치자 | 2:10-13 → 계 22:1-5
- 대제사장 | 3:8, 6:12-13 → 벧전 2:5, 히 8:1-2
- 나귀 새끼를 타신 왕 | 9:9-10 → 마 21:1-11(요 12:12-16)
- 선한 목자 | 11:7-17, 13:7-9 → 마 26:15, 27:9-10, 요 10:13
- 은 30 | 11:12-13 → 마 26:14-15, 27:3-10

■ 찔리심 | 12:10 → 요 19:37(사 53:5 참조)

> "보라 네 왕이 네게 임하시나니"(9:9a)
> "나의 하나님 여호와께서 임하실 것이요"(14:5c)
> "여호와께서 천하의 왕이 되시리니"(14:9a)

스가랴는 단지 예루살렘 성전의 역사적(가견적) 회복, 그러니까 스룹바벨 성전의 재건이라는 보이는 성전에만 단지 그 초점을 맞추고 있지 않다. 그는 진정한 성전의 회복, 즉 불가견적 성전의 완성인 메시야(그리스도)의 오심을 내다본다. 이것이 이스라엘의 진정한 회복이자 희망이다.

그는 나귀 새끼를 타고 오실 것이다(9:9-10 → 마 21:1-11, 요 12:12-16). 동시에 이 일은 앞서 보내신 선지자들(11:4-6)과는 근본적으로 다른 분, 즉 '선한 목자'를 통해 성취하실 것이다(11:7-14). 하지만 이스라엘은 그분의 몸값을 겨우 은 30으로 계산하는데, 놀랍게도 이 예언의 말씀은 약 500년 후 가룟 유다에게서 성취된다(11:12-13 → 마 26:14-15, 마 27:3-10).

'그날에'라는 미래의 모습이 하나 둘 그려진다(12:1-). 먼저 예루살렘을 대항하는 나라들을 무력하게 하실 것이다(12:9). 또한 우상과 거짓 선지자들을 몰아내실 것이며(13:2-3), 여호와가 천하의 왕이 되실 것이며(14:9), 예루살렘 성전이 성결케 될 것이다(14:20). 그렇다. 이 모든 일이 다윗의 씨에서 난 새 순인 메시야를 통해서 성취될 것이다.

》 메시야 대망

> "다리오 왕 2년 8월에 … 여호와의 말씀이 … 스가랴에게 임하니라"(1:1)
> "다리오 왕 4년 9월…에 여호와의 말씀이 스가랴에게 임하니라."(7:1)

스가랴서에는 성전 재건을 재개하기 위한 선지자의 열정이 담겨있다.

하지만 보이는 성전의 재건으로 모든 것이 완성되고 성취되는 것인가. 이 긴장점에서 바라보고 있는 것이 있다. 바로 메시야다. 결국 미래에 오실 메시야에게 진정한 희망을 갖는다. 이를 위해 성전을 재건하는 것은 필수적이다. 이스라엘은 성전을 재건하고, 하나님은 메시야를 통해 금식이 변하여 축제가 되게 하실 것이다.

흥미로운 것은 스가랴가 예언(예고)한 메시야는 '겸손하여서'(9:9) 나귀를 타시는 분이시다. 이는 실제로 예수 그리스도의 예루살렘 입성으로 성취된다(마 21:1-11). 그는 십자가를 지고 고난 받은 메시야다. 그는 수건을 허리에 두르시고 겸손히 제자들의 발을 씻으시는 분이시다. 그분이 꿈꾼 나라가 이렇다고 하면 그 나라의 백성들이 어떠해야 할 것인지를 돌아보게 한다.

17장_말라기

■ 맥잡기

❶ 표제(1:1)

❷ 여섯 논쟁들(1:2-4:3)

　　1 이스라엘 vs 에돔(1:2-5) : 사랑

　　2 제사장 클리닉(1:6-2:9) : 제사장

　　3 공동체 클리닉(2:10-16) : 잡혼

　　4 심판 선고(2:17-3:6) : 공의

　　5 구원 선포(3:7-12) : 십일조

　　6 종말론적 심판(3:13-4:3) : 의인 vs 악인

❸ 결론(4:4-6) **: 부록**

》 말라기(Malachi)

바른 제사마저도 찾기 어려운 때(1:6-2:9)가 배경이다.

스룹바벨 성전이 재건되었으나 하나님과의 관계는 깨어졌으며(2:10), 잡혼(2:11-16), 그리고 십일조'도' 드리지 않는 참담함이 온 이스라엘을 덮고 있다(3:6-12). 설상가상으로 종교적 회의주의(허무주의)까지 밀려 들어왔다(3:13-15). 구약은 이렇듯 출구를 찾을 수 없는 참담한 암흑이다. 그러니 문을 열자마자 '경고'(1:1)를 받을 수 밖에! 그래서 말라기('여호와의 사자')의 분위기는 좀 슬프다.

그렇다면 말라기 선지자가 활동한 시기는 언제인가? 파사의 '총독'(1:8; 느헤미야가 아닌 그 후 인물이다), 또한 스룹바벨 '성전'(1:10)이라고 본다면 포로귀환 후 대략 한 세기가 지나기

말

이전이다. 포로에서 돌아와 성전을 건축한 기쁨도 잠시, 점차 무너져 내려가는 이스라엘의 모습이 애처롭기만 하다. 찬란한 창조의 세계로 시작된 구약이 이렇게 문을 닫게 되다니, 참으로 만감이 교차하다 아니할 수 없다.

1) 여섯 논쟁들(1:2-4:3)

하나님이 이야기하면 이스라엘은 반론(이의)을 제기한다. 그러면 다시 하나님이 이를 재 반박하시는 방식으로 논쟁(대화)이 진행된다. 이때가 성전건축 이후의 영적 공동화 시기다. 그러니까 성전을 재건하면 복을 받을 줄 알았는데 실상은 여전히 어렵고 힘들었다. 이러한 때에 백성들의 모습이 말라기에 그려져 있다. 과연 하나님의 대답은 어떻게 이어질까.

❶ 이스라엘 vs 에돔(1:2-5) : 사랑을 거부하다.

□ 야곱 : '사랑하였고'

□ 에서(에돔) : '미워하였으며'

하나님은 내 사랑을 의심하지 않아야 하는 이유를 심판이 에돔의 몫이라는 말씀으로 표현하신다.

❷ 제사장 클리닉(1:6-2:9) : 부패하다.

> "내게 아버지일진대 나를 공경함이 어디 있느냐?"(6a)
>
> "우리가 어떻게 …"(6b,7a)

제사장들의 죄에 대한 고발(6-8)과 심판이 선고된다. 성전은 재건되었고, 제사도 행해지고 있었다(7-10, 3:1,8). 그럼에도 상한 제물을 드림으로 제사장마저 무너져 있다면(1:6-2:9; 레 22:18-23 참조) 당시 유다 백성들의 영적 황무함은 예측 가능하다. 하나님은 이처럼 형식적으로 적당히 드리는 부적절하며 위선적인 제사(예배)를 받지 않으시겠다고 말씀하신다(9-10) : "너희 중에 성전 문을 닫을 자가 있었으면 좋겠도다"(10a)

❸ 공동체 클리닉(2:10-16) **: 잡혼하다.**

우상숭배로 말미암아 신앙적으로 무감각해지자 아내를 버리고, 이방 여인들과 결혼하기에 이른다. 하나님은 이들의 죄행(罪行)에 대해 증인이시자 심판자이시다(14). 한편 잡혼은 이미 한 결혼을 깨는 이혼이 전제되고 있는데(16), 하나님이 이를 용납하지 않으시는 이유는 남녀 모두가 다 한 아버지이신 하나님과 그분의 율법에 지배를 받고 있기 때문이다(10; 마 19:3-9 참조).

❹ 심판 선고(2:17-3:6)

□ 고소장(2:17)

하나님은 불공평하게 일하시는가? 아니다. 하나님은 심판주(3:2-5)이신 메시야를 보내셔서 당신의 공평과 공의를 드러내실 것이다. 그는 심판주로 오실 것이다. 따라서 하나님의 임박한 심판 앞에 이스라엘이 해야 할 일은 회개다(3:1-5).

❺ 구원 선포(3:7-12) **: 십일조**

"그런즉 내게로 돌아오라 그리하면 나도 너희에게로 돌아가리라"(7a)

"우리가 어떻게 …"(7b, 8b)

하나님에 대한 의무 중 하나를 예로 들어서 선지자는 저들의 죄를 고발한다. 십일조를 드리지 않는 것은 하나님의 것을 도적질하는 행위다(8-9). 이는 하나님을 공경치 않기 때문이다. 십일조'만' 하면 되는 것이 아니라 십일조'도' 하지 않는 것을 지적한 것이다(10). 이렇듯 선지자는 이것'도' 제대로 하지 않는 것을 지적하고 있으며, 이것이라'도' 드림으로써 하나님의 하나님 되심을 경험하게 되기를 촉구하고 있다(11-12).

❻ 종말론적 심판(3:13-4:3) **: 의인 vs 악인**

신앙생활의 회의에 빠진 자들이 있다(13-15). 많은 경우 신앙이 혼돈스럽게 되는 것은 하나님의 공의를 인간 편에서 정의하려고 할 때 시작된다. 하지만 과연 "공의의 하나님이 어디 계시냐?"(2:17b)라는 질문에 대한 답이 인과론적(因果論的)으로 측정 가능한가. 즉, 결과만 좋으면 상관없는 식인가? 이것이 말라기 시대 사람들이 던진

신앙(신학)적 질문이다. 하지만 이스라엘이 알아야 할 분명한 사실(진리)은 이런 혼돈과 혼미스러움이 끝나는, 즉 의인의 구원과 악인의 멸망이 집행될 날이 온다는 점이다 (3:16-4:3).

2) 두 지평

□ 구약(말라기) : "성전 문을 닫을 자가 있었으면 좋겠도다"(1:10a)

　　■ 중간기(400년)

　　　A 엘리야(3:1, 4:5) : 돌이키게 하리라!

　　　　여호와의 크고 두려운 날 : 저주로 그 땅을 칠까 하노라!

□ 신약(복음서) : "때가 차매"(갈 4:4a)

　　　A 세례 요한(마 11:7-15) : 주의 길을 예비 하라!(마 3:3)

저 먼 신약시대를 내다보면서 마침내 구약은 문을 닫는다.

놀라운 것은 예수님은 이 두 지평을 연결하는 사람이 엘리야, 곧 세례 요한이라 하신 부분이다(3:1, 4:5-6; 마 11:7-15, 눅 7:18-35) : "내가 선지자 엘리야를 너희에게 보내리니 …"(4:5b) 그렇다면 구약, 특별히 말라기는 신약을 잉태하는 하나의 씨앗에 비유할 수 있다. 이렇게 해서 말라기의 예언과 그에 따른 희망은 신약을 통해서 성취되어질 것이다. 말라기는 이처럼 신약을 바라본다.

» 400년의 침묵

영원하리라 예언된 다윗왕국은 역사의 시야에서 사라졌다.

분명 하나님의 약속(언약)이 주어지지 않았던가. 과연 '여자의 후손'(창 3:15)은 오시는가. 이스라엘은 길을 잃어 버렸다. 이 이스라엘은 누가 회복할 것인가. 설상가상으로 더 이상 하나님의 계시는 주어지지 않았다. 물론 기록된 계시로서의 구약은 받았으나 어느 시대나 선지자들을 통해 말씀하시며, 그렇게 역사에 찾아오시던 하나님은 침묵하고 계신다. 어찌하란 말인가.

Alan B. Stringfellow (2008). 「책별 성경연구」. 두란노서원.
Alan B. Stringfellow (2016). 「인물별 성경연구」. 두란노.
Alister McGrath (2008). 「구속사로 본 핵심 주석」. 국제제자훈련원.
Arend Remmers (2001). 「구약개관」. 기독교문서선교회.
Bruce C. Birch 외 3인 (2016). 「신학의 렌즈로 본 구약개관」. 새물결플러스.
Charles Dyer/Eugene Merrill (2005). 「구약탐험」. 디모데.
Christopher Hudson (2006). 「하루만에 꿰뚫는 구약관통」. 규장.
David R. Bauer (2014). 「성경 연구를 위한 손안의 서재」. 새물결플러스.
Edward J. Young (1990). 「선지자 연구」. CLC.
Edward J. Young (2012). 「구약총론」. 개혁주의출판사.
Gleason L. Archer, JR (2009). 「구약총론」. 기독교문서선교회.
Gordon D. Fee/Douglas Stuart (2014). 「성경을 어떻게 읽을 것인가」. 성서유니온선교회.
Harry Wendt (2006). 「크로스웨이 성경연구 제2권」. 월간목회사.
Henrietta C. Mears (2003). 「성경의 파노라마」. 생명의말씀사.
Herbert G. Livingston (1987). 「모세오경의 문화적 배경」. CLC.
Howard F. Vos (2001). 「구약연구입문」. 엠마오.
Irving L. Jensen (2002). 「젠센성경연구챠트」. 아가페출판사.
John H. Sailhamer (2013). 「모세오경 신학」. 새물결플러스.
John Stott (2004). 「성경연구입문」. 성서유니온.
J. Daryl Charles (2016). 「창조 기사 논쟁」. 새물결플러스.
Laymond B. Dillard/Tremper Longman III (2009). 「최신구약개론」. 크리스챤 다이제스트.
Leon Wood (1985). 「이스라엘의 역사」. CLC.
Loyal R. Ringenberg (1993). 「신구약 성경연구」. 두란노.
Mark Strom (2005). 「성경교향곡」. IVP.
Max E. Anders (2004). 「30일 성경 맥잡기」. 기독교문사.
Rolf Rendtorff (2012). 「구약정경 신학」. 새물결플러스.
Philip Jenson (2016). 「레위기 읽기」. 성서유니온.
Stephen M. Miller (2011). 「성경핸드북」. 성서유니온선교회.
Tremper Longman III (2015). 「손에 잡히는 구약개론」. IVP.
Walther C. Kaiser (1998). 「구약성경신학」. 생명의말씀사.
Walther Zimmerli (2005). 「구약신학」. 한국신학연구소.
Wayne Grudem 편 (2014). 「성경, 어떻게 개관할 것인가」. 부흥과개혁사.

강문호 (1994). 「성막」. 한국가능성계발원.
강문호 (1994). 「성전」. 한국가능성계발원.
강선 외 3인 (2015). 「한 눈에 보는 구약 역사」. 남포교회출판부.
구순옥 (2014). 「성경의 맥을 따라 읽으라」. 아침향기.
김경열 (2016). 「레위기의 신학과 해석」. 새물결플러스.

김정우 (2002). 「김정우의 구약통전(상), (하)」. 이레서원.
김지찬 (2002). 「요단강에서 바벨론 물가까지: 구약 역사서의 문예적-신학적 서론」. 생명의말씀사.
김충만 (2013). 「하나님, 저 아담입니다」. 가나북스.
김충만 (2014). 「맛있는 구약묵상」. 가나북스.
노우호 (2015). 「읽는 것을 깨닫느뇨?」. 에스라하우스.
송병현 (2012). 「모세오경 개론」. 국제제자훈련원.
송병현 (2012). 「역사서 개론」. 국제제자훈련원.
송병현 (2014). 「시가서 개론」. 국제제자훈련원.
송병현 (2012). 「선지서 개론」. 국제제자훈련원.
이문범 감수 (2016). 「성경스토리2 - 고대근동 & 사도행전」. 두루문화원.
이성훈 (2014). 「한 눈으로 보는 구약성경」. 성경말씀사관학교.
이애실 (2005). 「어? 성경이 읽어지네!」. 두란노.
차준희 (2015). 「모세오경 바로알기」. 성서유니온.
차준희 (2015). 「역사서 바로알기」. 성서유니온.
차준희 (2014). 「시가서 바로알기」. 성서유니온.
차준희 (2015). 「선지서 바로알기」. 성서유니온.
홍성환 (2010). 「구약의 숲을 걷다」. 넥서스CROSS.

D. A. Carson (2008). 「IVP 성경주석」. IVP.
Derek Williams Ed (2003). 「IVP 성경사전」. IVP.
Desmond T. Alexander Eds (2013). 「IVP 성경신학 사전」. IVP.
Howard I. marshall Eds (2001). 「새성경사전」. CLC.
Simon Jenkkins (2001). 「성경과 함께 보는 지도」. 목회자료사.
국제제자훈련원. 「날마다 솟는 샘물(2005.2 - 2016.11월호)」.
서울서적편집부 (1995). 「성구사전」. 서울서적.
한국성서유니온선교회 (2007). 「매일성경전집 1-4」.
두란노. 「그말씀(1992. 8 - 2016.11월호)」.

개역개정판 성경
공동번역
메시지 성경
쉬운 성경
우리말 성경
표준새번역 성경
현대어 성경
현대인을 위한 성경
NIV